从脱贫迈向振兴

中国乡村减贫发展30年的实践与思考

黄承伟——著

广西人民出版社

图书在版编目（CIP）数据

从脱贫迈向振兴：中国乡村减贫发展 30 年的实践与思考 / 黄承伟著 . — 南宁：广西人民出版社，2023.5
ISBN 978-7-219-11550-3

Ⅰ. ①从…　Ⅱ. ①黄…　Ⅲ. ①农村—扶贫—研究—中国　Ⅳ. ① F323.8

中国国家版本馆 CIP 数据核字（2023）第 052604 号

策　　划　韦鸿学　温六零
项目统筹　周　莉
责任编辑　梁红燕
责任校对　梁小琪
美术编辑　李彦媛

出版发行　广西人民出版社
社　　址　广西南宁市桂春路 6 号
邮　　编　530021
印　　刷　广西民族印刷包装集团有限公司
开　　本　787mm × 1092mm　1 / 16
印　　张　25.25
字　　数　300 千字
版　　次　2023 年 5 月　第 1 版
印　　次　2023 年 5 月　第 1 次印刷
书　　号　ISBN 978-7-219-11550-3
定　　价　76. 00 元

前　言

习近平总书记指出："反贫困是古今中外治国理政的一件大事。消除贫困、改善民生、逐步实现共同富裕，是社会主义的本质要求，是我们党的重要使命。"新中国成立以来，中国共产党和中国政府始终高度重视扶贫开发工作，带领全国各族人民持续向贫困宣战。改革开放以来，中国开始实施一系列以农村扶贫开发为中心的国家减贫行动。党的十八大以来，以习近平同志为核心的党中央，把脱贫攻坚摆在治国理政的突出位置，把贫困人口脱贫作为全面建成小康社会的底线任务和基本标志，明确到2020年现行标准下农村贫困人口实现脱贫、贫困县全部摘帽，解决区域性整体贫困，明确精准扶贫精准脱贫基本方略，动员全国全党全社会打响脱贫攻坚战。党的十九大把精准脱贫作为决胜全面建成小康社会必须打好的三大攻坚战之一，作出了新的部署。2021年，在脱贫攻坚取得全面胜利后，我国"三农"工作重心从脱贫攻坚历史性转向全面推进乡村振兴。党的二十大报告指出："我们坚持精准扶贫、尽锐出战，打赢了人类历史上规模最大的脱贫攻坚战，全国八百三十二个贫困县全部摘帽，近一亿农村贫困人口实现脱贫，九百六十多万贫困人口实现易地搬迁，历史性地解决了绝对贫困问题，为全球减贫事业作出了重大贡献。"中国减贫事业取得举世瞩目的成就，形成了中国特色反贫困理论，走出了一条中国特色扶贫开发道路，彰显了中国共产党领导和中国特色社会主义的政治制度优势，为全球减贫事业贡献了中国智慧和中国方案。

总结中国农村扶贫开发的战略政策演进及其伟大成就，凝练中国特色扶贫开发的基本经验，阐释中国特色反贫困理论，分析中国贫困治理的最新发展及未来发展趋向，对于帮助国内外各界更好地认识和理解中国特色扶贫开发道路，讲好中国发展最生动的故事，具有重要理论现实意义。作者自1991年开始进入政府扶贫开发部门工作，至今先后在省（广西壮族自治区）扶贫部门、国家扶贫部门（国务院扶贫办）从事扶贫开发相关工作，30年间始终坚持“在工作中研究，在研究中推动工作”的理念，数十年如一日，注重通过基于实践的总结研究形成学理认识，注重用研究成果促进决策完善、工作水平提高，注重构建扶贫开发、脱贫攻坚的理论话语，助力促进我国贫困治理体系和治理能力现代化进程。三十年来，作者在《人民日报》《光明日报》《红旗文稿》等权威报刊发表了学术论文、理论文章240多篇，公开出版扶贫开发、脱贫攻坚领域的专著合著、主编图书逾百部，产生了良好的社会影响。

《从脱贫迈向振兴——中国乡村减贫发展30年的实践与思考》一书，是作者从事扶贫工作30年来的学术论文选集。从作者在中国扶贫的不同历史阶段、所从事不同工作的众多研究成果中，精心挑选近30篇具有历史代表性、有较高学术价值、有较大影响并已在全国知名核心期刊公开发表的文章汇编而成此书。按照由近及远的时间顺序，分为“迈向乡村振兴（2021年）”“新时代脱贫攻坚（2013—2020年）”“从整村推进扶贫到综合扶贫（2001—2012年）”“扶贫攻坚和世界银行中国西南扶贫项目（1991—2000年）”等阶段。对应这四个阶段，第一阶段收录6篇论文，系统阐释了设立脱贫攻坚过渡期的政策指向和多重意蕴、从脱贫攻坚到乡村振兴的历史性转移的理论认识、脱贫攻坚有效衔接乡村振兴的三重逻辑及演进展望、推进乡村振兴的理论前沿问题、乡村振兴与共同富裕的内在逻辑及理论议题、乡村振兴的时代价值等，旨在集中呈现作者学习领会习近平总书记关于乡村振兴的重要指示、贯彻落实中央有关决策部署的理论认识。第二阶段和第三阶段的时间跨度为2001—2020年，以能够反映时代特点、具有学术代表性为标准，尽量每年选1篇论文，近20篇，突出体现2001—2020年中国扶贫的重大阶段性战略重点，包括习近平扶贫重要论述、脱贫攻坚的理论创新和实践创新总结、中国扶贫开发的不同历史阶段的战略演进、中国扶贫开发路径模式、灾害风险管理与减贫、国际减贫合作等主题。第四阶段收入的4篇论文，涉及4个方面问题，重点是凸显广西在八七扶贫攻坚阶段的做法和经验，中国政府与世界银行合作的第一个大型综合扶贫项目——中国西南扶贫项目的主要特点及其时代昭示。

2020年是新时代脱贫攻坚取得全面胜利之年，从根本上解决了中华民族绝对贫困问题，形成了中国特色反贫困理论。2021年，“三农”工作重心从脱贫攻坚转移到全面推进乡村振兴，我国将在“十四五”期间实现巩固拓展脱贫攻坚成果同乡村振兴有效衔接，全面推进乡村振兴，加快农业农村现代化，持续夯实共同富裕的基础。显然，未来五年是脱贫攻坚过渡期，中国扶贫将实现历史性转型。在这样的重要节点，本书的特点及价值显而易见，这是一个珍贵的中国扶贫历程的缩影，是一名中国政府扶贫官员历时三十年从事扶贫工作的理论思考，是一名扶贫领域学者长期研究贫困与反贫困问题的学术成果展示，是一本能够帮助读者读懂中国扶贫脱贫故事的通俗理论读物，更是一本对中国扶贫理论与实践进行融合研究的重要参考书。本书可供基层干部、乡村振兴系统干部、从事中国减贫发展及乡村振兴问题的研究者以及希望了解中国脱贫攻坚成功密码的国内外读者阅读。

目录 CONTENTS

迈向乡村振兴 2021年

新时代脱贫攻坚 2013—2020年

从整村推进扶贫到综合扶贫 2001—2012年

扶贫攻坚与世界银行中国西南扶贫项目 1991—2000年

2021年

迈向乡村振兴

设立脱贫攻坚过渡期的政策指向和多重意蕴

党中央决定，脱贫攻坚目标任务完成后，对摆脱贫困的县，从脱贫之日起设立5年过渡期。本文总结了设立脱贫攻坚过渡期的必要性必然性，分析了设立脱贫攻坚过渡期的政策指向，阐述其多重意蕴，对于实现巩固拓展脱贫攻坚成果同乡村振兴有效衔接具有重要的理论实践意义。

《人民论坛》2021年第11期

习近平总书记在2020年12月召开的中央农村工作会议上发表重要讲话指出："党中央决定，脱贫攻坚目标任务完成后，对摆脱贫困的县，从脱贫之日起设立5年过渡期。"2021年2月，在全国脱贫攻坚总结表彰大会上的讲话中，习近平总书记进一步强调："对脱贫县要扶上马送一程，设立过渡期，保持主要帮扶政策总体稳定。"准确理解和把握设立脱贫攻坚过渡期的政策指向和多重意蕴，是高质量实现巩固拓展脱贫攻坚成果同乡村振兴有效衔接的认识基础，具有重要的理论实践意义。

一、全面认识设立脱贫攻坚过渡期的客观必然性

（一）脱贫攻坚与乡村振兴衔接的内在逻辑是设立脱贫攻坚过渡期的客观需要

精准脱贫是三大攻坚战之一，其目标是到2020年确保现行标准下的农村贫困人口全部脱贫，贫困县全部摘帽，解决区域性整体贫困；乡村振兴战略是国家战略，其目标是到2050年乡村全面振兴，农业强、农村美、农民富全面实现。从实施时间看，两者是在不同时期需要完成的任务，全面脱贫是全面建成小康社会的底线要求，乡村振兴则是开启全面建设社会主义现代化国家新征程的重大战略举措。从目标看，两者具有一致性，都指向实现共同富裕。显然，两者的有效衔接，是保障工作连续性和阶段性统一的需要。脱贫攻坚解决了农村绝对贫困问题，弥补了乡村振兴的最突出短板，为实施乡村振兴战略奠定坚实基础。而乡村振兴是脱贫攻坚的接续战略，是对全面脱贫成果的巩固和提升，旨在进一步激发农民增收致富的内生动力，构建起稳定脱贫防止返贫的长效机制。统筹做好有效衔接，促使二者实现互促共进、平稳转型必然需要一个过渡期。

（二）国内发展不平衡性和国际发展不确定性是设立脱贫攻坚过渡期的外在因素

从国内看，我国发展不平衡不充分的问题仍然突出，农业基础还不稳固，城乡区域发展和收入分配差距较大，这就决定了巩固拓展脱贫攻坚成果任务还十分艰巨，目标实现需要一定的过渡时间。从全球看，国际环境日趋复杂，不确定性不稳定性因素日趋增多，新冠肺炎疫情带来的影响广泛深远，世界经济增长持续低迷，全球复苏发展的步伐仍然缓慢。因此，脱贫攻坚这样一场深刻变革，不可能一蹴而就，其成果的巩固拓展需要国家随着发展形势、阶段特点、环境条件等变化对相关机制、政策、工作体系等如何衔接乡村振兴作出调整和安排。

（三）巩固拓展脱贫攻坚成果面临新问题新挑战是设立脱贫攻坚过渡期的内在要求

脱贫攻坚目标任务完成后，脱贫地区、脱贫人口的进一步发展依然面临诸多困难挑战：一是部分人口稳定脱贫质量不高。一些扶贫产业同质化现象严重，还没有实现稳定发展，应对市场和自然风险能力弱，持续带动脱贫人口稳定增收难度较大。有的脱贫户就业不够稳定，部分脱贫人口对各级政府转移支付依赖程度较高，政策性返贫风险较大。二是部分易地扶贫搬迁群众稳定脱贫困难较多。总体上看，易地搬迁群众“搬得出”“住得好”“稳得住”问题基本得到解决，但“能致富”“快融入”面临不小挑战。三是部分脱贫地区后续发展基础依然相对薄弱。尽管经过脱贫攻坚战，深度贫困地区群众生产生活条件和区域发展基础有了明显改善，但是，自然条件较差、经济发展水平相对较低、基础设施建设明显滞后等状况还没有得到根本性改变，公共服务发展不均衡不充分问题依然十分突出，产业发展依然处于价值链低端。四是新冠疫情对稳定脱贫的后续影响持续加深。疫情对经济发展的影响还在持续，世界经济严重衰退对我国经济发展的影响依然存在。这些不利因素对于脱贫地区稳定脱贫、防止返贫都是重大挑战。五是脱贫人口返贫和边缘人口致贫两种风险并存。一方面，消除绝对贫困是政策投入组合拳作用的结果，需要持续的政策支持和投入，才能防范返贫风险。另一方面，脱贫人口的脆弱性、边缘性等特点，决定了他们仍然是社会经济生活中的弱势群体，需要相关政策的延续形成缓冲。要应对上述困难挑战，科学设置过渡期是必然选择。

（四）完成“十四五”时期确定的阶段性任务和实现全面乡村振兴、农业农村现代化目标是设立脱贫攻坚过渡期的战略考量

《中共中央关于制定国民经济和社会发展第十四个五年规划和二〇三五年远景目标的建议》明确将“脱贫攻坚成果巩固拓展，乡村振兴战略全面推进”作为“十四五”时期经济社会发展主要目标之一。实现乡村振兴和农业农村发展目标是一个战略过程，对乡村振兴、农业农村现代化需要有历史耐心。乡村振兴要做到全面振兴，就必须做到科学规划、精准谋划，坚持重点论与系统论相结合。精准扶贫与乡村振兴有效衔接，设立过渡期，是相关政策体系、组织体系、监管制度从集中攻坚到常态化支持逐步转变的客观要求。

二、准确把握设立脱贫攻坚过渡期的政策指向

（一）保持现有帮扶政策总体稳定

围绕脱贫攻坚，从中央到地方，各级政府都制定实施了一系列政策措施，形成了较完整的政策体系。保持政策稳定不是简单地延续，而是要根据新发展阶段的形势新变化和巩固拓展脱贫攻坚成果、全面推进乡村振兴的新要求，对脱贫政策进行全面梳理、科学评估、分类优化。第一类是继续执行的政策，如基础设施、公共服务、人居环境整治、扶贫公益性岗位、控辍保学等政策措施，可以适当调整、完善后转为乡村振兴的常规性政策。第二类是合并升级的政策，如产业扶贫、扶贫就业车间等政策措施，需要在农业农村发展的大框架内，与现行相关政策合并、升级，作为乡村振兴政策。对于保障兜底、医疗扶贫等政策措施，主要通过增强普惠性社会保障体系的特惠功能实现。第三类是退出的政策，那些临时性或者已经完成历史使命的政策措施，如贫困户危房改造扶贫政策等，不再执行。此外，中央单位定点帮扶政策需要继续稳定一个时期。在稳定的基础上，还需要出台一批全面推进乡村振兴的政策。

（二）严格落实“四个不摘”要求

“摘帽不摘责任、摘帽不摘政策、摘帽不摘帮扶、摘帽不摘监管”的要求，是巩固拓展脱贫攻坚成果、防止返贫的基础。除保持现有帮扶政策总体稳定，做到摘帽不摘政策外，过渡期内必须继续充分发挥各级党委总揽全局、协调各方的领导核心作用，坚持脱贫攻坚中层层落实责任、五级书记一起抓

的成功做法，加强农村基层组织建设。保持村第一书记和驻村帮扶机制稳定，做到摘帽不摘帮扶。驻村工作队可以创新帮扶方式，过渡期内将重点放在从根本上改变村干部和贫困户的依赖心理上，注重传授村干部和贫困户自我造血的技能，把提升基层组织力、村“两委”成员素质、村级自主治理能力同提升贫困户自我造血能力结合起来。注重继续加强教育引导，加强政策引导，发挥村规民约作用，因地制宜探索有效方式，激励和引导脱贫群众靠自己努力过上更好生活。摘帽不摘监管，主要是把巩固拓展脱贫攻坚成果纳入市县党政领导班子和领导干部推进乡村振兴战略实绩考核范围。

（三）坚持完善好东西部协作机制

这是摘帽不摘责任、摘帽不摘政策、摘帽不摘帮扶的重要体现，也是脱贫攻坚过渡期政策完善优化的重点内容。根据中央部署，下一步主要是要调整优化东西部协作结对关系，坚持尊重历史、保持总体稳定，坚持整合力量、优化结对关系，坚持统筹协调、稳定帮扶体系，实现原有帮扶工作平稳过渡。保持资金投入力度是基础，过渡期内，东西部协作财政援助资金投入应该保持一定力度。保持干部人才选派交流力度是重点，继续开展干部双向挂职交流，选派教育、医疗、农技等方面的专业技术人才支援西部。加强劳务协作是关键，东部地区要继续为在当地务工的中西部脱贫劳动力提供稳岗就业服务。中西部地区要主动加强与东部地区工作对接，配合做好稳岗工作。加强产业协作、消费合作是根本，鼓励支持帮扶双方共建产业园区，鼓励支持东中部劳动密集型产业向西部地区梯度转移。中西部地区加强农特优产品生产管理，东部地区加强支持和采购，继续加强农产品消费合作。

（四）建立健全防止返贫监测和帮扶机制

2020年4月，国务院扶贫开发领导小组印发的《国务院扶贫开发领导小组关于建立防止返贫监测和帮扶机制的指导意见》指出，对脱贫不稳定户、边缘易致贫户，以及因疫情影响等引发的刚性支出明显超过上年度收入和收入大幅缩减的家庭加强监测，提前采取针对性帮扶措施，防止返贫和产生新的贫困。对脱贫县、脱贫村、脱贫人口实施常态化监测，重点监测收入水平变化和“两不愁三保障”巩固情况，定期核查、动态管理。完善精准帮扶机制，对脱贫地区产业帮扶重点补上技术、设施、营销等短板，促进产业提档升级；对易地搬迁安置点，多渠道促进就业，加强配套基础设施和公共服务，搞好社会管理，确保搬迁群众稳得住、有就业、逐步能致富。各地充分利用建档立卡信息系统成果，健全防止返贫大数据监测平台，为巩固拓展脱贫攻坚成果和推进乡村振兴提供数据支撑与决策参考。

（五）促进巩固拓展脱贫攻坚成果同乡村振兴有效衔接

乡村振兴是一场改变中国农村发展进程的持久战。过渡期内，主要任务是实现巩固拓展脱贫攻坚成果同乡村振兴有效衔接。推进两者衔接，要重点抓住关键环节。一是工作机制衔接。健全中央统筹、省级总负责、市县乡抓落实的工作机制。过渡期内，切实做到靶心不转、频道不换，接续做好乡村振兴工作。二是政策衔接。各地在抓好落实工作的基础上，根据乡村振兴和农业农村现代化的新要求，立足实际，不断充实完善更多带有普惠性和区域性的政策，对脱贫人口、低收入群体建立正常的帮扶机制。三是发展规划衔接。结合脱贫攻坚的完成情况和乡村振兴新的目标要求，按照缺什么补什么的原则，制定好巩固拓展脱贫攻坚成果同乡村振兴有效衔接规划，抓好县、乡、村三级从实际出发、实事求是做好规划。四是产业就业帮扶衔接。支持脱贫地区产业发展壮大，产业扶贫政策措施由到村到户为主向到乡到村带户为主转变，发挥科技特派员作用，支持龙头企业、合作组织、致富带头人发展，完善利益联结机制，同时促进脱贫人口稳定就业。五是基础设施建设和公共服务提升衔接。继续加大对基础设施建设支持力度，持续改善乡村道路、水利、电力、通信等生产生活条件，持续改善村容村貌。继续加大对教育、健康等公共服务投入，持续改善乡村义务教育办学条件和医疗卫生基础条件，进一步提升脱贫地区公共服务能力和水平。六是工作队伍和人才衔接。脱贫攻坚离不开人才的助力，乡村振兴也离不开人才的支撑。脱贫攻坚完成以后，原来派到乡村的人才和工作队伍，根据需要继续保留并直接转换成乡村振兴人才和工作队。通过落实好返乡、下乡创新创业政策措施，鼓励和支持城里的人才到农村去。培养一部分乡土人才，整合资源，有计划有步骤地系统开展农村人才培养培训。

三、深刻理解设立脱贫攻坚过渡期的多重意蕴

（一）体现了我们党坚持人民至上的根本立场

人民对美好生活的向往就是我们的奋斗目标。脱贫攻坚的伟大实践正

是我们党坚持人民至上、以人为本最生动的实践。打赢脱贫攻坚战，为实现第一个百年奋斗目标、开启全面建设社会主义现代化国家新征程奠定了坚实基础，彻底改变了农村贫困地区的面貌，极大增强了人民群众的获得感、幸福感、安全感。设立过渡期，作出做好巩固拓展脱贫攻坚成果同乡村振兴有效衔接的战略部署，确保工作不留空档、政策不留空白，是应对脱贫地区、脱贫人口返贫风险的有力举措，“绝不能出现这边宣布全面脱贫，那边又出现规模性返贫”的承诺，正是我们党坚持人民至上的根本立场的体现。

（二）体现了我们党对人类发展规律的准确把握

贫困是人类发展的共同挑战。新中国成立以来，我们党带领全国人民持续向贫困宣战。不同时期，根据我国贫困特征和致贫原因的变化，确立和实施不同的减贫战略，走出了中国特色减贫道路。但是，脱贫攻坚战的胜利果实能否保持住，既是新时代脱贫攻坚质量的重要度量，也是脱贫攻坚制度政策体系、精准方略科学有效的最终检验。设立脱贫攻坚过渡期，与“十四五”规划相衔接，从解决建档立卡贫困人口“两不愁三保障”为重点转向实现乡村产业兴旺、生态宜居、乡风文明、治理有效、生活富裕，从集中资源支持脱贫攻坚转向巩固拓展脱贫攻坚成果和全面乡村振兴，正是我们党在摆脱绝对贫困之后，对人类实现更好发展道路的探索。一方面，巩固拓展脱贫攻坚成果为乡村振兴奠定了更坚实的基础；另一方面，全面乡村振兴通过外部支持和激活内生动力，可以为脱贫地区、脱贫群体提供更稳定的发展基础和机会，将进一步有效巩固拓展脱贫攻坚成果。这是中国特色减贫道路的丰富发展，更是我们党对人类如何走向共同富裕发展规律的把握。

（三）体现了我们党治国理政科学方略的新发展

解决发展不平衡不充分问题是任何一个国家治国理政的难题。实现共同富裕是社会主义的本质要求，我们党治国理政就是要不断推进平衡发展、充分发展，逐步实现共同富裕。在脱贫攻坚目标任务完成后，设立过渡期，是我国脱贫攻坚伟大历程中具有原创性、独特性的又一重大创举。五年过渡期保证了巩固拓展的时间，留够了余地，能够确保工作不留空档、政策不留空白，牢牢守住守好脱贫攻坚成果。脱贫地区在健全防止返贫监测和帮扶机制，建立农村低收入人口和欠发达地区帮扶机制的基础上，全面推进乡村振兴。在乡村振兴中抓重点、补短板、强弱项，着力解决发展不平衡不充分问题，统筹推动农业全面升级、农村全面进步、农民全面发展，让广大农民在全面脱贫、乡村振兴中有更多获得感、幸福感、安全感，更加充分体现了我们党治国理政思想和方略的丰富发展。

（四）体现了我们党在新发展阶段贯彻新发展理念、构建新发展格局的新要求

脱贫攻坚五年过渡期，从时间上正好同“十四五”规划的工作阶段相重叠，“十四五”规划是从持久战角度制定的一个中长期规划，又是乘势而上开启全面建设社会主义现代化国家新征程、向第二个百年奋斗目标进军的第一个五年规划，这五年也正是全面推动乡村振兴发展的关键五年。进入新发展阶段，需要更加完整、准确、全面贯彻新发展理念，必须更加注重共同富裕问题。打赢脱贫攻坚战是实现共同富裕的基础。设立脱贫攻坚过渡期，巩固拓展脱贫攻坚成果，就是把满足人民对美好生活的新期待作为发展的出发点和落脚点的具体体现。实现巩固拓展脱贫攻坚成果同乡村振兴有效衔接，正是自觉主动解决地区差距、城乡差距、收入差距等问题的有力行动。巩固拓展脱贫攻坚成果、全面推进乡村振兴，必然要求脱贫地区更加注重在发展中保障和改善民生，更加注重统筹做好就业、收入分配、教育、社保、医疗、住房、养老、扶幼等各方面工作，更加注重向农村、基层、欠发达地区倾斜，向困难群众倾斜，促进社会公平正义，让发展成果更多更公平惠及全体人民。实现巩固拓展脱贫攻坚成果同乡村振兴有效衔接的过程，就是激发脱贫地区、脱贫群众发展活力、消费潜力动力的过程，将有力有效促进以国内大循环为主体、国内国际双循环相互促进的新发展格局的构建。

【注：本文系2019年度国家社会科学基金重大项目“习近平总书记关于贫困治理思想的理论与实践”（项目编号：19ZDA002）和2019年教育部社会科学研究重大课题攻关项目“习近平总书记关于扶贫的重要论述研究”（项目编号：19JZD003）成果】

从脱贫攻坚到乡村振兴的历史性转移

——基于理论视野和大历史观的认识与思考

民族要复兴，乡村必振兴。“三农”工作重心从脱贫攻坚转向全面乡村振兴，是我们党深刻把握我国新发展阶段农村发展新特征新要求作出的决策部署。以理论视野和大历史观深入分析从脱贫攻坚到乡村振兴历史性转移相关问题具有现实的理论实践意义。本文从脱贫攻坚的理论历史意义、乡村振兴的时代特征、脱贫攻坚和乡村振兴的理论实践逻辑、乡村振兴的理论构建、乡村振兴的历史担当等方面，尝试全面解读实现从脱贫攻坚到乡村振兴历史性转移的理论、实践、历史逻辑，提出相关思考，旨在为全面推进巩固拓展脱贫攻坚成果同乡村振兴有效衔接提供参考。

《华中农业大学学报（社会科学版）》2021年第4期

脱贫攻坚是全面建成小康社会的底线任务和标志性指标，乡村振兴是全面建设社会主义现代化国家的重大战略，二者之间具有内在的逻辑一致性。2020年如期打赢脱贫攻坚战、全面建成小康社会，中国“三农”工作重心由脱贫攻坚转入全面推进乡村振兴。做好巩固拓展脱贫攻坚成果同乡村振兴有效衔接，成为脱贫地区必须完成好的首要任务。中央2021年一号文件明确指出，民族要复兴，乡村必振兴。全面建设社会主义现代化国家，实现中华民族伟大复兴，最艰巨最繁重的任务依然在农村，最广泛最深厚的基础依然在农村。为此，中共中央、国务院出台的《中共中央国务院关于实现巩固拓展脱贫攻坚成果同乡村振兴有效衔接的意见》对脱贫攻坚有效衔接乡村振兴作出全面政策安排。实践表明，从脱贫攻坚到乡村振兴的历史性转移，不仅是工作重心的简单转移，更涉及相关发展目标、战略任务和工作体系等方面的系统继承和创新。如何用理论视野和大历史观，对我国“三农”工作重心实现从脱贫攻坚到乡村振兴历史性转移进行深入分析和解读，无疑有助于我们更深刻理解和更准确把握这一历史性转移的必然和规律。

一、从理论历史维度认识脱贫攻坚的伟大意义

党的十八大以来，以习近平同志为核心的党中央高度重视扶贫开发工作，将其摆在治国理政的突出位置，作为全面建成小康社会的底线任务纳入“五位一体”总体布局和“四个全面”战略布局，全面实施精准扶贫精准脱贫方略。历经砥砺奋进的八年，全国上下广泛动员社会各界力量，有力有序推进建档立卡、持续加强扶贫资金管理、开展最严格考核评估等重点工作，深入推进脱贫攻坚政策体系精准落实见效，脱贫攻坚取得全面胜利，困扰中华民族几千年的绝对贫困问题得到历史性解决，呈现了多重理论、历史意义。

（一）从理论维度看，新时代脱贫攻坚最重要的理论意义是形成了习近平扶贫重要论述

在全党全国全社会共同努力下，中国如期打赢脱贫攻坚战，取得了彪炳史册的人类减贫奇迹。脱贫攻坚产生的物质成果深刻改变了中国农村特别是脱贫地区的发展进程。与此同时，在脱贫攻坚的历史进程中，习近平总书记亲自谋划、亲自推动、亲自督战，首提精准扶贫、系统阐述精准扶贫精准脱贫方略，围绕脱贫攻坚的方方面面指明方向、作出部署、提出要求，为脱贫攻坚提供了科学指引，在波澜壮阔的实践中，形成了思想深邃、逻辑严密、内涵丰富的习近平扶贫重要论述，是脱贫攻坚伟大成就在理论方面的最重要的体现。

习近平扶贫重要论述是习近平新时代中国特色社会主义思想的重要组成部分。党的十八大以来，以习近平同志为核心的党中央立足我国扶贫开发实际，按照精准扶贫精准脱贫方略要求，围绕全部贫困人口脱贫、全部贫困县摘帽、解决区域性整体贫困的目标任务，出台一系列超常规政策举措，构建了一整套行之有效的政策体系、工作体系、制度体系，探索出了一条中国特色减贫道路。比如，尽管精准扶贫是习近平总书记在贫困治理领域提出的重要工作方法，但实际上精准方法贯穿于习近平总书记治国理政的全过程、多方面，既是中国扶贫开发领域的行动指南，也成为其他领域治理的重要方法。

习近平扶贫重要论述是马克思主义反贫困理论中国化的最新成果。一方面，习近平扶贫重要论述发展了马克思主义反贫困思想的理论命题：强调脱贫攻坚要坚持党的领导，坚持对贫困问题经济与政治的双重属性的认识，这实际上是对马克思主义反贫困理论政治经济学立场的创新发展；强调发展作为消除贫困的根本途径，这是对马克思主义反贫困理论关于发展生产力作为解决贫困问题根本手段的创新发展；强调脱贫攻坚“一个都不能少”，这是对马克思主义共同富裕理论的创新发展；强调尊重群众主体地位和强调激发内生动力，这是对马克思主义反贫困理论关于“人的自由全面发展”的创新发展。另一方面，习近平扶贫重要论述丰富了马克思主义反贫困理论的实现路径和价值追求：创造性提出了精准扶贫精准脱贫方略，重塑了中国反贫困的价值理念、工作模式、组织方式；创造性提出“共建个没有贫困、共同发展的人类命运共同体”的理念，蕴含了对贫困问题的深刻认知、对反贫困规律的准确把握、对精准扶贫精准脱贫的原创性创新，充分体现中国共产党反贫困的价值追求。

习近平扶贫重要论述是全球减贫治理的中国智慧。以习近平扶贫重要论述为指引，中国政府坚持精准扶贫精准脱贫方略，逐步形成了一整套科学高效的反贫困治理体系。其核心内容包括：发挥政治优势，层层落实脱贫攻坚责任；不断完善精准扶贫政策工作体系，切实提高脱贫成效；坚持政府投入的主体和主导作用，不断增加金融资金、社会资金投入脱贫攻坚；坚持构建专项扶贫、行业扶贫、社会扶贫等多方力量有机结合的大扶贫格局，充分调动和发挥全社会各个方面的积极性；尊重贫困群众扶贫脱贫的主体地位，不断激发贫困村贫困群众的内生动力。这一整套不断完善并经过实践检验而形成的减贫治理体系，不仅为打赢中国全面建成小康社会背景下的脱贫攻坚战提供了坚实的思想保障，也为全球更有效地治理贫困贡献了中国智慧、中国方案。

习近平扶贫重要论述是促进人类文明进步的重要力量。对于一个民族、一个国家而言，贫困问题是阻碍文明进步的关键因素之一。从世界范围上看，只有解决了大范围的贫困问题，才能够从根本上促进人类文明的发展与进步。而习近平扶贫重要论述为全球更有效地进行减贫治理贡献了中国智慧、中国方案，有利于广大发展中国家结合本国实际，借鉴习近平扶贫重要论述的理论和实践经验，更有效地解决本国的贫困问题，这将有力促进人类文明的进步与发展。

（二）从历史维度看，脱贫攻坚及其伟大成就是中国共产党初心使命和政治制度优势的最生动体现

在迎来中国共产党成立一百周年的重要时刻，我国脱贫攻坚战取得了全面胜利，现行标准下的9899万农村贫困人口全部脱贫，832个贫困县全部摘帽，12.8万个贫困村全部出列，区域性整体贫困得到解决①，困扰中华民族几千年来的绝对贫困问题得到历史性解决，中国脱贫攻坚创造了历史上

① 习近平：《在全国脱贫攻坚总结表彰大会上的讲话》（2021年2月25日），《人民日报》2021年2月26日第2版。

最好的减贫成绩。

脱贫攻坚是中国共产党初心使命的重要体现。消除贫困、改善民生、实现共同富裕是社会主义的本质要求，习近平扶贫重要论述为消除贫困提供了行动指南，体现着社会主义的根本价值追求和奋斗理想，是社会主义本质要求的精神所在。到2020年现行标准下农村贫困人口全部脱贫、贫困县全部摘帽、解决区域整体贫困，是党中央向人民作出的庄严承诺，必须如期实现，没有任何退路和弹性，集中体现了中国共产党坚持以人民为中心的发展思想和人民至上的根本立场。脱贫攻坚正是中国共产党人为中国人民谋幸福、为中华民族谋复兴这一初心使命的重要体现。

脱贫攻坚是坚定“四个自信”的重要实践。中国特色减贫道路的巨大成就，印证了中国特色社会主义道路是中国人民在新的伟大实践中所作出的正确选择。中国减贫的巨大成就，正是中国特色社会主义制度优势的彰显。中国共产党百年反贫困的实践和成就，充分证明了中国特色社会主义道路的正确性、中国特色社会主义理论的科学性、中国特色社会主义制度的优越性和中国特色社会主义文化的引领性，新时代脱贫攻坚正是坚定“四个自信”的重要实践。

脱贫攻坚是中华民族伟大复兴的重要基础。一直以来，摆脱贫困既是中国人民孜孜以求的梦想，也是实现中华民族伟大复兴中国梦的重要前提和基础。新时代脱贫攻坚，脱贫地区的经济社会发展进程明显加速，脱贫地区发展步伐显著加快，经济实力不断增强，基础设施建设呈现革命性变化，社会事业长足进步，整体面貌发生历史性巨变。在脱贫攻坚伟大斗争中锻造形成的上下同心、尽锐出战、精准务实、开拓创新、攻坚克难、不负人民的脱贫攻坚精神，成为全面建设社会主义现代化国家新征程上战胜一切困难和风险的强大动力和精神财富。新时代脱贫攻坚为中华民族伟大复兴奠定了物质基础，提供了精神动力。

脱贫攻坚是应对世界百年未有之大变局的重要底气。当今世界百年未有之大变局加速演进，中国正处于实现中华民族伟大复兴的关键时期，国内改革发展稳定任务艰巨繁重。在全面打赢脱贫攻坚战的实践中，中国积累了重要经验，收获了深刻启示。这场波澜壮阔的伟大斗争再次证明，中国共产党所具有的无比坚强的领导力、中国人民所具有的不屈不挠的意志力、中国特色社会主义制度所具有的显著优势，以及新中国成立以来所积累的坚实国力，是中国人民站在“两个一百年”奋斗目标的历史交汇点上，面对百年未有之大变局的重要底气。

二、以理论视野和大历史观理解乡村振兴的时代特征

党的十九大把乡村振兴战略作为国家战略，摆在了治国理政突出位置。习近平总书记关于“三农”工作、关于乡村振兴的重要论述，明确了乡村振兴的历史战略定位、前进方向、发展目标、重点任务、主要方略、保障体系等。《中华人民共和国乡村振兴促进法》即将颁布实施[①]，中央2018年以来每年的一号文件均明确指出，乡村振兴是全面建设社会主义现代化国家的全局性、历史性任务，是新时代“三农”工作总抓手，具有显著的时代特征。

（一）习近平扶贫重要论述指引新时代脱贫攻坚战取得了全面胜利的事实表明，全面推进乡村振兴需要科学理论指导、走中国特色乡村振兴道路

习近平总书记关于乡村振兴的重要论述为全面实施乡村振兴战略提供了科学指引。党的十九大以来，围绕加快发展乡村产业、加强社会主义精神文明建设、实施乡村建设行动、推动城乡融合发展等内容，习近平总书记对实施乡村振兴战略作出一系列深刻阐述。同时，以习近平同志为核心的党中央采取了一系列重大举措推动乡村振兴战略的落实落地，制定多个以乡村振兴为主题的中央文件，发布了《国家乡村振兴战略规划（2018—2022年）》等一系列政策。这些重要论述和战略部署深刻地把握了时代发展趋势和农村发展规律，为全面推进乡村振兴提供科学指引。

中国特色社会主义乡村振兴道路是马克思主义发展理论中国化最新成果。从全球发展角度上看，城市化成为各国乡村建设普遍追求的目标。但中国有着特殊的国情，农耕文化根植于中华民族博大精深的文化之中。这就决定了中国的乡村振兴道路必然是区别于世界上大多数国家的乡村振兴道路。习近平总书记基于长期主政地方的实践积淀和对中国“三农”工作的深邃思考，反复强调指出，要走中国特色社会主义乡村振兴道路。这正

① 《中华人民共和国乡村振兴促进法》于2021年6月1日起施行。——编者

是马克思主义发展理论中国化的具体表现。

中国乡村振兴的理论创新是全球发展理论的重要贡献。与欧美和日韩的乡村建设趋向于城市化相比，中国特色社会主义乡村振兴道路依据国情选择了一条与欧美、日韩国家不同的道路。相应的，这就需要构建一系列的中国特色社会主义乡村振兴理论和方法，为中国特色社会主义乡村振兴道路提供理论指导和实践支撑。从理论构建和方法创新角度看，中国特色社会主义乡村振兴道路必将创新发展马克思主义城乡发展理论，同时为全球发展理论作出贡献。

（二）以大历史观看，推进乡村振兴具有深远的历史意义，全面推进需要遵循其发展规律

乡村振兴是中华民族五千年农耕文明的时代赓续。中华民族几千年来的乡土生产、村庄生活孕育了源远流长的古代农耕文明。农耕文明是中华民族的根，是中华民族传统文化的底色。换言之，中华文明根植于厚重的农耕文化，广阔的乡村是中华文明的基本载体。而实施乡村振兴战略是传承中华优秀传统文化的有效途径。因此作为乡村振兴的目标和保障，乡风文明被摆在了重要的位置。《中共中央国务院关于实施乡村振兴战略的意见》要求“切实保护好优秀农耕文化遗产，推动优秀农耕文化遗产合理适度利用。深入挖掘农耕文化蕴含的优秀思想观念、人文精神、道德规范，充分发挥其在凝聚人心、教化群众、淳化民风中的重要作用”①。全面推进乡村振兴，深入挖掘农耕文化蕴含的优秀思想观念、人文精神、道德规范，在保护传承的基础上对农耕文化进行创造性转化、创新性发展，有助于在新发展阶段丰富和传承中华优秀传统文化，发挥优秀传统文化在贯彻新发展理念、构建新发展格局中的特殊作用。

乡村振兴是国家民族发展的普遍规律。乡村振兴并非中国特有，而是世界城市发展的必然一环。乡村振兴是中国城市化快速推进背景下多战略并举的一部分。乡村衰落与拯救是个世界性难题。从大历史观看，中国的乡村振兴不是孤立存在的。从国内外实践看，中国新时代的乡村振兴具有

---

① 《中共中央国务院关于实施乡村振兴战略的意见》（2018年1月2日），《人民日报》2018年2月5日第1版。

以下特点：一是从数量上看，不是所有乡村都能振兴，投入需要有重点。二是从内容上看，乡村振兴需要发展实现质的升级，而不是把目标定位在要留下数亿农民。乡村要富裕起来，就必须提高农村的劳动生产率，农业人力投入完全可以继续下降。美国和日本从事农业的人口比例均已不足2%。三是从时间上看，乡村要真正实现全面振兴，需要打一场持久战，要有历史耐心。

乡村振兴是实现人的自由全面发展的路径探索。实现人的自由全面发展，是贯穿马克思主义发展史的主线，也是马克思主义的最高价值。中国共产党明确把促进人的全面发展作为治国理政的重要目标和价值追求。按照产业兴旺、生态宜居、乡风文明、治理有效、生活富裕的总要求，习近平总书记对乡村振兴战略作出产业振兴、人才振兴、文化振兴、生态振兴和组织振兴五大战略部署，强调中国乡村振兴要走中国特色社会主义乡村振兴道路，也就是走城乡融合发展之路、走共同富裕之路、走质量兴农之路、走乡村绿色发展之路、走乡村文化兴盛之路、走乡村善治之路、走中国特色减贫之路。中国特色乡村振兴道路必将为农村居民智力体力的充分发展提供良好的内外部条件，是实现人的自由全面发展路径的有益探索。

三、从脱贫攻坚到乡村振兴的理论实践逻辑

打赢脱贫攻坚战和全面实施乡村振兴战略都是新时代中国共产党决胜全面建成小康社会的重要战略部署，是在建设社会主义现代化国家进程中，化解发展不平衡不充分突出问题、不断满足人民日益增长的美好生活需要的重要途径。2020年打赢脱贫攻坚战后，我国整体消除绝对贫困现象，夯实了向共同富裕迈进的基础。而实现全体人民共同富裕是一个历史过程，脱贫攻坚是这一过程的阶段性任务，实施乡村振兴战略既是巩固拓展脱贫攻坚成果的必要举措，也是全体人民共同富裕取得更明显的实际性进展的必然要求。

（一）从理论逻辑看，脱贫攻坚和乡村振兴都体现了中国特色社会主义本质要求和坚持以人民为中心的发展思想，同属于迈向共同富裕的两大关键步骤，是补齐发展短板底线思维的实践要求

从脱贫攻坚到乡村振兴是中国特色社会主义本质的具体体现。习近平

总书记强调："如果贫困地区长期贫困，面貌长期得不到改变，群众生活水平长期得不到明显提高，那就没有体现我国社会主义制度的优越性，那也不是社会主义。"[①]"如果在现代化进程中把农村4亿多人落下，到头来'一边是繁荣的城市、一边是凋敝的农村'，这不符合我们党的执政宗旨，也不符合社会主义的本质要求。"[②]在实现了现行标准下农村贫困人口全部脱贫后，以习近平同志为核心的党中央仍然不忘中国农村数亿人口的发展问题，作出实施乡村振兴战略的决策部署，"三农"工作重心转向以乡村振兴为总抓手推进农村建设，生动体现了中国特色社会主义的本质要求。

从脱贫攻坚到乡村振兴是坚持以人民为中心的发展思想的重要实践。习近平总书记指出："脱贫攻坚必须依靠人民群众，组织和支持贫困群众自力更生，发挥人民群众主动性。"[③]"要尊重广大农民意愿，激发广大农民积极性、主动性、创造性。"[④]精准扶贫的根本宗旨就是确保党的各项政策能够精准落实到每一个贫困群众，做到脱贫"一个不能少"，让贫困群众最大限度分享改革发展成果，帮助他们融入共同发展的主流。无论是打赢脱贫攻坚战，还是实施乡村振兴战略，都需要坚持群众主体，依靠群众力量，激发内生动力。

从脱贫攻坚到乡村振兴是迈向共同富裕的关键步骤。脱贫攻坚与乡村振兴共同承载了促进社会公平正义和缩小区域、群体、城乡发展差距的使命，是让改革发展成果更多更公平惠及全体人民的重大战略举措。脱贫攻坚是乡村振兴的优先任务，乡村振兴则是脱贫攻坚的延续和发展，两者从根本上都是为了实现全体人民共同富裕的奋斗目标。

从脱贫攻坚到乡村振兴是补齐发展短板底线思维的实践要求。面对人民日益增长的美好生活需要和不平衡不充分发展之间的矛盾，"补短板"已成为中国经济社会发展诸领域重要的方法论和基本要求。脱贫攻坚瞄准发

---

① 习近平：《在全国脱贫攻坚总结表彰大会上的讲话》（2021年2月25日），《人民日报》2021年2月26日第2版。

② 习近平：《把乡村振兴战略作为新时代"三农"工作总抓手》，《求是》2019年6月11日第11期。

③ 习近平：《坚决打赢脱贫攻坚战》，http://cpc.people.com.cn/xuexi/n1/2017/1103/c385474-29626301-4.html。

④ 习近平：《把实施乡村振兴战略摆在优先位置　让乡村振兴成为全党全社会的共同行动》，《人民日报》2018年7月6日第1版。

展滞后的贫困乡村，补齐贫困群众的民生短板；乡村振兴覆盖整个乡村，重在补齐农业农村发展短板，促进城乡、区域发展差距及不同群体之间生活水平差距的持续缩小。二者均以补齐发展短板的底线思维作为指导实践的重要准则。

（二）从实践逻辑看，从脱贫攻坚到乡村振兴是统一发展进程的持续，既要继承，更要创新

从脱贫攻坚到乡村振兴是一个历史过程。“党中央决定，脱贫攻坚目标任务完成后，对摆脱贫困的县，从脱贫之日起设立5年过渡期。过渡期内要保持主要帮扶政策总体稳定。对现有帮扶政策逐项分类优化调整，合理把握调整节奏、力度、时限，逐步实现由集中资源支持脱贫攻坚向全面推进乡村振兴平稳过渡。”①“脱贫攻坚取得胜利后，要全面推进乡村振兴，这是‘三农’工作重心的历史性转移。要坚决守住脱贫攻坚成果，做好巩固拓展脱贫攻坚成果同乡村振兴有效衔接，工作不留空档，政策不留空白。”②习近平总书记这些重要论述，为确保平稳有序实现巩固拓展脱贫攻坚成果同乡村振兴有效衔接提供了遵循和指引。

要从历史延续的视角看待“三农”工作重心的历史性转移。从脱贫攻坚到乡村振兴，其工作体系、工作方法、工作内容和工作主体都有继承性，需要根据新的要求进行创新性发展。在工作体系上，要坚持“一张蓝图绘到底”，确保平稳有序，逐步实现巩固拓展脱贫攻坚成果同乡村振兴有效衔接。在工作方法上，要逐步实现从精准、特惠到共享、普惠有效衔接。在工作内容上，要将精准扶贫的“五个一批”有效衔接到乡村振兴的“五个振兴”，促进乡村全面发展。在工作主体上，要从脱贫攻坚时期聚焦帮助贫困群体转移到乡村振兴战略覆盖全体农村居民。

四、全面推进乡村振兴需要加强理论构建和历史担当

乡村振兴战略是党的十九大提出的国家战略，是关系全面建设社会主

① 学而时习：《实现巩固拓展脱贫攻坚成果同乡村振兴有效衔接，总书记这样论述》，http：//www.qstheory.cn/laigao/ycjx/2021-03/25/c_1127254612.htm。

② 同上。

义现代化国家的全局性、历史性任务。在“新发展阶段、新发展理念、新发展格局”战略下，深化农业农村供给侧结构性改革，巩固拓展脱贫攻坚成果，实现高质量发展，都对乡村振兴战略实施提出了新的要求。中国地域广阔及发展差异性，也对全面推进乡村振兴提出了新挑战，这些时代背景决定了乡村振兴的艰巨性、复杂性和长期性。脱贫攻坚的实践证明，打好乡村振兴持久战，加强顶层设计、抓好基层落实是两个最关键的环节。

（一）完善的顶层设计需要坚实的理论支撑

学习领会习近平总书记关于乡村振兴的重要论述是乡村振兴理论研究的前提基础和主要内容。习近平总书记站在党和国家事业发展全局的高度，深入阐释了实施乡村振兴战略的重大意义和深刻内涵，提出了关于推进乡村振兴战略的一系列新理念新思想新论断，为全面推进乡村振兴，促进农业全面升级、农村全面进步、农民全面发展提供了根本遵循和行动指南。加强新时代乡村振兴重要论述的研究，深入分析新时代乡村振兴重要论述和共同发展理论的理论渊源、实践基础、理论内涵、精神实质、理论创新、时代价值和世界意义，对于实现巩固拓展脱贫攻坚成果同乡村振兴有效衔接、走中国特色社会主义乡村振兴和共同富裕道路、有力推进农业农村现代化进程、全面建设社会主义现代化国家具有重大理论意义和深远的历史意义。

加强乡村振兴理论研究，就是要从理论与实践、历史与现实、国内与国际等层面出发，深入研究阐释乡村振兴重要论述的形成渊源、实践基础、理论内涵、精神实质、时代价值、世界意义；分析论证乡村振兴重要论述的理论创新和贡献，及其对新时代“三农”工作的实践指导。通过系统、全面、深入的研究，进一步呈现乡村振兴重要论述的科学性、内容的丰富性、逻辑的严密性和实践的指导性，为这一重要论述的深化研究提供学理基础，为学习宣传这一重要论述提供成果支撑。

比如，如何理解乡村振兴是新时期“三农”工作的总抓手？简单而言，新阶段的“三农”工作主要通过乡村振兴战略推动，包括粮食、农村生态、人居环境等问题都是乡村振兴议题，解决这些问题当然需要以乡村振兴为总抓手。但在新形势下，乡村振兴更加强调乡村发展的整体性，强调乡村与城镇的良性互动、融合发展。从国家整体协调发展看，乡村振兴必须着力于如何促进不同地区不同行业更加平衡、更加充分发展。乡村和城镇的融合发展，必然需要以乡村振兴作为总的抓手来推动。

构建乡村振兴理论体系是中央及有关部门做好顶层设计、总体布局、统筹协调、整体推进、督促落实等工作的共识。理论上的清醒正是领导力、组织力、执行力的基础。乡村振兴理论体系的构建将贯穿乡村振兴全过程，习近平新时代中国特色社会主义思想在乡村发展领域的创新、习近平总书记关于乡村振兴论述阐释、乡村振兴彰显政治制度优势、城乡融合发展，以及乡村治理体系和治理能力现代化等重大内容，都是乡村振兴理论研究的聚焦点着力点。

（二）打好乡村振兴持久战需要全党全社会的历史担当

乡村振兴的历史担当体现在三个方面。一是全面建设社会主义现代化国家，最艰巨最繁重的任务依然在农村，最广泛最深厚的基础依然在农村。习近平总书记在2020年中央农村工作会议上强调，全党务必充分认识新发展阶段做好“三农”工作的重要性和紧迫性，坚持把解决好“三农”问题作为全党工作重中之重，举全党全社会之力推动乡村振兴，促进农业高质高效、乡村宜居宜业、农民富裕富足。这体现了以习近平同志为核心的党中央对中国农业、农村、农民问题的历史担当。二是乡村振兴是实现中华民族伟大复兴的一项重大任务。只有走好中国特色社会主义乡村振兴道路，才能持续缩小城乡区域发展差距，让低收入人口和欠发达地区共享发展成果，在现代化进程中赶上来、不掉队。这也是中国共产党历史担当的最好体现。三是乡村振兴是共建人类命运共同体最基础的实践。中国共产党自始至终把脱贫攻坚摆在治国理政的突出位置，提前十年实现2030年可持续发展议程关于消除绝对贫困的目标，为世界范围内消除绝对贫困、实现和平发展作出历史性贡献。同样，中国把解决好“三农”问题作为全党工作重中之重，致力于探索解决“三农”问题的有效途径，在乡村振兴实践中创新理论、积累经验，为全球乡村发展贡献中国智慧、中国方案，这正是共建人类命运共同体的基础，体现的正是中国共产党的历史担当。

脱贫攻坚有效衔接乡村振兴的三重逻辑及演进展望

本文基于学习领会习近平总书记关于实现巩固拓展脱贫攻坚成果同乡村振兴有效衔接、关于乡村振兴等重要论述，结合打赢脱贫攻坚战以来近一年实践，从历史、理论、实践三个维度阐述了脱贫攻坚有效衔接乡村振兴的内在逻辑，分析了有效衔接实践的进展及面临的挑战，从有效衔接战术、战略、党的领导三个视角展望并提出实现巩固拓展脱贫攻坚成果同乡村振兴有效衔接的对策建议。

《兰州大学学报（社会科学版）》2021年第6期

党的十九届六中全会指出，党始终把解决好“三农”问题作为全党工作重中之重，实施乡村振兴战略，加快推进农业农村现代化[①]。党的十九届五中全会公报和2021年中央一号文件均重点强调：要实现巩固拓展脱贫攻坚成果同乡村振兴有效衔接。2021年3月公开发布的《中共中央国务院关于实现巩固拓展脱贫攻坚成果同乡村振兴有效衔接的意见》（简称《意见》）明确指出，脱贫攻坚目标任务完成后，设立5年过渡期。在过渡期，脱贫地区要根据形势变化，理清工作思路，做好过渡期内领导体制、工作体系、发展规划、政策举措、考核机制等有效衔接，从解决建档立卡贫困人口“两不愁三保障”为重点转向实现乡村产业兴旺、生态宜居、乡风文明、治理有效、生活富裕，从集中资源支持脱贫攻坚转向巩固拓展脱贫攻坚成果和全面推进乡村振兴[②]。可见，“十四五”时期中西部脱贫地区乡村振兴的重点工作是实现巩固拓展脱贫攻坚成果同乡村振兴有效衔接。

一、脱贫攻坚有效衔接乡村振兴的三重逻辑

脱贫攻坚是全面建成小康社会的底线任务和标志性指标，是党的十九大确定的三大攻坚战之一。2020年中央农村工作会议上，习近平总书记强调，脱贫攻坚取得胜利后，要全面推进乡村振兴，这是“三农”工作重心的历史性转移。要坚决守住脱贫攻坚成果，做好巩固拓展脱贫攻坚成果同乡村振兴有效衔接，工作不留空档，政策不留空白[③]。民族要复兴，乡村必

① 《中共中央关于党的百年奋斗重大成就和历史经验的决议》（2021年11月11日中国共产党第十九届中央委员会第六次全体会议通过），《人民日报》2021年11月17日第1版。

② 《中共中央国务院关于实现巩固拓展脱贫攻坚成果同乡村振兴有效衔接的意见》（2020年12月16日），《人民日报》2021年3月23日第1版。

③ 《习近平在中央农村工作会议上强调，坚持把解决好“三农”问题作为全党工作重中之重促进农业高质高效乡村宜居宜业农民富裕富足》，《人民日报》2020年12月30日第1版。

振兴。实施乡村振兴战略，是新时代“三农”工作的总抓手，是实现中华民族伟大复兴的一项重大任务，围绕立足新发展阶段、贯彻新发展理念、构建新发展格局，必须适应新形势新要求，走中国特色社会主义乡村振兴道路。脱贫攻坚有效衔接乡村振兴的必然性，集中体现为两者间存在的历史逻辑、理论逻辑和实践逻辑。

（一）历史逻辑

脱贫攻坚有效衔接乡村振兴是由百年大党的初心使命所决定的。中国共产党自1921年成立以来，始终把为中国人民谋幸福、为中华民族谋复兴作为自己的初心使命。帮助广大人民摆脱贫困最能体现我们党的初心使命，最能体现我们党以人民为中心的发展思想，最能体现党的根本宗旨和社会主义本质要求。在历史性地解决全体中国人民的绝对贫困、全面建成小康社会以后，我国向第二个百年奋斗目标迈进。在此过程中，如何巩固脱贫攻坚成果，逐步缩小区域之间发展差距、不同群体之间的收入差距、城乡之间的综合差距，避免出现两极分化，是我们党面临的时代挑战。摆脱贫困的地区、群众需要在稳定脱贫的基础上加快发展，而实现巩固拓展脱贫攻坚成果同乡村振兴有效衔接，就是在乡村全面振兴中让广大农民群众更多更公平地分享发展成果，走共同富裕道路，更生动呈现我们党的初心使命，进一步夯实党的执政基础和群众基础。

脱贫攻坚有效衔接乡村振兴是由脱贫地区、脱贫群体加快发展的艰巨性、长期性所决定的。由于自然、历史原因，我国大部分脱贫地区、脱贫群众尽管解决了“两不愁三保障”，摆脱了绝对贫困，但这些地区、人群脱贫基础尚不稳固。有的仅靠外部“输血”脱贫，内生“造血”能力不足；有的地方刚迈上持续发展的轨道，如果已有支持政策退出过快，返贫的风险和压力就很大；还有相当数量的低收入农户存在致贫风险，一旦遇到灾害或意外，便可能陷入贫困。国内外实践证明，解决发展不平衡不充分问题具有长期性、复杂性、艰巨性的特点。巩固拓展脱贫攻坚成果，是缩小发展差距的基础工程，也是实施乡村振兴战略的内在要求和长期任务。在脱贫攻坚战全面胜利的基础上，只有实现巩固拓展脱贫攻坚成果同乡村振兴有效衔接，把帮扶欠发达地区和农村低收入人口纳入乡村振兴规划和行动中一体安排，持续推进欠发达地区经济社会发展和群众生活改善，持续缩小区域和群体发展差距，才能确保欠发达地区和农村低收入人口跟上建设社会主义现代化强国的步伐。

脱贫攻坚有效衔接乡村振兴是由两者在国家现代化进程中根本目标的一致性所决定的。脱贫攻坚和乡村振兴都是国家发展战略，在不同阶段实现不同目标，但是两者在根本目标和逻辑上高度一致、高度连续，都是在尝试“探寻中国现代化发展征程中如何对农业、农村、农民和土地权属进行现代化改造和制度性安排，长远目标均是实现社会主义现代化和中华民族伟大复兴”①。脱贫攻坚战略对应的是国家现代化发展战略中建成全面小康社会时期乡村贫困地区和贫困人口这一突出短板。乡村振兴战略是在脱贫攻坚的基础上接续国家对“三农”工作的战略设计，对应的是国家现代化发展战略中社会主义现代化建设时期农业农村现代化建设这一突出短板。也就是说，脱贫攻坚和乡村振兴都是实现中国现代化发展的有机组成部分，是不同时段的发展战略统一体。

（二）理论逻辑

脱贫攻坚有效衔接乡村振兴是中国特色社会主义本质的具体体现。反贫困是古今中外治国理政的一件大事，乡村振兴也是各国应对乡村衰败的重要举措。对于二者的理解不仅应从普遍规律的角度切入，更应从中国特色社会主义发展道路的高度来认识。对此，习近平总书记作出了“走中国特色减贫之路”“走中国特色社会主义乡村振兴道路”的论断。关于脱贫攻坚，习近平总书记强调，“如果贫困地区长期贫困，面貌长期得不到改变，群众生活长期得不到明显提高，那就没有体现我国社会主义制度的优越性，那也不是社会主义”②。关于乡村振兴，习近平总书记指出，“如果在现代化进程中把农村四亿多人落下，到头来‘一边是繁荣的城市、一边是凋敝的农村’，这不符合我们党的执政宗旨，也不符合社会主义的本质要求”③。这些重要论述揭示，脱贫攻坚与乡村振兴都是促进区域和人的全面发展的

① 叶敬忠：《从脱贫攻坚到乡村振兴：脱贫地区内的衔接抑或发展时代间的转型?》，《社会发展研究》2021年第3期。

② 中共中央党史和文献研究院编《习近平扶贫论述摘编》，中央文献出版社，2018，第5页。

③ 中共中央党史和文献研究院编《习近平关于“三农”工作论述摘编》，中央文献出版社，2019，第44页。

历史任务，是中国特色社会主义面向全体人民共同发展的战略选择。二者作为中国特色社会主义道路的重要组成部分，都是新的历史条件下社会主义本质的具体体现。

脱贫攻坚有效衔接乡村振兴是坚持以人民为中心的发展思想的重要实践。党的十九届六中全会总结的中国共产党百年奋斗的历史经验，其中的重要一条就是“坚持一切为了人民、一切依靠人民，坚持为人民执政、靠人民执政，坚持发展为了人民、发展依靠人民、发展成果由人民共享”[①]。党的十八大以来，我国经济社会发展各个环节、各个领域，都以不同方式诠释以人民为中心的发展思想，在实践中不断解决人民最关心、最直接、最现实的利益问题，努力让人民过上更好的生活。一方面，脱贫攻坚与乡村振兴同样是这一思想的重要实践，前者是全面建成小康社会的底线任务，后者是顺应亿万农民对美好生活的向往作出的重大决策，都指向“人民对美好生活的向往”这一奋斗目标。另一方面，二者也充分体现了“发展依靠人民”的重要内涵。关于脱贫攻坚，习近平总书记指出：“群众参与是基础，脱贫攻坚必须依靠人民群众，组织和支持贫困群众自力更生，发挥人民群众主动性。”[②]关于乡村振兴，习近平总书记指出，要尊重广大农民意愿，激发广大农民积极性、主动性、创造性。这意味着，无论是打赢脱贫攻坚战，还是实施乡村振兴战略，都要坚持群众主体，依靠群众力量，激发内生动力。

脱贫攻坚有效衔接乡村振兴是迈向共同富裕的关键环节。党的十九届六中全会再次强调，到21世纪中叶我国要基本实现全体人民共同富裕的奋斗目标。这一目标下，脱贫攻坚与乡村振兴共同承载了促进社会公平正义和缩小发展差距的使命，是让改革发展成果更多更公平惠及全体人民的重大战略举措。具体而言，实现“生活富裕”不仅是脱贫攻坚的最终目标，也是乡村振兴的中心任务。无论是“贫困地区农民人均可支配收入增长幅度高于全国平均水平”“基本公共服务主要领域指标接近全国平均水平”等目标，还是乡村

---

① 《中共中央关于党的百年奋斗重大成就和历史经验的决议》（2021年11月11日中国共产党第十九届中央委员会第六次全体会议通过），《人民日报》2021年11月17日第1版。

② 中共中央党史和文献研究院编《习近平扶贫论述摘编》，中央文献出版社，2018，第140页。

振兴实现“相对贫困进一步缓解”“从‘生活宽裕’到‘生活富裕’”“城乡基本公共服务均等化基本实现”的愿景，都是逐步实现共同富裕的关键环节和重要指标。由此，脱贫攻坚是乡村振兴的优先任务，乡村振兴则是脱贫攻坚的延续和发展，两者均指向全体人民共同富裕的奋斗目标。

脱贫攻坚有效衔接乡村振兴是治国理政思想中补齐发展短板底线思维的实践要求。面对人民日益增长的美好生活需要和不平衡不充分的发展之间的矛盾，“补短板”已成为我国经济社会发展诸领域重要的方法论原则。脱贫攻坚与乡村振兴也同样指向社会主要矛盾，是补齐贫困群众民生短板和农村发展短板的重要举措。“以脱贫攻坚统揽经济社会发展”的要求，以及将乡村振兴作为“新时代‘三农’工作总抓手”的部署，都显示了两大战略的全局意义。其中，脱贫攻坚指向农村贫困人口脱贫这一“最突出的短板”，是全面建成小康社会的底线任务。乡村振兴重在补齐农业农村发展短板，不断缩小城乡区域发展差距和居民生活水平差距。

（三）实践逻辑

脱贫攻坚有效衔接乡村振兴具有客观必然性。我国如期打赢脱贫攻坚战，意味着贫困人口全部脱贫、贫困村和贫困县实现摆脱绝对贫困，意味着我国区域性整体贫困基本解决，脱贫地区和脱贫群众同全国一道进入全面小康社会，这就为乡村振兴战略的实施奠定了良好基础。脱贫攻坚使贫困地区农村居民的收入实现快速增长，增速高于同期全国农村居民的收入增速。脱贫地区居民实现了家庭耐用消费品的从无到有再到升级换代，洗衣机和电冰箱基本成为家庭必备品，移动电话基本成为劳动力的必备品，这不仅使贫困农户从繁重的家庭劳动中解脱出来去从事更多的生产经营活动，而且对外信息交流的接入设施设备条件明显改善，有助于缩小脱贫户和一般农户之间的信息鸿沟。脱贫攻坚的成功实践也为乡村振兴提供了精准思维、系统思维、辩证思维等思维方法。脱贫攻坚坚持精准扶贫的基本方略，促进了“三变”改革，建立了“减贫大数据”系统，推动了“四到县”、扁平化政府管理改革的深化，促进了督查考核评估体系的完善，创新驻村帮扶方式、构建新型产业扶贫体系，为新型金融、资本市场、保险、电商等参与扶贫建立了新的体制机制，基层组织建设相应得到加强，这些无疑都为乡村振兴提供了实践方法参考。

脱贫攻坚有效衔接乡村振兴具有多重接续性。从国家战略看，脱贫攻坚的胜利是实现第一个百年奋斗目标的底线任务，而乡村振兴则是对接第二个百年奋斗目标，实现共同富裕。脱贫攻坚取得全面胜利，全面建成小康社会目标如期实现，这就为促进共同富裕创造了良好条件。从涵盖主体看，脱贫攻坚和乡村振兴的对象不同：从覆盖贫困地区重点是集中连片特困地区、深度贫困地区为主，转向覆盖所有乡村；从覆盖建档立卡贫困人口转向覆盖低收入人口和一般人口，既覆盖脱贫地区，也覆盖非脱贫地区。从目标内容看，脱贫攻坚战的主要目标是解决好农村贫困人口的不愁吃、不愁穿，义务教育、基本医疗和住房安全有保障，实现安全饮水，贫困地区农民人均可支配收入增长高于全国平均水平，基本公共服务主要领域或指标接近全国平均水平，全面解决现行标准下农村贫困人口、贫困县和贫困村的绝对贫困问题，区域性整体贫困得到解决；而乡村振兴战略旨在从根本上解决农民、农村、农业问题，通过农业和乡村优先发展，实现产业兴旺、生态宜居、乡风文明、治理有效、生活富裕。脱贫攻坚和乡村振兴的一致性目标，就是实现农民“居者有其屋”、生活富裕、乡村产业发展、社区有效治理。由此可见，脱贫攻坚有效衔接乡村振兴，一方面是前者的直接成效奠定了脱贫地区特别是脱贫村实现振兴的基础，另一方面是后者为脱贫群众稳定脱贫、逐步实现致富创造了环境，增强了“造血”功能。从乡村发展逻辑看，脱贫攻坚具有多维贫困治理特点，这与乡村振兴涵盖经济、文化、社会、生态等多方面有持续一致性，也就是说脱贫攻坚的多维贫困治理契合乡村振兴的发展需要。脱贫攻坚通过增加收入、提升人力资本、保护生态、保障基本权利等多维贫困治理的路径、特性，使脱贫攻坚有效推动农村贫困人口全面发展和贫困乡村整体发展，契合了乡村振兴的发展需要。

二、脱贫攻坚有效衔接乡村振兴的进展和挑战

2021年是从脱贫攻坚到乡村振兴、实现巩固拓展脱贫攻坚成果同乡村振兴有效衔接的第一年。各地各部门认真贯彻习近平总书记重要指示批示精神和党中央、国务院决策部署，扎实推进巩固拓展脱贫攻坚成果同乡村振兴有效衔接。总体上看，全国脱贫攻坚政策调整优化任务全面落实，乡

村振兴机构队伍全面完成重组，巩固脱贫成果各项重点工作深入推进，基本实现政策无缝衔接、机构平稳过渡、干部思想稳定、工作有序推进。

（一）脱贫攻坚有效衔接乡村振兴取得积极进展，呈现三大特点

一是巩固脱贫攻坚成果成效明显。首先，不断健全防止返贫动态监测和帮扶机制。根据国家乡村振兴局统计，截至2021年10月底，全国共识别纳入防止返贫监测对象526万人，75%已消除返贫致贫风险。其次，打出政策组合拳。加强脱贫劳动力就业帮扶，强化易地搬迁后续扶持，规范扶贫项目资产后续管理，确定了160个国家乡村振兴重点帮扶县，24个省（区、市）确定了472个省级乡村振兴重点帮扶县。再次，允许结合实际调整衔接资金和涉农整合资金使用结构，优先安排实施防止因灾返贫急需项目，因灾返贫致贫风险得到有效防范和化解。

二是有效衔接工作有力有序推进。第一，以强化供给促进政策有效衔接。2021年中央财政衔接推进乡村振兴补助资金投入1561亿元，比上年增加100亿元；中央农村工作领导小组研究确定的33项衔接政策全部出台，中央各部门出台相关文件近40个，按照延续、强化、取消（含逐步取消）、调整等分类优化政策；各地先后出台政策衔接的实施意见，制定具体政策落实措施。第二，以完善机制促进帮扶工作有效衔接。调整完善东西部协作结对关系，8个东部省市结对帮扶西部10个省（区、市）；保持305家中央单位定点帮扶592个脱贫县工作总体稳定；包括第一书记在内的56万名驻村干部全部完成轮换，驻村帮扶力量继续加强。第三，以形成合力促进机构队伍有效衔接。形成了中央农办牵头实施、农业农村部统筹实施、国家乡村振兴局具体实施“三位一体”共同抓乡村振兴的工作格局，省、市、县乡村振兴部门改组基本完成。第四，以优化为导向促进考核机制有效衔接。中央农村工作领导小组印发《东西部协作考核评价办法》《中央单位定点帮扶工作成效考核评价办法》，中央农办、国家乡村振兴局印发《巩固脱贫成果后评估办法》，有效衔接考核评估机制初步建立。

三是乡村振兴重点工作初见成效。如乡村建设顶层设计基本完成。已制定《乡村建设行动实施方案》，明确12项重点工作。又如，完成《农村人居环境整治提升五年行动方案（2021—2025年）》的制定。再如，编制了美丽宜居村庄建设指南，持续开展村庄清洁行动，稳步推进垃圾污水处理等工作。此外，农村改厕有效推进，乡村治理水平不断提升。深入开展乡村治理试点示范，推行积分制和清单制管理，一体推进乡村治理和农村精神文明建设。

（二）从近一年的实践看，脱贫攻坚有效衔接乡村振兴面临六个方面的挑战

一是对脱贫攻坚有效衔接乡村振兴的共识有待深化。实现巩固拓展脱贫攻坚成果同乡村振兴有效衔接有三个关键词："巩固""拓展""衔接"。从目前实践看，共识尚未完全达成，将会影响顶层设计的优化以及基层的落地落实。比如，在巩固脱贫成果方面，主要集中在巩固"两不愁三保障"成果，确保脱贫人口不返贫、不产生新的贫困人口，但对如何巩固在脱贫攻坚期实施的那些有助于对贫困和低收入人群发挥可持续帮扶效果的系列政策措施认识不足，对脱贫攻坚期形成行之有效的帮扶体制机制如何巩固认识不够。又如，拓展脱贫成果不仅是帮扶对象的拓展，还应包括帮扶标准的拓展，以及对帮扶政策的调整和完善。再如，巩固拓展脱贫成果是第一阶段的任务，第二阶段就是全面实施乡村振兴战略，而实际上，巩固脱贫成果和全面实施乡村振兴战略不是截然分开的两个阶段的任务；相反，巩固脱贫成果的任务不仅应贯穿于过渡期，而且应贯穿于全面实施乡村振兴战略时期，是实施乡村振兴战略的应有之义。因此，无论在哪个时期，巩固脱贫成果都是工作任务之一，都必须体现在领导体制、考评体系、政策举措等各个方面。

二是脱贫地区内生发展动力不足。集中体现在160个国家乡村振兴重点帮扶县。这些县绝大部分都是原深度贫困县，其主要特点：防止返贫的任务特别重，累计脱贫人口占全国总数的近五分之一；持续发展的基础比较弱，国家乡村振兴重点帮扶县人均GDP仅为全国的三分之一，一般公共预算收入不到全国的六分之一，人均耕地灌溉面积不到全国的十二分之一，农村人均用电量刚刚超过全国的三分之一；不少地方产业发展起步晚、规模小、布局散、链条短、销售难，产业同质化问题还比较严重，平均农村低保标准均低于本省（区、市）和全国水平；区域相对集中，困难交织叠加；不少县是集地质灾害高发区、革命老区、民族地区于一体，这些地方大多位置偏远、生态脆弱、地质灾害频发，脱贫人口返贫压力大；一些地方由于历史原因，社会文明程度较低，社会发育仍然滞后，不少群众沿袭陈规陋习，自我发展动力和能力仍然不足。

三是巩固拓展脱贫成果存在风险。第一，防止返贫动态监测和帮扶工作机制不到位。体现在：宣传不到位，基层干部群众知晓程度不高；部门责任落实存在不到位情况，目标任务存在不够明确现象；对返贫户、新致贫户的动态监测不及时，甚至因担心发生规模性返贫，而“一兜了之”。第二，脱贫地区民生保障既要防止泛福利化，又要保持政策的连续性。如医保参保资助政策调整过快，脱贫户支出压力增加，可能导致脱保，带来因病返贫风险。第三，易地扶贫搬迁后续扶持任务重、难度大。社区融入是一个长时间的历史过程，安置点产业就业、社区治理、公共服务等方面还需做好衔接、持续推进。第四，产业就业不足，持续性弱。脱贫攻坚时期支持发展的产业存在产业链条短、市场风险大、比较优势不足等问题，外出务工办法不多、公益岗位作用存在弱化趋势，就业培训精准性、针对性不够强。

四是拓展脱贫攻坚成果有效衔接乡村振兴出现碎片化。主要问题集中体现在：在理论拓展方面，中国特色反贫困理论如何指导高质量乡村振兴研究不足；在治理体系拓展方面，脱贫攻坚形成的领导体制、制度体系、益贫政策、工作机制、机构队伍如何应用于乡村振兴尚未形成体系化理念；在产业拓展方面，如何从扶贫产业到兴旺产业需要体系化设计；在精神拓展方面，在乡村振兴中发扬脱贫攻坚精神尚未引起重视。

五是乡村建设行动存在诸多问题。有的地方忽视乡村建设的阶段性，不切实际打造“样板村”“示范村”。有的“示范村”“示范镇”，在多数的地方其实不可复制，因为超越了县域经济所处的发展阶段和发展水平，县域财力根本无力支撑如此标准的建设在全县推开。有的地方忽视乡村建设的系统性，软硬件建设不平衡。公厕、污水处理等相关设施的运营和管护缺乏，农村养老、托幼等服务设施和可持续性资源缺乏，村级卫生室执业医师缺乏等。有的地方忽视乡村独特的价值，以城市化思维规划建设乡村。一些地方在乡村建设中不尊重乡村特色风貌，照搬城镇模式，去庭院、建排楼，千村一面。以城市化思维搞乡村建设的根源是对乡村独特的价值性缺乏认识。有的地方忽视乡村建设动力的内生性，市场和农民主体作用发挥不足。如在人居环境整治行动中，政府大包大揽，多数农民缺乏参与的内生动力，认为是政府的事。

六是工作作风急需持续改进。有些地方普遍存在“松口气、歇歇脚”现象，对中央决策部署、政策理解有偏差，推动落实乏力，能力素质不适应，缺乏深入、细致的调查研究。

三、脱贫攻坚有效衔接乡村振兴逻辑的演进展望

应对上述挑战，总的要求是以习近平新时代中国特色社会主义思想特别是习近平总书记关于巩固拓展脱贫攻坚成果同乡村振兴有效衔接、关于乡村振兴、关于共同富裕的重要论述为指引，贯彻落实《中华人民共和国乡村振兴促进法》和党中央、国务院的决策部署，把巩固拓展脱贫攻坚成果、防止规模性返贫作为底线任务，全面推进工作重心向乡村振兴转移。

（一）从推进脱贫攻坚有效衔接乡村振兴的战术维度看，关键是2022年要在把握新发展阶段、贯彻新发展理念、构建新发展格局中持续巩固拓展脱贫攻坚成果、全面推进乡村振兴

一是坚持精准方略，持续巩固拓展脱贫攻坚成果。聚焦重点群体，强化防返贫机制的落实。简化监测识别程序，将脱贫不稳定户、边缘易致贫户和突发严重困难户及时纳入监测，实现应纳尽纳、应扶尽扶、有序退出。聚焦重点区域，强化倾斜支持政策的落实。加大对160个国家乡村振兴重点帮扶县的倾斜支持政策，形成协同效应；对搬迁安置点分类精准采取对策，重点抓好搬迁群众的稳岗就业和社区融入，确保稳得住、能致富。

二是坚持系统观念，实施综合性、可持续的乡村建设行动。创新金融机构支持乡村建设项目的支持机制模式，通过县域统筹逐步提高乡村基础设施和公共服务水平，推进农村人居环境整治工作。按照“整顿、完善、巩固、提高”的总体思路，因地制宜选择改厕模式，推进农村厕所革命。以乡镇政府驻地和中心村为重点，梯次推进农村生活污水治理。健全农村生活垃圾收运处置体系，推进农村生活垃圾就地分类和资源化利用。持续推进村庄清洁行动和乡村绿化美化行动，推进整体提升，推进村容村貌常年保持干净整洁、有序美丽。

三是坚持自治、法治、德治相结合，不断加强和改进乡村治理。加强乡村基层组织建设，建立健全党组织领导下的自治、法治、德治相结合的

乡村治理体系，探索推进把乡镇建成乡村的治理中心、服务中心、经济中心，提升社会管理服务能力。健全常态化驻村工作机制，派强用好驻村第一书记和工作队，引导基层干部积极参与。持续推进农村移风易俗，重点治理高价彩礼、人情攀比、铺张浪费、封建迷信等不良风气。大力建设数字乡村①。

四是坚持示范导向引领，全面推动农村社会事业加快发展。组织开展县乡村公共服务一体化试点示范，制定一体化地方标准，健全体制机制和政策体系，创新优化农村公共服务供给模式。组织开展农村公共服务发展状况评价，建立农村社会事业评价指标体系和发展评价指数，开展评价工作，引导均衡发展。

五是坚持产业、生态、组织、文化、人才“五位一体”，整体推进“五大振兴”。促进产业减贫及升级，实现产业兴旺。将乡村振兴战略的思想和原则融入具体的产业发展中，牢牢把握产业选择、资金筹措、技术服务、农民培训、组织形式、利益联结机制等方面，推动一二三产业融合发展，延长农业产业链、价值链，提高产品增加值，深入推进振兴乡村经济的产业革命。坚持绿色减贫及发展，实现生态宜居。推动生态资源向资产与资金有序转化，从生态保护、农业新业态、农业标准化生产方面促进贫困地区绿色发展，采取法律方式保证绿色发展和环境保护政策切实落地，通过立法来保护乡村整体环境。促进组织衔接及强化，实现治理有效。建立起相对完善的组织力量，将脱贫攻坚的组织机制与乡村振兴衔接，利用驻村干部振兴、第一书记振兴、对口帮扶振兴等方式，奠定乡村振兴战略的组织基础，提升乡村治理的领导能力，以法治推进乡村振兴。推动文化减贫及振兴，实现乡风文明。把培育和践行社会主义核心价值观的根本要求贯穿始终，通过教育引导、舆论宣传、文化熏陶、道德教化、实践养成和制度保障等方式，形成良好的家风家规，同时外化为自觉行动。加快实现乡村文化产业化，保持乡村文化的生命力和创新力。强化人才培养及提升，实现人才振兴。培养新时代的乡土人才，引进懂科技、懂管理、懂市场、懂法律的现代化人才，为乡村振兴战略提供坚实的人才支撑和智力保障。

① 黄承伟：《推进乡村振兴的理论前沿问题》，《行政管理改革》2021年第8期。

此外，要加强研究，从责任落实、组织推动、社会动员、要素保障、考核评价、工作报告、监督检查等方面，健全完善乡村振兴一揽子推进机制。制定中央有关部门落实乡村振兴责任和五级书记抓乡村振兴具体细则。精准开展干部培训，加强乡村振兴系统组织保障。

（二）从脱贫攻坚有效衔接乡村振兴的战略层面看，主要是在扎实推动共同富裕目标指引下推进高质量乡村振兴

着力巩固拓展脱贫攻坚成果是全面推进高质量乡村振兴的基础和内容。对于脱贫地区，没有稳固的脱贫成果，没有脱贫成果的拓展，就谈不上乡村振兴。乡村振兴的总目标是实现农业农村现代化，乡村振兴是不存在贫困问题的乡村振兴。脱贫地区在解决绝对贫困问题后，依然存在发展不平衡不充分的问题，因此，乡村振兴就是要在消除绝对贫困基础上，把不平衡不充分的发展限制在合理的、可以接受的范围。乡村振兴的重要内容就是巩固拓展脱贫攻坚成果。用大历史观理解，巩固拓展脱贫攻坚成果同乡村振兴有效衔接，将呈现三个方面特点：一是由巩固和拓展并重逐步转向拓展为主。“十四五”时期，巩固拓展脱贫攻坚成果同乡村振兴有效衔接，前提和基础是稳固脱贫、防止返贫。但是，防止返贫的关键在拓展，也就是需要在稳步发展中预防返贫和新的贫困问题出现，这就必然是逐步向拓展转变。二是由阶段性和长期性并重逐步转向长期性，在脱贫攻坚期间所有的设计制度、体制机制、政策都有阶段性的特征，就是集中在一定的时间内消除绝对贫困问题。进入社会主义现代化国家的新征程，这是一个新的历史性过程，这就需要将阶段性的设计逐步向长期性制度安排转变。设立过渡期，重要的目标就是逐步实现从阶段性向长期性转变。三是由特惠性与普惠性并重逐步转向普惠性。共同富裕社会，其体制、机制和政策，也就是国家治理体系必然是稳定的。为打赢脱贫攻坚战，国家设立很多特惠性政策，这些政策在脱贫攻坚时期发挥了重要作用。但在乡村振兴的历史进程中，既需要逐步巩固、拓展，又需要建立持续稳定的防止返贫长效机制。

高质量乡村振兴必然要求统筹发展与安全。这既是中国在全面建设社会主义现代化国家的根本原则，也是习近平总书记指导中国发展的根本遵循。现阶段中国发展是立足新发展阶段的发展，是深入、全面、准确贯彻落实新发展理念的发展，是构建新发展格局的发展。新发展阶段、新发展理念、新发展格局必然贯穿乡村振兴的全过程。因此，乡村振兴不仅仅是某个乡村的振兴、某个乡村的发展，而是需要用更宏大的视野、更高的站位去看乡村振兴。从安全角度看，乡村振兴的内涵更加丰富，乡村振兴和安全密切相关。比如从经济上看，粮食安全就是一个大问题，返贫特别是大规模的返贫也是经济安全问题。再如，在脱贫攻坚期间发展了很多产业，但是一些产业普遍存在不少挑战，如同质化问题、市场容纳程度问题等。特别是一些经济林果，规模上市后市场能否稳定将决定农民的收入是否稳定、产业能否实现兴旺，这就是潜在的风险。从政治上看，乡村振兴的根本的目标，就是农业农村现代化。从中国共产党执政基础角度看，农业农村现代化的根本就在于如何巩固和夯实中国共产党的执政基础，因为我们党的根基在农村、在人民，即便是现在农村7亿多户籍人口或5.1亿常住人口，都是我们党重要的执政基础根基。乡村振兴如果不以此作为根本原则，振兴是毫无意义的。其他安全方面还包括社会、文化、生态、党的建设等方面。总之，实现乡村振兴高质量发展，必然需要统筹发展与安全。

在构建乡村振兴工作大格局中高质量推进乡村振兴。乡村振兴的深度、广度、难度都不亚于脱贫攻坚。如何动员全社会的各种重要力量，形成政府、市场、社会联动，行业促进振兴、专项促进振兴、社会参与振兴联动发展的大工作格局，是高质量乡村振兴的力量保障。民族要复兴，乡村必振兴，是乡村振兴工作大格局的客观依据。乡村振兴是全民族的事，需要凝聚形成更大的合力。要把精准方略和构建乡村振兴工作大格局有机结合起来，把广泛动员起来的社会力量，精准地用于推进乡村振兴。要在乡村振兴中充分弘扬脱贫攻坚精神，用精神凝聚人心，凝聚推动乡村振兴的强大合力。

在城乡融合发展中推进高质量乡村振兴。城乡融合发展是实施乡村振兴战略的重要保障。如果脱离了城乡的融合发展来谈乡村振兴，根本无从谈起。一个村、两个村可以实现振兴，但是，全域（市、县）内的高质量乡村振兴，必然需要城乡的融合发展。目前，学术界关于城乡融合发展有很多研究，基本的观点和认识就是要在“硬融合发展”的基础上，更加注重“软融合发展”。以城乡融合发展推动高质量乡村振兴，重点是促进城乡的经济结构、社会结构、空间结构等重点领域的融合，同步构建户籍制度、空间规划制度、集体土地制度等多方面的城乡融合制度体系，疏通梗阻，促进城乡融合发展。同时，大力推动城乡统一的土地市场加快形成，下大力气解决城乡公共资源配置失衡问题，拓宽农民增收渠道，缩小城乡居民收入差距。

（三）从脱贫攻坚有效衔接乡村振兴根本保障看，要始终加强党对“三农”工作的领导，以习近平总书记关于党建引领乡村振兴的重要论述为指引，在继承发扬党建引领脱贫攻坚经验的基础上，在巩固拓展脱贫攻坚成果同乡村振兴的有效衔接、推动乡村振兴和共同富裕的进程中，加强党建引领乡村振兴的工作

一是强化理论武装。学习领会习近平总书记关于巩固拓展脱贫攻坚成果同乡村振兴有效衔接的重要论述、关于乡村振兴的重要论述、关于共同富裕的重要论述，为乡村振兴系统坚持党建引领乡村振兴提供思想武装。加强农村党员、群众的培训，切实提高培训的精准性、有效性。

二是强化班子建设。选优配强县级领导班子，配强党政的正职，保持县级党政正职任期内相对稳定。增强乡镇领导班子的整体功能。要配好党政正职，加强乡镇工作的力量，完善激励机制，落实好“三个区分开来”，注意保护干部的积极性主动性。

三是强化基层基础。加强村“两委”建设和创业致富带头人培育。选准村党支部书记和致富带头人。选好配强第一书记和驻村工作队。在党建引领的框架下集聚发展村集体经济，实现统筹，形成集聚效应、规模效应。

四是强化人才作用。推动人才下乡与本土人才回引。推动城镇的人才下乡，继续选派好科技特派员，探索市场激励的途径。加强本土人才的回引，积极总结地方回引人才的成功实践。加强人才培训培育，包括创业致富带头人培训、参与乡村振兴各类人才培训等。

五是强化完善治理。坚持党对乡村治理体系的领导。实行党务、村务、财务公开和群众监督。构建“三治”融合的乡村治理体系。

六是强化责任落实。落实一把手负责制，建立实施乡村振兴战略领导责任制，健全中央统筹、省负总责、市县乡抓落实的农村工作体制，层层落实五级书记抓乡村振兴责任。按照习近平总书记关于党建引领乡村振兴的重要论述的要求，强化领导责任、部门责任、各级责任。

推进乡村振兴的理论前沿问题

实施乡村振兴战略是关系全面建设社会主义现代化国家的全局性、历史性任务。在从脱贫攻坚到乡村振兴的历史性转移进程中，梳理辨识、全面分析、深刻理解乡村振兴面临的理论前沿问题具有重要的理论和现实意义。本文以习近平总书记关于乡村振兴的重要论述为指引，遵循大局观、时空观、系统观原则，选择界定了乡村振兴十个理论前沿问题，从推进乡村振兴的历史方位与战略定位、理论指导和基本方略、战略重点和关键路径、治理体系和根本保障四个方面进行深入阐述，旨在为乡村振兴战略实施相关顶层设计的完善提供参考，为相关研究深化提供基础。

《行政管理改革》2021年第8期，《新华文摘》2021年第23期全文转载党的十九大以来，习近平总书记多次发表重要讲话，作出重要指示，深刻论述乡村振兴的重大意义，系统回答了“建设怎样的乡村”“怎样建设乡村”等一系列重大理论和实践问题，形成了关于乡村振兴的重要论述。这一重要论述是习近平新时代中国特色社会主义思想和习近平关于“三农”工作重要论述的重要组成部分，为实现巩固拓展脱贫攻坚成果同乡村振兴有效衔接、全面推进共同富裕目标导向下的乡村振兴提供了行动纲领，为走中国特色社会主义乡村振兴道路指明了方向。习近平总书记强调，脱贫攻坚取得胜利后，要全面推进乡村振兴，这是“三农”工作重心的历史性转移。在从脱贫攻坚到乡村振兴实现历史性转移之际，系统研究乡村振兴的理论前沿问题，为相关决策和深化研究提供参考，具有重要的现实意义。

一、问题提出与分析框架

2021年上半年，根据中央部署，全国扶贫工作机构重组为乡村振兴部门的工作基本完成。同年6月1日，我国第一部以“乡村振兴”命名的基础性、综合性法律——《中华人民共和国乡村振兴促进法》生效，与2018年以来中央一号文件、《乡村振兴战略规划（2018—2022年）》、《中国共产党农村工作条例》共同构成实施乡村振兴战略的“四梁八柱”。随着《中共中央国务院关于实现巩固拓展脱贫攻坚成果同乡村振兴有效衔接的意见》以及各部门相关配套政策的相继印发，从脱贫攻坚到乡村振兴的历史性转移全面启动，乡村振兴战略的实施进入了新阶段。

习近平总书记强调指出，全面实施乡村振兴战略的深度、广度、难度都不亚于脱贫攻坚，必须加强顶层设计，以更有力的举措汇聚更强大的力量来推进。为进一步凝聚思想共识，更加广泛开展社会动员，促进乡村振兴政策体系、工作体系和制度体系不断完善，着力提升乡村振兴机构队伍的能力，一项紧迫而重要的任务，就是在习近平总书记关于乡村振兴的重要论述的指引下，深刻认识、全面理解、准确把握乡村振兴战略实施面临的一系列理论及实践前沿问题。

乡村振兴战略实施的长期性、复杂性和艰巨性，决定了全面推进乡村振兴面临的前沿问题呈现多样化特征。本文梳理和辨识的前沿问题主要侧重理论认识层面，遵循以下三项原则：

第一，坚持大局观。从脱贫攻坚到乡村振兴的历史性转移，是中华民族伟大复兴战略全局和世界百年未有之大变局的重要内容，必须围绕立足新发展阶段、贯彻新发展理念、融入新发展格局的“三新”战略框架，服务提升政治判断力、政治领悟力、政治执行力的要求，聚焦“十四五”时期乡村振兴目标和产业、人才、文化、生态、组织“五大振兴”的具体任务。

第二，坚持时空观。从空间上，既考虑不同区域（如发达地区、发展中地区、脱贫地区、“三区三州”、革命老区等）之间的差异，重视国家区域重大战略、区域协调发展战略对乡村振兴的带动和影响，又特别关注城乡互动与发展融合。从时间上，基于“两个一百年”奋斗目标的历史交汇点，往前回顾是建党百年乡村建设的历史回顾与智慧吸取，往后展望是全面建设社会主义现代化国家新征程的战略谋划与战术设计。

第三，坚持系统观。与乡村振兴的系统性特征相适应，前沿问题的确定需要充分考虑顶层设计、总体布局、统筹协调、整体推进、督促落实等工作体系要素，也关注重视理论、战略、政策、实践等不同层面研究和多种思维方法的要求，还包含专家学者、基层干部群众、各类帮扶主体的视角。

按照以上三个原则，本文界定了十个方面的理论前沿问题，分别是：乡村振兴的历史方位、指导思想、战略定位、战略重点、精准方略、工作格局、内生动力、重点难点、治理体系和党的领导。这些问题既相互独立，又相互关联。对这十个问题的全面论述，实际上是共同构成了乡村振兴认识论。根据这些问题的层次性和内在关联程度，下文从推进乡村振兴的历史方位与战略定位、理论指导和基本方略、战略重点和关键路径、治理体系和根本保障等四个方面，逐一进行全面分析、深入论述，旨在为参与、关心乡村振兴战略实施的理论和实践工作者，特别是各级领导干部提供参考，也尝试为学界深化相关研究提供资料。

二、推进乡村振兴的历史方位与战略定位

（一）准确把握历史方位是全面理解乡村振兴战略体系的出发点

历史方位是指一个民族、国家在历史进程中的前进方向、所处位置及发展状态，乡村振兴的历史方位就是指我国农业农村现代化发展进入了一个新的历史发展阶段。党的十九大提出乡村振兴战略，这是以习近平同志为核心的党中央从党和国家事业全局出发，着眼于实现“两个一百年”奋斗目标、顺应亿万农民对美好生活的向往作出的重大决定。实施乡村振兴战略是中国特色社会主义进入新时代做好“三农”工作的总抓手。我们要认真总结改革开放特别是党的十八大以来“三农”工作的成就和经验，准确把握“三农”工作新的历史方位，把党中央提出实施乡村振兴战略的战略意图领会好、领会透。

（二）多维度认识和准确把握乡村振兴的历史方位

一是从历史交汇点维度看。“十三五”时期，农业农村发展取得新的历史性成就，全面建成小康社会的目标如期实现，特别是新时代脱贫攻坚战的全面胜利，为乡村振兴奠定了重要基础。在“两个一百年”奋斗目标交汇之际，党的十九届五中全会把“脱贫攻坚成果巩固拓展，乡村振兴战略全面推进”作为“十四五”时期经济社会发展主要目标进行部署，实际上明确了乡村振兴就是开启全面建设社会主义现代化国家新征程的重大战略举措。

二是从发展目标维度看。我国社会主要矛盾的变化决定着乡村振兴的历史方位和发展方向。社会主要矛盾的变化，要求我国在继续推动发展的基础上，着力解决好发展不平衡不充分问题，更好满足人民日益增长的美好生活需要。这就需要通过全面的乡村振兴强化以工补农、以城带乡，推动构建工农互促、城乡互补、协调发展、共同繁荣的新型工农城乡关系。

三是从发展方向和实现路径维度看。全面推进乡村振兴需要以习近平新时代中国特色社会主义思想为根本遵循，践行以人民为中心的发展思想，把乡村建设摆在社会主义现代化建设的重要位置，全面推进乡村的产业、人才、文化、生态和组织振兴，促进农业全面升级、农村全面进步、农民

全面发展，加快农业农村现代化。

（三）乡村振兴的战略定位是乡村振兴历史方位的具体呈现

实施乡村振兴战略，是中国共产党领导的中国特色社会主义事业的本质要求，是中国特色社会主义事业应变局、开新局的必然要求，是开创中国特色农业农村现代化道路的内在要求。乡村振兴的战略定位集中体现在坚持走中国特色社会主义乡村振兴道路。这条道路具有鲜明的时代特征。

一是始终坚持党的领导。党的领导是中国特色社会主义道路的本质特征和最大政治优势，是中国特色社会主义乡村振兴道路的突出特点和根本政治保障。坚持党的领导，才能够坚持正确方向，坚持农业农村优先发展的战略定位，凝聚最广泛合力，确保攻坚克难、实现共同富裕。

二是始终坚持人民至上。实施乡村振兴战略是解决发展不平衡不充分问题的关键和难点，是推进中国特色社会主义现代化强国建设的重中之重，是中国发展的最大潜力所在。高质量的乡村振兴，不断满足人民对美好生活的向往，是中国共产党的属性决定的，也是巩固执政根基、保证社会主义事业立于不败之地的根本方法。

三是始终坚持共同富裕的方向。共同富裕是人民至上的自然延伸，是中国特色社会主义的鲜明特征和乡村振兴的内在目标，是实现马克思主义关于人的全面发展理想的基础和保障。这一发展方向将凝聚共建共享的发展共同体，最大限度调动和激发各种生产要素的积极性和创造力，走一条符合我国人多地少、资源匮乏的基本国情的新型农业农村发展道路。

四是始终坚持绿色振兴理念。绿色振兴是“两山”理念的具体体现，是实现可持续高质量乡村振兴的必然选择。只有实现生态价值、人的需要与经济价值统一的乡村振兴，才可能创造出人民群众的高品质生活。

五是始终坚持城乡融合发展。建立城乡融合发展体制机制和政策体系，是打破城乡二元发展模式、实现城乡共生发展和共同繁荣的关键。只有促进要素在城乡之间合理配置、公平流动，开拓发展空间、培育新的发展动力，才能真正逐步实现共同富裕。

六是始终坚持改革创新。创新是发展的动力之基，改革是发展的活力之源。统筹绿色发展、共享发展、城乡融合发展的乡村振兴，必须用改革的办法破解发展的障碍，提升发展效能，用创新的办法孵化新的业态，满足新的需求。

七是始终坚持文化繁荣。用高尚的文化涵养人心，用高雅的文化滋养生活，实现人的解放，以及人与人、人与自然的和谐，是马克思主义的思想精髓，是中华农耕文明的底色，是中国特色社会主义乡村振兴的重要精神力量。

三、推进乡村振兴的理论指导和基本方略

（一）习近平总书记关于乡村振兴的重要论述为全面推进乡村振兴提供了根本遵循

习近平总书记在党的十九大上首次提出实施乡村振兴战略以来，就乡村振兴战略、“三农”工作等发表了一系列重要论述。这些重要论述是习近平新时代中国特色社会主义思想的重要组成部分，为新时代坚持农业农村优先发展、做好“三农”工作提供了思想指导和行动指南。特别是习近平总书记关于乡村振兴战略的总目标、总方针、总要求和制度保障等的重要论述，为全面推进乡村振兴提供了根本遵循。全面系统、深入理解、准确领会习近平总书记关于乡村振兴的重要论述的思想体系，以这一思想体系武装参与乡村振兴的各级干部和社会各方面人员的头脑、指导实践、推动工作，是有力有序推进乡村振兴的前提。习近平总书记关于乡村振兴的重要论述内涵丰富，深刻、系统回答了为什么要振兴乡村、建设什么样的乡村、怎样建设乡村等一系列重大历史性课题；明确了坚持农业农村现代化的总目标，就是要坚持农业现代化和农村现代化一体设计、一并推行，补齐农业农村发展短板，实现农业大国向农业强国跨越；确定了坚持农业农村优先发展的总方针，就是要在资金投入、要素配置、公共服务、干部配备等方面采取有力措施，不断缩小城乡差距；提出产业兴旺、生态宜居、乡风文明、治理有效、生活富裕的总要求；以产业兴旺为解决农村一切问题的前提，以生态宜居为内在要求，以乡风文明为紧迫任务，以治理有效为重要保障，以生活富裕为主要目的，走中国特色社会主义乡村振兴道路；指明了产业振兴、人才振兴、文化振兴、生态振兴、组织振兴等重要内容和实现路径。

（二）习近平总书记关于乡村振兴的重要论述具有鲜明的理论品格

这一重要论述体现了马克思主义的根本立场，贯穿辩证唯物主义和历史唯物主义的世界观和方法论，是在科学方法论指导下党的理论创新重要成果，是马克思主义中国化的巨大飞跃，充分体现了理论的科学性。这一重要论述是一个系统全面、逻辑严密、内涵丰富、内在统一的科学理论体系，系统回答了乡村振兴是什么、怎么做等一系列问题，从乡村振兴规划制定到实施全过程，提供了科学的行动纲领，充分体现了理论的系统性。这一重要论述来源于习近平同志长期主政地方的经验及成长经历，源于习近平总书记基于长期实践及对乡村振兴的深入思考，源于脱贫攻坚的伟大实践和历史性成就，充分体现了理论的实践性。这一重要论述是有效衔接脱贫攻坚成果的理论创新，更重要的是为“到2035年，乡村振兴取得决定性进展，农业农村现代化基本实现；到2050年，乡村全面振兴，农业强、农村美、农民富全面实现”提供理论指导，充分体现理论的时代性。习近平总书记关于乡村振兴的重要论述是马克思主义、中国共产党乡村发展理论的继承与创新。这一重要论述坚持科学社会主义基本原则，是对中国共产党初心使命的坚守，是对人民主体地位的坚持，是对带领人民创造美好生活、走向共同富裕奋斗目标的赓续。此外，这一重要论述也是对一系列国际乡村发展理论的丰富和创新，必将为世界其他发展中国家正确处理城乡关系、推动乡村现代化贡献中国智慧和中国方案。

（三）习近平总书记关于乡村振兴的重要论述的方法论要求坚持精准方略

2013年习近平总书记首次提出“精准扶贫”重要理念，党中央把精准扶贫方略确定为中国新时代脱贫攻坚战的基本方略。精准扶贫实际上是我国国家减贫治理体系应新时期减贫形势变化和打赢脱贫攻坚战所作出的减贫战略调整，也是国家减贫治理体系和治理能力现代化的重要进展。随着经济社会全面发展及国家治理现代化的持续推进，“精准”成为社会运行及公共管理的迫切要求和必然趋势。精准扶贫、精准脱贫，坚持分类施策、因人因地施策、因贫困原因施策、因贫困类型施策，体现了习近平总书记精准施策的方法论。习近平总书记多次强调“精准是要义”，不仅体现在脱贫攻坚上，还体现在他治国理政实践中。比如，把精准施策作为疫情防控的重要方法，强调要精准研判、妥善应对经济领域可能出现的重大风险，要精准发力确保完成就业目标，更精准地推进全面深化改革对接发展所需、基层所盼、民心所向，全面从严治党要抓住要害和关键、点准穴位、打准靶子，干部教育要开展“精准化”的培训，要更加精准地贯彻新发展理念，等等。可见，从精准扶贫、精准脱贫到精准施策，“精准”要义已成为指导“十四五”时期高质量发展、指导全面建设社会主义现代化国家的重要方法。精准方略已成为乡村战略实施的基本方略。

（四）全面推进乡村振兴必须坚持精准方略

一是要坚持以习近平总书记关于乡村振兴的重要论述为根本遵循。习近平总书记关于乡村振兴战略内涵、目标、意义，乡村振兴总目标、总要求，乡村振兴的路径、理念、体制机制、共富发展等方面的重要论述，为新时代乡村振兴提供了认识基础、方法基础和实践遵循。

二是要坚持梯次推进、区域协调发展。《乡村振兴战略规划（2018—2022年）》提出“梯次推进乡村振兴”的原则，推动不同地区、不同发展阶段的乡村有序实现农业农村现代化。发挥东部沿海发达地区、人口净流入城市的郊区、集体经济实力强以及其他具备条件乡村等引领区的示范作用。聚焦攻坚区如革命老区、民族地区、边疆地区、集中连片特困地区的乡村振兴精准发力。充分考虑区域发展的差异性。

三是精准回应乡村振兴存在的突出问题。如农村人口大量流出与农村空心化，原子化的农民与消解的公共精神，快速城镇化与区域发展不平衡，乡村振兴的复杂性与多样性等方面的问题，都需要因问题、因原因精准施策、精准解决。

四是要深化驻村精准帮扶工作。坚持有序衔接、平稳过渡，在严格落实脱贫地区“四个不摘”要求基础上，合理调整选派范围、优化驻村力量、拓展工作内容，逐步转向全面推进乡村振兴。

五是要提高东西部协作的精准度。通过市场、资本、技术、资源的优化整合，实现东、中、西部联合发展。东部沿海发达地区要以中西部落后地区的产业兴旺为帮扶工作重点，用自身的发展经验盘活中西部发展活力。通过帮扶交流链接资源，促进城市种养业、物流管理、医疗康养、决策咨询、农产品深加工等都市农业和对口定点地区的现代服务业对接。中西部贫困地区发挥劳动力、土地、厂房、资源优势，承接劳动密集型行业的转移，促进新型材料制造、食品饮料、新能源运用与储能研发、轨道交通、生物医药、装备制造等领域的发展，推动产业结构升级，为乡村振兴打基础。立足当前、面向长远，深入实施东、中、西部人才协作，着力完善贫困地区的人才“造血”功能。

六是要促进大数据与乡村振兴融合。做好现代农业大数据发展的顶层设计，建设信息共享体系与数据标准体系，促进大数据与农业产业深度融合，发挥大数据助力乡村振兴绩效评价的作用。

七是要充分发挥社会工作的作用。稳步构建以乡镇社工站为主体的农村社会工作服务体系，促进社会工作在农村社会场域的本土化，政府发挥定向、赋权、监督、展能等功能，建立双方合作伙伴关系。

四、推进乡村振兴的战略重点和关键路径

（一）全面推进乡村振兴必须把握好战略重点

理解乡村振兴的战略重点至少有四个维度：一是战略目标的全局性。乡村振兴的战略目标是要聚焦农业农村的长远发展和农民生活幸福指数的全面提升。既要追求看得见的近期发展成效，更要遵循乡村建设规律，坚持科学规划和高质量发展。二是战略内容的整合性。乡村振兴的战略内容是涉及“产业、人才、文化、生态与组织”的多维发展战略的集合体，也是涉及多个政府部门、企业、其他社会力量和社区居民参与的多主体协同式乡村振兴体系，需要各方共同努力。三是战略方式的系统性。乡村振兴的战略方式是集“人才配置、政策配置、资金配置、服务配置”等为一体的理论和实践创新，需要统筹谋划、精准施策、分类推进，科学把握不同乡村的发展差异和特点，提升工作方式的针对性。四是战略过程的递进性。巩固拓展脱贫攻坚成果、实现巩固拓展脱贫攻坚成果与乡村振兴有效衔接、全面推进乡村振兴接续推进。这实际上是为准确把握全面推进乡村振兴的战略重点指明了方向。

一是要把巩固拓展脱贫攻坚成果作为乡村振兴的基础，保持主要帮扶政策总体稳定，健全防止返贫动态监测和帮扶机制，加强农村低收入人口常态化帮扶，完善开发式救助和社会保障兜底分类帮扶机制，继续强化脱

贫地区产业的人才、技术和政策支持，规避各类市场风险，促进产业的内生性发展，优化易地扶贫搬迁后续帮扶机制。

二是要把促进巩固拓展脱贫攻坚成果与乡村振兴有效衔接作为乡村振兴战略实施的关键，做好政策衔接，出台更多兼具普惠性和区域性的发展政策；做好组织和人才衔接，健全中央统筹、省总负责、市县乡抓落实的工作机制，做好第一书记、驻村干部和本土人才的衔接和培育；结合脱贫攻坚的完成情况和乡村振兴新的目标要求，制定并衔接好各类规划；做好产业发展的衔接，完善利益联结机制，促进脱贫人口稳定就业。

三是要把全面推进乡村振兴作为乡村振兴战略实施的方向，妥善处理农民和土地的关系、城市和农村的关系、中央顶层设计和地方基层实践的关系、外部帮扶和内部资源挖掘的关系。此外，要把保障好、维护好农民合法权益作为乡村振兴的出发点和落脚点，坚持为农民而建、为农民而兴，尊重农民意愿、坚持因地制宜，确保乡村振兴在法治轨道上有序推进、行稳致远。

（二）构建乡村振兴战略实施大格局是全面推进乡村振兴的关键路径

乡村振兴的艰巨性复杂性决定了构建以政府为主导、市场与社会力量广泛参与、具有多元化主体的乡村振兴战略实施大格局的必然性。要通过政府决策引导、市场经济互补及社会主动参与等多样化实施方式，形成产业振兴、生态振兴、文化振兴、人才振兴及组织振兴“五大振兴”体系化的实施机制，有力有序推进乡村振兴战略实施大格局的形成。

一是要完善顶层设计，各地各部门通过宣传、引导以及政策支持等方式推动市场主体与社会主体从脱贫攻坚实践逐渐转向乡村振兴行动，提高各方面主动参与乡村振兴战略实施的主动性、积极性。

二是中央和地方要协同明确各主体在乡村振兴战略实施大格局中的角色定位和作用，细化市场主体、社会主体参与乡村振兴战略实施的方式路径。

三是要创新、优化相关体制机制，引导和促进政府、市场与社会力量各个主体，按照系统理念，把产业、生态、文化、人才、组织等要素振兴有机结合，逐步系统化，形成“1+1>2”的合力。乡村振兴战略实施大格局的形成是一个渐进过程，需要持续发挥政府在规划引导、政策支持、市场监管、法制保障等方面的积极作用；需要以市场需求为导向，遵循市场的决定性作用，不断增强乡村地区发展的竞争力；需要创新完善多元主体协同参与乡村振兴的机制与模式，更广泛挖掘、激发更多社会主体参与乡村振兴的潜力和动力。

（三）把广大农民对美好生活的向往转化为推动乡村振兴的内生动力

乡村振兴内生动力，是指在全面推进乡村振兴过程中，通过农民个体的自我发展、基层干部的主动作为、基层组织的积极引领等多重合力，共同激发乡村经济社会发展的潜能和活力。乡村振兴的内生动力在目标上体现为内生动力与外源推力的协同发展，在方式上体现为乡村农民群众、基层干部、基层组织多元共治格局，在机制上体现为将传统文化和现代文明有机融合到乡村发展进程中。激发培育乡村振兴内生动力需要久久为功。

首先，要着力培育农民的主体意识，这是激发培育乡村振兴内生动力的基础。坚持人民至上的根本立场，构建激发乡村振兴内生动力的政策体系，将农民纳入政策体系的中心位置，对不同地区和不同低收入群体制定差异化政策，以外部政策体系干预提升其内生发展能力。充分发掘乡村和农民的内部潜能，重视农民内生性需求，探索以农民为主体的内生性发展。

其次，要着力强化基层党组织建设和重塑乡村社会组织，这是激发培育乡村振兴内生动力的关键。以乡村社会为主体吸纳整合各类资源，重塑乡村社会组织的凝聚力和组织力，培育乡村内生发展动力，实现城乡融合发展，促进多元共治。为此，需要夯实基层党组织，保持基层干部队伍的稳定性，发挥实施乡村振兴战略的主心骨作用；需要发展壮大村级集体经济，增强乡村发展动能，筑牢乡村可持续发展基础；需要培育乡村内生组织，例如乡贤会、红白理事会等，打通农民利益诉求表达的多元化渠道。

再次，要着力推进乡风文明建设，这是激发培育乡村振兴动力的保障。乡村是中华优秀传统文化和乡土文化的载体，激发乡村振兴的内生动力需要以文化振兴作为精神基础。全面推进乡村振兴，需要坚持以社会主义核心价值观为引领，深入挖掘优秀乡土文化的丰富内涵，凝聚农民共同的价值取向、道德规范、精神风貌，培育文明乡风、良好家风、淳朴民风，提高乡村社会文明程度，焕发乡村文明新气象。

（四）把解决好产业、人才、文化、生态、组织“五大振兴”面临的重点难点问题摆在推进乡村振兴突出位置

乡村振兴是“五位一体”总体布局、“四个全面”战略布局在“三农”工作的体现。全面推进乡村振兴，需要统筹推进农村经济建设、政治建设、文化建设、社会建设、生态文明建设和党的建设，促进农业全面升级、农村全面进步、农民全面发展。“五大振兴”每一个方面都存在需要解决好的重点难点问题。

破解乡村产业振兴的重点难点问题需要从四个方面着力：一是深化农业供给侧结构性改革，使产业发展更适应农产品市场需求；二是拓展土地、特色资源、农业农村文化的市场价值，用好生态资源优势；三是加大资本投入，大力发展智慧农业和电子商务；四是调动各种经营主体的积极性，处理好农业企业、合作社、家庭农场、小农户的关系，构建优势互补、协同发力的农业现代化组织体系。

聚焦两类人才培育及其作用，发挥解决好乡村人才振兴的重点难点问题：第一类是生产经营及创业类人才。要以制定实施产业发展优惠政策为抓手，引导相关人才投身产业振兴实践，在市场的洗礼中获得成长、实现振兴。第二类是公共管理及公共服务类人才。要以改善待遇和创新用人机制为突破口，让优秀人才有竞争乡村治理等管理岗位的积极性，让教育、科技、卫生、文化等领域专业技术人才能够在服务乡村中成就事业并在城乡间自由流动。

破解推进乡村文化振兴的重点难点问题的关键在于赋予乡村生活以灵魂：一是大力发掘发展乡村特有文化，通过村庄规划建设，将乡风乡韵以物化形态呈现出来。推进优秀传统风俗文化传承创新及其与社会主义核心价值观的融合，打造新时代乡村生活精神家园。发展乡村文化产业和文化旅游业，以乡村文化资源的市场价值反哺乡村文化的发展。二是有效提供便利化现代文化生活条件。支持乡村地区因地制宜建设现代化文化场馆，加强数字化技术应用，让乡村居民就近享受各种先进的文化服务。乡村文化振兴的目标在于使乡村成为不同于城市的另一种有吸引力的生活方式。

推进乡村生态振兴的重点难点在于统筹好生态建设和环境保护：一是持续加强生态建设。继续巩固退耕还林等生态建设工程成果，推进农业产业结构调整，大力发展林果业、生态旅游、康养等生态友好型产业，走生态建设与农业发展良性互动道路。二是持续加强环境保护。推广应用低残留、可降解等新技术，减少农业面源污染，严格控制农村工业排放，大力发展绿色经济、循环经济。完善农村垃圾收集、转运和集中处理体系，尽快实现生活污水无害化处理全覆盖。

破解乡村组织振兴的重点难点问题在于分类促进各种组织振兴：对于政治与公共管理类组织，主要是在增加公共服务供给的过程中，不断增强其联系农民、组织农民的能力，进而走向振兴；对于经济类组织，充分发挥其在农村土地等资源盘活、工商资本下乡中的作用，鼓励这些组织在市场竞争中发展壮大，走向振兴；对于各类社会组织，包括红白理事会、村民议事会等自我管理类组织和社会工作等方面的社会服务类组织，充分发挥其在各类资源支持乡村振兴过程中的作用，逐步构建一个有利于各种组织发挥自身优势、实现多元协同治理的组织生态与格局。

五、推进乡村振兴的治理体系和根本保障

（一）推进实现乡村治理体系和治理能力现代化是国家治理体系和治理能力现代化的重要基石

乡村治理体系和治理能力现代化实际上就是在推进国家治理体系和治理能力现代化进程中，坚持人民主体地位，以加强农村基层党组织建设为抓手，充分发挥基层党组织战斗堡垒作用，运用法治思维和法治方式服务群众、化解矛盾，保障和实现村民民主自治权利，同时注重激活和调动社会各方面积极性，健全党组织领导的自治、法治、德治相结合的城乡基层治理体系，实现乡村治理现代化中的多元民主参与，实现政府治理和社会调节、居民自治的良性互动。可见，实现乡村治理体系和治理能力现代化，既是全面推进乡村振兴的根本目标，也是全面推进乡村振兴的重要内容。

统筹推进乡村振兴同逐步实现乡村治理体系和治理能力现代化。一是要尊重村民主体地位，完善村民自治制度。通过提高农民主动参与村庄公共事务的积极性，依托村民会议、村民代表会议、村民议事会、村民理事会、村民监事会等，形成民事民议、民事民办、民事民管的多层次基层协商格局，凸显农民在乡村治理中的主体地位。二是要加强农村基层党组织

建设，发挥好战斗堡垒作用。强化村党组织对村级各类组织的领导，加强基层党组织的力量，优化农村基层党组织设置，加强农村基层党组织的思想建设、人才建设和制度建设，为乡村治理体系和治理能力现代化提供人才、组织和制度保障。三是要推进法治乡村建设，完善农村矛盾纠纷排查调处化解机制。以法治指引乡村治理实践，坚持在法治化轨道上统筹社会力量、平衡社会权益、调节社会关系，促进基层经济、政治、文化、社会、生态文明等一切活动制度化、规范化、程序化，提高乡村治理法治化水平。四是要发挥社会主义核心价值观和优秀传统文化的引领作用，培育文明乡风。建立道德激励约束机制，引导农民自我管理、自我教育、自我服务、自我提高，实现乡村社会和谐有序健康发展。需要注意的是，乡村振兴战略下的乡村治理体系和治理能力现代化建设需要保持历史耐心。因为与城市治理相比，农村人口众多、基础设施较差、居住环境相对恶劣，为农村治理带来极大障碍和难度。

从国家宏观治理的角度看，目前乡村振兴存在治理主体能力有限、治理体系不利于农业现代化发展、治理效能与治理目标相脱节三大问题。从乡村治理的主体来看，存在基层公共服务供需分离、乡村内生基础薄弱、村级组织行政化趋势凸显等方面的困境。从乡村治理体系看，党的十九大报告提出健全自治、法治、德治相结合的乡村治理体系，目前还存在着自治能力弱、法治体系不健全、公共精神缺失等问题。从乡村治理的理念和方式看，当前治理体系和治理能力现代化还停留在局部甚至细枝末节，存在各自为政的封闭保守状态以及传统思维定式，缺乏中国式现代化发展思路和方法，离体系化、科学性、全局性、战略眼光、资源共享、合作共赢、等还有很大距离。总的来看，乡村治理需要完成完善治理体系、提升治理能力两大任务。乡村振兴下的农村治理体系和治理能力现代化是一个有着更高要求的宏伟目标，是现代化进程的必然要求，也是中国特色乡村治理理念实践与创新的结果，是一个渐进的、与国家治理体系和治理能力现代化同步的历史过程。

（二）坚持党的集中统一领导是全面推进乡村振兴的根本保障

党管农村工作是我们党弥足珍贵的优良传统，是中国特色社会主义显著制度优势，办好农村的事情，加快农业农村现代化，实现乡村振兴，关键在党。党的十八大以来，我们党带领全国人民摆脱了绝对贫困，创造了彪炳史册的人间奇迹，充分彰显了党的领导这一制度优势的强大力量。习近平总书记指出："实施乡村振兴战略，各级党委和党组织必须加强领导，汇聚起全党上下、社会各方的强大力量。要把好乡村振兴战略的政治方向，坚持农村土地集体所有制性质，发展新型集体经济，走共同富裕道路。要充分发挥好乡村党组织的作用，把乡村党组织建设好，把领导班子建设强。"这一重要论述强调党的领导是乡村振兴战略实施的根本政治保障、组织保障、力量保障，指明了加强党对乡村振兴领导的方向、重点和路径，是坚持党对乡村振兴全面领导的根本遵循。

（三）坚持五级书记抓乡村振兴和党委农村工作领导小组统筹领导

以贯彻落实《中国共产党农村工作条例》为抓手，健全党领导农村工作组织体系、制度体系、工作机制。将脱贫攻坚工作中形成的组织推动、要素保障、政策支持、协作帮扶、考核督导等工作机制，根据实际需要运用到推进乡村振兴，建立健全上下贯通、精准施策、一抓到底的乡村振兴工作体系。建立中央统筹、省负总责、市县乡抓落实的管理体制，充分发挥各级党委总揽全局、协调各方的作用，完善省市县乡村五级书记一起抓的工作机制，为全面推进乡村振兴提供坚强政治保证。压紧压实各方责任，确保乡村振兴各项政策举措落到实处。坚持各级党委农村工作领导小组牵头抓总、统筹领导，充分发挥各级党委农村工作领导小组办公室决策参谋、统筹协调、政策指导、推动落实、督促检查等作用。制定实施乡村振兴标准体系、统计体系和评价考核指标体系，对市县党政领导班子和领导干部开展乡村振兴实绩考核，纳入党政领导班子和领导干部综合考核评价内容，把巩固拓展脱贫攻坚成果纳入乡村振兴考核。强化乡村振兴绩效评价、考核和监督。

（四）把提升党的执行力贯穿全面推进乡村振兴的全过程

充分发挥党组织引领作用，统筹和引导相关行政部门、村庄共同体、小农户、市场力量、社会力量等多元主体共同参与村庄规划，确保乡村振兴回归乡村本位，保留乡村振兴乡土底色，完成"有用、好用、管用"的乡村规划的编制。充分发挥基层党组织的主心骨作用，重点做好应对在地化产业的可持续、易地扶贫搬迁、自然风险、外部经济环境影响等可能带来的规模性返贫风险。强化基层党组织的组织力向服务力延伸，特别是组织引导各方力量着力建设针对农村“一老一小”、社会救助群体的社区服务体系，着力建设乡村产业发展的技术、市场、信息服务体系，着力建设村庄公共事务管理与公共文化体系。引导村民有序参与村庄治理事务，将基层党组织的服务力转化为农民参与乡村振兴的团结力、凝聚力。强化党组织在人才振兴方面的作用，将提升人才的业务能力和政治素质结合起来。发挥基层党组织监督作用，在乡村振兴的资源投入、政策执行、利益联结机制建设等方面，确保外来主体与本地农民共享发展收益，确保发展机会的共享。在乡村振兴实践中，既要充分发挥组织优势，加强干部队伍的监督、考核、评价等机制建设，也要加强作风建设和主题教育，强化干部队伍的政治担当和开拓创新能力，鼓励干部根据地区特征尤其是当地农业农村的具体实际，创新、探索，求真、求实，激发他们干事创业的积极性和担当，使敢于作为、敢于创新的干部队伍建设有坚定的组织和制度保证。

论乡村振兴与共同富裕的内在逻辑及理论议题

脱贫攻坚的伟大成就奠定了共同富裕的坚实基础，实现巩固拓展脱贫攻坚成果同乡村振兴有效衔接、推进高质量乡村振兴促进共同富裕是建设社会主义现代化国家的历史性任务。深刻理解和准确把握乡村振兴与共同富裕的内在逻辑关系，加强相关理论议题研究，具有重要的理论实践意义。本文总结了关于脱贫攻坚、乡村振兴和共同富裕之间关系的讨论，从理论、历史、现实和国际四个方面阐述了乡村振兴与共同富裕的四重内在逻辑，围绕高质量乡村振兴促进共同富裕提出了需要加强研究的理论议题，旨在为进一步加强乡村振兴与共同富裕的理论实践研究提供参考。

《南京农业大学学报（社会科学版）》2021年第6期，《新华文摘》2022年第6期全文转载习近平总书记在2021年2月25日全国脱贫攻坚表彰大会上指出："脱贫攻坚战的全面胜利，标志着我们党在团结带领人民创造美好生活、实现共同富裕的道路上迈出了坚实的一大步。同时，脱贫摘帽不是终点，而是新生活、新奋斗的起点。解决发展不平衡不充分问题、缩小城乡区域发展差距、实现人的全面发展和全体人民共同富裕仍然任重道远。""要切实做好巩固拓展脱贫攻坚成果同乡村振兴有效衔接各项工作，让脱贫基础更加稳固、成效更可持续。""乡村振兴是实现中华民族伟大复兴的一项重大任务。"[①]这些重要论述表明，脱贫攻坚的伟大成就奠定了共同富裕的基础，实现巩固拓展脱贫攻坚成果同乡村振兴有效衔接、推进高质量乡村振兴促进共同富裕是建设社会主义现代化国家的历史性任务。因此，深刻理解和准确把握乡村振兴与共同富裕的内在逻辑关系，加强相关理论议题研究，具有重要的理论实践意义。

一、关于脱贫攻坚、乡村振兴和共同富裕间的关系讨论

我国新时代脱贫攻坚历史性地解决了绝对贫困问题，在全面建成小康社会、开启建设社会主义现代化国家新征程的历史时点，脱贫攻坚、乡村振兴和共同富裕之间关系的相关议题，成了学界研究和政策关注的热点。

消除贫困、实现共同富裕是社会主义的本质要求。马克思、恩格斯认为共同富裕的思想内涵包含三个方面：一是生产力高度发达是实现共同富裕的首要条件，二是消灭私有制、建立社会主义公有制是共同富裕的制度保障，三是共同富裕的实现是漫长的动态进程，马克思、恩格斯多方面讨论了共同富裕的思想内涵，并强调了"所有人的富裕"是共同富裕的终极目标，是一个"现在—

① 习近平：《在全国脱贫攻坚总结表彰大会上的讲话》（2021年2月25日），《人民日报》2021年2月26日第2版。

未来”渐进式发展的共同富裕[①]。在马克思主义中国化的进程中，从毛泽东思想到邓小平理论、从“三个代表”重要思想到科学发展观，再到习近平新时代中国特色社会主义思想，共同富裕的思想既具有一脉相承的特点，同时体现了实现共同富裕既是理论不断创新的过程，也是实践不断探索的过程[②]。

脱贫攻坚与乡村振兴在实现共同富裕中具有不同战略定位。总的看，脱贫攻坚是实现共同富裕的底线任务，乡村振兴是实现共同富裕的必然选择。打赢脱贫攻坚战、实施乡村振兴战略，其出发点和落脚点就是要通过解决发展不平衡不充分的问题，增进人民福祉、促进人的全面发展、稳步迈向共同富裕。脱贫攻坚，通过做到“六个精准”、实施“五个一批”、解决“四个问题”，实现“扶真贫、真扶贫”，实现消除农村绝对贫困人口的目标，有力促进了全体人民共享改革发展成果、共同富裕。民族要复兴，乡村要振兴。实施乡村振兴战略是我国在新发展阶段缩小城乡差距、促进城乡人民共同富裕的重要举措。从国家角度看，当绝对贫困已经解决，不平衡不充分发展问题更加凸显之后，乡村振兴战略的基本出发点便向实现共同富裕的伟大目标转变；从国土空间角度看，乡村振兴战略是面向全国各类乡村的发展战略；从人口发展角度看，乡村振兴战略是面向全国乡村居民，同时需要全国相关机构组织和市场主体参与的战略[③]。

脱贫攻坚与乡村振兴是实现共同富裕的不同发展阶段。实现共同富裕目标是一个长期的、艰巨的发展过程。在实现这一目标的过程中，必然会面临不同的发展形势，经历不同的发展阶段。从乡村振兴与脱贫攻坚在侧重点、实现路径等方面的差异性看，脱贫攻坚与乡村振兴是战役和战略的关系[④]，且前者是为了实现第一个百年奋斗目标打基础，后者是为了实现第二个目标打基础。脱贫攻坚、乡村振兴同属于迈向共同富裕的两大关键步

---

① 吕小亮、李正图：《中国共产党推进全民共同富裕思想演进研究》，《消费经济》2021年第37卷第4期。

② 韩文龙、祝顺莲：《新时代共同富裕的理论发展与实现路径》，《马克思主义与现实》2018年第5期。

③ 孙久文、李方方、张静：《巩固拓展脱贫攻坚成果　加快落后地区乡村振兴》，《西北师大学报（社会科学版）》2021年第58卷第3期。

④ 卢黎歌、武星星：《后扶贫时期推进脱贫攻坚与乡村振兴有机衔接的学理阐释》，《当代世界与社会主义》2020年第2期。

骤[①]，强调了二者内在的逻辑一致性。一方面，脱贫攻坚与乡村振兴共同承载了促进社会公平正义和缩小区域、群体、城乡发展差距的使命，是让改革发展成果更多更公平惠及全体人民的重大战略举措[②]，两者本质上最终目标都是为了实现共同富裕；另一方面，从脱贫攻坚到乡村振兴是迈向共同富裕的关键步骤，脱贫攻坚是乡村振兴先决前提，乡村振兴是巩固脱贫攻坚的力量保障[③]。乡村振兴作为脱贫攻坚的接续战略，在脱贫攻坚取得胜利后全面推进乡村振兴，是"三农"工作重心的历史性转移。

实现脱贫攻坚同乡村振兴的有效衔接是促进共同富裕的客观要求。尽管完成了消除绝对贫困的艰巨任务，但是解决发展不平衡不充分问题、缩小城乡区域发展差距、实现人的全面发展和全体人民共同富裕仍然任重道远。脱贫攻坚与乡村振兴衔接的重点从消除绝对贫困到巩固拓展脱贫攻坚成果的战略转型、从攻坚期的超常规举措向常态帮扶转变，需要积极探索建立巩固拓展脱贫攻坚成果同乡村振兴有效衔接实现路径。构建包含衔接理论研究、衔接路径研究、衔接体系研究、衔接政策研究在内的巩固拓展脱贫攻坚成果同乡村振兴有效衔接的研究内容体系[④]。从思想协同保障、产业协同保障、人才协同保障、文化协同保障、生态协同保障、组织协同保障和社会协同保障等七个协同推进打好脱贫攻坚战与实施乡村振兴战略[⑤]。在过渡期内，采取有效举措巩固脱贫攻坚成果，例如保持脱贫攻坚政策体系的延续，建立防止返贫监测和帮扶机制等，在具体举措上包含了扶贫产业后续可持续发展、土地制度改革[⑥]、重构金融精准扶贫[⑦]、持续激发人口

① 黄承伟：《从脱贫攻坚到乡村振兴的历史性转移——基于理论视野和大历史观的认识与思考》，《华中农业大学学报（社会科学版）》2021年第4期。

② 同上。

③ 汪三贵、冯紫曦：《脱贫攻坚与乡村振兴有效衔接的逻辑关系》，《贵州社会科学》2020年第1期。

④ 白永秀、宁启：《巩固拓展脱贫攻坚成果同乡村振兴有效衔接的提出、研究进展及深化研究的重点》，《西北大学学报（哲学社会科学版）》2021年第51卷第5期。

⑤ 廖彩荣、郭如良、尹琴、胡春晓：《协同推进脱贫攻坚与乡村振兴：保障措施与实施路径》，《农林经济管理学报》2019年第18卷第2期。

⑥ 张青、郭雅媛：《脱贫攻坚与乡村振兴的内在逻辑与有机衔接》，《理论视野》2020年第10期。

⑦ 李创、吴国清：《乡村振兴视角下农村金融精准扶贫思路探究》，《西南金融》2018年第6期。

内生发展动力、统筹城乡一体化发展等多方面。

总之，共同富裕是社会主义的本质要求，是中国共产党的初心使命的具体体现，也是中国全面开启社会主义现代化国家建设新征程治国理政的基本方略。实现共同富裕，必须围绕解决好发展的不平衡不充分问题，既要更加充分地解放和发展生产力，也要更有效、更直接地回应人民群众关切，满足人民对美好生活的需要，使全体人民在中国特色社会主义制度保障下共创发达、领先世界的生产力水平，共享幸福而美好的生活[①]。从经济维度看，共同富裕不仅要求整体经济发展达到一个较高水平，还要求不同群体间的差距得到合理控制与缩小。实现高质量乡村振兴，缓解我国长期的城乡发展不平衡问题，对我国中长期扎实推进共同富裕具有重要作用[②]。另外，共同富裕不仅体现在经济收入维度，还包括了城乡在基础设施、公共服务、民生事业等方面发展差距的缩小，要实现共同富裕目标，仅靠农业现代化是不够的，农业农村现代化是迈向共同富裕的要求[③]。因而，高质量乡村振兴既是共同富裕的重要内容也是推进共同富裕的重要路径。

二、乡村振兴与共同富裕的四重逻辑

共同富裕是全体人民的富裕，是人民群众物质生活和精神生活都富裕，不是少数人的富裕，也不是整齐划一的平均主义，要分阶段促进共同富裕[④]。乡村振兴的总目标是实现农业农村现代化，是实现共同富裕的先决基础。乡村振兴与共同富裕之间的内在逻辑关系可以从理论、历史、实践与国际四个方面来理解和把握。

（一）乡村振兴与共同富裕的理论逻辑

乡村振兴是实现共同富裕迈出坚实步伐目标的必然要求。实施乡村振兴

---

① 刘培林、钱滔、黄先海、董雪兵：《共同富裕的内涵、实现路径与测度方法》，《管理世界》2021年第8期。

② 李实、陈基平、滕阳川：《共同富裕路上的乡村振兴：问题、挑战与建议》，《兰州大学学报（社会科学版）》2021年第3期。

③ 王春光：《迈向共同富裕——农业农村现代化实践行动和路径的社会学思考》，《社会学研究》2021年第2期。

④ 《在高质量发展中促进共同富裕　统筹做好重大金融风险防范化解工作》，《人民日报》2021年8月18日第1版。

战略则是促进区域均衡发展、城乡融合发展、建设新型城乡工农关系的关键。乡村振兴战略关系到亿万农民的权益和福祉，促进农业农村现代化，缩小城乡差距、持续促进农民增收，推进共同富裕迈出坚实步伐，不仅关涉发展的正义性，更关系到现代化建设的质量。推动乡村振兴，促进农民共同富裕，是扩大中等收入群体规模、促进社会结构优化、服务国内国际双循环发展格局的关键；是最大限度激活沉睡要素和激发主体创造性、挖掘发展潜能形成发展动能的关键；是实现城乡工农公平高效互补、互动、互促，不断开创发展新局面的关键；是不断体现社会主义制度优越性、不断夯实党的执政基础、凝聚最广泛发展共识、引领全国人民推动伟大事业的关键。

乡村振兴是实现共同富裕目标的难点和潜力。一方面，新中国成立以来，中国乡村发展取得了巨大成就，但乡村发展仍然是中国现代化建设的最大短板，是推动共同富裕的最大难点。首先，乡村振兴的基础薄弱。中国人均资源有限，农村人力资本建设较为滞后，存在规模较大的低收入群体和特殊困难群体，发展的要素供给、环境约束都逐步凸显，农民增收难度较大。其次，各种要素下乡的渠道还不够畅通。要素聚合产生化学反应的交易成本仍然居高不下，农业产业弱质性质并没有发生根本性改变。再次，共同富裕的实现基础和实现形式还不够丰富和多元，有效、可推广、可借鉴的模式还比较有限。从国际范围来看，益贫增长、共享发展都是世界性难题，解决这些问题，需要付出更多的智慧和更大的努力。另一方面，乡村振兴也是推进共同富裕、提升中国式现代化水平最具潜力的领域。在资源整体匮乏的同时，广大乡村还有大量沉睡资源、要素还没有被激活，这些要素不仅可以服务于乡村振兴，更能够为中国现代化国家建设提供源源不断的动能，共同富裕起来的乡村、农民能够不断服务于国内国际双循环的发展格局。同时，高品位的乡村振兴与城市文明互补、互动、互促，不仅富裕生活、涵养生活，更能滋润心灵。

共同富裕是高质量实施乡村振兴战略的行动指引。党的十九大明确指出乡村振兴的总要求是产业兴旺、生态宜居、乡风文明、治理有效、生活富裕。其中，生活富裕是出发点，也是落脚点，更是亿万农民对美好生活的期盼。中国特色社会主义乡村振兴道路，必须坚持共同富裕，既是不变初心，也是现实要求。共同富裕必然成为高质量实施乡村振兴的目标指引和行动指南。一方面，要通过探索共同富裕的实现基础、实现机制，不断推进农业农村现代化。通过更有效的发展行动、发展干预，让市场运转起来，让市场有益于社会共同体福祉，让共同富裕成为发展的有效方法。另一方面，共同富裕是乡村振兴质量和成色的重要衡量。观察乡村振兴成果的好坏，不仅要看其在活跃乡村产业、促进环境改善诸方面的成果，更为重要的落脚点是共同富裕。而且，共同富裕绝不是通过扭曲市场机制来实现超越发展阶段的公平，更不是回到吃“大锅饭”的状态，而是善用市场机制，用好政府有形之手和市场无形之手，有为政府结合有效市场辅之以友善社会。

共同富裕目标下的乡村振兴需要持续推进全面深化改革。共同富裕下的乡村振兴，其实现基础、实现机制只有通过推进全面深化改革才能建立和完善。比如城乡融合发展必然要求有为政府、有效市场和友善社会的协同推进，其核心仍然是市场机制，重点在于开放、共享，在于产权（如资产建设、政府投入等）改革。再如，城乡互动、互促、互补的新型关系，需要在不断改革中充分发挥市场机制、金融工具作用，善于借力人工智能和数字乡村，通过政府投入机制改革、利益分享机制改革、要素赋权机制建设、现代公益慈善等创新形式来推动实现。

（二）乡村振兴与共同富裕的历史逻辑

城乡关系演变下的乡村振兴与共同富裕。城乡共同富裕是共同富裕的重要内容。按照乡村振兴与城乡共同富裕的关系互动，中国共产党百年历程中城乡发展关系的演变可以划分为四个时期。第一个时期，从中国共产党成立至新中国成立（1921—1949年）。城乡经济关系变动集中表现为：从解放战争前的城乡分离到解放战争中的城乡互助、从农业优先到农工商协调发展。城乡关系中乡村是中心，城乡相互帮助、相互支撑，促进乡村发展以恢复经济。第二个时期，从新中国成立至改革开放以前（1949—1978年）。党和国家逐渐把中心从乡村转向城市，建立重工业优先发展战略，城乡经济关系体现为以城乡统筹实现城乡互助，在城乡发展的不平衡中乡村向以城市为中心的国家工业化输送农业剩余价值，同时工业品下乡推进农业机械化。尽管乡村在经济和收入上增长缓慢，但教育、医疗卫生等公共服务进步显著。第三个时期，从改革开放到党的十八大以前（1978—2012年）。城乡经济关系特点是市场机制下“三农”问题凸显，国家积极构建以工促农、以城带乡的发展格局，乡村获得更多的发展资源，但城乡发展差距仍在扩大。第四个时期，党的十八大以来。这一时期的城乡发展关系，体现乡村成为党和国家工作的重中之重。为有效解决城乡发展不平衡、农村发展不充分问题，国家推进实施城乡一体化发展、城乡融合发展、脱贫攻坚和乡村振兴战略。可见，在城乡共同富裕的进程中，城乡发展关系的演进逻辑是城乡建设要服务于国家的经济战略和城乡发展要以生产关系符合生产力发展水平的规律为原则①。

共享发展实践下的乡村振兴与共同富裕。共享发展是缩小贫富差距的重要路径，共享发展理念是共同富裕思想的重要组成部分。在建党百年中，党和国家在“三农”领域推进共享发展、共同富裕，历经了创造条件、探索实施、创新推进和全面提升四个阶段，党在不同阶段采取不同策略。在创造条件阶段（1921—1949年），主要策略包括开展土改运动，农民获得了土地，通过开荒、兴修水利发展农业以推动根据地经济发展，保障了革命所需。在探索实践阶段（1949—1978年），主要策略是按照马克思主义原理并参照苏联经验进行农业社会主义改造，实施计划经济、农业“一大二公”生产模式、城乡分治治理，尽管体现了共享发展理念和共同富裕，但没有解决好农民的激励和要素的合理配置问题，乡村的贫富分化在缩小，但乡村振兴缺乏动力，乡村处于低水平的共同富裕。在创新推进阶段（1978—2012年），以邓小平为代表的中国共产党人打破传统思想束缚，通过理论与实践创新着力推进乡村发展，破解低水平共同富裕局面。在产权制度上实行家庭联产承包责任制，实现要素的流动与优化配置，在对乡村的支持上由汲取乡村资源向支持乡村发展转变，在福利与保障上建立农村社会保障体系和大规模推进扶贫开发。在坚持农村土地公有制的基础上，依照市场经济规律推进“三农”领域改革，通过以城带乡加大对乡村发展的支持，为实现乡村高质量振兴和共同富裕提供了制度保障。在全面提升阶段（2012—2021年），以习近平同志为核心的党中央以乡村振兴为引领，全面促进“三农”的共享发展。把共享发展作为激活乡村振兴的内生动力，进一步破除二元经济社会结构体制，关注农民的全面发展，通过高质量乡村

---

① 吴华丰、张雨：《中国共产党城乡经济思想的百年流变与演进逻辑》，《西北大学学报（哲学社会科学版）》2021年第4期。

振兴实现第二个百年的共同富裕目标①。

建党百年的乡村振兴与共同富裕实践探索积累了丰富经验。一是坚持党对乡村振兴和共同富裕的全面领导。在党的领导和带领下，中国人民推翻“三座大山”，建设社会主义新中国，集中力量发展生产力，经济社会各方面取得了突飞猛进的发展，人民生活水平大幅提高。中国共产党的全面领导是实现高质量乡村振兴和共同富裕目标的重要保障。二是坚持以人民为中心的发展思想。中国共产党获得人民群众支持的根本原因就是始终坚持为中国人民谋利益求幸福，而带领中国人民走向共同富裕正是人民群众愿望的现实体现。此外，收入分配是体现人民共享最重要、最直接的方式，必须处理好利益增长和利益分配问题，必须在把“蛋糕”做大的同时把“蛋糕”分好，实现乡村经济增长与农民收入同步提高，实现城乡融合发展，促进收入分配更合理更有序，让改革发展成果更多更公平地惠及全体人民②。三是遵循社会生产力与生产关系的发展规律。通过先富带动后富的优化路径，是社会主义生产力和生产关系发展的必然结果。高质量乡村振兴促进共同富裕进程中，加强社会主义法治建设、维护社会公平正义是关键。先富既是机会，应该人人享有；也是结果，应该以遵纪守法为前提。后富是权利，应该人人可得；也是结果，被公平正义保障③。

（三）乡村振兴与共同富裕的实践逻辑

高质量的乡村振兴是实现共同富裕的必然要求。共同富裕不仅指收入方面达到一定的平衡水平，还包含着社会上有多少人享有高收入、社会福利、教育和医疗卫生服务，以及人们的精神面貌如何等。不能仅仅看个人收入是否增长，也要看公共财政收入是否增加，更要看公共财政收入是否用于民生事业、公共服务和基础设施等④。改革开放以来，中国共产党深刻

---

① 顾海英、王常伟：《中国共产党百年“三农”的共享发展思想、实践与展望》，《中国农村观察》2021年第4期。

② 谢小飞、吴家华：《中国共产党追求共同富裕的百年历程与启示》，《西南民族大学学报（人文社会科学版）》2021年第7期。

③ 吕小亮、李正图：《中国共产党推进全民共同富裕思想演进研究》，《消费经济》2021年第4期。

④ 王春光：《迈向共同富裕——农业农村现代化实践行动和路径的社会学思考》，《社会学研究》2021年第2期。

认识到贫穷不是社会主义，打破传统体制束缚，允许一部分人、一部分地区先富起来，推动解放和发展社会生产力。党的十八大以来，党中央把逐步实现全体人民共同富裕摆在更加重要的位置上，打赢脱贫攻坚战，全面建成小康社会，是促进共同富裕的第一阶段。加快农业农村发展，全面推进乡村振兴，是解决人民日益增长的美好生活需要和不平衡不充分发展之间矛盾的必然要求，是实现第二个百年奋斗目标的必然要求，是实现全体人民共同富裕的必然要求。

高质量乡村振兴是迈向共同富裕的前提基础。高质量的乡村振兴承载了促进社会公平正义和缩小区域、群体、城乡发展差距的使命，是让改革发展成果更多更公平惠及全体人民的重大战略举措。乡村振兴重在补齐农业农村发展短板，促进城乡、区域发展差距及不同群体之间生活水平差距的持续缩小①。乡村振兴的总目标是实现农业农村现代化，共同富裕是农业农村现代化要达到的目标。共同富裕不等同于平均主义，而是体现包容、共享发展的公平正义原则。高质量全面推进乡村振兴需要坚持时空观，空间上既考虑不同区域（如发达地区、发展中地区、脱贫地区、“三区三州”、革命老区等）之间的差异，重视国家区域重大战略、区域协调发展战略对乡村振兴的带动和影响，又特别关注城乡互动与发展融合②，时间上服务于“两个一百年”奋斗目标的历史进程和全面推进共同富裕的目标导向，把促进全体人民共同富裕作为高质量乡村振兴的最终目标，脚踏实地、久久为功。高质量推进乡村振兴，既关注农民物质层面的需求，又关注农民精神层面的需求。共同富裕是全体人民的富裕，是人民群众物质生活和精神生活都富裕。高质量乡村振兴促进共同富裕，既要着力解决当前农村地区经济发展落后和文化建设落后的现实问题，更要注意解决农村社会物质富裕和精神富裕不平衡不充分的问题。把广大农民对美好生活的向往转化为推动乡村振兴的内生动力，着力推进乡风文明建设，凝聚农民共同的价值取向、道德规范、精神风貌，培育文明乡风、良好家风、淳朴民风，提高乡

① 黄承伟：《从脱贫攻坚到乡村振兴的历史性转移——基于理论视野和大历史观的认识和思考》，《华中农业大学学报（社会科学版）》2021年第4期。

② 黄承伟：《推进乡村振兴的理论前沿问题》，《行政管理改革》2021年第8期。

村社会文明程度，焕发乡村文明新气象[1]，大力提升农村精神文明建设和文化建设的水平，实现物质富裕与精神富裕同落实、同部署、同发展。

高质量的乡村振兴是实现共同富裕的必由之路。从历史和发展的维度来看，当前我国发展最大的不平衡是城乡发展不平衡，最大的不充分是农村发展不充分，缩小城乡差距，是共同富裕的关键。乡村振兴战略，就是为了从全局和战略高度来把握和处理工农关系、城乡关系，解决“一条腿长、一条腿短”的问题。乡村振兴的首要任务之一在于减少城乡差距，实现城乡共同发展和共同富裕。因此，全面推进乡村振兴，不仅是要增加农民收入，更是要追求和实现农业农村的全面发展，实现农村在基础设施、公共服务、民生事业以及其他生活条件的改善，实现高质量的乡村振兴。高质量的乡村振兴就是要以满足人民群众日益增长的美好生活需要为根本目的，着力于解决经济社会发展中的地区差异、城乡差距和收入差距，有侧重地向农村、基层、欠发达地区和困难群众倾斜，加快解决发展不平衡不充分问题，实现好、维护好、发展好最广大人民根本利益，不断增强人民群众获得感、幸福感、安全感，扎实推进共同富裕，不断改善人民生活品质、促进人的全面发展和社会全面进步。

高质量的乡村振兴是推动共同富裕的有力举措。全面建成小康社会之后，实施乡村振兴战略已是我国在新发展阶段缩小城乡差距、促进城乡人民共同富裕的重要举措[2]。乡村振兴事关中国式现代化发展全局，高质量乡村振兴是高质量发展的重要组成部分。高质量全面实施乡村振兴战略，是准确把握新发展阶段、深入贯彻新发展理念、加快构建新发展格局的重中之重。高质量全面实施乡村振兴战略，有利于有效破除城乡“二元结构”，促进城乡协调发展，实现更高质量、更有效率、更加公平、更可持续的发展，进而全面提升发展质量效益，保持经济持续健康发展；有利于推动各类经济要素在城乡之间自由流动，畅通国内大循环，促进国内国际双循环，加快构建新发展格局；有利于进一步促进革命老区、民族地区、边疆地区

---

① 黄承伟：《推进乡村振兴的理论前沿问题》，《行政管理改革》2021年第8期。

② 李实、陈基平、滕阳川：《共同富裕路上的乡村振兴：问题、挑战与建议》，《兰州大学学报（社会科学版）》2021年第3期。

等欠发达地区加快发展，提升区域经济发展平衡性，优化区域经济布局，促进区域协调发展；能进一步缩小城乡差距，促进基本公共服务的均等化，持续增进民生福祉，扎实推动共同富裕。

（四）乡村振兴与共同富裕的国际逻辑

以高质量乡村振兴促进共同富裕是全球现代化实践的重大创新。谋求现代化转型是世界各国共同的发展目标。在欧美国家和日本、韩国的乡村现代化发展过程中，采取的是先实现城镇化再推动乡村复兴的发展道路。在城市反哺乡村的过程中，虽然乡村具备了与城市相当的基础设施和公共服务，但乡村空心化、老龄化现象依旧严重，实现的仅仅是乡村的发达，离乡村的全面振兴依然存在差距①。如何实现农业、农村、农民的现代化是世界现代化进程中始终没有真正完成的发展事业。中国以高质量乡村振兴为抓手，在城镇化的发展过程中，把“三农”工作作为治国理政的重中之重，以农业农村优先发展破题农业、农村、农民现代化，这是人类国家现代化发展史上前所未有的探索和成就，拓展了发展中国家走向现代化的路径。中国农业农村现代化道路，通过实现城市与乡村各美其美、美美与共、相互尊重、融合发展，必将打破“乡村衰落”的现代化魔咒，实现农业强、农村美、农民富的全面振兴，共同筑起乡村现代化的世界体系②。

以高质量乡村振兴促进共同富裕是社会主义实践蓬勃发展的生动展现。改革开放使中国走上了一条具有中国特色的社会主义道路，而这条道路的本质就是“以先富带动后富，最终实现共同富裕”。对于中国以及世界上大部分发展中国家来说，要想实现共同富裕，面临的最大问题就是城乡发展的不平衡。中国以高质量乡村振兴破题共同富裕，以此实现所有人充分的物质和精神自由，是马克思主义中国化的最新成果。在世界百年未有之大变局中，许多西方资本主义国家陷入了持续衰落、冲突不断的社会矛盾中，而中国人民在中国共产党的带领下走上了高质量乡村发展道路。中国共同富裕目标的逐步实现，将是对西方资本主义发展话语下历史终结论的终结，

---

① 王春光：《迈向共同富裕——农业农村现代化实践行动和路径的社会学思考》，《社会学研究》2021年第2期。

② 陈野、王平：《历史站位与全局关切：习近平关于乡村振兴战略的重要论述》，《浙江学刊》2018年第6期。

证明了中国没有辜负社会主义，社会主义也始终没有辜负中国。

以高质量乡村振兴促进共同富裕是构建人类命运共同体的重要基础。中国以乡村振兴推进共同富裕，为构建人类命运共同体奠定实践和理论基础①。在实践中，农业是每一个国家发展必不可少的物质基础，农村是每一个国家都不可能舍弃的重要组成部分，农民是每一个国家重要的人民群体。农村和城市共同体的建设是人类命运共同体的重要组成部分，是建成人类命运共同体的基础。中国拥有最广大的农村以及相当数量的农村人口，到21世纪中叶，当中国这个发展中大国实现了共同富裕，形成了以工促农、以城带乡、工农互惠、城乡一体的新型工农城乡关系的时候，意味着世界范围内最大的城市乡村共同体的成功构建，这将带动全人类早日进入人类命运共同体的理想境界。一些拉美国家在第二次世界大战之后学习西方现代化道路时，在经历了经济的迅速增长之后却纷纷陷入增长停滞、社会动荡的"中等收入陷阱"。西方资本主义现代化道路始终难以解决社会收入不公平、人民贫富差距拉大的社会问题，因此使得一些拉美国家始终难以跨越"中等收入陷阱"。与之相反，中国共产党坚持走中国特色社会主义道路，坚持在保持经济增长的同时让劳动者分享经济发展成果。中国以乡村振兴推进共同富裕的理论创新为发展中国家提供了新的道路选择，必将成为构建人类命运共同体的持续动力。

三、高质量乡村振兴与共同富裕的相关理论议题

党的十九大报告六次提到"共同富裕"，提出了2035年"全体人民共同富裕迈出坚实步伐"和2050年"全体人民共同富裕基本实现"的发展愿景。2021年是第二个百年奋斗目标新征程的开局之年，中央作出了"在高质量发展中促进共同富裕"的重大战略部署，提出"要促进农民农村共同富裕，巩固拓展脱贫攻坚成果，全面推进乡村振兴，加强农村基础设施和公共服务体系建设，改善农村人居环境"②。乡村振兴作为全体人民共同富裕的必

① 黄承伟：《从脱贫攻坚到乡村振兴的历史性转移——基于理论视野和大历史观的认识与思考》，《华中农业大学学报（社会科学版）》2021年第4期。

② 《在高质量发展中促进共同富裕　统筹做好重大金融风险防范化解工作》，《人民日报》2021年8月18日第1版。

然要求与新时代“三农”工作的总抓手，对于实现高质量发展、迈向共同富裕都有着重大的战略意义：一方面，城乡发展差距是造成发展不均衡的关键变量，“缩小城乡差距将对未来实现共同富裕起着重要的决定作用”[①]；另一方面，农业农村的现代化是高质量发展的重要基础，没有农业农村的现代化，国家的现代化也无从谈起。在实践层面，高质量乡村振兴无疑是迈向共同富裕的关键领域、薄弱环节和重要组成部分，是实现共同富裕的必要条件。但是，各地发展程度的差异性、阶段性，乡村振兴目标的复杂性、艰巨性，以及共同富裕内涵的理想性、丰富性，决定二者在实践中极易受到教条主义或者经验主义的制约。因此，梳理高质量乡村振兴与共同富裕的相关理论议题、澄清二者的逻辑关联、拓展理论分析空间，不仅有助于深化对其重大战略意义的理解，也有助于规避实践的偏差以及推动实践的创新。高质量乡村振兴与共同富裕所蕴含的理论议题可以从“为什么”“是什么”“怎么办”三个层面进行分析、理解。

高质量乡村振兴与共同富裕目标的逻辑关联。为什么高质量乡村振兴能够促进共同富裕的实现，二者保持目标一致性的前提条件是什么？如果二者之间的逻辑关系得不到清晰的界定，那么就会面临“农业现代化能否缩小城乡发展差距”“农业现代化究竟对农村现代化起到什么样的作用以及怎样发挥作用”“农村现代化又以什么样的方式展开才能达到城乡共同富裕”“农业现代化能否带来农村居民收入的明显增加”[②]等一系列实践的不确定性。如果将二者的关系简单理解为具体目标与长远目标，或者因果关系，则会导致片面追求城乡差距的缩小，而忽视乡村发展对全局的独特价值。因此，关于高质量乡村振兴与共同富裕逻辑关联的理论议题可以包括：高质量乡村振兴与缩小城乡发展差距，高质量乡村振兴与农业、农村、农民现代化发展，高质量乡村振兴与高质量发展的关系，等等。

共同富裕目标下高质量乡村振兴的理论内涵。高质量乡村振兴的本质是什么，其与经济社会发展的其他领域或方面的关系如何？“富裕是各国现

---

① 李实、陈基平、滕阳川：《共同富裕路上的乡村振兴：问题、挑战与建议》，《兰州大学学报（社会科学版）》，2021年第3期。

② 王春光：《迈向共同富裕——农业农村现代化实践行动和路径的社会学思考》，《社会学研究》2021年第2期。

代化追求的目标，但中国式现代化追求的是共同富裕”①。同样的，无论发达国家，还是发展中国家都面临着乡村衰败的问题，各类振兴、复兴的方案与政策实践层出不穷。如果说脱贫攻坚是全面建成小康社会的底线任务，那么高质量乡村振兴是否可以类比共同富裕的底线任务？乡村振兴产业兴旺、生态宜居、乡风文明、治理有效、生活富裕的总要求指向了人民群众对美好生活的向往，也创造了农民全面发展的具体条件。由此，需要在实践的基础上，进一步挖掘相关的理论内涵，探讨“五大振兴”的逻辑关系，分析城乡融合发展的体制机制与实现路径。因此，聚焦高质量乡村振兴理论内涵的议题可包括：高质量乡村振兴的指标体系，“五大振兴”之间的逻辑关系，乡村振兴与城乡融合发展，等等。

高质量乡村振兴促进共同富裕的理论构建。在现有实践的基础上，如何通过理论的创新来指导实践、提升乡村振兴的质量？如何在机遇与挑战并存的条件下，不断优化政府政策干预的机制，平衡市场配置资源的效率与局限，协调城乡区域共享发展，激发农民发展的潜能，都需要通过理论上的不断创新来为实践的创新提供指引。对此，需要深入学习领会习近平总书记关于“三农”工作、乡村振兴、共同富裕的重要论述，从习近平新时代中国特色社会主义思想中提炼具体的理论武器。同时，需要系统梳理中国共产党“三农”工作的历史，以史为鉴，提高实践创新的能力。此外还需要放眼世界范围内的乡村发展理论与实践，在国际比较与反思中不断改进实践。从而回答“如何在一个小农社会中实现乡村全面振兴”“如何理解村落在乡村振兴过程中的重要作用”“社会政策理念是如何嵌入乡村政策体系并施加影响的”②等问题。高质量乡村振兴促进共同富裕的理论构建可聚焦的理论议题可包括：习近平总书记关于乡村振兴重要论述的理论创新与实践创新，中国共产党“三农”工作的历史逻辑、时间逻辑和理论逻辑，国际乡村振兴实践的经验与教训，等等。

---

① 艾四林：《坚定不移走共同富裕道路》，《人民日报》2021年4月9日第9版。

② 田毅鹏：《东亚乡村振兴的社会政策路向——以战后日本乡村振兴政策为例》，《学习与探索》，2021年第2期。

乡村振兴的时代价值

民族要复兴，乡村必振兴。党的十九届六中全会强调，党始终把解决好“三农”问题作为全党工作重中之重，实施乡村振兴战略，加快推进农业农村现代化。实施乡村振兴战略，是以习近平同志为核心的党中央，从党和国家事业全局出发，着眼于实现“两个一百年”奋斗目标，顺应亿万农民对美好生活的向往作出的重大决策。习近平总书记指出：“我们要切实做好巩固拓展脱贫攻坚成果同乡村振兴有效衔接各项工作，让脱贫基础更加稳固、成效更可持续。”高质量乡村振兴是我国立足新发展阶段、贯彻新发展理念、构建新发展格局的必然要求。准确理解高质量乡村振兴的时代价值，对于深刻把握实施乡村振兴战略的重要性和必要性，把乡村振兴战略实施好，具有重大的理论和实践意义。

《红旗文稿》2021年第23期

一、高质量乡村振兴是“两个结合”的生动实践

中国共产党坚持把马克思主义基本原理同中国具体实际相结合、同中华优秀传统文化相结合，这“两个结合”是中国共产党创造百年辉煌的成功密码。中国自古以来就是农业大国，大部分国土位于乡村地区，农民占全国人口的大多数，乡村地区保留着原生态的中国传统文化。中共中央、国务院印发的《乡村振兴战略规划（2018—2022年）》明确提出：“实施乡村振兴战略是传承中华优秀传统文化的有效途径。”中国共产党是马克思主义政党，中国共产党领导的乡村振兴既是马克思主义基本原理在中国乡村地区落地扎根的实践过程，也是中国传统文化在乡村地区创造性转化和创新性发展的过程。实施乡村振兴战略对于推动马克思主义基本原理同中国乡村发展具体实际相结合、同中华优秀传统文化相结合具有难以取代的作用。

走中国特色乡村振兴道路为推动“两个结合”创造了空间。习近平总书记关于乡村振兴的重要论述，不仅蕴含了关于乡村发展的规律性认识，也包含了大量关于农业农村现代化、城乡融合发展的理论创新，这正是我们党运用马克思主义基本原理指导中国特色社会主义乡村振兴道路的重大成果。中华文明根植于农耕文化，乡村是中华文明的基本载体，延续了许多农耕文明。繁荣发展乡村文化是乡村振兴的重要内涵，核心就是传承发展中华优秀传统文化，这就为马克思主义同中华优秀传统文化相结合提供了文化空间。

高质量乡村振兴为“两个结合”提供了实践基础。“两个结合”并不是纯粹的理论对话，而是以实践为基础的现实结合。中国乡村地区社会生产力较城市地区相对落后，广大农民整体离共同富裕还有较大差距，乡村社会亟待加快发展，乡村文化的独特优势与局限性并存。实施乡村振兴战略，就是要根据中国乡村具体实际，运用马克思主义基本原理，在全面推进乡村振兴中传承发展中华优秀传统文化。改革开放之初，我国实行家庭联产

承包责任制，就是通过回归传统家庭本位，同时兼顾土地的社会主义所有制，形成了马克思主义基本原理与中国发展具体实际、中华优秀传统文化相结合的成功范例。

高质量乡村振兴以实现全体人民共同富裕为目标，是推动“两个结合”的有效载体。马克思主义科学理论是解放全人类、实现共产主义社会的科学学说。实现共同富裕是社会主义的本质要求。当前，实现共同富裕，最艰巨最繁重的任务在农村，最广泛最深厚的基础在农村。解决好发展不平衡不充分问题，重点难点在“三农”。全面推进乡村振兴，推动共同发展是实现共同富裕的必然要求。乡村振兴以实现全体人民共同富裕为目标，既坚守了马克思主义为人民利益奋斗终身的价值理念，也延续了中华优秀传统文化中仁政爱民的价值追求，是推动“两个结合”的选择。

二、高质量乡村振兴在经济社会持续稳定发展中发挥基础性作用

党的十九届六中全会指出，中国仅用几十年时间就走完发达国家几百年走过的工业化历程，创造了经济快速发展和社会长期稳定两大奇迹。如何续写奇迹，高质量乡村振兴将在多个方面发挥作用。

高质量乡村振兴加快推进农业农村现代化进程，有助于守好“三农”基础在应变局与开新局中的“压舱石”作用。从应变局看，农村始终能够发挥国家发展“蓄水池”和“稳定器”的重要作用，为现代化发展中的进城农民始终提供生计保障和返乡退路。从开新局看，实施乡村振兴战略从硬件和软件上全面提高农业农村的现代化水平，强化县城综合服务能力，成为国内经济发展的“新引擎”。推动乡村振兴和新型城镇化的“双轮驱动”，将充分挖掘农村消费投资需求潜力，为畅通国内大循环、确保国内国际双循环健康发展提供坚强支撑。

高质量乡村振兴大力促进农业多种功能拓展，有助于统筹发展与安全。乡村振兴战略强调乡村的价值与功能，是对乡村衰落的及时逆转，是守护国家粮食安全、人民生命安全的重大发展战略。乡村面积较大，承担着为国家、为城市提供生态屏障和生态产品的重要功能。乡村振兴战略强调要创造性转化和创新性发展中华优秀传统文化，有助于树立国民文化自信、

坚定理想信念，共圆中华民族伟大复兴梦想。

高质量乡村振兴补齐农业农村发展短板，有助于缩小城乡发展的不平衡。从增加农民收入维度看，乡村振兴以产业兴旺为发展目标，强调一二三产业融合发展，不断扩宽延长农业生产的产业链和价值链，目的就是要通过对农业的现代化改革提升农业生产效率，切实提高农民的收入，缩小工农收入差距。从提高农民生活水平维度看，乡村振兴战略通过推动乡村建设行动和县域内融合发展，从根本上提高农民的生活水平，提高农民的获得感和幸福感。从提升农村文明程度维度看，乡村振兴强调坚持以社会主义核心价值观为引领，通过建设新时代文明实践站、制定村规民约、开展移风易俗等行动，培育文明乡风、良好家风、淳朴民风，推动建设邻里守望、诚信重礼、勤俭节约的文明乡村。

高质量乡村振兴把乡村治理有效作为总要求之一，有助于夯实党在基层的执政基础。坚持党的基层组织建设，将为全面推进乡村振兴提供坚强的政治和组织保障。坚持和完善驻村帮扶等在脱贫攻坚中积累的成果经验，持续改进党群关系，让党员干部真正成为群众的贴心人，让广大农民群众紧紧凝聚在党组织的周围。在党组织的领导下大力发展村集体经济，有利于在带领群众共同致富的过程中重建乡村经济共同体，进一步夯实党在乡村的执政基础。

三、高质量乡村振兴是实现共同富裕的必由之路

乡村振兴既要更加充分地解放和发展生产力，也要更有效、更直接地回应人民群众关切、满足人民对美好生活的需要，使全体人民在中国特色社会主义制度保障下共创发达、领先世界的生产力水平，共享幸福而美好的生活。实施乡村振兴战略有助于缩小乡村与城镇的发展差距、农民与市民的收入差距，乡村振兴与共同富裕具有发展方向的一致性。无论是乡村振兴还是共同富裕，均强调在推进过程中坚持共享的发展理念，通过先富带动后富，最终实现共同发展和富裕，乡村振兴与共同富裕具有发展理念的一致性。我国幅员辽阔，各地地理条件、自然资源、发展基础的差异大，共同富裕是一个在动态中向前发展的过程，不可能一蹴而就。各地乡村发展条件、发展水平不同，各地实现全面乡村振兴也存在区域和时序上的不

同，这决定了乡村振兴与共同富裕具有推进逻辑的一致性。由此，乡村振兴与共同富裕存在较高程度的耦合度。

扎实推动共同富裕重点难点在“三农”。一是以产业融合发展推动高质量乡村振兴，夯筑共同富裕经济基础。通过产业纵向融合，提高农业产业价值链增值能力，提升农业全要素生产率，促进产业提质增效；通过产业横向融合，促进农业与科技、文化、教育、环境、旅游等产业与领域之间的联系，拓展传统农业多样功能，拓展农业增效增收空间。二是以数字乡村建设促进高质量乡村振兴，消除共同富裕“数字鸿沟”。数字乡村建设，为缩小城乡和区域间数字化差距提供关键技术支撑，为乡村地区跨越发展走上和城镇地区共同发展、共同富裕道路提供重要保障。

以共同富裕引领乡村发展是推进高质量乡村振兴的必然要求。一方面，以城乡融合发展推动高质量乡村振兴。重点是促进城乡的经济结构、社会结构、空间结构等重点领域的融合，同步构建户籍制度、空间规划制度、集体土地制度等多方面的城乡融合制度体系，疏通梗阻，促进城乡融合发展。同时，大力推动城乡统一的土地市场加快形成，下大力气解决城乡公共资源配置失衡问题，拓宽农民增收渠道，缩小城乡居民收入差距。另一方面，以先富带后富促进乡村全面振兴，发挥先富群体引领带头作用。比如，利用守望相助的凝聚力吸引更多的社会主义新乡贤参与乡村建设，搭建平台，创建激励机制，促进资金回流、企业回迁、信息回传、人才回乡，带动农民实现共同富裕。再如，支持家庭农场、农民合作社、龙头企业在产前、产中、产后各环节发挥自身优势，补齐小农户短板，提升生产经营水平和收益。发挥先富地区帮扶协同作用，主要是强化东西部协作，引导东部地区资金、人才、技术向西部欠发达地区流动，用好东西部两个具有互补性的市场，发挥好市场机制的作用，助推西部落后地区加快发展。

四、高质量乡村振兴有力促进国家治理体系和治理能力现代化

高质量乡村振兴从多个维度推进国家治理体系现代化。一是促进党全面领导基层治理制度的不断完善。乡村振兴战略强调把夯实基层基础作为固本之策，扎实推进党建促乡村振兴，突出乡村发展政治功能，持续整顿

软弱涣散村党组织，提高党的领导能力，以农村基层党组织为核心调动农民参与乡村发展的主动性、积极性。二是提高基层治理体系现代化水平。乡村振兴战略强调把农村基层党组织建成坚强战斗堡垒，引导农村党员发挥先锋模范带头作用，建立选派第一书记工作长效机制，实施村党组织带头人整体优化提升行动，推动全面从严治党向纵深发展、向基层延伸，强化农村基层干部和党员的日常教育管理监督。乡村振兴培育各类型乡村组织，形成全面组织体系，促使乡村基层多元组织协同治理模式的形成。三是促进基层治理新格局的构建。乡村振兴能够促进党组织领导的自治、法治、德治相结合的城乡基层治理体系的形成和健全，逐步实现政府治理和社会调节、居民自治良性互动，不断夯实基层社会治理基础。在乡村组织振兴中实现村民自治、政府服务和道德共建三者有机衔接，进而促进基层治理新格局的形成。

高质量乡村振兴不断提升基层治理能力。一是增强党在乡村的执政能力。乡村振兴强调加强农村基层党组织带头人队伍建设，加强农村党员教育、管理、监督，加强农村基层党风廉政建设，有效提升党在乡村的执政能力，强化党在乡村的全面领导。二是提升基层治理现代化水平。乡村振兴战略强调在村民自治的架构下完善民主选举、民主监督、民主决策、民主管理制度，将村民自治活动与党的基层组织建设有机结合，通过基层政府的统筹协调，提升乡村基层治理现代化水平。三是增强基层治理服务成效。实施乡村振兴战略要求规范化和标准化供给农村基本服务，培育和引入服务性、公益性、互助性农村社会组织，积极发展农村社会工作和志愿服务，从而不断增强基层政府基本公共服务供给成效。

新时代脱贫攻坚

2013—2020年

中国新时代脱贫攻坚的历史意义与世界贡献

新中国成立70年特别是改革开放40年来，中国实现了经济社会稳定快速发展与贫困人口大幅度减少同步，千百年来困扰中华民族的绝对贫困问题即将历史性地解决，总结我国脱贫攻坚的世界历史意义必要而紧迫。本文以习近平总书记关于脱贫攻坚伟大意义的重要论述为指导，梳理了国内外论述我国脱贫攻坚意义贡献的主要观点，从全面建成小康社会、加快贫困地区发展进程、提高贫困地区自我发展及其乡村治理能力、培育脱贫人口的可持续脱贫能力、彰显政治制度优势和治理能力等方面提炼了我国脱贫攻坚的历史意义，从增强全球实现2030年可持续发展议程中减贫目标的信心、贡献中国减贫智慧、提供中国减贫方案等方面阐述了我国脱贫攻坚的世界贡献，旨在为我国脱贫攻坚总结提供参考。

《南京农业大学学报（社会科学版）》2020年第4期

新中国成立以来的70年，是中国人民和中华民族沧桑巨变的70年。新中国成立70年特别是改革开放40多年来，中国共产党始终不忘初心、牢记使命，带领中国人民在经济社会发展取得“当惊世界殊”发展成就的同时，实现了与贫困人口大幅度减少同步。党的十八大以来全面打响新时代脱贫攻坚战，贫困人口从2012年底的9899万人减少到2019年底的551万人，累计减贫9438万人，贫困发生率下降到0.6%，脱贫攻坚创造了历史上最好的减贫成绩，中华民族千百年来的绝对贫困问题有望得到历史性解决[①]。在决胜脱贫攻坚之际，总结脱贫攻坚成就，分析其世界历史意义，是中国共产党领导和中国特色社会主义政治制度的有力彰显，是“四个自信”的生动呈现。

一、学习领会习近平总书记关于脱贫攻坚伟大意义的重要论述

党的十八大以来，以习近平同志为核心的党中央把脱贫攻坚摆在治国理政突出位置，纳入“五位一体”总体布局、“四个全面”战略布局进行部署。习近平总书记亲自谋划、亲自挂帅、亲自督战，全党全国全社会动员起来，以2020年彻底消除绝对贫困为主要目标打响脱贫攻坚战。经过近5年脱贫攻坚、7年多精准扶贫，新时代脱贫攻坚取得历史性成就。如何认识和理解脱贫攻坚的伟大意义，习近平总书记的相关重要论述提供了科学指引。

脱贫攻坚是社会主义本质要求的重要体现。“消除贫困、改善民生、实现共同富裕，是社会主义的本质要求，是我们党的重要使命。改革开放以来，经过全国范围有计划有组织的大规模开发式扶贫，我国贫困人口大量减少，贫困地区面貌显著变化，但扶贫开发工作依然面临十分艰巨而繁重

① 黄承伟：《脱贫攻坚伟大成就彰显我国制度优势》，《红旗文稿》2020年第8期。

的任务，已进入啃硬骨头、攻坚拔寨的冲刺期。”①“贫穷不是社会主义。如果贫困地区长期贫困，面貌长期得不到改变，群众生活长期得不到明显提高，那就没有体现我国社会主义制度的优越性，那也不是社会主义。”②习近平总书记从社会主义本质要求、中国特色社会主义制度优越性的高度，指出了脱贫攻坚的重大政治意义，阐明了做好扶贫开发工作、坚决打赢脱贫攻坚战的重要性、紧迫性，实际上是要求全党必须增强打赢脱贫攻坚战的责任感和使命感，为全国全社会参与脱贫攻坚奠定了思想基础。

到2020年现行标准下的农村贫困人口全部脱贫是中国共产党向全国人民和国际社会作出的郑重承诺。“让各族群众都过上好日子，是我一直以来的心愿，也是我们共同奋斗的目标。”③“人民对美好生活的向往，就是我们的奋斗目标。”④“让老百姓过上好日子是我们一切工作的出发点和落脚点。”⑤习近平总书记从中国共产党初心使命、以人民为中心的发展思想的高度，深刻指出了打赢脱贫攻坚战是中国共产党执政为民、使发展成果更多更公平惠及全体人民的生动实践，是马克思主义政党执政宗旨和价值追求的生动呈现，是中国共产党人深厚的人民情怀的生动体现。

脱贫攻坚是全面建成小康社会的底线任务和标志性指标。“党中央把贫困人口脱贫作为全面建成小康社会的底线任务和标志性指标。”⑥“没有农村和欠发达地区的全面小康，就没有全国的全面小康，没有人掉队的小康才是真的全面建成小康社会。”⑦“全面小康是全体中国人民的小康，不能出现有人掉队。”⑧习近平总书记从中国共产党第一个百年奋斗目标实现、让实现全体

---

① 习近平：《在贵州召开部分省区市党委主要负责同志座谈会上的讲话》，2015年6月18日。

② 习近平：《在全国脱贫攻坚总结表彰大会上的讲话》（2021年2月25日），《人民日报》2021年2月26日第2版。

③ 《习近平给云南省贡山县独龙江乡群众的回信》，2019年4月10日。

④ 2012年11月15日，习近平等十八届中央政治局常委同中外记者见面时的讲话。

⑤ 2013年习近平总书记在辽宁考察时的讲话。

⑥ 《强化支撑体系加大政策　倾斜聚焦精准发力攻克坚中之坚》，《人民日报》2017年6月25日第1版。

⑦ 中共中央宣传部编《习近平总书记系列重要讲话读本》，学习出版社、人民出版社，2016。

⑧ 习近平：《携手消除贫困　促进共同发展——在2015减贫与发展高层论坛的主旨演讲》（2015年10月16日），《人民日报》2015年10月17日第2版。

人民共同富裕在广大人民现实生活中更加充分地展示出来的高度，深刻阐述了全面建成小康社会，最艰巨最繁重的任务在农村特别是农村贫困地区，只有把这块全面建成小康社会的最大短板补齐，才能确保提高全面建成小康社会的成色，彰显中国共产党领导的独特政治优势和卓越治理能力。

中国脱贫攻坚为全球减贫作出重大贡献。“中国是全球最早实现千年发展目标中减贫目标的发展中国家，为全球减贫事业作出了重大贡献。”[①]“消除贫困是人类的共同使命。中国在致力于自身消除贫困的同时，始终积极开展南南合作，力所能及向其他发展中国家提供不附加任何政治条件的援助，支持和帮助广大发展中国家特别是最不发达国家消除贫困。”[②]习近平总书记从携手共建一个没有贫困、共同发展的人类命运共同体的全球视野，深刻揭示了脱贫攻坚对于实现人类更好发展的意义，中国减贫不仅能解决好自身贫困问题，也必将为全球减贫贡献中国智慧、中国方案，这实际上是为深化国际减贫合作、展现大国责任担当指明了方向。

习近平总书记关于脱贫攻坚伟大意义的重要论述是对马克思主义和中国共产党历代领导人有关扶贫开发重要意义的重要论述的继承和发展。马克思在《1857—1858年经济学手稿》中指出：“生产将以所有的人富裕为目的。”[③]恩格斯在《反杜林论》中强调：“社会主义不仅要使人们实现温饱的目标，更要使人民过上能够全面发展的美好生活。”[④]在毛泽东领导下的中国共产党于1953年12月发布的《中共中央关于农业生产合作社的决议》中明确指出：“农业社会主义改革的逐步贯彻落实，农民将贫困状态全部摆脱后得到普遍繁荣和共同富裕的生活是党的主要任务。”中国改革开放的总设计师邓小平深刻指出：“马克思主义的基本原则就是要发展生产力。……社会主义的首要任务是发展生产力，逐步提高人民的物质和文化生活水平。……贫穷不是社会主义，社会主义要消灭贫穷。”[⑤]邓小平反复强调，国家富强、人民摆脱贫

① 习近平：《携手消除贫困　促进共同发展——在2015减贫与发展高层论坛的主旨演讲》（2015年10月16日），《人民日报》2015年10月17日第2版。

② 同上。

③ 《马克思恩格斯全集》（第31卷），人民出版社，1998，第104页。

④ 同上。

⑤ 《邓小平文选》第3卷，人民出版社，1993，第116页。

困不仅是让人民提高物质文化生活，从而促进社会和谐稳定的基础，同时也是维系国家安全的重要基础，是提升中国国际地位、树立良好国际形象的基础。社会主义的中国只有摆脱贫困，才能获得良好的国际形象，才能对世界做更大的贡献，才能赢得全世界人民的认可和尊重。江泽民担任党的总书记时指出："我们党和国家开展扶贫开发，努力解决贫困人口的生产和生活问题，是我国社会主义制度优越性的一个重要体现。"[①]他还从人权的高度论述了扶贫开发对中国人权事业的意义。胡锦涛同志的科学发展观要求统筹兼顾，无论是统筹城乡还是统筹区域的发展，都要求加大扶贫开发的力度，使贫困地区得到较快发展，才能真正使中国的城乡和区域的发展得到全面兼顾。他从以人为本的角度论述了扶贫开发对于建设中国特色社会主义和人民共享发展成果的意义，指出："扶贫开发是建设中国特色社会主义事业的一项历史任务，也是构建社会主义和谐社会的一项重要内容。"[②]

二、国内外关于中国新时代脱贫攻坚的意义与贡献评价综述

党的十八大以来，脱贫攻坚深刻影响了中国发展的方方面面，呈现出多维效果影响和多重溢出效应，谱写了人类反贫困历史的崭新篇章，为全球减贫事业贡献了中国智慧和中国方案。国内学术界和国际人士高度评价中国新时代脱贫攻坚的成就及其重大意义。

国内学术界关于脱贫攻坚意义与贡献评价的主要观点集中体现在以下方面：

脱贫攻坚具有重要历史意义。如期打赢脱贫攻坚战将在中华民族几千年历史发展中首次整体消除绝对贫困现象[③]，实现中国人民苦苦追求的解决贫困、实现小康的伟大梦想，足以载入中华民族乃至人类社会发展史册[④]。从更高意义上讲，脱贫攻坚关系到全体中国人民福祉，关系到中华民族伟大复兴，关系到社会主义现代化强国战略目标的实现。只有打赢脱贫攻坚战，全面建成小康社会，才能向中华民族伟大复兴迈出关键

---

① 江泽民：《江泽民论有中国特色社会主义（专题摘编）》，中央文献出版社，2002，第139页。

② 胡锦涛：《广泛动员社会力量　加快扶贫开发进程》，《人民日报》2005年5月28日第1版。

③ 黄承伟：《深刻认识打赢脱贫攻坚战的伟大意义》，《光明日报》2018年9月25日第15版。

④ 唐任伍：《脱贫攻坚：中国方案、中国经验和中国贡献》，《人民论坛》，2020年第2期。

一步[①]。

脱贫攻坚具有重要现实意义。脱贫攻坚使数亿贫困人口成功摆脱贫困[②]，在幼有所育、学有所教、劳有所得、病有所医、老有所养、住有所居、弱有所扶上不断取得新进展，使贫困群众充分享有生存权、共享发展成果，享有发展权、拥有发展机遇。同时，脱贫攻坚是全面建成小康社会、实现乡村振兴并最终实现共同富裕等奋斗目标的基础性和前提性保障[③]，推进减贫脱贫与加快农业现代化和实施乡村振兴战略同频共振，不断缩小了城乡差别[④]。此外，打赢脱贫攻坚战成为培养锤炼干部和人才的重要平台以及营造良好社会氛围的重要途径[⑤]。

脱贫攻坚具有重要政治意义。打赢脱贫攻坚战是中国共产党的执政宗旨、政治优势和制度优势的充分彰显，也是我国发展必须完成的底线任务，关系到全面建成小康社会目标能否如期实现[⑥]。脱贫攻坚的成功实践也印证了中国自身选择的脱贫攻坚的正确性[⑦]，巩固了党的执政基础，进一步坚定了中国特色社会主义的道路自信、理论自信、制度自信和文化自信[⑧]。

脱贫攻坚具有重要理论意义。从人类社会发展的宏大视阈来审视中国脱贫攻坚事业的成功，其中不乏可复制、可学习、可推广的中国经验，蕴藏着极富哲理的中国智慧，丰富了世界贫困治理理论[⑨]。脱贫攻坚的精准扶贫方略不仅对中国减贫具有很强的针对性，对于国际贫困治理理论也有所创新[⑩]。特别是中国脱贫攻坚伟大实践中形成和确立的习近平扶贫重要论述，指导中国脱贫攻坚取得胜利，并继续为中国解决不平衡不充分发展的

① 吴传毅：《决战决胜脱贫攻坚彰显制度优势》，《光明日报》2020年3月11日第6版。
② 唐任伍：《脱贫攻坚：中国方案、中国经验和中国贡献》，《人民论坛》，2020年第2期。
③ 张琦：《以更大决心更强力度推进脱贫攻坚》，《光明日报》2020年3月9日第2版。
④ 聂鑫：《新时代脱贫攻坚的深刻内涵》，《光明日报》2020年5月11日第6版。
⑤ 黄承伟：《深刻认识打赢脱贫攻坚战的伟大意义》，《光明日报》2018年9月25日第15版。
⑥ 同上。
⑦ 张峰：《从曲水实践看打赢脱贫攻坚战的政治意义》，人民网，2018年12月4日。
⑧ 唐任伍：《脱贫攻坚：中国方案、中国经验和中国贡献》，《人民论坛》，2020年第2期。
⑨ 同上。
⑩ 许徐琪：《中国脱贫攻坚的世界性意义》，《经济日报》2020年4月15日第11版。

矛盾、治理相对贫困、促进共享发展、实现共同富裕发挥指引作用，成为世界脱贫攻坚实践中一份宝贵的精神财富[①]。

脱贫攻坚具有重要实践意义。集中体现在推动国际治理体系现代化方面。中国的贫困治理是国家治理的重要组成部分。中国脱贫攻坚的贫困治理实践内化于国家治理体系和治理能力现代化建设进程中，形成了良性互动、相互促进的局面。在脱贫攻坚战中不断完善的中国特色脱贫攻坚制度体系成为贫困治理的中国方案，即围绕精准扶贫精准脱贫，以改革为动力，中国不断创新扶贫体制机制，逐步建立了中国特色脱贫攻坚制度体系[②]。脱贫攻坚实践和贫困治理进程中形成的相应制度安排、实践策略和有效经验，进一步完善和提升了中国国家治理体系与治理能力，为国家治理体系和治理能力现代化提供了成功的创新案例和经验示范[③]。

脱贫攻坚具有重要国际意义。脱贫攻坚不仅创造了中国历史上的奇迹，也创造了世界历史上的奇迹，对于发展中国家的反贫困行动乃至整个人类的生存与发展都具有深远的影响。中国成为对世界减贫作出最大贡献的国家，同时作为负责任的大国，中国一直倡导和推动坚持减贫和共享发展、构建人类命运共同体，如期完成脱贫攻坚目标，能够为其他国家注入强大的信心，为增进各国民生福祉作出新贡献，提供新示范[④]。精准扶贫、脱贫攻坚的中国经验和中国方案，对于推动广大发展中国家加快摆脱贫困，特别是给世界上那些既希望加快发展又希望保持自身独立性的国家和民族提供了一种崭新的选择[⑤]。此外，中国消除了绝对贫困，就可以在自己力所能及的范围内援助发展中国家[⑥]，这些都将对整个人类社会反贫困作出更大贡献。

在全球仍有7亿极端贫困人口的情况下，国际社会对中国的减贫成就经验尤为关注。各界国际人士分别从不同角度充分肯定中国新时代脱贫攻坚

---

① 唐任伍：《脱贫攻坚：中国方案、中国经验和中国贡献》，《人民论坛》2020年第2期。
② 黄承伟：《深刻认识打赢脱贫攻坚战的伟大意义》，《光明日报》2018年9月25日第15版。
③ 张琦：《打赢脱贫攻坚战是治理能力现代化的成功实践》，《人民论坛》2020年第2期。
④ 同上。
⑤ 杨秋宝：《精准扶贫、脱贫攻坚的突出成就和重大意义》，《经济日报》2017年9月19日。
⑥ 唐任伍：《脱贫攻坚：中国方案、中国经验和中国贡献》，《人民论坛》，2020年第2期。

成就及其重大意义贡献。

中国脱贫攻坚是对人类减贫事业的重大贡献。代表性观点：新冠疫情在中国和世界各地肆虐，但是中国共产党并未放弃2020年现行标准下农村贫困人口全部脱贫等目标任务，这是中国共产党和中国政府决心的体现，也是中国人民对自身发展道路信心的体现；中国共产党的基层干部对党中央的决策部署落实积极、具体，这得益于中国共产党内部的凝聚力、执行力，也得益于中国高效的政治体制，从2012年到2019年底，短短7年多的时间，中国有9000多万贫困人口实现脱贫，世界上没有另外一个国家能做到这一点。许多国家特别是发展中国家都在研究学习中国的减贫经验。中国追求的发展不仅是国内生产总值的快速增长，而且是将发展与减贫紧密联系，着力增进民生福祉。在这一点上，中国是世界各国特别是广大发展中国家的榜样。中国的脱贫攻坚目标任务接近完成，证明中国制度和治理模式具有优越性①。世界经济论坛总裁博尔格·布伦德表示，“在人类历史上，我们从未看到有那么多人摆脱了极端贫困”，“这是中国的一个伟大成就”②。

中国减贫的成功经验在于持续快速的经济增长、创造大量就业、经济增长成果为人民所共享。每个国家都有其特有的国情和发展道路，中国显然找到了一条适合自己的发展道路，这让中国人民享受到发展成果，也给其他发展中国家带来信心和启示。中国切实有效的举措让数亿人摆脱贫困，中国的减贫经验为世界带来福祉。作为最大的发展中国家，中国如期实现全面脱贫，对广大发展中国家来说是一个巨大鼓舞。中国与广大发展中国家分享自己的精准扶贫等经验，有助于发展中国家更快更好地摆脱贫困，有力推动实现联合国2030年可持续发展议程目标③。

---

① 张朋辉等：《“推动人类共同的发展事业不断进步”——国际人士坚信中国将如期完成脱贫攻坚目标任务》，《人民日报》2020年3月8日第3版。

② 《书写全球减贫史重要篇章——世界瞩目中国“两会时间”》，《人民日报》2020年5月27日第3版。

③ 张朋辉等：《“推动人类共同的发展事业不断进步”——国际人士坚信中国将如期完成脱贫攻坚目标任务》，《人民日报》2020年3月8日第3版。

三、中国新时代脱贫攻坚的历史意义

脱贫攻坚是中国扶贫开发事业在新时代的继续发展。在习近平总书记关于扶贫工作的重要论述指引下，中国全面实施精准扶贫精准脱贫方略，建立完善脱贫攻坚制度体系，创造了人类减贫史上的奇迹，呈现出显著的历史意义。认识和总结脱贫攻坚的历史意义，既要体现脱贫攻坚目标任务完成的直接效果，又要总结由此产生的间接影响，还要客观分析其形成的多重溢出效应。既要总结物质层面的成效，又要呈现其在促进国家治理体系和治理能力现代化进程的贡献。既要看到打赢脱贫攻坚战给贫困地区发展带来的巨大变化，又要看到脱贫攻坚为贫困地区开启新征程奠定的坚实基础。具体可以从全面建成小康社会、加快贫困地区发展进程、提高贫困地区自我发展及其乡村治理能力、培育脱贫人口的可持续脱贫能力、彰显政治制度优势和治理能力五个方面进行总结。

脱贫攻坚目标完成是全面建成小康社会的标志性指标，中华民族千百年来的绝对贫困问题有望得到历史性解决。2012年至今，中国连续7年每年减贫1000万人以上，贫困人口从2012年底的9899万人减到2019年底的551万人，贫困发生率由10.2%降至0.6%[①]。到2020年2月底，全国832个贫困县中已有601个宣布摘帽，179个正在进行退出检查，未摘帽52个，区域性整体贫困基本得到解决[②]。脱贫攻坚大幅度提高了贫困群众收入水平。2013年至2019年，832个贫困县农民人均可支配收入由6079元增加到11567元，年均增长9.7%，比同期全国农民人均可支配收入增幅高2.2个百分点。全国建档立卡贫困户人均纯收入由2015年的3416元增加到2019年的9808元，年均增幅30.2%[③]。贫困群众“两不愁”质量水平明显提升，“三保障”突出问题总体解决。脱贫攻坚明显改善了贫困地区基本生产生活条件。具备条

① 习近平：《在决战决胜脱贫攻坚座谈会上的讲话》（2020年3月6日），《人民日报》2020年3月7日第2版。

② 黄俊毅：《脱贫攻坚目标任务和进度不变　全国832个贫困县中已有780个宣布摘帽》，中国经济网，http://www.ce.cn/xwzx/gnsz/gdxw/202005/19/t20200519_34934055.shtml。

③ 习近平：《在决战决胜脱贫攻坚座谈会上的讲话》（2020年3月6日），《人民日报》2020年3月7日第2版。

件的建制村全部通硬化路，村村都有卫生室和村医，义务教育薄弱地区的学校的办学条件得到改善，农网供电可靠率、深度贫困地区贫困村通宽带比例接近百分之百，近千万贫困人口通过易地扶贫搬迁摆脱了“一方水土养活不了一方人”的困境。贫困地区群众出行难、用电难、上学难、看病难、通信难等长期没有解决的老大难问题普遍得到解决，义务教育、基本医疗、住房安全有了保障。脱贫攻坚目标的实现，意味着现行标准下农村贫困人口全部脱贫，贫困县全部摘帽，区域性贫困问题得到解决，完成了全面建成小康社会的底线任务，确保了小康社会的成色。

脱贫攻坚明显加快了贫困地区经济社会发展进程，为后发展地区缩小与发达地区的发展差距奠定基础。中国贫困地区坚持以脱贫攻坚统揽经济社会发展全局，贫困地区呈现出新的发展局面。国家为实现“两不愁三保障”和安全饮水，持续加大对贫困地区的投入力度。据不完全统计，2013年以来，财政专项扶贫资金、涉农整合资金、易地扶贫搬迁和危房改造资金、政府债券、小额信贷、扶贫贷款以及社会扶贫资金逐年增加，年均投入过万亿元[①]。主要投资于基础设施建设、住房改造和产业发展，加上对上下游的拉动，扶贫投资实际要带动数万亿社会总投资，在带动贫困地区经济增长和实现结构调整方面产生积极影响。精准扶贫方略实施，明显拓宽了贫困家庭的增收渠道。如发展产业、转移就业以实现增收；安排生态护林员、护草员、保洁员、治安员等公益岗位以实现增收；对无业可帮、无力可扶的贫困户通过综合性保障兜底措施以实现增收；农村地区基础设施和公共服务条件改善带动了非贫困农户以实现增收。农村居民收入增加必然促进地区消费结构升级，促进消费总需求的直接增加。加上贫困地区道路、网络宽带、电力、学校、医院等基础设施和公共服务设施建设的不断推进，农村居民对通信、汽车、冰箱等生产生活用品以及教育、娱乐服务消费品的需求会逐步增长。这些变化既为推进供给侧结构性改革提供了空间，也为拉动宏观经济高质量增长提供新的广阔市场和动力[②]。在基础设施和公共服务设施改善的同时，特色产业不断壮大，产业扶贫、电商扶贫、

① 贾希为：《脱贫攻坚是一场伟大革命》，《前线》2020年第2期。

② 同上。

光伏扶贫、旅游扶贫等较快发展，促进了优质产品和服务的供给，明显增强了贫困地区的经济活力和发展后劲。生态扶贫、易地扶贫搬迁、退耕还林还草等政策措施实施，明显改善了贫困地区生态环境，实现了原生态特色产品转化为农民增收的现实来源，增加了优质产品和服务的有效供给。脱贫攻坚带来上述多个方面的良性改变，为实现贫困地区公共服务均等化和缓解区域发展不均衡问题奠定了坚实基础。

脱贫攻坚明显提升了乡村治理能力，有力促进了国家贫困治理体系和治理能力现代化。中国共产党推进抓党建促脱贫攻坚，通过组织开展贫困识别、精准帮扶、贫困退出，基层组织建设得到加强，基层党组织的战斗堡垒作用和共产党员的先锋模范作用得到充分发挥，农村基层党组织凝聚力和战斗力明显增强，农村基层治理能力和管理水平明显提高，党群干群关系更加密切，巩固了党在农村的执政基础。2015年以来，全国共派出25.5万个驻村工作队、累计选派290多万名县级以上党政机关和国有企事业单位干部到贫困村和软弱涣散村担任第一书记或驻村干部，目前在岗91.8万[①]，为打通精准扶贫政策落地的“最后一公里”奠定了基础。在2020年初突发的新冠疫情中，贫困地区基层干部展现出较强的战斗力，许多驻村工作队拉起来就是防“疫”队、战“疫”队，呈现了干部经受脱贫工作历练的成果。脱贫攻坚促进了全社会合力攻坚良好局面的形成。东西部扶贫协作，产生了助力西部地区脱贫攻坚和区域协调发展的效果。定点扶贫畅通了党政军机关特别是中央国家机关了解农村与贫困地区的渠道，推进了干部作风转变，成为锻炼培养干部的重要平台。政府、市场、社会“三位一体”大扶贫格局的形成，为贫困治理体系完善营造了良好的环境和氛围。脱贫攻坚建立了中国特色脱贫攻坚制度体系，包括：与中央统筹、省负总责、市县抓落实体制机制相适应，在各负其责基础上的合力脱贫攻坚责任体系；针对多维致贫因素、形成政策组合拳的政策体系；确保扶贫投入力度与打赢脱贫攻坚战要求相适应的投入体系；发挥社会主义制度集中力量办大事的社会动员体系优势；确保中央决策部署落地落实的督查体系；体

---

① 习近平：《在决战决胜脱贫攻坚座谈会上的讲话》（2020年3月6日），《人民日报》2020年3月7日第2版。

现最严格的考核评估要求确保真扶贫、扶真贫、真脱贫的考核体系。脱贫攻坚制度体系既为打赢脱贫攻坚战提供了坚实的制度支撑和保障，也为推动国家贫困治理体系形成开展了实践。为解决好“扶持谁”的问题，实施精准识别、建档立卡，不断提高贫困识别的准确率。为解决好“谁来扶”的问题，开展驻村帮扶，解决了精准扶贫“最后一公里”的问题。为解决好“怎么扶”的问题，实施“五个一批”工程，保证精准扶贫扶到点上、扶到跟上。为解决好“如何退”的问题，制定退出标准和程序，制定脱贫年度计划和滚动规划，开展第三方评估，保持政策稳定。精准扶贫工作机制的创新与完善，促进了国家贫困治理体系和治理能力现代化。

脱贫攻坚注重扶贫同扶志、扶智相结合，不断提升贫困家庭内生脱贫动力。中国共产党作为马克思主义政党，始终坚持以人民为中心的发展思想，始终把人民作为贫困治理的根本动力、参与主体和受益群体，始终坚持把让贫困人口有实实在在的获得感作为脱贫攻坚的直接目标，把激发贫困群众内生动力作为脱贫攻坚的根本目标。在受到突如其来的新冠肺炎疫情影响的情况下，中国共产党依然向人民表达了兑现承诺的坚定决心。习近平总书记在决战决胜脱贫攻坚座谈会上强调，到2020年现行标准下的农村贫困人口全部脱贫，是党中央向全国人民作出的郑重承诺，必须如期实现，没有任何退路和弹性[①]。这无疑极大增强了中国人民打赢脱贫攻坚战的必胜信心。大力实施教育扶贫、健康扶贫，增加了贫困家庭人力资本的积累，提高了其人力资本的质量。通过加强对贫困群众的技能培训、思想引导，增强脱贫意愿、信心和能力。通过实施控辍保学，提高义务教育巩固率，切断贫困代际传递。同时，坚持脱贫攻坚靠人民，在推进脱贫攻坚中，注重扶贫同扶志、扶智相结合，树立脱贫光荣、扶贫光荣的良好风尚；加强贫困家庭劳动力技能培训和转移就业服务，促进贫困群众就地就近就业；推行扶贫资金项目公告公示制度，扶贫资金分配在中央部门和省市县本级公告，扶贫项目要求在乡村公示，在年度考核和脱贫退出时了解贫困户和非贫困户的满意度，从制度上保证农村群众的知情权、参与权和监督

① 习近平：《在决战决胜脱贫攻坚座谈会上的讲话》（2020年3月6日），《人民日报》2020年3月7日第2版。

权；抓好农村精神文明建设和移风易俗，抵制陈规陋习，激发内生动力等，最大限度地激发广大贫困人口参与生产发展的积极性、主动性和创造性，培育提升贫困群众可持续的内生脱贫动力。

脱贫攻坚战的伟大成就不仅彰显了中国共产党领导和中国特色社会主义的政治制度优势，也彰显了中国共产党的治理能力。脱贫攻坚伟大成就彰显的中国政治制度优势，主要体现在：一是坚持党对脱贫攻坚的全面领导。习近平总书记亲自挂帅出征、高位推进，省市县乡村五级书记抓扶贫，强化中央统筹、省负总责、市县抓落实的管理机制，发挥村党组织在脱贫攻坚中的战斗堡垒作用。二是坚持以人民为中心的发展思想。明确目标任务，确定精准方略；出台一系列专项政策和超常规举措；建立脱贫攻坚制度体系，提供制度保障。聚焦“三区三州”等深度贫困地区。实施挂牌督战，巩固脱贫成果。三是坚持精准扶贫方略。做到扶持对象精准、项目安排精准、资金使用精准、措施到户精准、因村派人精准、脱贫成效精准等“六个精准”。实施发展生产脱贫一批、易地搬迁脱贫一批、生态补偿脱贫一批、发展教育脱贫一批、社会保障兜底一批等“五个一批”脱贫工程。解决好“扶持谁”“谁来扶”“怎么扶”“如何退”等“四个问题”。四是坚持完善大扶贫格局。充分发挥政府在脱贫攻坚中的主体和主导作用。持续加大各行各业扶贫力度。包括东西部扶贫协作、中央国家机关定点帮扶、军队扶贫、民营企业扶贫、社会组织扶贫、公民个人扶贫的中国特色社会扶贫体系不断丰富发展。五是坚持激发脱贫内生动力。尊重贫困群众脱贫攻坚的主体地位，多措并举激发内生动力，坚持外部帮扶与内生动力结合，注重贫困地区基层干部的能力建设和素质培养。六是坚持较真碰硬考核评估。建立完善科学的考核评估体系，综合运用考核评估结果，建设完备的监督体系。脱贫攻坚的伟大实践及其成就，同样彰显了中国共产党在组织领导、改革创新、社会动员和贯彻落实等方面的卓越能力。脱贫攻坚中党的组织领导能力集中体现在党的领导核心高度重视和亲自指挥，党中央建立并完善脱贫攻坚的责任体系，层层压实脱贫责任，主要通过建立并完善中央统筹、省负总责、市县抓落实的扶贫管理体制、建立并完善五级书记一起抓扶贫的领导责任体制、建立并完善全党全社会广泛参与的帮扶责任体制等三个方面实现。脱贫攻坚在扶贫理论、扶贫方略、脱贫攻坚制度体系、精准扶贫工作机制等方面的重大创新，彰显了中国共产党的改革创新能力。中国共产党在脱贫攻坚战中的社会动员能力集中体现在不断强化社会动员和宣传体系建设，形成全社会参与的新的社会扶贫格局。各地各部门的贯彻落实能力实际上构成了中国共产党执政能力的重要内容，主要体现在增加投入、完善政策、严格考核、加强监督、作风能力建设等方面。

四、中国新时代脱贫攻坚的世界贡献

2020年脱贫攻坚任务完成后，中国将有1亿左右贫困人口实现脱贫，提前10年实现联合国2030年可持续发展议程的减贫目标，书写了世界反贫困史上的伟大传奇。中国新时代脱贫攻坚极大坚定了全球减贫的决心信心，习近平扶贫重要论述引领大规模脱贫攻坚的成功实践展示了全球减贫的中国智慧，精准扶贫精准脱贫方略为全球减贫提供了中国方案。

中国脱贫攻坚战为全球减贫事业作出了中国贡献，为发展中国家政府开展减贫树立了标杆。从减贫速度看，中国明显快于全球。世界银行发布的数据显示，按照每人每天1.9美元的国际贫困标准，从1981年末到2015年末，我国贫困发生率累计下降了87.6个百分点，年均下降2.6个百分点，同期全球贫困发生率累计下降32.2个百分点，年均下降0.9个百分点。特别是2013年实施精准扶贫以来，平均每年减少贫困人口1300多万，7年减少9300多万[①]，有力加快了全球减贫进程，为其他发展中国家树立了标杆，提供了榜样，坚定了全世界消除贫困的信心。在中国精准扶贫的实践中，政府是贫困识别、贫困干预、贫困退出以及脱贫成效评估等减贫全过程的主导性主体。在脱贫攻坚战中，中国政府加大财政专项投入，通过中央统筹、省负总责、市县抓落实多层级政府间合力协作制度安排提升政府扶贫整体效能，激发并形成扶贫合力，不断完善政府、市场、社会互动和专项扶贫、行业扶贫、社会扶贫联动的大扶贫格局，凝聚摆脱贫困的强大动力。中国政府发挥减贫主导作用为全球应对经济增长带动减贫普遍弱化的挑战树立

① 黄承伟：《充分认识习近平总书记关于精准扶贫精准脱贫基本方略的重大意义》，《党建》2020年第6期。

了典范。

习近平扶贫重要论述是中国新时代脱贫攻坚最大的理论成果，为全球减贫事业贡献了中国智慧。习近平扶贫重要论述是习近平新时代中国特色社会主义思想的重要组成部分，是马克思主义反贫困理论中国化的最新成果，是中国特色减贫道路的最新发展，是打赢脱贫攻坚战的根本遵循。习近平扶贫重要论述具有丰富内涵。一是坚持把脱贫攻坚摆在治国理政的重要位置。把新时代扶贫开发的战略定位提高到了新的高度，为新时代脱贫攻坚顶层设计、体制机制创新奠定了思想基础。二是始终坚持党对脱贫攻坚的领导。充分发挥社会主义集中力量办大事的制度优势，五级书记抓扶贫，实行中央统筹、省负总责、市县抓落实的管理体制机制。三是坚持精准方略。做到“六个精准”基本要求，实施“五个一批”的脱贫路径，达到切实解决“扶持谁”“谁来扶”“怎么扶”“如何退”等“四个问题”的根本目的。四是坚持加大投入并管好用好扶贫资金。改革财政扶贫资金使用管理机制，完善扶贫资金项目公告公示制度，做到阳光化管理。五是坚持广泛动员社会参与脱贫攻坚。不断加大社会扶贫工作力度、凝聚更大扶贫合力。六是坚持从严要求促进真抓实干。把扶贫工作的从严要求和干部作风治理结合起来，把精准扶贫精准脱贫和国家贫困治理体系和治理能力现代化结合起来。七是坚持群众主体和激发内生动力。尊重贫困群众的主体地位和首创精神，把激发扶贫对象的内生动力摆在突出位置，扶贫与扶志、扶智相结合，充分发挥第一书记、驻村工作队的作用，把贫困群众的积极性调动起来，把他们自力更生的精神激发出来，不断提高他们共享发展成果的能力。八是坚持携手消除贫困、共建人类命运共同体的价值取向。在致力于自身消除贫困的同时，始终积极开展南南合作，力所能及向其他发展中国家提供不附加任何政治条件的援助，支持和帮助广大发展中国家特别是最不发达国家消除贫困。在习近平扶贫重要论述指引下，中国脱贫攻坚的决定性成就证明了这套思想体系的科学性、普遍性、指导性，成为全球减贫治理中国智慧的核心内容。

中国精准扶贫方略的成功实践，为解决贫困治理一系列世界难题提供了中国方案。按照精准扶贫方略的顶层设计，中国逐步形成和完善了自上而下（指标规模控制、分级负责、逐级分解）与自下而上（村民民主评议）

相结合的精准识别机制，对国际减贫瞄准方法的完善具有积极意义。围绕解决好“扶持谁”“谁来扶”“怎么扶”“如何退”四个问题构建的精准扶贫精准脱贫基本方略落实的工作机制，为解决一系列贫困治理难题提供了方法。此外，精准扶贫精准脱贫基本方略不仅强调中国共产党领导的政治优势和社会主义制度集中力量办大事的制度优势，也强调要发挥脱贫主体的能动性，“智”“志”双扶，从而激发脱贫内生动力。其中包含的内源式扶贫、合力扶贫、制度扶贫等理论及实践，对为国际贫困治理理论创新提供借鉴，对推动广大发展中国家加快摆脱贫困的进程，都有重要作用。联合国秘书长古特雷斯曾高度肯定中国的精准减贫方略，他指出：“精准减贫方略是帮助最贫困人口、实现2030年可持续发展议程宏伟目标的唯一途径。中国已实现数亿人脱贫，中国的经验可以为其他发展中国家提供有益借鉴。”[①]可以说，中国巨大减贫成就坚定了全球减贫信心，而中国精准扶贫精准脱贫基本方略的设计及其实践为全球减贫提供了中国方案。

① 国家统计局：《扶贫开发持续强力推进脱贫攻坚取得历史性重大成就——新中国成立70周年经济社会发展成就系列报告之十五》，http: //www.stats.gov.cn/tjsj/zxfb/201908/t20190812_1690526.html。

决胜脱贫攻坚的若干前沿问题

打赢脱贫攻坚战，事关党和国家事业发展全局。当前脱贫攻坚进入决战决胜关键时期，剩下的都是贫中之贫、困中之困，都是难啃的硬骨头。决战决胜脱贫攻坚，深刻认识并辨证把握好脱贫攻坚面临的诸多理论实践前沿问题紧迫而重要。本文基于实践观察和深入调研，思考梳理了决胜脱贫攻坚中十个方面的问题挑战，并逐一进行系统分析，旨在为实现高质量脱贫、巩固脱贫攻坚成果提供决策参考。

《甘肃社会科学》2019年第6期

新中国成立以来，特别是改革开放以来，中国经过不懈努力，7亿多贫困人口成功脱贫，占同期全球减贫人口总数的70%以上。党的十八大以来，中国特色社会主义进入新时代，扶贫开发进入脱贫攻坚新阶段。以习近平同志为核心的党中央，把脱贫攻坚作为全面建成小康社会的底线任务和标志性指标，作出一系列重大部署，举全党全国全社会之力推进。经过6年多的不懈努力，脱贫攻坚取得重大历史性成就：现行标准下农村贫困人口从2012年的9899万人减少到2018年的1660万人，累计减少8239万人，连续6年每年减贫规模都在1000万人以上，贫困发生率由10.2%降至1.7%，改变了以往新标准实施后减贫人数逐年递减的趋势，打破了前两轮扶贫每当贫困人口减到3000万左右就减不动的瓶颈[①]。全国12.8万个贫困村有10.2万个脱贫退出，全国832个贫困县有436个脱贫摘帽[②]。中国特色脱贫攻坚制度体系，包括责任体系、政策体系、投入体系、动员体系、监督体系、考核体系全面建立，精准扶贫中“扶持谁”“谁来扶”“怎么扶”“如何退”问题基本解决。贫困群众不愁吃、不愁穿基本实现，行路难、吃水难、用电难、通信难、上学难、就医难、住危房等问题在大部分地区得到较好解决。坚持党建引领脱贫攻坚，通过脱贫攻坚战，有力促进了一大批干部治理能力的提高和工作作风的转变，促进了农村基层党组织凝聚力和战斗力的明显增强，促进了农村基层治理能力和管理水平的明显提高，促进了党在农村的执政基础更加巩固。社会各界凝心聚力、广泛参与，脱贫攻坚战使中华民族扶贫济困、守望相助的优良传统得到新的弘扬，向上向善的社会氛围更加浓厚。如期打赢脱贫攻坚战，将消除中华民族千百年来的绝对贫困问

① 习近平：《在解决“两不愁三保障”突出问题座谈会上的讲话》，《求是》2019年第16期。

② 国家统计局：《扶贫开发持续强力推进脱贫攻坚取得历史性重大成就——新中国成立70周年经济社会发展成就系列报告之十五》，http：//www.stats.gov.cn/tjsj/zxfb/201908/t20190 812_1690526.htm。

题，将为中国实现转型发展和高质量发展作出贡献，彰显中国共产党领导的政治优势和社会主义制度优势，同时，为全球减贫事业作出了重要贡献，为全球贫困治理贡献了中国智慧和中国方案。

确保贫困人口如期脱贫，事关党和国家事业发展全局。以习近平总书记2019年4月在重庆主持召开解决“两不愁三保障”突出问题座谈会并发表重要讲话为标志，脱贫攻坚进入决战决胜关键时期。当前，我国脱贫攻坚任务仍然艰巨繁重，剩下的都是贫中之贫、困中之困，都是难啃的硬骨头。在这一关键时期，既要看到脱贫攻坚取得的决定性成就，坚定信心，还要充分认识脱贫攻坚存在的各类问题，特别是需要深刻认识并辨证把握好脱贫攻坚所面临的理论实践前沿问题。

一、理解脱贫攻坚的伟大成就

如何全面、准确理解和把握脱贫攻坚的伟大成就，是打赢脱贫攻坚战的基本问题。特别是如何用脱贫攻坚形成的成就、发展基础以支撑新时代贫困地区加快发展、实现更高质量发展？如何用脱贫攻坚的精神鼓舞全民族在新征程中不断砥砺前行？这都是需要加强研究的重要议题。如何理解脱贫攻坚的伟大成就，是脱贫攻坚的理论前沿问题之首。

脱贫攻坚的伟大成就，可以从直接效果、间接影响和溢出效应三个方面进行概括。

从脱贫攻坚直接效果看，投入多少钱，建设多少项目，多少贫困人口受益并实现了脱贫，这些都是脱贫攻坚的直接效果。在脱贫攻坚期间，基础设施、公共服务、贫困户收入的变化，可以和历史纵向比较，也可以横向比较。从全国看，脱贫攻坚取得了历史上最好的减贫成绩，习近平总书记作出的重大判断完全符合实际情况，因此，进行规范的总结和清晰的表述就非常重要。弄清楚脱贫攻坚的投入、产出是总结的前提，如果连投入多少钱都不清楚，做了多少事也不明晰，效果、成就呈现就会影响可信度。值得注意的是，脱贫攻坚的投入是全方位的，不仅仅局限于专项扶贫投入（也就是过去由扶贫办管理的财政扶贫资金）。脱贫攻坚的投入涉及方方面面，渠道多、数量大、投入集中、使用要求更高，这是脱贫攻坚阶段扶贫投入的主要特点。

从脱贫攻坚的间接影响看，脱贫攻坚是“五位一体”战略布局的组成部分，同时在经济、政治、社会、文化、生态文明和党的建设等方面都产生了全方位的积极影响。比如从经济领域看，由于脱贫攻坚各种资金项目的投入，大大加快了贫困地区经济社会发展进程，这些不仅从定性的、直观的描述给予呈现，还从定量角度进行分析，都印证了以上论断。脱贫攻坚的间接影响还体现在坚定“四个自信”方面，道路自信、理论自信、制度自信、文化自信都与脱贫攻坚密切相关，脱贫攻坚就是“四个自信”的生动实践。再比如，脱贫攻坚在全面从严治党方面也产生了重要影响。总体看，脱贫攻坚确实是一项前无古人、难有来者的伟大历史事件。

从脱贫攻坚的溢出效应看，最直接的体现就是中国贫困治理新体系的形成。这套体系对于在中国特色社会主义新征程中开展贫困治理、促进共享发展具有重要参考价值。脱贫攻坚的溢出效应还体现在抓党管党方面，进行了有益探索。比如，在培养锻炼党的干部上产生了明显效果。目前，驻村帮扶干部累计超过300多万人次，在岗的第一书记20.6万人、驻村工作队70万人，这些干部都是县级机关单位派驻的，不含乡干部。近百万名干部奋战在脱贫攻坚一线，仅仅简单的成本支出每年就达上千亿元，这并没有算入脱贫攻坚的成本。这些干部进村入户为贫困群众谋脱贫谋发展，不仅指导村“两委”、群众按照精准扶贫方略把国家多种脱贫攻坚政策落到实处，而且干部的能力得到了锻炼、提高，增进了对群众的感情，对国情、广大农村的了解和理解。中国共产党的执政能力和形象提升是脱贫攻坚的重要溢出效应。放眼全球，没有哪个政党像中国共产党一样能够一个不落地解决本国人民的绝对贫困问题，也没有哪个政党能够像中国共产党一样如此广泛深入地动员全党、全国、全社会凝心聚力解决贫困问题。这就是一个政党执政能力的充分体现。中国扶贫的巨大成就，其背后实质上是一个国家贫困治理体系的有效性以及较强国家治理能力的呈现。

综上所述，脱贫攻坚的伟大成就集中体现在：一方面，脱贫攻坚解决了中华民族几千年发展史上从来没有解决的绝对贫困问题。这是一个史诗般的成就，决定了脱贫攻坚必定载入中华民族发展、人类发展的史册。记载好、总结好脱贫攻坚的伟大成就，意义重大。另一方面，脱贫攻坚形成和确立了习近平扶贫重要论述。这套理论体系不仅指引着脱贫攻坚取得全面胜利，也必将指引中国在新的发展征程中，在解决不平衡不充分发展问题、促进共享发展、加快共同富裕进程中发挥指导作用。这也是中国为全球贫困治理贡献的中国智慧、中国方案的核心内容。

二、领会脱贫攻坚的指导思想

党的十八大以来，习近平总书记就脱贫攻坚提出了一系列新思想新观点，作出了一系列新决策新部署，亲自策划、亲自发动、亲自领导、亲自督战脱贫攻坚战，5年6次主持召开脱贫攻坚主题座谈会以研究、推动脱贫攻坚，形成了内涵丰富、逻辑严密的思想体系。2018年8月，中央批准出版的《习近平扶贫论述摘编》全国发行，这标志着习近平扶贫重要论述的基本形成。从形成过程看，习近平扶贫重要论述形成于长期的反贫困实践，形成于担任党的总书记之后对贫困问题的深刻思考、作出的重大判断。从实践检验看，在习近平扶贫重要论述指引下，中国脱贫攻坚取得历史上最好的减贫成绩，对中国乡村发展、治国理政、抓党管党产生了深刻影响。因此，习近平扶贫重要论述客观上已经具备了思想体系所应有的理论特征，是习近平新时代中国特色社会主义思想的重要组成部分，是马克思主义反贫困理论中国化的最新成果，是中国特色扶贫开发理论的最新发展，为全球贫困治理贡献了中国智慧。

脱贫攻坚指导思想的前沿性体现在以下方面：

一是习近平扶贫重要论述是全球减贫治理的中国智慧、中国方案。与全球减贫理论最新发展、实践最新成就进行对话，习近平扶贫重要论述既有中国特色，又有治理贫困认识的普遍性，能够回应全球贫困治理中一系列难题，特别是经过中国脱贫攻坚大规模的实践检验，这一理论体系具有鲜明科学性。正如联合国秘书长古特雷斯指出的，精准扶贫方略是解决2030年全球可持续发展议程减贫目标的唯一途径。

二是从习近平扶贫系列讲话到习近平扶贫重要论述，是一个有力有序推进的过程。通过深入、系统研究，充分认识并阐述了习近平扶贫重要论述的客观必然性。习近平扶贫重要论述作为脱贫攻坚重要的前沿问题，需要深入研究，把脱贫攻坚实践对这一理论确立的强烈需求呈现出来，把这一理论体系成熟的丰富内涵、理论品格呈现出来，把这一理论体系引领实践取得的成效并回应全球贫困治理问题的指导价值呈现出来。

三是要加强习近平扶贫重要论述的理论创新和实践创新研究。首先要加强基础性研究，包括这一体系的理论创新、实践创新研究，以及对《习近平扶贫论述摘编》的深入解读；其次要深化习近平扶贫重要论述的专题、重大主题研究；再次要强化思想传播路径研究，有力有效组织思想体系的对内宣传和对外传播。要善于运用学习研究成果指导理论武装的强化，更加扎实地以习近平扶贫重要论述武装头脑、指导实践、推动工作。实践充分证明，脱贫攻坚成效越显著的地方，其共同特点必然是当地干部群众学习领会习近平扶贫重要论述更加深刻，运用于推动工作做得更好。

三、把握脱贫攻坚的目标标准

2015年11月发布的《中共中央国务院关于打赢脱贫攻坚战的决定》明确提出："脱贫攻坚的目标任务就是到2020年我国现行标准下农村贫困人口全部脱贫，贫困县全部摘帽，解决区域性整体贫困"[①]。脱贫的标准就是农民人均纯收入超过国家扶贫标准（到2020年大约是4000元），且稳定实现"两不愁三保障"（不愁吃、不愁穿，义务教育、基本医疗和住房安全有保障）。这个标准符合我国基本国情，略高于世界银行绝对贫困标准，攻坚期内要始终坚持，既不降低标准、虚假脱贫、影响质量，也不拔高标准、脱离实际、吊高胃口。

目标标准问题的前沿性主要是三个方面：

第一，减贫目标确定的基本要素。这是理解目标标准的认识基础。把握不好，就会出现降低标准或拔高标准的现象。一个国家或区域扶贫目标的确定，主要受政治承诺、贫困现状、减贫动力（如发展带动减贫能力、可投入扶贫资源）等方面影响。由此，按部就班保持原有力度是无法兑现这一承诺的。现状与目标之间的差距，就是脱贫攻坚要完成的目标任务。能否完成目标任务，取决于投入力量大小和采取扶贫方式是否有效。为此，中央确定全面打赢脱贫攻坚战，以攻坚的方式凝聚更大力量；全面实施精

① 《中共中央国务院关于打赢脱贫攻坚战的决定》（2015年11月29日），《人民日报》2015年12月8日第1版。

准扶贫方略，用精准扶贫方式确保贫困人口精准脱贫。

第二，脱贫攻坚目标标准的内涵。国务院扶贫开发领导小组印发的《关于解决“两不愁三保障”突出问题的指导意见》明确提出：贫困人口义务教育有保障，主要是指除身体原因不具备学习条件外，贫困家庭义务教育阶段适龄儿童、少年不失学辍学，保障有学上、上得起学。贫困人口基本医疗有保障，主要是指贫困人口全部纳入基本医疗保险、大病保险和医疗救助等制度保障范围，常见病、慢性病能够在县、乡、村三级医疗机构获得及时诊治，得了大病、重病基本生活有保障。贫困人口住房安全有保障，主要是指对于现居住在C级和D级危房的贫困户等重点对象，通过进行危房改造或其他有效措施，保障其不住危房。贫困人口饮水安全有保障，主要是指贫困人口有水喝，饮水安全达到当地农村饮水安全评价标准。这是从全国范围确定的目标标准，具有普适性。由于我国地域辽阔，各地需要根据实际情况确定具体标准。需要注意的是，各地区可以在国家基本标准和总体要求的基础上，因地制宜细化实化标准并严格执行。

第三，坚持目标标准的要求。习近平总书记多次强调指出，要坚持党中央确定的脱贫攻坚目标和扶贫标准，贯彻精准扶贫精准脱贫基本方略，既不急躁蛮干，也不消极拖延，既不降低标准，也不吊高胃口，确保焦点不散、靶心不变。当前，各地存在不少拔高标准的现象，比如有的地方把“义务教育有保障”变成了上什么学都不花钱，把“基本医疗有保障”变成了看什么病都不花钱，把“住房安全有保障”变成了住大房住好房，过高的标准不仅很难持续，而且兑现不了还会损害党和政府公信力。坚持脱贫攻坚目标标准，既是理论问题也是实践问题，更是脱贫攻坚的重要前沿问题之一。只有把握好问题的核心，才能保持定力，坚持目标标准不动摇。具体而言，就是在教育扶贫方面，加强乡镇寄宿制学校、乡村小规模学校和教师队伍建设，扎实推进义务教育控辍保学工作，加大对家庭经济困难学生的资助力度，有效阻断贫困代际传递。在健康扶贫方面，建立健全基本医疗保障制度，加强县、乡、村医疗卫生机构建设，配备合格医务人员，消除乡、村两级机构人员“空白点”，做到贫困人口看病有地方、有医生、有制度保障。在危房改造方面，加强对深度贫困地区的倾斜支持和技术帮扶，采取多种措施保障贫困人口基本住房安全。在饮水安全方面，加快深度贫困地区、改水任务较重地区和边境地区农村饮水工程建设，保障贫困人口喝上放心水。

四、坚持脱贫攻坚的基本方略

新时代脱贫攻坚的基本方略就是精准扶贫精准脱贫。2013年11月，习近平总书记在湖南省湘西土家族苗族自治州花垣县十八洞村调研时首次提出精准扶贫。随后，习近平总书记多次阐述精准扶贫，逐步形成了逻辑严密、内涵丰富的精准扶贫思想，成为习近平扶贫重要论述的核心内容。

脱贫攻坚基本方略的前沿性体现在以下方面。

首先，精准扶贫精准脱贫方略是一项系统工程，是由核心内容、实现路径、根本要求、保障体系和落实行动等各相互作用、相互促进的子系统耦合而成，具有内在逻辑关联的贫困治理体系。实践中出现的扶持不精准、脱贫不稳定、内生动力不足等现象，根本的原因就在于工作中不能准确理解和把握精准扶贫精准脱贫方略的根本要求。换言之，准确理解和把握精准扶贫精准脱贫方略的根本要求，成为领会贯彻习近平扶贫重要论述、全面落实精准扶贫，实现脱真贫、真脱贫目标的关键。

其次，精准扶贫精准脱贫基本方略是我国扶贫理念的重大创新，充分体现了目标导向与问题导向相统一、战略性与可操作性相结合的方法论。做到"六个精准"（扶持对象精准、项目安排精准、资金使用精准、措施到户精准、因村派人精准、脱贫成效精准）是基本要求；实施"五个一批"（发展生产脱贫一批、易地搬迁脱贫一批、生态补偿脱贫一批、发展教育脱贫一批、社会保障兜底一批）是实现途径；解决"四个问题"（扶持谁、谁来扶、怎么扶、如何退）是关键环节；推进贫困治理体系和治理能力现代化是主要目标。其根本要求就是通过一系列的改革创新，实现扶贫方式方法的转变，以此不断推进贫困治理体系和治理能力的现代化①。做到"六个精准"，实施"五个一批"，解决"四个问题"，是一个具有内在逻辑关系的体系。做到"扶持对象精准"，就能解决好"扶持谁"的问题，两者之间通过"建档立卡"实现。这里的"建档立卡"是一个动态过程，是一个治理

① 黄承伟：《精准扶贫精准脱贫方略的根本要求》，《中华儿女》2017年第21期。

实现过程，是一个体系完善的过程。“建档立卡”至少包括三个层次：一是建档立卡过程，发动群众、组织群众评出真正的贫困户，通过这一过程，激发群众扶贫济困的内在本性，这实际上也是帮助群众提高自身能力、激发内生动力的过程；二是经过程序列为“建档立卡”贫困户，在得到精准帮扶、实施精准扶贫、达到“两不愁三保障”的标准后，要及时退出；三是对各种原因致贫、新出现的贫困人口要及时“建档立卡”，享受精准扶贫政策。及时、动态进出“建档立卡”系统的过程，就是贫困治理中精准识别贫困的过程。相类似，做到其他五个精准、解决其他三个问题和做到第一个精准、解决第一个问题一起构成了复杂、动态的贫困治理体系。

再次，精准扶贫方略具有理论逻辑、历史逻辑和实践逻辑。从理论维度看，全球减贫治理中的难题始终是瞄不准，瞄不准的根源在于对贫困的认识不充分。习近平总书记提出精准扶贫，是对几十年来全球减贫事业关于贫困认识的创新与完善。二战以来，减贫发展理论的基本观点，就是通过整体发展带动贫困减少，以涓滴效应消除贫困。但近几十年来，很多国家实践证明这行不通，特别是当发展到一定程度后带动贫困减少效应大幅度减弱，发展对贫困的带动力减弱，涓滴效应弱化。中国的新时代脱贫攻坚，反其道而行之，通过脱贫攻坚统揽经济社会发展全局、促进整体区域的发展，优先解决贫困问题，从而带动整个区域的发展。这实际上就是对全球发展理论的创新。从历史维度看，近300多年来，全球一直没有很好地实现发展带动消除贫困，根本原因在于，贫困的规律并没有被完全认知，习近平总书记提出的精准扶贫精准脱贫方略正是基于对贫困演变规律的深刻认识和把握。从实践维度看，各地实践呈现出扶贫脱贫的普遍性，这既是理论问题，也是实践问题，既需要基于实践的理论思考，也需要理论创新指导、推动新实践。

五、攻克深度贫困

脱贫攻坚中的深度贫困问题，是打赢脱贫攻坚战的底线和短板，是坚中之坚、难中之难。深度贫困问题的前沿性集中体现在深度贫困的对象、深度贫困的内涵与外延、攻克深度贫困。在脱贫攻坚战的决胜时期，“三区三州”的脱贫攻坚问题急需深入研究。

深度贫困对象既包括深度贫困区域，也包括深度贫困群体。从区域看，全国性深度贫困区域主要指“三区三州”。“三区三州”的“三区”是指西藏、新疆南疆四地州和四省藏区；“三州”是指甘肃的临夏州、四川的凉山州和云南的怒江州。“三区三州”是连片深度贫困地区，80%以上区域位于青藏高原区，这些区域自然条件差、经济基础弱、贫困程度深、生存环境恶劣、致贫原因复杂，民族、宗教、维稳问题交织，基础设施和公共服务缺口大。2017年6月23日，习近平总书记在山西太原主持召开深度贫困地区脱贫攻坚座谈会，首次提出抓好“三区三州”的脱贫工作，指出西藏和四省藏区、南疆四地州、四川凉山、云南怒江、甘肃临夏等地区生存环境恶劣，致贫原因复杂，基础设施和公共服务缺口大，贫困发生率普遍在20%左右[①]。

深度贫困问题的内涵与外延。习近平总书记曾把深度贫困的特征概括为“两高、一低、一差、三重”。“两高”即贫困人口占比高、贫困发生率高，“一低”即人均可支配收入低，“一差”即基础设施和住房差，“三重”即低保五保贫困人口脱贫任务重、因病致贫返贫人口脱贫任务重、贫困老人脱贫任务重[②]。由此，当前深度贫困内涵主要是“两不愁三保障”，这是脱贫的基本标准。外延包括基本的基础设施和公共服务。

攻克深度贫困。“三区三州”虽然只剩下172万贫困人口（至2018年底）没有脱贫，但是这些地方的脱贫成本比别的地方更高，脱贫难度比别的地方更大。这是脱贫攻坚后两年重点攻坚的区域，各地各部门正紧盯这些地区，加大投入、加大帮扶力度，确保完成脱贫任务，主要是扶贫同扶志、扶智相结合，激发内生动力；因地制宜，精准施策；集中优势兵力，精锐出战，做到人员到位、责任到位、工作到位、效果到位。

六、完善大扶贫格局

习近平总书记指出，要深化东西部扶贫协作和党政机关定点扶贫，调动社会各界参与脱贫攻坚的积极性，实现政府、市场、社会互动和行业扶

① 习近平：《在深度贫困地区脱贫攻坚座谈会上的讲话》，《求是》2017年第17期。
② 同上。

贫、专项扶贫、社会扶贫联动。这一重要论述不仅深刻阐述了坚持构建大扶贫格局的重大意义，而且指明了深化大扶贫格局的发展方向。坚决打赢脱贫攻坚战对确保如期全面建成小康社会、实现第一个百年奋斗目标具有决定性意义。必须不断深化大扶贫格局，持续构筑起全社会扶贫的强大合力。

改革开放以来的扶贫实践表明，大扶贫格局是中国特色扶贫开发道路的重要组成部分。从20世纪80年代中期开始到20世纪90年代达到一个高峰，我国社会扶贫工作不断发展。党的十八大以来，中国特色的社会扶贫体系日趋成熟。但是，离完善的大扶贫格局的要求依然存在差距。最主要体现在对习近平总书记提出的社会扶贫“两动论”（指构建政府、市场、社会互动和专项扶贫、行业扶贫、社会扶贫联动的大扶贫格局）还没有深刻理解，总体上缺乏精准和足够的认识与把握。政府、市场、社会互动，目前的问题是政府充分发挥了作用，但是市场在扶贫脱贫中的作用被忽略了，或者市场的作用发挥不足，在社会动员方面做得也不够充分，距离三者互动还有较大差距。专项扶贫、行业扶贫、社会扶贫联动，一方面是三者都动起来了，但是联动的程度不够；另一方面是社会扶贫的活力还没有完全激发。

决战决胜脱贫攻坚必须深化大扶贫格局，而深化大扶贫格局需要正确把握以下工作原则：一要坚持脱贫攻坚目标标准，既不降低标准，也不拔高标准；二要坚持精准扶贫精准脱贫基本方略，各种力量要因村因户因人施策，精准发力；三要坚持改革创新扶贫体制机制，各方面要更加用心用力用情开展工作；四要坚持高质量脱贫，更加注重帮扶的长期效果，夯实稳定脱贫、逐步致富的基础；五要坚持扶贫与扶志、扶智相结合，激发贫困群众内生动力；六要坚持全面从严治党要求，严格考核评估，确保脱贫成果经得起历史和实践检验。

深化大扶贫格局，需要强化专项扶贫，做到精准到村到户到人，加大行业扶贫，加快补齐贫困地区基础设施短板，加大东西部扶贫协作力度，深入开展定点扶贫工作，扎实做好军队帮扶工作，更广泛动员民营企业、社会组织、公民个人参与社会扶贫，继续着力创新体制机制，实现政府、市场、社会互动和行业扶贫、专项扶贫、社会扶贫联动。

七、激发扶贫脱贫内生动力

脱贫攻坚内生动力之所以成为理论前沿问题，关键要充分认识到内源发展和内生动力不仅客观存在而且至关重要。只有建立内生动力，内源发展才有实现基础，而只有实现内源发展，可持续发展才有前提。显然，只有激发、培育与形成内生动力，高质量脱贫摘帽才可能实现。

习近平总书记高度重视激发贫困群众的内生脱贫动力。《习近平扶贫论述摘编》中，“坚持群众主体，激发内生动力”主题单独成章，摘录了习近平总书记关于扶贫扶志的26段重要论述。这些重要论述深刻阐述了尊重贫困群众主体地位和首创精神的基本原理，要求脱贫攻坚必须坚持依靠人民群众，充分调动基层和贫困群众的积极性、主动性、创造性。这些重要论述是习近平扶贫重要论述的重要组成部分，是马克思主义群众观的具体体现，是做好扶贫扶志工作的根本遵循。党中央、国务院印发的《关于打赢脱贫攻坚战三年行动的指导意见》（简称《三年行动指导意见》）将扶贫扶志行动作为10项到村到户到人精准帮扶举措之一，提出：加强教育引导，开展扶志教育活动；加大以工代赈实施力度，动员更多贫困群众投工投劳；推广以表现换积分、以积分换物品的“爱心公益超市”等自助式帮扶做法；鼓励各地总结推广脱贫典型，宣传表彰自强不息、自力更生脱贫致富的先进事迹和先进典型，用身边人身边事示范带动贫困群众；大力开展移风易俗活动，通过自治、法治、德治相结合，教育引导贫困群众弘扬传统美德、树立文明新风；加强对高额彩礼、薄养厚葬、子女不赡养老人等问题的专项治理；深入推进文化扶贫工作，提升贫困群众的公共文化服务获得感；把扶贫领域诚信纳入国家信用监管体系[①]。为深入贯彻落实习近平总书记关于扶贫扶志的重要论述和《三年行动指导意见》精神，国务院扶贫办会同12个部委印发了《关于开展扶贫扶志行动的意见》，提出加强教育宣传培训、改进帮扶方式、推进移风易俗、强化基层党组织政治功能等方面14条具体措施。

目前增强脱贫内生动力依然存在不少问题，体现在：一是主观上安于

① 《中共中央国务院关于打赢脱贫攻坚战的决定》，《人民日报》2015年12月8日第1版。

现状而不想改变；二是客观上能力不足而不能改变；三是工作上引导政策不够精准。虽然“等靠要”“不劳而获”等贫困人口总的比例不高、数量不大，但问题是负面影响大，社会关注度高，容易发酵，可能引起其他贫困群众特别是普通农户的不满，影响脱贫攻坚效果。

摆脱思想贫困、意识贫困，增强贫困群众自我发展能力，是筑牢脱贫稳定基础的治本之策。脱贫攻坚越进入决胜时期，激发贫困群众奋斗热情和干劲的重要性和紧迫性更加凸显。为此，需要进一步完善“益贫带贫”机制，为贫困群众脱贫、持续增收创造机会；进一步完善政策激励约束机制，强化正向激励，防止政策“养懒汉”；进一步加强产业就业技能技术培训，提高自我发展能力；进一步加强先进典型引导，发挥示范引领作用；进一步加强村规民约引导，破除陈规陋习；进一步加强宣传教育，营造扶贫扶志扶智的浓厚氛围。

此外，扶贫困群众的志，首先是干部要有志气、有信心。干部内生动力怎么激发？一是通过大培训改变理念，改善领导干部的政绩观。对于基层干部而言，就是要提高精准扶贫、精准脱贫的攻坚能力。二是通过全面从严治党、作风建设、反腐败进一步激发干部的内生动力。三是通过关怀激励激发干部的内生动力。

八、实现稳定脱贫

习近平总书记在解决“两不愁三保障”突出问题座谈会上指出：“脱贫既要看数量，更要看质量，不能到时候都说完成了脱贫任务，过一两年又大规模返贫。要多管齐下提高脱贫质量，巩固脱贫成果。”可见，稳定脱贫是指在预定期限内不仅完成脱贫数量、质量目标，而且要建立长效稳定脱贫机制，实现稳定脱贫。脱贫攻坚解决的是多维绝对贫困问题，针对各方面的致贫原因精准采取对策，这决定了稳定脱贫的对策也必然是综合性、立体式、可持续的。

严把贫困退出关，这是稳定脱贫的前提。脱贫攻坚解决的是绝对贫困问题，标准就是“两不愁三保障”。这是贫困人口脱贫的基本要求和核心指标。必须严格执行退出的标准和程序，确保脱真贫、真脱贫。这就需要按照中央统筹、省负总责、市县抓落实的体制机制，上下共同努力解决。要把握保障标准，各地可以在国家基本标准和总体要求的基础上，因地制宜细化实化标准。要宣传政策标准，合理引导预期。要统筹整合资源，减少和简化项目审批环节，优化工作流程，加快项目实施进度，确保尽快基本解决突出问题。

把防止返贫摆在重要位置，这是稳定脱贫的基础。要适时组织对脱贫人口开展“回头看”，探索返贫监测预警机制，对贫困人口、脱贫人口、边缘人口等进行定期核查、动态管理，及时将返贫人口和新发生贫困人口纳入帮扶。同时，“要探索建立稳定脱贫长效机制，强化产业扶贫，组织消费扶贫，加大培训力度，促进转移就业，让贫困群众有稳定的工作岗位。做好易地扶贫搬迁后续帮扶。加强扶贫同扶志扶智相结合，让脱贫具有可持续的内生动力”①。

重视脱贫攻坚风险的防范，这是稳定脱贫的支撑。要防范完不成任务和脱贫质量不高的政治风险，特别是要聚焦深度贫困地区和“两不愁三保障”突出问题，全面摸清底数，强化政策措施，补齐短板弱项。要防范工作中的风险，特别是防范易地扶贫搬迁中因就业不足、稳定性差、社会融入差等问题解决不好带来的社会风险；防范扶贫小额信贷贷款出现呆账坏账以及光伏扶贫建设质量不高、运维滞后、套取冒领国家补助资金等经济风险。要防范由于各种政策的叠加，导致不劳动比劳动享受的政策还多，形成“养懒汉”而导致的道德风险。要防范资产流失的管理风险。脱贫攻坚期间，大量扶贫资金投入，大批扶贫项目建设，形成巨量存量资产，需要以县为单位摸清底数，建立台账、有效监管，防止资产流失，充分发挥这些资产在稳定脱贫、促进发展中的作用。还要加强扶贫资金监管和制度建设，防范扶贫领域腐败问题的风险。

防止脱贫摘帽后工作松劲懈怠，这是稳定脱贫的保障。至今已有430多个贫困县实现摘帽。从实践和历史经验看，一些摘帽县在摘帽以后出现松劲懈怠的现象，如有的撤摊子、歇歇脚，有的转移重心、更换频道，这需要引起重视并认真解决。最主要的是要稳定脱贫攻坚政策。把习近平总书记关于“贫困县党政正职要保持稳定，做到摘帽不摘责任；脱贫攻坚主要

① 习近平：《在解决“两不愁三保障”突出问题座谈会上的讲话》，《求是》2019年第16期。

政策要继续执行，做到摘帽不摘政策；扶贫工作队不能撤，做到摘帽不摘帮扶；要把防止返贫放在重要位置，做到摘帽不摘监管”①的重要指示落到实处，保持脱贫攻坚期内政策稳定，贫困村退出后驻村工作队继续开展帮扶，继续加大扶贫资金投入和监管力度，加强财政涉农资金整合，夯实稳定脱贫的基础。

九、总结脱贫攻坚的理论实践

《中共中央国务院关于打赢脱贫攻坚战的决定》明确要求“系统总结我们党和政府领导亿万人民摆脱贫困的历史经验，提炼升华精准扶贫实践成果，不断丰富完善中国特色扶贫开发理论”。在波澜壮阔的脱贫攻坚伟大战役中，在习近平总书记关于扶贫工作的重要论述指引下，各地各部门坚决贯彻落实中央脱贫攻坚部署，全面实施精准扶贫方略，展开了丰富的实践，积累了宝贵的经验。对脱贫攻坚的成就、经验进行全面、系统、深入的总结，对坚决打赢脱贫攻坚战、做好2020年扶贫工作，丰富中国特色社会主义道路和理论，激励全国人民为建设社会主义现代化强国继续奋斗具有重要意义。新时代脱贫攻坚的成就与经验总结，具有不可替代的现实意义和长远影响：一是为脱贫攻坚宣传提供鲜活素材；二是为中国共产党向世界宣布全面打赢脱贫攻坚战提供厚实的基础素材支撑；三是忠实呈现以习近平同志为核心的党中央在新时代“不忘初心、牢记使命”的伟大实践；四是总结成果的提炼转化将为全球减贫事业提供中国智慧和中国方案；五是总结成果成为国家脱贫攻坚档案的重要组成部分。

脱贫攻坚总结是一项复杂的系统工程。从总结内容看，包括脱贫攻坚理论总结，重点是助力习近平扶贫重要论述的形成、探索中国贫困治理理论、凝练脱贫攻坚精神、总结中国特色扶贫道路四个方面。脱贫攻坚历程总结，主要是对脱贫攻坚的重要时间节点和重大事件进行记录、呈现，全景式记录脱贫攻坚的伟大历史进程。脱贫攻坚实践总结，主要从解决绝对贫困、消除区域性整体贫困、巩固党在农村的执政基础、培养锻炼干部、弘扬社会主义核心价值观等方面进行总结，包括省、市、县、乡、村精准

---

① 习近平：《在解决“两不愁三保障” 突出问题座谈会上的讲话》，《求是》2019年第16期。

扶贫成就总结，专项扶贫、行业扶贫、社会扶贫总结。

加强脱贫攻坚总结成果的运用。按照总结形成成果和知识产品出版规范，整合各方资源，合力打造中国扶贫发展书系，全面记录、呈现脱贫攻坚的历程、效果、影响、经验、启示及伟大精神，成为国家脱贫攻坚档案的重要组成部分。加强开发习近平扶贫重要论述系列知识产品，为国内宣传、国际传播提供支持，推动构建中国脱贫攻坚的学术话语和理论话语。加强总结成果的转化，着力为习近平扶贫重要论述的形成与确立提供成果支撑，为脱贫攻坚宣传提供扎实素材和生动案例，为扶贫机制政策完善、2020年后扶贫战略研究提供理论基础，为扶贫理论的丰富发展提供理论支持，为讲好中国脱贫故事提供实践内容，为中国脱贫攻坚档案建设提供重要内容。

十、谋划2020年后扶贫战略

习近平总书记指出："打好脱贫攻坚战是实施乡村振兴战略的优先任务。贫困村和所在县乡当前的工作重点就是脱贫攻坚，目标不变、靶心不散、频道不换。2020年全面建成小康社会之后，我们将消除绝对贫困，但相对贫困仍将长期存在。到那时，现在针对绝对贫困的脱贫攻坚举措要逐步调整为针对相对贫困的日常性帮扶措施，并纳入乡村振兴战略架构下统筹安排。这个问题要及早谋划、早做打算。"[①]学习领会习近平总书记重要论述的内涵，有几个关键要点：第一，对于贫困村和所在县乡而言，脱贫攻坚是乡村振兴的基础，必须优先完成；第二，脱贫攻坚战解决的是绝对贫困问题，但相对贫困问题将长期存在；第三，在乡村振兴战略架构下解决相对贫困问题。这些重要论述，为谋划2020年后我国扶贫工作思路、推进扶贫战略转型指明了方向，提供了指引。

提前谋划2020年后扶贫战略，是由中国共产党的性质决定的。中国共产党的初心和使命，就是为中国人民谋幸福，为中华民族谋复兴。让全体人民特别是低收入群体共享发展成果，最能体现中国共产党的初心和使命，最能体现中国共产党以人民为中心的发展思想，最能体现中国共产党的宗

① 习近平：《把乡村振兴战略作为新时代"三农"工作总抓手》，《求是》2019年第11期。

旨和社会主义的本质要求。及早研究制定2020年后扶贫战略，既是建立稳定脱贫机制的需要，也是实现脱贫攻坚战和脱贫攻坚战后扶贫工作无缝衔接的需要，更是中国共产党向第二个百年奋斗目标进军的需要。从全球看，也是在提前10年完成联合国2030年发展议程减贫目标的基础上继续引领全球减贫事业、为全人类作出更大贡献的需要。

2020年后我国相对贫困问题的治理与缓解，将是中国特色社会主义新征程中必须面对的挑战。脱贫攻坚战结束后，我国绝对贫困问题的消除，并不意味贫困问题的消失，贫困依然以新的形式和表现存在。从发展进程看，2035年我国将基本实现共同富裕，基本建成现代化国家，这一目标要求，决定了无论是实施乡村振兴战略，还是推进城乡一体化发展，都需要把有效缓解相对贫困问题摆在突出位置，这是解决好不平衡不充分发展问题的前提和基础，也是高质量实施乡村振兴战略的必然要求。尽管共同富裕不是每一个个体都达到相同的富裕程度，但是共同富裕的社会形态必然要求相对贫困问题（数量、程度）被控制在可以接受的范围。可见，相对贫困问题的有效治理将贯穿中国所处于的社会主义初级阶段，必然成为推动乡村振兴战略、城乡一体化发展和社会主义现代化建设中的重大议题。

研究2020年后扶贫战略，必须充分考虑我国的基本国情。从我国和发达国家、其他发展中国家的减贫实践及历史看，减贫工作往往存在“扶贫—脱贫—返贫”的现象，会加大扶贫成本，影响减贫成效。提高贫困治理的有效性，就需要在治国理政中始终保持对扶贫工作的重视，避免过大的贫富差距。从全球范围看，我国是最大的发展中国家，人口基数大决定了不管用什么标准衡量，都会存在比较大规模的相对贫困人口。我国处于社会主义初级阶段的基本国情决定了完全采取西方国家主要通过福利救济兜底解决贫困问题的办法还行不通，短期内还没有足够的财力支撑。因此，坚持精准扶贫方略，实行开发式扶贫和保障性扶贫结合的方式方法，是我国治理相对贫困的有效选择。不仅要减贫，而且要通过开发增强贫困人口的劳动技能，提升民族的整体素质。

研究制定2020年后扶贫战略是治国理政的重要内容，是一项复杂的系统工程。一方面，需要以深入总结我国扶贫开发特别是脱贫攻坚的经验为基础，以全面把握贫困治理所面临的国家发展宏观环境为参照，以相对贫困问题的范围、对象、特征为分析重点，围绕新的扶贫标准、目标任务、工作范围、基本方略、体制机制、政策体系、保障措施等方面开展深入、系统的研究，形成一揽子的贫困治理新体系。另一方面，如何有力有效地向国际社会推介习近平扶贫重要论述和中国减贫方案，为全球减贫贡献中国智慧，也应该成为我国2020年后治理贫困的重要工作内容。

论习近平扶贫重要论述

党的十八大以来，我国扶贫开发进入新时代脱贫攻坚阶段。新时代脱贫攻坚取得决定性进展，其最伟大成果是形成了习近平扶贫重要论述。打好打赢新时代脱贫攻坚战，需要学习领会习近平扶贫重要论述的理论渊源和时代特征，需要深刻理解习近平扶贫重要论述的鲜明理论品格，需要全面把握习近平扶贫重要论述引领形成的我国贫困治理新体系及其对于打好精准脱贫攻坚战的指导意义。

《南京农业大学学报（社会科学版）》，2018年第3期党的十八大以来，以习近平同志为核心的党中央把扶贫开发纳入“五位一体”总体布局和“四个全面”战略布局进行部署，把贫困人口脱贫作为全面建成小康社会的底线任务和标志性指标，在全国范围全面打响了脱贫攻坚战，我国扶贫开发进入新时代脱贫攻坚阶段。新时代脱贫攻坚力度之大、规模之广，前所未有，并且取得决定性进展，显著改善了贫困地区和贫困群众生产生活条件，产生了多重深远意义和影响。新时代脱贫攻坚最伟大的成果是形成了习近平新时代中国特色社会主义扶贫重要论述。习近平扶贫重要论述是对马克思主义的继承、创新和发展，充分体现了中国优秀传统文化与时代发展的有机结合，具有鲜明的理论品格，引领建构了我国贫困治理新体系，指引新时代脱贫攻坚取得决定性进展并产生了多重深远影响，为全面打好脱贫攻坚战提供了根本遵循，是马克思主义中国化的最新成果，是习近平新时代中国特色社会主义思想的伟大创新。

一、习近平扶贫重要论述是马克思主义的继承、创新和发展

马克思主义最早从制度层面关注和分析资本主义贫困问题。《英国工人阶级状况》和《1844年经济学哲学手稿》揭露了资产阶级对无产阶级的残酷剥削，成为马克思、恩格斯贫困、反贫困理论的起点。同时，马克思区分并定义了绝对贫困、相对贫困，指出劳动者贫困源于资本、地租和劳动者的分离，生产过程中人与物的分离导致了贫困，即生产资料贫困，进一步衍生出劳动者的生活贫困、精神贫困和文化贫困。

马克思在资本论中对资本主义生产方式进行了解剖和理论批判，指出废除资产阶级所有制是实现共产主义、消灭贫困和剥削的手段。马克思、恩格斯关于贫困、反贫困的思想不仅确立了看待分析贫困问题的唯物主义立场，也指出了消除贫困的根本路径和方向。马克思和恩格斯在对资本主义深刻批判的基础上阐述了物质贫困、精神贫困，绝对贫困、相对贫困等

现象，并提出消除工人阶级贫困化现象，关心人的利益，促进自由人联合体、人的全面发展等思想，为中国共产党探寻扶贫开发战略、推进扶贫事业提供了重要的思想基础和理论支撑。

新中国成立后，社会主义制度全面建立，为从根本上消除贫困奠定了制度基础。1955年，毛泽东在关于农业合作化问题中提出了“共同富裕”的理念。改革开放以来，邓小平开启了推动共同富裕的实践。中国特色社会主义进入新时代，习近平指出，脱贫致富从直观上说是贫困地区创造物质文明的实践活动，但是真正的社会主义不能仅仅理解为生产力的高度发展，一方面，还必须要有高度发展的精神文明，要让人民过上比较富足的生活，另一方面，要提高人民的思想道德水平和科学文化水平，这才是真正意义上的脱贫致富。可见，习近平关于扶贫开发、脱贫攻坚一系列重要论述及其蕴涵的丰富内涵，是对170年前马克思主义关于贫困和反贫困理论、毛泽东邓小平“共同富裕”理论的继承、创新和发展。

二、习近平扶贫重要论述充分体现了中国优秀传统文化与时代发展的有机结合

优秀传统文化是中华民族的精神命脉，是最深厚的文化软实力。“大道之行也，天下为公。选贤与能，讲信修睦，故人不独亲其亲，不独子其子，使老有所终，壮有所用，幼有所长，鳏寡孤独废疾者，皆有所养。”《礼记・礼运》对大同社会的描述勾勒出了中国人心中的理想社会。这种天下大同的意识，几千年来一直对中华民族心理和民族人格的形成产生了深远的影响，并成为中华民族扶危济困文化的重要精神动力，深入国人的血液和骨髓之中。与大同理想一样，滋养中国扶危济困文化形成和实践发展的还有民本思想。从西周时期开始，人们对天命的理解就已经与民意、民心联系在了一起。而以民本思想为基础，孟子“恻隐之心，仁之端也”等思想，形成了扶危济困的基本动机以及由此必然带来的尊老爱幼、相互爱护、相互帮助等思想和行动。墨子更进一步提出社会不稳定的原因在于“民有三患，饥者不得食，寒者不得衣，劳者不得息，三者民之巨患也”。要解决这个问题，就要在发展社会经济的同时发展慈善事业，使“老而无妻子者，有所侍养，以终其寿，幼弱孤童之无父母者，有所放依，以长其身”。这样

才会实现社会和谐，社会经济也才能得到持续健康发展。

显然，扶危救困、改善民生、建设小康社会都是中国传统文化的内在追求，仁爱为本，兼爱、大同等社会思想，不仅蕴含着中国古代对贫困和反贫困问题的基本看法，也为中国扶贫救助、慈善思想的形成发展奠定了基础。

不忘历史才能开辟未来，善于继承才能善于创新。习近平多次强调要从我国历史中寻找有利于我国社会发展的良好经验和启示，其中就包含着扶贫领域的经验和智慧。习近平指出，对传统文化中适合调理社会关系和鼓励人们向上、向善的内容，我们要结合时代条件加以继承和发扬，赋予其新的含义。我国优秀传统文化是习近平新时代中国特色社会主义思想的理论来源，也必然是扶贫思想形成发展的重要来源。共同的理论渊源，同样与时代紧紧结合并呈现出鲜明的时代特征，呈现出了习近平扶贫重要论述是习近平新时代中国特色社会主义思想伟大创新的思想特质。

三、习近平扶贫重要论述体现了鲜明的理论品格

习近平扶贫重要论述体现了鲜明的理论品格，这些品格也正是习近平新时代中国特色社会主义思想的理论特质。

一是习近平扶贫重要论述具有人民性。习近平指出，全面建成小康社会，一个也不能少；共同富裕路上，一个也不能掉队。习近平扶贫重要论述坚持发展依靠人民，一切为了人民的根本理念，心系民生，心系贫困地区和贫困群众，体现了我党全心全意为人民服务的根本宗旨，体现了人民是推动发展的根本力量的唯物史观，体现了逐步实现共同富裕的目标要求。这正是习近平新时代中国特色社会主义思想的根本要求。

二是习近平扶贫重要论述具有继承性。习近平关于消除贫困是社会主义本质要求的重要论述，是对马克思主义价值观的坚守捍卫，更是对它的发展。扶贫开发也是解决我国改革开放进程中遇到的新问题、新困难的重大举措，是中国特色社会主义进入新时代解决不平衡不充分发展问题的重要基础。

三是习近平扶贫重要论述具有创新性。马克思主义政党最重要的理论品格，就是坚持一切从实际出发，理论联系实际，实事求是，在实践中检

验真理和发展真理，不断推进实践基础上的理论创新。以精准扶贫、精准脱贫为核心的习近平扶贫重要论述，以及围绕精准而进行的一系列体制机制改革、制度体系建设，充分呈现了创新的理论品格。

四是习近平扶贫重要论述具有实践性。实践性就是从我国处于社会主义初级阶段的基本国情出发，把扶贫开发放在我们党第一个百年奋斗目标——全面建成小康社会这一重大理论实践问题解决的背景下，阐释我国贫困特征及其演变，不断推进减贫理论创新，丰富发展了符合中国实际、具有中国特色、体现社会发展规律的减贫理论。

五是习近平扶贫重要论述具有战略性。将扶贫开发定为第一个百年奋斗目标重点工作，摆在治国理政更加突出的位置，从国家发展战略高度定位扶贫开发，是习近平扶贫重要论述的重大创新。此前的党和国家领导人都十分重视扶贫工作，但是均没有提高到这样的高度来认识扶贫工作。把扶贫开发战略地位提高到无以复加的程度，其普遍性意义在于，对于其他发展中国家，只要执政党的最高领袖把扶贫开发抓在手上，就具备了做好此项工作的前提。

六是习近平扶贫重要论述具有指导性。“小康不小康，关键看老乡”“没有贫困地区的小康，没有贫困人口的脱贫，就没有全面建成小康社会”等重要论述以及因户施策、因村施策、找到贫根、对症下药、靶向治疗等精准扶贫方略，紧紧抓住了扶贫脱贫的重点和关键，准确把握了我国社会矛盾的主要方面，充分显示出习近平扶贫重要论述始终贯穿其中的唯物辩证法的思维特征。正是在习近平扶贫重要论述的引领下，脱贫攻坚顶层设计、政策体系不断完善，由此带来了脱贫攻坚的决定性进展，为中国特色社会主义进入新时代作出了贡献。

四、习近平扶贫重要论述引领建构了我国贫困治理新体系

推进国家治理体系和治理能力现代化是我国全面深化改革的目标要求，是习近平新时代中国特色社会主义思想的重要内容。习近平扶贫重要论述指导扶贫领域一系列的改革创新，逐步形成了我国贫困治理的新体系。中国贫困治理新体系，是国家治理体系的重要组成部分，是习近平新时代中国特色社会主义思想的重大创新。这一体系包括以下九个方面。

一是目标体系。党的十八大以来，我国科学确定脱贫攻坚目标并始终保持战略定力。目标是战略政策措施体系设计、实施的基础。脱贫攻坚的目标是要解决绝对贫困现象，确保2020年现行标准下所有农村贫困人口全部脱贫，达到“两不愁三保障”的脱贫标准。习近平始终要求，要按照中央确定的脱贫目标，既不能降低标准，也不能吊高胃口。我国现行扶贫标准符合国情和发展阶段，体现三个方面的时代特点：第一，体现了收入标准和国际上衡量贫困标准的一致性。按照购买力评价，这一标准已经略高于世界银行用来衡量绝对贫困的收入标准。第二，体现了贫困衡量的多维性。“两不愁三保障”实际上就是一个多维贫困标准。如果把教育、卫生、住房等因素考虑进来，按照购买力评价，我国的扶贫标准略高于每天消费支出3.1美元的国际贫困标准。第三，体现了脱贫的稳定性。“两不愁三保障”的脱贫标准，具有稳定性含义。教育、健康、住房都是长远的，实现“三保障”意味着有了稳定的脱贫机制。坚持脱贫攻坚目标不动摇，可以有效避免脱贫攻坚战中的“急躁症”或“拖延症”，防止盲目提高超越发展阶段的标准，为构建贫困治理新体系奠定基础。

二是责任体系。我国始终注重充分发挥中国共产党的政治优势和社会主义集中力量办大事的制度优势。坚持党对脱贫攻坚的领导，这是落实责任的基础和关键。中西部22个省（区、市）党政主要负责同志向中央签署脱贫攻坚责任书，层层立下军令状，建立了中央统筹、省负总责、市县抓落实的体制机制，形成了“五级书记抓脱贫、全党动员促攻坚”的局面。坚持把全面从严治党新要求贯穿到脱贫攻坚的全过程、各环节，不断加强各级干部队伍建设、作风建设，这是落实责任的重点。强化中央统筹、省负总责、市县抓落实的体制机制，落实各级各部门脱贫攻坚责任制，实行脱贫攻坚一把手负责制，攻坚期内贫困县党政正职保持稳定，这是落实责任的保障。这些政治优势和制度优势在贫困治理体系中的充分呈现，是对全球贫困治理体系的革命性创新，是习近平扶贫重要论述的重大理论贡献。

三是工作体系。脱贫攻坚工作体系是指把精准扶贫精准脱贫作为脱贫攻坚的基本方略并不断深化发展。坚持精准扶贫精准脱贫方略，就是要做到“六个精准”的根本要求，因地制宜实现“五个一批”的脱贫路径，解决好“扶持谁、怎么扶、谁来扶、如何退”四个问题。习近平扶贫重要论述中的“六个精准”“五个一批”“四个问题”具有紧密的内在逻辑关系，这些关系充分体现顶层设计和“十大精准扶贫行动”、“十项精准扶贫工程”等具体实践，逐步形成了完整的精准扶贫工作体系，呈现出多维、综合的特征。同时，精准扶贫工作体系还包括重点攻克深度贫困地区脱贫任务的政策体系，就是在习近平扶贫重要论述指引下，中央、地方根据不同的实际情况确定深度贫困地区、深度贫困群体，确保脱贫攻坚的坚中之坚、难中之难问题的解决与针对性措施的落实，确保脱贫攻坚任务的整体完成。此外，在扶贫工作中完善建档立卡解决“扶持谁”的问题；2013—2017年，全国累计选派43.5万名干部担任第一书记，277.8万名干部驻村帮扶，着力解决“谁来扶”的问题；落实“五个一批”，解决“怎么扶”的问题。

四是政策体系。党的十八大以来，围绕《中共中央国务院关于打赢脱贫攻坚战的决定》，中共中央办公厅、国务院办公厅出台13个配套文件，中央和国家机关有关部门研究制定200多个行业扶贫政策文件或实施方案，完成四梁八柱顶层设计。各地相继出台和完善了“1+N”的脱贫攻坚系列文件。这些政策举措涵盖贫困地区基础设施、公共服务、产业就业、生态建设、社会保障等重点领域，涉及资金、土地、科技、人才等支撑保障，扶贫领域很多老大难问题都有了针对性措施，解决了许多长期想办但没有办成的事。这一系列脱贫攻坚文件，实质上构建了大扶贫治理体系，其实施必然呈现出大扶贫的格局。

五是投入体系。资金投入是脱贫攻坚的保障。坚持发挥政府投入的主体和主导作用，建立与脱贫攻坚要求相适应的投入体系。2013—2017年，财政投入大幅度增加。中央财政专项扶贫资金年均增长22.7%，省级财政扶贫资金年均增长26.9%，2017年中央财政扶贫资金达到861亿。2016—2017年共安排地方政府债务1200亿元，用于改善贫困地区生产生活条件，实施贫困村提升工程。开展贫困县统筹整合使用财政涉农资金工作，累计整合5200多亿元。深化扶贫领域“放管服”改革，扶贫资金项目下放到县的比例超过95%。加大金融扶贫投放，“十三五”期间，安排易地扶贫搬迁专项贷款3500亿元。扶贫小额信贷累计发放4100多亿元，支持了1000多万户建档立卡贫困户。出台扶贫再贷款政策，累计发放贷款1400多亿元。农业发展银行、国家开发银行和农业银行等金融机构不断加大扶贫信贷投放力度。

资本市场扶贫举措明显加强，95家证券公司结对帮扶210个贫困县，支持贫困县企业融资近830亿元。保险业助力脱贫攻坚工作稳步推进。加强土地政策支持，贫困地区增减挂钩节余指标流转累计收益主要用于脱贫攻坚。

六是社会动员体系。不断完善专项扶贫、行业扶贫和社会扶贫“三位一体”的大扶贫格局。国家将10月17日设为扶贫日，从2014年起全国各地每年组织开展扶贫日系列活动，广泛动员社会各界关注、支持扶贫。设立全国脱贫攻坚奖，发挥榜样带动作用。深化东西部扶贫协作、定点扶贫、军队和武警部队扶贫，开展“携手奔小康”行动，组织342个东部经济较发达县结对帮扶539个西部贫困县。动员中央企业设立贫困地区产业投资基金，开展定点帮扶贫困革命老区“百县万村”行动。动员民营企业开展“万企帮万村”精准扶贫行动。开通中国社会扶贫网，为社会各界精准帮扶贫困户提供对接平台。积极引导社会组织参与脱贫攻坚。通过各种形式加大宣传力度，宣讲扶贫政策、推广先进典型，营造浓厚的社会氛围。

七是动力体系。群众内生动力是打好打赢脱贫攻坚战的基础。坚持注重扶贫与扶志、扶智有机结合，大力培育贫困地区、贫困群众内生脱贫动力，是习近平扶贫重要论述的重要内容和战略取向。这一重要论述引领下的脱贫攻坚动力体系，其核心就是把扶贫与扶志、扶智结合摆在突出位置，注重培育内生脱贫动力。在实践中，体现在通过广泛宣传坚定信心决心；树立脱贫光荣、扶贫光荣的良好风尚；开展培训，促进贫困人口就地、就近就业；加强贫困村基层党组织的建设；抓好贫困乡村文明建设和移风易俗，抵制陈规陋习，激发内生动力，增强贫困村的发展活力。

八是监督体系。中央出台脱贫攻坚督查巡查工作办法，2016—2017年连续两年组织开展督查巡查，查找突出问题，督促整改落实。全国人大常委会专题询问国务院关于脱贫攻坚工作情况的报告，全国政协常委会围绕“实施精准扶贫中存在的问题和建议”建言献策。中央巡视工作把脱贫攻坚作为重要内容，8个民主党派中央开展脱贫攻坚民主监督，纪检监察机关开展扶贫领域监督执纪问责，检察机关开展集中整治和加强预防扶贫领域职务犯罪专项工作，审计机关开展扶贫资金管理使用和政策跟踪审计，财政部与国家扶贫办对财政专项扶贫资金开展集中检查，国家扶贫办设立全国“12317”扶贫监督举报电话，把各方面的监督结果运用到考核评估中。全面加强扶贫资金项目监管，违纪违规问题明显减少。

九是考核评估体系。贫困治理新体系把“脱真贫、真脱贫”作为精准扶贫、精准脱贫的出发点和落脚点。首先，精准识别出真贫，就是提高建档立卡水平，加强建档立卡动态管理，把符合标准的贫困人口以及返贫人口全部纳入。其次，确保脱贫人口的精准退出。就是建立贫困退出机制，明确贫困村、贫困县、贫困人口退出标准、程序以及后续扶持政策，防止“数字脱贫”“虚假脱贫”。再次，实施最严格的扶贫成效考核，倒逼各地落实脱贫攻坚责任，推动政策措施精准落实落地，确保脱贫成果经得起历史和实践的检验。中央实行最严格的考核评估制度，在考核方式上不断上台阶，2015年实施了扶贫第三方评估，2016年增加了省际交叉考核，2017年增加媒体暗访考核。

上述九个方面构成了我国贫困治理新体系。这一体系，是以习近平扶贫重要论述为遵循，逐步构建、完善，经过了实践的检验，九个方面相互联系、相互作用：既是有效治理贫困的基本经验，也是打好精准脱贫攻坚战的要求；既是对党的十八大以来精准扶贫经验的总结，也是对今后三年脱贫攻坚工作重点的明确。这套体系已经形成，再经过三年的实践、完善，就会定型。这套体系的完善、定型，不仅为如期完成目前3000多万贫困人口如期脱贫提供保障，而且对于中国的农村乡村发展，特别是贫困地区的乡村变革将发挥根本性的、革命性的作用。换言之，以习近平扶贫重要论述为指导，按照党的十九大报告的部署打好脱贫攻坚战，不仅要实现贫困人口脱贫，贫困县脱贫摘帽，解决区域性贫困，而且要在干部作风转变、乡村治理能力提高、为乡村振兴战略实施奠定基础等方面作出贡献。

五、习近平扶贫重要论述指引新时代脱贫攻坚取得决定性进展

新时代脱贫攻坚取得决定性的进展。党的十八大以来，全国农村贫困人口累计减少6853万人。截至2017年末，全国农村贫困人口从2012年末的9899万人减少至3046万人，累计减少6853万人，减贫幅度达到70%；贫困发生率从2012年末的10.2%下降至3.1%，累计下降7.1个百分点；年均脱贫人数1370万人，是1994—2010年间年均减贫人数的两倍多。贫困地区农村

居民人均收入年均实际增长10.7%。2013—2017年，贫困地区农村居民人均可支配收入年均名义增长12.4%，扣除价格因素，年均实际增长10.4%，实际增速比全国农村平均水平高2.5个百分点。2017年贫困地区农村居民人均可支配收入是全国农村平均水平的69.8%，比2012年提高7.7个百分点，与全国农村平均水平的差距进一步缩小。住钢筋混凝土房或砖混材料房的农户占57.1%，自然村通电率接近100%、通电话率98.2%。贫困县数量实现了首次减少，2016年有28个贫困县脱贫摘帽。

新时代脱贫攻坚促进了贫困地区加快发展。贫困地区特色优势产业迅速发展，旅游扶贫、光伏扶贫、电商扶贫等新业态从无到有、从小到大快速发展。生态扶贫、易地搬迁扶贫、退耕还林等明显改善了贫困地区生态环境，奠定了实现生态保护和扶贫脱贫有机结合的基础。前所未有的大规模、高强度集中投入，促进了贫困地区农村基础条件的明显改善和公共服务水平的明显提升。精准识别、精准帮扶、精准管理、精准退出等精准扶贫方略的实施，明显提高了贫困地区基层治理能力和管理水平。

新时代脱贫攻坚彰显了中国共产党的执政宗旨、政治优势和制度优势。一大批党员干部深入基层发动群众，以精准扶贫新理念，为贫困群众办实事、好事，帮助贫困群众摆脱贫困，改变贫困现状，以实际行动回应群众的基本需求，充分体现了全心全意为人民服务的根本宗旨，必然促进党群关系、干群关系更加密切，巩固了共产党的执政基础。

新时代脱贫攻坚激发了贫困地区贫困群众的内生动力。贫困地区、贫困群众的内生动力，是建立稳定脱贫长效机制的基础，是贫困群众摆脱贫困的根本，也是全球贫困治理共同面临的难题。现实中，一些干部常把群众“等靠要”现象常挂在嘴边，认为群众贫困的主要原因在群众自身，这实质是忽视了全心全意为人民服务的根本宗旨。习近平扶贫重要论述的一个根本要义，就是通过把扶贫同扶志、扶智结合起来，采取宣传引导、政策激励、典型示范、村规民约等多种方式，把群众的积极性主动性调动起来，不断增强贫困群众在参与中的主体感、获得感，促进他们传统观念的改变。

新时代脱贫攻坚培养锤炼了一大批干部和人才。到贫困村和群众一起脱贫攻坚，是培养锻炼干部的最好形式之一。脱贫攻坚各种各样政策的落实，为人才培养提供了具体支持。第一书记、驻村干部不仅有事干，而且有条件干事、干成事，这对于年轻干部而言是非常难得的锻炼机会，对于他们人生观、价值观、世界观的形成无疑是独特而有价值的。把干部锻炼培养和脱贫攻坚结合起来，把真正能干的干部派下去，若干年后，这些干部中就会出现一批对乡村有感情，懂农村、懂农民的国家治理骨干，这是我们党的宝贵财富，是脱贫攻坚的重要价值体现。

新时代脱贫攻坚营造了良好的社会氛围。实践证明，脱贫攻坚对形成整个社会扶贫济困氛围、培育社会主义核心价值观、营造更和谐的发展氛围，都是一个重要抓手和载体。东西部扶贫协作，东部地区在支持西部地区减贫发展的同时，拓展了自身发展空间，彰显了社会主义实现共同富裕的价值取向。中央国家机关单位定点扶贫，不仅为定点帮扶县带来资金项目、新理念新思路、新技术和新市场，而且成为中央国家企事业单位干部了解农村、密切干群关系、培养锻炼干部的重要平台和渠道。广泛动员民营经济、社会组织、公民个人参与脱贫攻坚，激发了人们内心深处扶贫济困的本质情感，在帮扶中促进了社会和谐发展。

新时代脱贫攻坚展现了以精准扶贫为核心的贫困治理体系的巨大国际价值。首先，以实施综合性扶贫策略回应发展中国家扶贫问题的复杂性和艰巨性。任何发展中国家的贫困都具有综合性、艰巨性特征。长期实践证明，小打小闹是解决不了贫困问题的。习近平扶贫重要论述引领形成的中国贫困治理体系，以扶贫对象需求为导向分类施策，采取更有针对性的扶贫措施，使扶贫资源供给和扶贫对象的需求有效衔接，扶贫的综合性和精准度有机结合，有效地解决脱贫的综合性需求。其次，发挥政府在减贫中的主导作用以回应如何扭转全球经济增长带动减贫弱化的普遍趋势。过去，经济增长可以带动一大批贫困人口脱贫，但是发展到一定程度后，经济增长的减贫带动效应下降，甚至趋向于零。习近平扶贫重要论述强调发挥政府主导作用，主导贫困瞄准、贫困干预、脱贫成效评估等减贫全过程，通过中央统筹、省负总责、市县抓落实的管理机制，提升了政府扶贫的整体效能，激发了强大扶贫动能，构成多元主体参与的扶贫格局。这些经验具有普遍性，适合于任何决心减贫脱贫的执政党和政府。再次，我国在实践中逐步形成，并经过大规模实践检验的自上而下、分级负责、逐级分解与自下而上、村民民主评议相结合的精准识别机制，为有效解决贫困、瞄准这一世界难题提供了科学方法。尽管目前建档立卡还不是非常完善，还存在漏出、错评等现象，但从总体上看，已经达到比较高的精准度。由此所形成的方法体系是有效的，有力地证明了习近平扶贫重要论述的科学性，也同样适用于不同国家、不同贫困人口提高贫困瞄准度和有效摆脱贫困。

联合国秘书长安东尼奥·古特雷斯专门为2017年10月9日在北京召开的国际减贫发展高层论坛撰写贺信并指出："精准减贫方略是帮助贫困人口实现2030年可持续发展议程宏伟目标的唯一途径。"联合国粮农组织减贫项目官员安娜·坎波斯表示："中国在减贫领域取得巨大成果是因为政府始终把扶贫工作摆在重要位置，并且在扶贫方面有清晰的目标。中国在减贫领域为其他国家树立了榜样"。法国著名经济学家米歇尔·阿列塔指出，"中国的扶贫成功经验值得推广学习"。脱贫攻坚不仅成为坚定中国特色社会主义道路自信、理论自信、制度自信、文化自信的生动写照，而且也成为全球反贫困事业的亮丽风景。

坚决打赢脱贫攻坚战事关全面建成小康社会，事关巩固党的执政基础，事关我国国际形象，是我们党的庄严承诺，是对中华民族和整个人类都有重大意义的伟业。党的十九大把打好脱贫攻坚战作为决胜全面小康社会三大攻坚战之一进行了部署。2018年2月12日习近平总书记在四川成都主持召开打好精准脱贫攻坚战座谈会，听取脱贫攻坚进展情况汇报，集中研究打好今后三年脱贫攻坚战之策，向全党全社会发出了新的动员令。打好打赢脱贫攻坚战，需要准确把握打赢脱贫攻坚战面临的困难挑战，推进精准扶贫、精准脱贫，有效构建稳定脱贫的长效机制，着力提升脱贫攻坚管理水平，确保"脱真贫、真脱贫"，使脱贫成果得到人民的认可，经得起历史的检验。

党的十八大以来脱贫攻坚理论创新和实践创新总结

在全面建成小康社会背景下，我国扶贫开发进入了脱贫攻坚新阶段。习近平总书记扶贫开发重要战略思想的形成发展，为脱贫攻坚提供了根本遵循，把我国扶贫开发理论创新提高到了新的历史高度。在习近平总书记扶贫开发重要战略思想指引下，各地各部门不断深入推进脱贫攻坚的实践创新，取得了显著成效，为决胜脱贫攻坚奠定了基础，也为全球减贫治理贡献了中国方案。未来不到四年时间，我国精准扶贫精准脱贫仍面临许多新的挑战和需要克服的困难。坚决打赢脱贫攻坚战，必须以习近平总书记扶贫开发重要战略思想为指导，不断深入推进扶贫开发的理论创新和实践创新。

《中国农业大学学报（社会科学版）》2017年第5期

改革开放以来，我国扶贫开发取得了举世瞩目的成就。但是，作为全球最大的发展中国家，贫困问题一直是我国经济社会发展进程中必须有效应对的重要挑战。特别是在全面建成小康社会的背景下，我国扶贫开发进入了新的历史时期。以习近平总书记2013年首次提出精准扶贫为起点，以党的十八届五中全会和中央扶贫开发工作会议决策部署为标志，扶贫开发进入脱贫攻坚新阶段。2013—2016年，我国扶贫开发取得了历史上最好的成就，为决胜脱贫攻坚战、如期实现第一个百年目标打下了坚实基础。显著成就取得的根本原因，在于习近平总书记扶贫开发重要战略思想为脱贫攻坚提供了根本遵循，把我国扶贫开发理论创新提高到了新的历史高度。同时，在这一重要战略思想指引下，各地各部门不断深入推进脱贫攻坚的实践创新，确保了精准扶贫精准脱贫方略的贯彻落实。回顾总结党的十八大以来脱贫攻坚的理论创新和实践创新，对于丰富发展中国特色扶贫开发理论、助力打赢脱贫攻坚战、凝练减贫治理的中国经验具有重要意义。

一、习近平总书记扶贫开发重要战略思想的形成发展，为脱贫攻坚提供了根本遵循，把我国扶贫开发理论创新提高到了新的历史高度

党的十八大以来，习近平总书记高度重视扶贫开发工作。在2015年减贫与发展高层论坛上，习近平总书记深情地说："40多年来，我先后在中国县、市、省、中央工作，扶贫始终是我工作的一个重要内容，我花的精力最多。"20世纪60年代末70年代初，习近平同志到陕西省延川县梁家河村插队7年，品尝贫穷之苦，对中国"三农"和贫困问题有着深刻理解。20世纪80年代，在河北正定工作，走遍全县200多个村子，大刀阔斧改革经济发展模式，大力推行家庭联产承包责任制，带领全县人民一举甩掉"高产

穷县”的帽子。20世纪80年代末90年代初，在福建宁德担任地委书记期间，探索创新扶贫开发，提出经济大合唱、弱鸟先飞、滴水穿石和脱贫首先要摆脱意识贫困、思路贫困等重要思想，形成《摆脱贫困》一书[①]。20世纪90年代，在福建省委工作期间，组织开展造福工程、山海协作、向贫困村派驻第一书记等工作，帮助贫困群众脱贫致富，积极贯彻邓小平同志“两个大局”战略思想，开创东西部扶贫协作的“闽宁模式”。进入21世纪，在担任浙江省委书记期间，组织开展“百乡扶贫攻坚计划”“欠发达乡镇奔小康工程”，强调要把握贫困的动态变化，讲求针对性，使投入的钱真正让贫困户受益。

党的十八大以来，习近平总书记把脱贫攻坚作为工作的重要内容，亲自挂帅、亲自出征、亲自督战。30多次国内考察都涉及扶贫，连续5年新年国内首次考察都看扶贫，连续3年新年贺词都讲扶贫，基本走遍了连片特困地区。在阜平听取扶贫开发工作汇报，在延安主持召开陕甘宁革命老区脱贫致富座谈会，在贵阳主持召开涉及武陵山、乌蒙山、滇桂黔集中连片特困地区脱贫攻坚座谈会，在银川主持召开东西部扶贫协作座谈会，在太原召开深度贫困地区脱贫攻坚座谈会。在每年中央经济工作会议和全国“两会”期间都对做好脱贫攻坚作出重要指示，多次主持召开中央政治局会议、中央政治局常委会议、中央深改领导小组会议、中央财经领导小组等重要会议，研究部署脱贫攻坚。在重要会议、重要场合系统阐述扶贫开发的重大意义、精准扶贫精准脱贫的基本方略，分析存在的问题困难，总结成功经验，指明前进方向。党的十八大以来，习近平总书记关于扶贫开发的重要讲话、重要论述、重要指示批示，形成了一个思想深邃、内涵丰富、逻辑严密的思想体系，这就是习近平总书记扶贫开发重要战略思想。

习近平总书记扶贫开发重要战略思想的丰富内涵集中体现在以下九个方面的重要内容：一是本质要求。消除贫困、改善民生、实现共同富裕，是社会主义的本质要求，是我们党的重要使命。我们共产党人从党成立之日起就确立了为天下劳苦人民谋幸福的目标，这就是我们的重要初心。二是艰巨任务。脱贫攻坚已经到了啃硬骨头、攻坚拔寨的冲刺阶段，所面对

① 习近平：《摆脱贫困》，福建人民出版社，2014。

的都是贫中之贫、困中之困，采用常规思路和办法、按部就班推进难以完成任务。打赢脱贫攻坚战绝非朝夕之功，不是轻轻松松冲一冲就能解决的。脱贫攻坚本来就是一场硬仗，而深度贫困地区脱贫攻坚是这场硬仗中的硬仗。三是政治优势。脱贫攻坚任务重的地区党委和政府要把脱贫攻坚作为“十三五”期间的头等大事和第一民生工程来抓，坚持以脱贫攻坚统揽经济社会发展全局。要层层签订脱贫攻坚责任书、立下军令状，形成五级书记抓扶贫、全党动员促攻坚的局面。四是精准扶贫。扶贫开发推进到今天这样的程度，贵在精准、重在精准，成败之举在于精准。“扶持谁、谁来扶、怎么扶、如何退”，全过程都要精准，有的需要下一番“绣花”功夫。五是改革创新。脱贫攻坚必须坚持问题导向，以改革为动力，以构建科学的体制机制为突破口，充分调动各方面积极因素，用心、用情、用力开展工作。六是内生动力。扶贫不是慈善救济，而是要引导和支持所有有劳动能力的人，依靠自己的双手开创美好明天。要注重调动贫困群众的积极性、主动性、创造性，注重培育贫困群众发展生产和务工经商的基本技能，注重激发贫困地区和贫困群众脱贫致富的内在活力，注重提高贫困地区和贫困群众自我发展能力。七是合力攻坚。脱贫致富不仅仅是贫困地区的事，也是全社会的事。坚持专项扶贫、行业扶贫、社会扶贫等多方力量有机结合的“三位一体”大扶贫格局，发挥各方面积极性。八是阳光扶贫。要加强扶贫资金阳光化管理，加强审计监管，集中整治和查处扶贫领域的职务犯罪，对挤占挪用、层层截留、虚报冒领、挥霍浪费扶贫资金的，要从严惩处。九是共建没有贫困的人类命运共同体。消除贫困是人类的共同使命，消除贫困依然是当今世界面临的最大全球性挑战。我们要凝聚共识、同舟共济、攻坚克难，致力于合作共赢，推动建设人类命运共同体，为各国人民带来更多福祉。

习近平总书记扶贫开发重要战略思想把我国扶贫开发理论创新提高得到了新的历史高度。第一，习近平总书记扶贫开发重要战略思想将扶贫开发作为关乎党和国家政治方向、根本制度和发展道路的大事，作为“五位一体”总体布局和“四个全面”战略布局以及实现第一个百年奋斗目标的底线任务，将其上升为国家战略，进一步明确和强化了扶贫开发的战略定位，把我们党所领导的反贫困实践推进到一个新的高度。第二，习近平总书记关于精准扶贫精准脱贫的思想，是习近平总书记基于长期实践经验及对扶贫开发问题深入思考的重大理论成果。这一思想是基于对中国扶贫开发实践不断进行科学总结和理论提升而逐步形成并不断完善的理论体系，是我国乃至全球减贫理论的重大创新，为我国脱贫攻坚及今后的扶贫开发事业提供了理论指导和发展方向，为扶贫思想的丰富发展作出了重大贡献。第三，习近平总书记扶贫开发重要战略思想包括对内源扶贫、科学扶贫、精神脱贫、教育脱贫、社保政策兜底脱贫等扶贫脱贫机制模式的深刻论述，丰富了党的十八大以来我国扶贫开发的时代内涵。这些扶贫内涵，客观反映了贫困演进的时代特征，反映了扶贫开发特定历史阶段的客观要求。不仅为推动脱贫攻坚的伟大实践提供了行动纲领，也为推动贫困与反贫困规律研究理论提炼指明了方向。第四，习近平扶贫开发战略思想中关于“共建一个没有贫困、共同发展的人类命运共同体”的重要思想，体现了习近平总书记对中国特色扶贫理论的进一步升华，是其对我国扶贫思想发展的另一个重大贡献，显示了中国对世界减贫发展的责任意识和大国担当，受到国际社会的广泛赞誉。

总的看，习近平总书记扶贫开发重要战略思想精辟阐述了扶贫开发工作在国家经济社会发展全局中的地位和作用，深刻揭示了我国扶贫开发的基本特征和演进规律，系统阐述了扶贫开发的重大理论和实践问题，重点强调了全党全社会扶贫济困的重大责任，也为推动国际减贫事业指明了方向。这些重要思想，充分体现了中国特色扶贫开发道路的理论创新和实践创新，深入贯彻了创新、协调、绿色、开放、共享的新发展理念，深刻体现了马克思主义世界观和方法论，是习近平总书记治国理政新理念新思想新战略的重要组成部分，是中国特色社会主义理论体系的新发展，是做好脱贫攻坚工作的科学指南和根本遵循。

二、以习近平总书记扶贫开发重要战略思想为指引，脱贫攻坚顶层设计基本完成，脱贫攻坚的实践创新不断深入推进

明确目标，为脱贫攻坚指明方向。党的十八届五中全会确定了到2020年脱贫攻坚的总体目标。这是一个多元化的目标体系，体现了贫困成因和脱贫的综合性。总的目标是农村贫困人口全部脱贫，贫困村全部出列，贫

困县全部摘帽，解决区域性整体贫困。具体包括：现行扶贫标准（2300元农民年人均纯收入，2010年不变价）以下农村贫困人口稳定实现"两不愁三保障"，即不愁吃、不愁穿，保障义务教育、基本医疗和住房安全。832个国家扶贫工作重点县和连片特困地区县，实现农民人均可支配收入增长幅度高于全国平均水平，基本公共服务主要领域指标接近全国平均水平。如期实现脱贫攻坚目标，是全面建成小康社会、实现第一个百年奋斗目标最艰巨的挑战，也是须确保完成的底线任务和标志性指标。到2020年，完成脱贫攻坚目标任务，将意味着贫困人口和贫困地区同全国一道全面进入小康社会，具有标志性意义；意味着我国绝对贫困问题得到历史性解决，具有里程碑意义；意味着我国提前10年实现联合国2030年可持续发展议程确定的减贫目标，具有国际意义。

创新机制，为脱贫攻坚提供制度支撑。按照党中央、国务院决策部署，以习近平总书记扶贫开发重要战略思想为根本遵循，为落实《中共中央国务院关于打赢脱贫攻坚战的决定》（简称《决定》），国务院扶贫开发领导小组和有关部门逐步建立了脱贫攻坚责任、政策、投入、动员、监督、考核六大体系，为打赢脱贫攻坚战提供制度保障。

一是创新脱贫攻坚责任落实机制，这是打赢脱贫攻坚战的基础和前提。按照中央统筹、省负总责、市县抓落实体制机制，出台脱贫攻坚责任制实施办法，构建各负其责、合力攻坚的责任体系。明确中央国家机关76个有关部门任务分工。中西部22个省（区、市）党政主要负责同志向中央签署脱贫攻坚责任书，立下军令状。贫困县党政正职攻坚期内保持稳定。

二是创新脱贫攻坚政策供给机制，这是打赢脱贫攻坚战的基本保障。截至2017年8月，中共中央办公厅、国务院办公厅出台《决定》的12个配套文件，各部门出台173个政策文件或实施方案，各地也相继出台和完善"1+N"的脱贫攻坚系列文件[①]，涉及产业扶贫、易地扶贫搬迁、劳务输出扶贫、交通扶贫、水利扶贫、教育扶贫、健康扶贫、金融扶贫、农村危房改造、土地增减挂钩指标、资产收益扶贫等，很多老大难问题都有了针对性措施。

---

① 刘永富：《中国特色扶贫开发道路的新拓展新成就》，《人民日报》2017年9月4日第7版。

三是创新脱贫攻坚投入及使用管理机制，这是打赢脱贫攻坚战的核心保障。坚持政府投入的主体和主导作用，增加金融资金投放，确保扶贫投入力度与打赢脱贫攻坚战要求相适应。2013—2017年，中央财政安排专项扶贫资金从394亿元增加到861亿元，累计投入2822亿元；省级及以下财政扶贫资金投入也大幅度增长。安排地方政府债务1200亿元，用于改善贫困地区生产生活条件。安排地方政府债务994亿元和专项建设基金500亿元用于易地扶贫搬迁。金融扶贫力度明显增大，“十三五”期间，将发放易地扶贫搬迁专项贷款超过3500亿元。截至2017年6月底，扶贫小额信贷累计发放3381亿元，共支持了855万贫困户，贫困户获贷率由2014年底的2%提高到2016年底的29%[①]。国家还出台了扶贫再贷款政策，证券业、保险业、土地政策等助力脱贫攻坚的力度都在明显加强。

四是创新脱贫攻坚动员机制，这是打赢脱贫攻坚战的动力保障。发挥社会主义制度集中力量办大事的优势，动员各方面力量合力攻坚。加大东西部扶贫协作力度，调整完善结对关系，实现对全国30个民族自治州帮扶全覆盖，明确京津冀协同发展中京津两市与河北省张家口、承德和保定三市的扶贫协作任务，实施东部267个经济较发达县（市、区）结对帮扶西部434个贫困县的“携手奔小康”行动。加强定点扶贫工作，320个中央单位定点帮扶592个贫困县，军队和武警部队定点帮扶3500多个贫困村。动员中央企业设立贫困地区产业投资基金、开展“百县万村”扶贫行动。动员2.6万家民营企业开展“万企帮万村”行动。设立全国脱贫攻坚奋进奖、贡献奖、奉献奖、创新奖，表彰脱贫攻坚模范，加大宣传动员力度，营造良好舆论氛围。

五是创新脱贫攻坚监督机制，这是打赢脱贫攻坚战的效率保障。把全面从严治党要求贯穿脱贫攻坚全过程各环节。中央出台脱贫攻坚督查巡查工作办法，对各地落实中央决策部署情况开展督查巡查。中央巡视把脱贫攻坚作为重要内容。8个民主党派中央分别对应8个贫困人口多、贫困发生率高的省（区、市），在攻坚期内开展脱贫攻坚民主监督。加强与纪检监察、财政、审计等部门和媒体、社会等监督力量的合作，把各方面的监督

① 刘永富：《国务院关于脱贫攻坚工作情况的报告》，2017年8月29日。

结果运用到考核评估和督查巡查中。

六是创新脱贫攻坚考核机制，这是打赢脱贫攻坚战的质量保障。中央出台省级党委和政府扶贫开发工作成效考核办法，实行最严格的考核评估制度。中央对综合评价好的通报表扬，并在中央财政专项扶贫资金分配上给予奖励；对综合评价较差且发现突出问题的，约谈党政主要负责同志；对综合评价一般或发现某些方面问题突出的约谈分管负责同志：考核结果送中央组织部，作为对省级党委、政府主要负责人和领导班子综合考核评价的重要依据。对被约谈的省级党委、政府开展巡查，对其他中西部省级党委、政府开展督查。

坚持精准扶贫精准脱贫基本方略，着力创新完善解决“四个问题”的制度体系。一是完善贫困识别制度，切实解决好“扶持谁”的问题。2014年，全国组织80多万人进村入户，共识别12.8万个贫困村、2948万贫困户、8962万贫困人口，基本摸清了我国贫困人口分布、致贫原因、脱贫需求等信息，建立起了全国统一的扶贫开发信息系统。经过2015—2016年的建档立卡“回头看”，2017年组织各地完善动态管理，建档立卡使我国贫困数据第一次实现了到村到户到人，为中央制定精准扶贫政策措施、实行最严格考核制度和保证脱贫质量打下了基础。二是增强基层力量强化驻村帮扶，切实解决好“谁来扶”的“最后一公里”问题。中央要求，每个贫困村都要派驻村工作队，每个贫困户都要有帮扶责任人，实现全覆盖。全国共选派77.5万名干部驻村帮扶，中央组织部组织开展抓党建促脱贫攻坚工作，选派19.5万名优秀干部到贫困村和基层党组织薄弱涣散村担任第一书记[①]。第一书记和驻村干部履行教育发动、引导指导群众，激发群众内生动力，推动各项精准扶贫政策措施落地落实等职责。三是强化分类施策对症施策，切实解决好“怎么扶”的问题。发展生产和转移就业脱贫一批，支持有劳动能力的贫困人口通过自身劳动开创美好生活。易地搬迁脱贫一批，支持生存环境恶劣地区的贫困人口有组织有计划搬迁，建设新家园。生态补偿脱贫一批，结合重点生态区建设为贫困人口提供护林员等生态岗位就业机会。发展教育脱贫一批，加大贫困地区教育投入力度，防止因学致贫和因

① 刘永富：《中国特色扶贫开发道路的新拓展新成就》，《人民日报》2017年9月4日第7版。

贫辍学。社会保障兜底一批，对贫困人口中完全或部分丧失劳动能力的人进行兜底保障。加强医疗保险和医疗救助，防止因病致贫返贫。四是建立脱贫认定机制，切实解决好“怎么退”的问题。建立贫困退出机制，明确规定贫困县、贫困人口退出的标准、程序和后续政策。指导各地制定脱贫滚动规划和年度计划，实施贫困县和贫困村有序退出。各省（自治区、直辖市）签订年度减贫责任书，层层分解任务，落实到县到村到户到人。对贫困退出开展考核评估检查，建立第三方评估机制，开展扶贫成效和群众满意度调查，防止数字脱贫、虚假脱贫，确保脱贫质量。脱贫退出后，在攻坚期内继续享受原有扶贫政策。

创新重点区域聚焦机制，着力破除革命老区、民族地区、边疆地区、连片特困地区等的发展瓶颈。一是加强基础设施建设。全面推进贫困村村级道路建设，提高贫困村村级道路建设补助标准。优先实施建档立卡贫困村通村道路硬化，推动一定规模的自然村（贫困村）通公路，重点实施较大规模人口的撤并建制村村级道路硬化。加快实施具有支撑特色产业发展能力的资源路、旅游路、产业路建设。实施百万公里农村公路建设工程。实施贫困村通客车线路生命安全防护工程建设。改造危桥，拓宽不能满足安全通客车要求的窄路基路面。继续支持贫困地区县城公路客运站、乡镇客运站、建制村招呼站建设。全面实施农村饮水安全巩固提升工程，建设一批集中供水工程，对分散性供水和水质不达标的，因地制宜实施提升改造工程。推进贫困村农田水利、土地整治、中低产田改造和高标准农田建设，在贫困地区大力实施小型农田水利、“五小水利”（小水窖、小水池、小泵站、小塘坝、小水渠）工程等建设。加快实施农网改造升级工程和电网建设改造行动计划，重点推进国家扶贫开发工作重点县、集中连片特困地区以及革命老区的农村电网改造升级，解决电压不达标、架构不合理、不通动力电等问题。加强贫困村网络通信设施建设，实施“宽带乡村”试点工程，推进贫困地区公路沿线、集镇、行政村、旅游景区4G网络覆盖建设。二是加大农村危房改造和人居环境整治力度。重点解决建档立卡贫困户、低保户、分散供养特困人员、贫困残疾人四类家庭的基本住房安全问题。提高危房补助标准。推进贫困村饮用水源保护、生活污水和垃圾处理、畜禽养殖污染治理、农村面源污染治理等人居环境整治工作。全面推进农村生活垃圾治理，启动农村生活垃圾专项治理，建立村庄保洁制度。开展村庄卫生厕所改造，解决贫困村人畜混居问题等。三是推进实施区域发展与脱贫攻坚规划。建立和完善片区联系工作机制，全面落实片区联系单位牵头责任。实施赣闽粤原中央苏区、左右江、大别山、陕甘宁、川陕等重点贫困革命老区振兴发展规划，支持沂蒙、湘鄂赣、太行、海陆丰等欠发达革命老区加快发展。实施革命老区振兴发展行动、民族地区奔小康行动、《兴边富民行动“十三五”规划》。推进贫困地区深度融入“一带一路”建设、京津冀协同发展、长江经济带发展三大国家战略。

创新特殊贫困群体帮扶机制，促进妇女、儿童、老年人、残疾人等特殊群体中的贫困人口稳定脱贫。一是制定实施《国家贫困地区儿童发展规划（2014—2020年）》，建立健全农村留守儿童关爱服务体系、儿童救助和帮扶机制；制定实施《国务院关于加强农村留守儿童关爱保护工作的意见》《国务院办公厅关于加强和改进流浪未成年人救助保护工作的意见》。二是根据贫困妇女发展需求，开展有针对性的种养殖、乡村旅游、家政服务、手工编织、农村电商等妇女培训项目，着力提高贫困妇女脱贫能力；制定实施《关于在脱贫攻坚战中开展“巾帼脱贫行动”的意见》；推进小额贷款促进贫困家庭妇女脱贫；支持贫困村、贫困户因地制宜发展传统手工业，引导贫困妇女打造妇女特色手工品牌；实施妇女健康扶贫。三是健全养老保险制度，建立健全农村贫困老人关爱服务体系；支持各地农村幸福院等社区养老服务设施建设和运营，开展留守老年人关爱行动；完善农村贫困老人救助供养的制度。四是制定实施《贫困残疾人脱贫攻坚行动计划（2016—2020年）》《残疾预防和残疾人康复条例》，建立健全残疾人社会救助制度，促进残疾人就业增收，解决贫困残疾人基本住房问题。

创新精准扶贫模式，不断拓展精准脱贫有效路径。党的十八大以来，各地在摸清贫困底数的基础上，从致贫原因出发，因地制宜、因人施策，实施发展产业脱贫、转移就业脱贫、易地搬迁脱贫、生态保护扶贫、资产收益扶贫、教育扶贫、健康扶贫、兜底保障等领域政策与工程，不断探索和拓展脱贫攻坚的有效途径。

在发展产业脱贫方面。编制《农业行业扶贫开发规划（2011—2020年）》《全国林业扶贫攻坚规划（2013—2020年）》《全国优势特色经济林发展布局规划（2013—2020年）》，出台《贫困地区发展特色产业促进精准脱贫指导意见》，支持贫困县建成一批对贫困户脱贫带动能力强的特色产品加工、服务基地，贫困乡镇、贫困村特色产业增加值显著提升，贫困户自我发展能力明显增强。实施乡村旅游扶贫工程，开展乡村环境综合整治专项行动、旅游规划扶贫公益专项行动、乡村旅游后备厢和旅游电商推进专项行动、旅游行业万企万村帮扶专项行动、百万乡村旅游创客专项行动、金融支持旅游扶贫专项行动、旅游扶贫模式创新推广专项行动、旅游扶贫人才素质提升专项行动等八大行动。大力发展电商扶贫，引导苏宁、京东等大型电商企业和电商平台针对贫困地区开辟“原产地直采+自营”等农产品上行绿色通道，扶持注册地为贫困县的网上商店。采取以奖代补、政府购买服务等方式，扶持贫困村电商服务站点建设、电商扶贫示范网店建设、电商扶贫人才培养、县乡村农村物流配送体系建设、仓储配送中心建设。支持贫困村青年、妇女、残疾人依托电子商务就业创业。实施农村青年电商培育工程。截至2016年底，启动了428个贫困县电商扶贫试点，261个贫困县被列为电子商务进农村综合示范县。

在转移就业脱贫方面。各级政府通过不断完善就业服务制度，加强就业平台和信息化建设，为贫困地区农村富余劳动力免费提供职业指导、职业介绍、岗位信息等基本公共服务。贫困地区各级政府将劳务协作作为就业扶贫的重点内容，建立健全劳务协作和对接机制，积极推动经济发达地区与劳动力资源丰富的地区建立劳务协作关系，带动农村劳动力转移就业。东西部扶贫协作省市建立定期联系制度，促进贫困劳动力与企业精准对接，帮助贫困劳动力实现就业和稳定就业。采取措施强化技能培训，扶持返乡创业，维护就业权益。

在易地搬迁脱贫方面。制定专项规划，大幅度加大资金投入，确保建档立卡搬迁人口住房建设。按照“规模适宜、功能合理、经济安全、环境整洁、宜居宜业”的原则，建设安置区（点）配套基础设施。按照“缺什么补什么”“适当留有余地”的原则，建设和发展搬迁人口基本公共服务设施。各地立足安置区资源禀赋，根据不同搬迁安置方式，统筹整合财政专项扶贫资金和相关涉农资金，发展扶贫产业就业，多种方式实现搬迁群众稳定脱贫。

在生态保护扶贫方面。国家重大生态工程政策向贫困地区倾斜，制定实施《新一轮草原生态保护补助奖励政策实施指导意见（2016—2020年）》，在内蒙古等8个省区实施草原生态保护补助奖励，在河北等5个省实施草畜平衡奖励。按照“谁受益、谁补偿”原则，在贫困地区开展生态综合补偿试点。健全各级财政森林生态效益补偿标准动态调整机制。提高国有、集体和个人的国家级公益林补偿标准。鼓励获益地区与保护地区建立横向补偿机制，探索碳汇交易等市场化补偿机制。实施生态公益岗位脱贫行动，通过购买服务、专项补助等方式，利用生态补偿和生态保护工程资金使当地有劳动能力的部分建档立卡贫困人口转变为护林员、草管员、护渔员、护堤员等生态保护人员。

在资产收益扶贫方面。一是支持贫困地区在不改变用途的情况下，将财政专项扶贫资金和其他涉农资金投入设施农业、养殖、乡村旅游等项目形成的资产折股量化给贫困村和贫困户，尤其是丧失劳动能力的贫困户，帮助其增加财产性收入。二是鼓励和引导贫困户将已确权登记的土地承包经营权入股企业、合作社、家庭农（林）场，分享经营收益。积极推进农村集体资产、集体所有的土地等资产资源使用权作价入股，形成集体股权并按比例量化到农村集体经济组织，分红收益主要用于村内公益项目建设和扶贫开发。三是实施光伏扶贫工程。采取村级光伏电站或集中式光伏电站方式，保障每位扶贫对象（重点是无劳动能力贫困户）户均年收益3000元以上。促进“光伏+农业”“光伏+旅游业”等产业发展和清洁能源使用，实现扶贫、产业结构调整、生态环境保护综合效益。四是开展水电矿产资源开发扶贫试点。创新贫困地区水电、矿产资源开发占用农村集体土地补偿方式，将入股分红作为征地补偿的新方式。合理确定以土地补偿费量化入股的农村集体土地数量、类型和范围，将核定的土地补偿费作为资产入股试点项目，形成集体股权。农村集体经济组织为股权持有者，其成员为集体股权受益主体，建档立卡贫困户为优先受益对象。

在教育扶贫方面。实施学前教育三年行动计划和资助政策，改善农村义务教育薄弱学校基本办学条件，推进乡村教师队伍建设，实施面向贫困地区定向招生专项计划。继续实施农村义务教育学生营养改善计划，建立起覆盖学前教育到研究生教育各个学段的学生资助政策体系，促进教育公平和社会公平。加快民族教育发展。

在健康扶贫方面。国家卫生与计划生育委员会会同国务院扶贫办等14个部委，联合发布《关于实施健康扶贫工程的指导意见》，建立农村贫困人口医疗兜底保障机制，提高基本医疗保险补助标准和报销比例，大病保险和医疗救助制度“防大病、兜底线”作用进一步增强。推动医疗资源向贫困地区流动，协调安排全国889家三级医院对口帮扶所有贫困县的1149家县级医院，近万名城市三级医院医生在贫困县县级医院进行蹲点帮扶。实施助理全科医生培训，支持中西部地区和东部贫困地区招收助理全科医生，进一步解决贫困地区人才短缺、技术薄弱等问题。加强村级卫生服务体系建设。组织对建档立卡农村贫困人口进行了全面摸底调查，逐户、逐人、逐病核实核准农村贫困人口患病情况，建立了健康扶贫管理数据库。组织对大病和慢性病贫困患者进行“三个一批”（实施大病集中救治一批、慢病签约服务管理一批、重病兜底保障一批）分类救治。

在最低生活保障兜底方面。在低保对象认定中将建档立卡贫困人口作为重点，及时将符合条件的纳入农村低保，实施政策性兜底保障。进一步推进农村最低生活保障制度与扶贫开发政策有效衔接，从政策、对象、标准、管理等方面加强制度衔接，强化兜底脱贫。推进农村低保规范化管理，进一步加强和改进最低生活保障工作，对低保家庭中的残疾人、老人、未成年人等重点救助对象增发低保金，提高救助水平。加强残疾人社会救助工作，将生活困难、靠家庭供养且无法单独立户的成年无业重度残疾人按照单人户纳入农村低保范围。确保特困人员救助供养，完善临时救助制度。

三、党的十八大以来脱贫攻坚取得显著成就，奠定了决胜脱贫攻坚战的坚实基础，为全球减贫治理贡献了中国方案

党的十八大以来，在以习近平同志为核心的党中央坚强领导下，脱贫攻坚的顶层设计基本形成，精准扶贫精准脱贫方略深入人心，五级书记抓扶贫、全党动员促攻坚的良好态势已经形成，各项决策部署得到较好落实，取得了脱贫攻坚显著的阶段性成就。

农村贫困人口大幅减少。按现行国家农村贫困标准测算，全国农村贫困人口由2012年的9899万人减少到2016年的4335万人，累计减少5564万人，年均减少贫困人口1391万人；全国农村贫困发生率由2012年的10.2%下降到2016年的4.5%，下降5.7个百分点，平均每年下降1.4个百分点①（图1）。

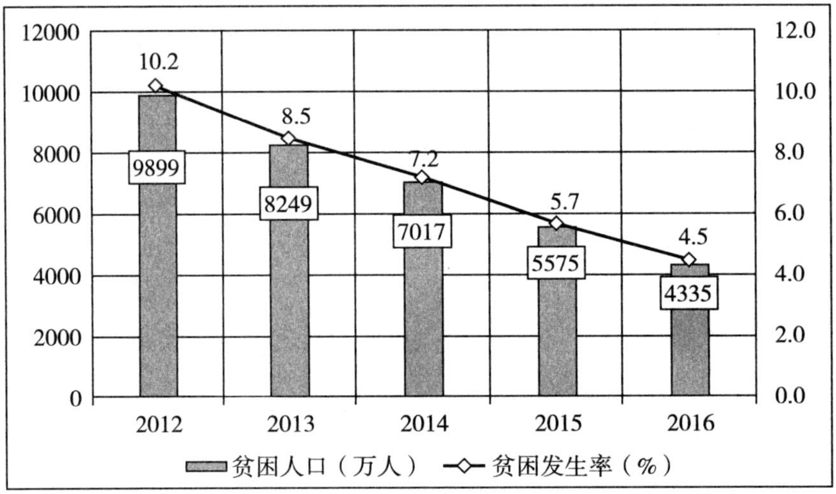

图1 2012—2016年全国农村贫困人口变化趋势

贫困地区农村居民收入稳步增长。2013—2016年贫困地区农村居民人均收入连续保持两位数增长，年均名义增长12.8%，扣除价格因素，年均实际增长10.7%，比全国农村平均水平高2.7个百分点②。其中，2016年贫困地区农村居民人均可支配收入为8452元，名义水平是2012年的1.6倍；扣除价格因素，实际水平是2012年的1.5倍（图2）。横向考察，贫困地区农村居民人均可支配收入与全国农村的差距在不断缩小，2016年贫困地区农村居民人均可支配收入是全国农村平均水平12363的68.4%，比2012年提高了6.2个百分点。

① 国家统计局：《精准脱贫成效卓著 小康短板加速补齐——党的十八大以来经济社会发展成就系列之六》。

② 同上。

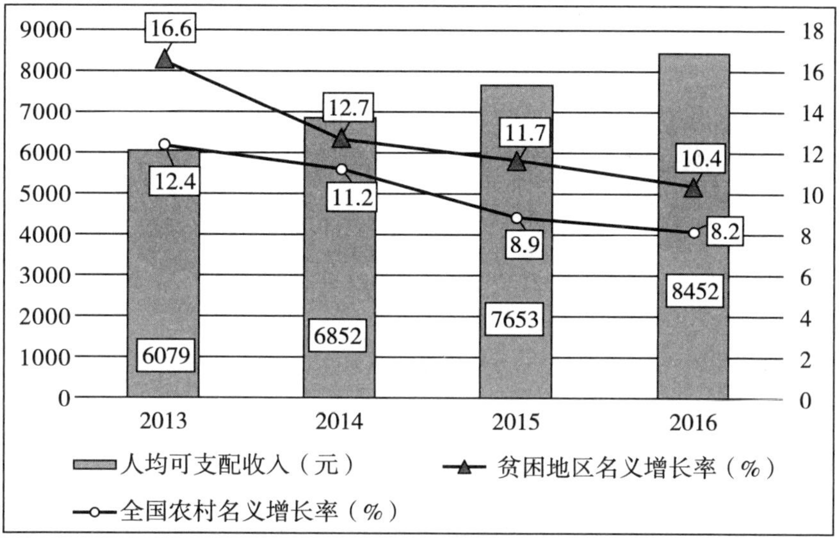

图2　2013—2016年贫困地区农村居民收入增长情况

贫困人口生产生活条件切实改善。一是基础设施水平明显提升（表1）。二是人居条件切实改善。2016年，贫困地区农村居民户均住房面积为137.2平方米，比2012年增加19.1平方米。

表1　2012—2016年贫困地区基础设施条件情况

指标名称	2012	2013	2014	2015	2016
通电话的自然村比重（%）	93.3	93.3	95.2	97.6	98.2
通有线电视信号的自然村比重（%）	69.0	70.7	75.0	79.3	81.3
通宽带的自然村比重（%）	38.3	41.5	48.0	56.3	63.4
主干道路面经过硬化处理的自然村比重（%）	—	59.9	64.7	73.0	77.9
通客运班车的自然村比重（%）	—	38.8	42.7	47.8	49.9

数据来源：国家统计局

居住在竹草土坯房的农户比重为4.5%，比2012年下降3.3个百分点；居住在钢筋混凝土房或砖混材料房的农户比重为57.1%，比2012年上升17.9个百分点。饮水安全不断提高。与2013年相比，2016年贫困地区农村饮水有困难的农户比重为12.1%（比2013年下降6.9个百分点），使用管道供水的农户比重为67.4%（比2013年提高13.8个百分点），使用经过净化处理自来水的农户比重为40.8%（比2013年提高10.2个百分点）。居住设施不断改善，与2012年相比，2016年贫困地区农村居民独用厕所的农户比重为94.2%（提高3.2个百分点），使用卫生厕所的农户比重为31.0%（提高5.3个百分点），使用清洁能源的农户比重为32.3%（上升14.6个百分点）①。

贫困地区基本公共服务显著提升。一是教育文化状况明显改善（表2）。

表2　贫困地区农村教育文化情况

指标名称	2012年	2016年	提高（百分点）
16岁以上成员均未完成初中教育农户比重（%）	18.2	16.0	-2.2
所在自然村上幼儿园便利的农户比重（%）	—	79.7	12.1*
所在自然村上小学便利的农户比重（%）	—	84.9	6.9*
有文化活动室的行政村比重（%）	74.5	86.5	12

注：带*是与2013年相比提高的百分点

数据来源：国家统计局

二是医疗卫生水平显著提高（表3）。

表3　2012—2016年贫困地区农村医疗卫生条件情况

指标名称	2012	2013	2014	2015	2016
拥有合法行医证医生/卫生员的行政村比重（%）	83.4	88.9	90.9	91.2	90.4
所在自然村有卫生站的农户比重（%）	—	84.4	86.8	90.3	91.4
拥有畜禽集中饲养区的行政村比重（%）	16.0	23.9	26.7	26.9	28.0
饮用水经过集中净化处理的自然村比重（%）	—	27.7	34.4	39.2	44.7
所在自然村垃圾能集中处理的农户比重（%）	—	29.9	35.2	43.2	50.9

数据来源：国家统计局

三是社会保障水平全面提升。2016年，农村低保制度与扶贫开发政策有效衔接工作进一步推进，全国有农村低保对象2635.3万户、4586.5万人，全国农村低保平均标准3744.0元/人/年，比2015年增长17.8%；全国农村特困人员救助供养496.9万人，比上年减少3.9%；全年各级财政共支出农村特

① 国家统计局：《精准脱贫成效卓著　小康短板加速补齐——党的十八大以来经济社会发展成就系列之六》。

困人员救助供养资金228.9亿元，比上年增长9.0%[①]。

脱贫攻坚的综合社会效应开始显现。精准扶贫精准脱贫方略实施以来，各级干部深入贫困地区帮助贫困群众，促进了干群关系融洽、强化了党的群众基础和执政基础；社会各界互帮互助，改善了社会风气、促进了社会和谐、巩固了社会稳定；贫困群众高度认可扶贫政策，对扶贫成效满意度高，对党和政府满含感恩之心。在政府主导发挥制度优势，东西部扶贫协作、定点扶贫力度不断加大的同时，民营企业、社会组织和广大公众积极主动参与脱贫攻坚，促进了中华民族扶贫济困传统美德的弘扬，汇聚了更大的脱贫攻坚合力。截至2017年6月底，进入“万企帮万村”精准扶贫行动台账管理的民营企业有3.43万家，精准帮扶3.57万个村（其中建档立卡贫困村2.56万个）的538.72万建档立卡贫困人口；产业投入433.48亿元，公益投入91.2亿元，安置就业41.7万人，技能培训44.2万人[②]。大量公益组织积极开展的有关扶贫开发的活动或项目，在生存扶贫、技术扶贫、教育扶贫、幸福工程、人口扶贫、合作扶贫、文化扶贫、实物扶贫以及环境扶贫方面卓有成效。广大公众积极参与慈善事业，扶贫济困，2016年全年共接收社会捐赠款827.0亿元，比上年增长26.4%，全年有1165.8万人次困难群众受益[③]，其中在2014—2016年的10月17日国家扶贫日前后，募集到扶贫资金250多亿元。

中国减贫成效为全球减贫作出重大贡献。按照现行农村贫困标准测算，从1978年到2016年，全国农村贫困人口减少7.3亿，贫困发生率从1978年的97.5%下降至2016年的4.5%。按照每人每天1.9美元的国际极端贫困标准，根据世界银行发布的最新数据，1981—2013年中国贫困人口减少了8.5亿，占全球减贫总规模的69.3%[④]。联合国开发计划署2015年发布的《联合国千年发展目标报告》明确指出：中国“在全球减贫中发挥了核心作用”，“由于中国的进步，东亚的极端贫困率从1990年的61%下降到了2015年的

---

① 民政部：《2016年社会服务发展统计公报》。

② 资料来源《全国工商联：鼓励民营企业到贫困地区产业扶贫》。

③ 民政部：《2016年社会服务发展统计公报》。

④ 国家统计局：《精准脱贫成效卓著　小康短板加速补齐——党的十八大以来经济社会发展成就系列之六》。

仅有4%”[①]。

精准扶贫为全球减贫治理提供可资借鉴的经验。习近平总书记把我国脱贫攻坚的成功经验概括为：加强领导是根本，把握精准是要义，增加投入是保障，各方参与是合力，群众参与是基础。这些经验实质上就是一整套经过实践检验的减贫治理体系，这将为全球更有效地进行减贫治理提供中国方案。

加强领导，就是发挥政治优势，落实责任。坚持党对脱贫攻坚的领导，严格执行脱贫攻坚一把手负责制，省市县乡村五级书记一起抓，发挥好基层党组织在脱贫攻坚中的战斗堡垒作用。强化中央统筹、省负总责、市县抓落实的工作机制，层层落实脱贫攻坚责任。

把握精准，就是不断完善精准扶贫政策工作体系，切实提高脱贫成效。做到“六个精准”，实施“五个一批”，完善建档立卡，强化驻村帮扶，因村因户因人分类施策，扶到点上、扶到根上。完善政策体系，打好组合拳，发挥政策叠加效应。对贫困群众格外关注、格外关爱、格外关心，出台特惠扶持政策，丰富完善中央和地方“1+N”政策体系。加大督促检查和考核评估，确保各项政策有效落地落实，确保脱贫人口实现“两不愁三保障”，坚决防止虚假脱贫。

增加投入，就是坚持政府投入的主体和主导作用，不断增加金融资金、社会资金投入脱贫攻坚。2013—2017年，中央财政累计安排财政专项资金2787亿元，年均增长22.7%。统筹整合使用财政涉农资金，撬动金融资本和社会帮助资金投入扶贫开发。创新扶贫小额信贷产品，支持贫困农户发展产业和投资创业。设立扶贫再贷款，实行比支农再贷款更优惠的利率政策。鼓励和引导商业性、政策性、开发性、合作性等各类金融机构加大对扶贫开发的金融支持。

各方参与，就是坚持专项扶贫、行业扶贫、社会扶贫等多方力量有机结合的“三位一体”大扶贫格局，发挥各方面的积极性。建设国家扶贫开发大数据平台、省级扶贫开发融资平台、县级扶贫开发资金项目管理平台、贫困村扶贫脱贫工作落实平台和社会扶贫对接平台。开展健康扶贫、教育

① 联合国：《千年发展目标报告2015年》，第15页。

扶贫、金融扶贫等十大精准扶贫行动，实施贫困村提升、扶贫小额信贷工程等十项精准扶贫工程。提高东西部扶贫协作水平，加强党政机关定点扶贫，推进军队和武警部队帮扶，开展多党合作脱贫攻坚行动，动员民营企业、社会组织、个人参与脱贫攻坚，形成社会合力。

群众参与，就是尊重贫困群众扶贫脱贫的主体地位，不断激发贫困村贫困群众内生动力。充分发挥贫困村党员干部的引领作用，抓好以村党组织为核心的村级组织配套建设。培育具有较强经营创业能力、适应扶贫开发和新农村建设的致富带头人，充分发挥其示范作用。弘扬自力更生、艰苦奋斗精神，激发贫困群众脱贫奔小康的积极性、主动性、创造性，提升其自我组织能力、自我发展能力和参与市场竞争的能力。

四、挑战与展望

精准扶贫、精准脱贫依然面临诸多挑战。挑战之一：难度越来越大，脱贫攻坚任务依然艰巨。截至2016年底，全国农村贫困人口还有4335万人，到2020年平均每年需减少贫困人口近1100万人，越往后脱贫成本越高、难度越大。深度贫困地区攻坚任务重。西藏和四省藏区、南疆四地州、四川凉山、云南怒江、甘肃临夏等深度贫困地区，生存环境恶劣，致贫原因复杂，交通等基础设施和教育、医疗公共服务缺口大。此外，因病致贫占比高，2016年贫困人口中因病致贫比例为44%，解决这些人的贫困问题，成本更高、难度更大。挑战之二：一些地方精准扶贫还没有真正落地。贫困识别不够精准，简单算收入、“搞摆平”，仍有一些符合条件的贫困人口未纳入建档立卡。帮扶措施不够精准，存在缩小版的“大水漫灌”。贫困退出不够精准，有的地方“算账脱贫”“突击脱贫”。有的群众脱贫后基础脆弱，存在返贫风险。挑战之三：部分贫困群众内生动力不足。有的地方图省事、赶进度，大包大揽、送钱送物，“干部干、群众看”，不注重提高贫困人口的自我发展能力。不少贫困群众安于现状，单纯依靠外界帮扶被动脱贫，或习惯“等靠要”，依赖政策不愿脱贫。挑战之四：扶贫资金使用管理有待加强。贪污、挤占、挪用扶贫资金等老问题仍时有发生，资金闲置滞留等新问题逐步显现，资金使用效率仍有较大提高空间。挑战之五：扶贫政策实施存在盲区。对贫困县与非贫困县、贫困村与非贫困村的贫困人口在扶持政策上不一致，导致部分非贫困县非贫困村的贫困户不满意。建档立卡贫困户得到的政策支持比较多，而接近扶贫标准的边缘户得到的政策支持很少，导致部分农户心理不平衡。部分脱贫户自我发展能力较弱，脱贫质量不高、稳定性不强，脱贫后扶持政策减弱，极易返贫。

应对上述挑战，需要以习近平总书记扶贫开发重要战略思想为指导，继续推进脱贫攻坚理论创新和实践创新，不断深化精准扶贫精准脱贫。第一，坚持目标标准不动摇。按照“到2020年，现行标准下贫困人口实现脱贫，贫困县全部摘帽，解决区域性整体贫困”的总目标，始终坚持“两不愁三保障”脱贫标准，实事求是，确保贫困人口科学合理有序退出。第二，不断夯实精准扶贫基础。实现建档立卡动态管理，把符合标准的贫困人口以及返贫人口全部纳入。充分发挥第一书记和驻村工作队作用。选好用好脱贫致富带头人，培养“不走的工作队”。加强扶贫资金项目监管，提高资金使用效益。第三，聚焦深度贫困精准发力。精确瞄准，倒排工期，拿出超常举措，加大对深度贫困地区深度贫困村和因病致贫贫困户的支持力度。第四，求真务实严格考核。纠正形式主义问题，严防弄虚作假，不断提高贫困识别、帮扶、退出精准度。建立脱贫攻坚大数据平台，推进信息共享。严格实施扶贫开发工作成效考核，认真开展第三方评估和省际交叉考核。通过组织年度脱贫攻坚督查巡查，推动政策措施落地，督促问题整改落实，确保脱贫成果经得起历史和实践检验。第五，加强宣传教育。认真总结党的十八大以来脱贫攻坚的实践经验和成就，广泛宣传脱贫攻坚先进典型，及时推广精准扶贫精准脱贫经验，激励社会各界更加关注、支持和参与脱贫攻坚。

中国扶贫开发道路研究：评述与展望

中国扶贫开发道路研究具有重要的理论实践意义。本文对已有的中国扶贫开发道路研究的主要方面进行主要观点梳理和综合性评述，包括历史进程与贡献、战略与政策演变、基本经验与主要模式、精准扶贫精准脱贫方略、未来发展等，讨论和阐述中国扶贫开发道路研究的方向和重点。

《中国农业大学学报（社会科学版）》2016年第5期

新中国成立特别是改革开放以来，中国贫困人口大幅度减少，扶贫开发成就举世瞩目，走出了一条中国特色扶贫开发道路。总结研究中国扶贫开发道路，是完善扶贫开发战略政策体系的现实需要，是丰富发展扶贫理论的客观要求，是开展国际减贫交流的重要内容。

一、中国扶贫开发的历史进程与贡献

中国扶贫开发道路的起点时间是1949年还是1978年？将1949—1978年纳入减贫史进行分析的有胡鞍钢、范小建、刘娟、朱小玲和刘超等，其将新中国成立以后至改革开放的社会发展进程视为中国扶贫历史进程的一部分，但上述学者对1949—1978年扶贫历史的划分及归纳亦有不同。胡鞍钢、范小建将该时期的扶贫成就归因为：一是社会制度改革，开展土地改革、公社化运动等，建立了一个极为平等的社会，有效地消除了极端人类贫困现象；二是建立了高度覆盖的基本社会保障以及教育、医疗体系，为极端贫困人口提供了基本的生存保障[①②]。刘娟、朱小玲等也将1949—1978年划定为单独扶贫历程，但不同的是，其将该时期认定为小规模的救济式扶贫阶段，即“依托自上而下的民政救济系统，对边远落后地区、因灾致贫人口和战争伤残人口实施生活救济”[③④]。刘超等人与前几位研究者不同，将1949—1985年划为同一阶段，认为该时期主要是通过制度变革减缓农村贫困程度，其减贫行动的逻辑在于通过全面的、综合性的制度变革调整社会

① 胡鞍钢：《中国减贫之路：从贫困大国到小康社会（1949—2020年）》，载胡鞍钢主编《国情报告》第十一卷·2008年，党建读物出版社、社会科学文献出版社，2012。

② 范小建：《60年：扶贫开发的攻坚战》，《求是》2009年第20期。

③ 刘娟：《我国农村扶贫开发的回顾、成效与创新》，《探索》2009年第4期。

④ 朱小玲、陈俊：《建国以来我国农村扶贫开发的历史回顾与现实启示》，《生产力研究》2012年第5期。

生产关系，调动社会各方面特别是贫困农民的积极性，发展农业生产和农村经济，以经济增长缓解全社会的贫困问题。这一阶段与后面时期不同的是：一是重点在于缓解全社会的贫困程度，而不注重减少贫困人口或根除贫困；二是着眼点在于全国层面，并未专门针对农村贫困地区[①]。

改革开放以来中国扶贫开发阶段划分，学术界具有非常高的共识。王晓丽、刘娟、许源源、赵曦等大多数专家学者均以不同时期政府不同的扶贫行动为分期标志，将1978年以后的扶贫历史分为四段或者五段历程[②③④⑤]：一是1978—1985年为体制改革推动扶贫阶段。这一时期以家庭联产承包责任制、农产品价格、农村商品经济等为主要内容的农村经济体制的深刻变革，促使农村经济取得了超常规增长，最终导致贫困人口快速减少。根据中国政府扶贫标准，贫困人口从1978年的2.5亿人，减少至1985年的1.25亿人。二是1986—1993年为大规模开发式扶贫阶段。以成立国务院贫困地区经济开发领导小组（1993年改为国务院扶贫开发领导小组）作为专门扶贫机构为标志，中国扶贫进入了有组织、大规模、开发式的扶贫阶段。国家划定18个集中连片贫困带和一批国家级、省级贫困县进行重点区域扶贫开发，农村绝对贫困人口从1.25亿下降到8000万人。三是1994—2000年为扶贫攻坚阶段。以《国家八七扶贫攻坚计划（1994—2000年）》为标志，中央政府大幅度增加扶贫开发投入，明确资金、任务、权利、责任“四个到省”的扶贫工作责任制，建立东部沿海地区支持西部欠发达地区的扶贫协作机制，并推行了入户项目支持、最低生活救助、教育卫生扶贫、科技扶贫、劳动力转移、生态移民等多元化扶贫措施。农村绝对贫困人口由8000万下降到3209万人。四是2001—2010年为综合扶贫开发阶段。以《中国农村扶贫开发纲要（2001—2010年）》为标志，以国家扶贫开发重点县

① 刘超、朱满德、王秀峰：《中国农村扶贫开发的制度变迁：历史轨迹及对贵州的启示》，《山地农业生物学报》2015年第1期。

② 刘娟：《我国农村扶贫开发的回顾、成效与创新》，《探索》2009年第4期。

③ 王晓丽：《20世纪农村扶贫开发的历史回顾及启示》，《吉林工程技术师范学院学报》2008年第11期。

④ 许源源、苏中英：《中国农村扶贫瞄准的历史演变》，《老区建设》2007年第4期。

⑤ 赵曦、熊理然：《中国农村扶贫开发的历史成就及其历史经验》，载段应碧主编《纪念农村改革30周年学术论文集》，中国农业出版社，2008。

为重点，以15万个贫困村为扶贫对象，全面实施以村为单位进行综合开发和整村推进的参与式扶贫，同期农村贫困人口从9422万人下降到2688万人。五是2011年至今，以片区开发新举措与精准扶贫新方略融合推进的扶贫脱贫攻坚阶段。以2011年《中国农村扶贫开发纲要（2011—2020年）》和2015年《中共中央国务院关于打赢脱贫攻坚战的决定》出台为标志，以“2020年现行标准下贫困人口全部脱贫，贫困县全部摘帽，解决区域型贫困问题”为目标，全面实施精准扶贫精准脱贫方略，全党全国全社会动员，坚决打赢脱贫攻坚战。

也有部分学者根据不同要素，如制度建设等划分不同的扶贫历史阶段。如胡鞍钢将整个反贫困历史分为三个阶段，认为三次不同的制度建设——“解放农民革命”是促进农民不同程度增收的主因，因此形成了三段不同的减贫历史①。第一次“解放农民革命”是1949—1978年，主题是解放农民、保护农民、限制农民，通过土地改革，使贫困的农民从地主的压迫与剥削中解放出来。第二次“解放农民革命”是1978—2000年，主题是解放农民、转移农民、富裕农民。采取家庭联产承包制，大力兴办乡镇企业，使农民从低效率的人民公社制度中解放出来，从土地上解放出来。第三次“解放农民革命”是2000年至今，主题是解放农民、投资农民、服务农民、转移农民、富裕农民，消除二元体制的体制性障碍，加速城镇化进程，从根本上解决长期以来城乡隔绝、对立、分离的不公平和不公正局面。

新中国成立以来，特别是改革开放以来扶贫开发历程的阶段划分，是总结中国扶贫开发道路的开始和基础。目前看，扶贫开发阶段划分主要是依据政府的扶贫开发行动，特别是国家不同时期制定的三个扶贫规划。这样的划分阶段清晰，符合中国扶贫开发以政府为主导的实际。但是，这里有两个问题：一是政府的扶贫开发行动并不完全是每一阶段贫困人口减少的全部原因，因此，如果引用当期全部贫困人口的变化数据作为成效，显然并没有充足的实证支持；二是贫困人口减少是经济增长带动、专项扶贫资金项目支持、社会帮扶综合作用的结果，不同阶段，这些力量的作用并

① 胡鞍钢：《中国减贫之路：从贫困大国到小康社会（1949—2020年）》，载胡鞍钢主编《国情报告》第十一卷·2008年，党建读物出版社、社会科学文献出版社，2012。

不完全相同，因此，进一步分析减贫的主要动因及其贡献，并据此划分扶贫开发阶段，可能更加有说服力。

二、中国扶贫开发的战略及政策演变

中国政府在不同的历史阶段根据贫困特征的变化，适时并不断调整扶贫开发战略，完善扶贫开发政策体系。

1949—1978年，实施计划经济体制下的广义扶贫战略。1952年，国家完成了土地制度改革，基本上消除了农民无地的现象，为后来政府实施农村扶贫政策奠定了制度基础。确立人民公社集体经济体制、建立农村财产公有制、在农村生产力发展方面采取一系列措施，包括：一是在全国范围内开展大规模的基础设施建设，进行农田水利建设，改善农村灌溉设施和交通条件。二是建立农村科技服务网络，形成基本覆盖全国所有农村乡镇的农业技术推广服务网络系统。三是建立全国性的农村合作信用体系，改善农村金融服务。四是农村基础教育和农村基本医疗卫生事业快速发展，针对农村小学校和乡村卫生所、免费教育和乡村合作医疗、赤脚医生等出台一系列政策措施，为农村人口的发展提供了有力的保障。五是初步建立以社区五保制度和农村特困人口救济为主的农村社会基本保障体系①。然而，人民公社运动严重挫败了农民劳动积极性，生产极其缺乏效率。至1978年，根据中国政府扶贫标准，农村贫困人口规模高达2.5亿人，占全国人口总数的25.97%，占世界贫困人口总数的1/4，农村贫困发生率达到30.7%。在此过程中，由于“大跃进”等极“左”路线影响，20世纪50—60年代还一度出现了农村大范围饥荒的悲惨局面②。刘娟认为这一时期的扶贫战略主要是小规模的救济式扶贫，即依托自上而下的民政救济系统，对边远落后地区、因灾致贫人口和战争伤残人口实施输血式生活救济。这种救济式扶贫战略，虽然保障了贫困人口的临界生存需要，却难以提高贫困人口的发展能力，不能从根本上最终摆脱贫困，“救急不救穷”③。

---

① 张岩松：《发展与中国农村反贫困》，中国财政经济出版社，2004。

② 高飞：《我国政府农村扶贫政策研究》，燕山大学硕士学位论文，2010。

③ 刘娟：《我国农村扶贫开发的回顾、成效与创新》，《探索》2009年第4期。

1978—1985年，实施农村经济体制变革推动减贫的战略。推行以家庭承包经营为基础、统分结合的双层经营体制，实施提高农产品价格、发展农村商品经济等配套改革，极大地解放了农村的生产力。农村经济体制的深刻变革，为这一时期我国农村经济的超常规增长和贫困人口的急剧减少提供了强劲动力。农民人均纯收入也由1978年的133.6元上升到1985年的397.6元；人均占有的粮食、棉花、油料、肉类产量分别增长14%、74%、176%和87.8%[①]；农村绝对贫困人口由2.5亿下降到1.25亿左右，年均减少1786万人，贫困发生率也由30.7%下降到14.8%。这一阶段对缓解贫困起主要作用的是农村土地制度、市场制度以及就业制度的改革[②]。通过农村土地制度、农贸市场制度、支持农村发展的金融组织和劳务输出制度的改革，在农村经济快速增长的背景下无法温饱的绝对贫困人口大幅度减少。但是，自然环境恶劣等多种致贫因素逐渐显现。为此，政府及其有关部门实施了相应扶贫政策、开展一系列帮困活动，以支持经济发展明显落后、贫困人口较为密集的地区脱贫。1984年国家实施的以工代赈，即救济对象赈济金或赈济物通过参加必要的社会工程建设获得，也即贫困人口要通过出工投劳来获得救济[③]。以工代赈的项目，改善了贫困地区的基础设施，并帮助了贫困地区和贫困人口形成生产条件[④]。政府在改善农村物质贫困的同时，也开始逐步重视农村的教育，出台了一系列改善农村教育的社会政策[⑤]。

1986—1993年，实施区域开发式扶贫战略。这一时期，农村区域发展不平衡问题开始凸显，农村地区特别是“老、少、边、远”地区的经济、社会和文化发展水平开始大规模落后于沿海发达地区，农村区域发展不平衡问

① 张磊主编《中国扶贫开发政策演变（1949—2005年）》，中国财政经济出版社，2007。

② 向德平：《包容性增长视角下中国扶贫政策的变迁与走向》，《华中师范大学学报（人文社会科学版）》2011年第4期。

③ 张磊主编《中国扶贫开发政策演变（1949—2005年）》，中国财政经济出版社，2007。

④ 林乘东：《中国扶贫战略的演变与反思》，《中央民族大学学报（社会科学版）》1998年第5期。

⑤ 《中共中央国务院关于加强和改革农村学校教育若干问题的通知》（1983年5月6日），载《农村教育改革文献和资料选编》，教育科学出版社，1988。

题成为“需要特殊对待的政策问题”[①]。贫困人口呈现出明显的区域集中特点，主要分布在“老、少、边、穷”地区，需要推行有组织、有计划、大规模的帮扶措施。1984年9月，中共中央和国务院联合发出了《中共中央国务院关于帮助贫困地区尽快改变面貌的通知》。1986年4月第六届全国人民代表大会第四次会议通过的《中华人民共和国国民经济和社会发展第七个五年计划》，将“老、少、边、穷地区的经济发展”单列一章。从此，解决大多数贫困地区贫困人口的温饱问题成为中国政府扶贫工作的一个长期目标。同时，中国政府于1986年成立了专门的扶贫机构——国务院贫困地区经济开发领导小组，使农村扶贫开发规范化、机构化、制度化，这一扶贫机构的建立，标志着我国政府由原来的道义性扶贫转向制度性扶贫[②]。这一时期确定的开发式扶贫是以区域开发带动扶贫为重点，在一些贫困地区，“促进区域经济增长带动扶贫”的项目开发式反贫困战略演变为“贫困地区工业化项目投资”的开发式战略。实践证明，这种方式固然有利于县域经济的发展，但缺乏与贫困农户的直接联系[③]。虽然这一时期的专门措施发挥了一定效果，但由于同期农村经济增长速度放慢，加之剩余贫困人口脱贫难度增加，与前一时期相比，这一时期贫困人口下降速度有所减缓，返贫现象有所增加。依据世界银行估算，1985—1989年甚至出现农村贫困人口绝对数增长700万的贫困反弹现象[④]。

1994—2000年，实施综合性扶贫攻坚战略。这一阶段是以1994年3月《国家八七扶贫攻坚计划（1994—2000年）》的颁布为标志。该计划明确要求集中人力、物力、财力，用7年左右的时间，基本解决8000万农村贫困人口的温饱问题。该计划明确提出要到村到户，以贫困村为基本单位，以贫困户为主要工作对象，以扶持贫困户发展种养业为重点，坚持多渠道增加扶贫投入，创造稳定解决温饱的条件。该计划明确指出，扶贫开发到村到户的核心是扶贫资金、扶贫项目等各项措施真正落实到贫困乡、贫困村、

① 童宁：《农村扶贫资源传递过程研究》，人民出版社，2009。

② 孙建北：《贫困与扶贫》，中共中央党校出版社，2004。

③ 赵国芳：《我国农村扶贫开发政策研究》，北京交通大学硕士学位论文，2007。

④ 高飞：《我国政府农村扶贫政策研究》，燕山大学硕士学位论文，2010。

贫困户。该计划明确提出扶贫的主要对象和工作重点是贫困农户[①]。扶贫开发工作随之由道义性扶贫向制度性扶贫转变，由救济性扶贫向开发性扶贫转变，由扶持贫困地区（主要是贫困县）向扶持贫困村、贫困户（主要是贫困人口）转变。同时，较大幅度地增加了扶贫资金。三大扶贫项目（扶贫贴息贷款、以工代赈和发展资金）投放的扶贫资金从1995年至1999年增加了1.63倍。这一阶段，政府在宏观经济政策方面也明确提出了加快中西部地区的经济发展计划。实践证明，将扶贫到户与促进中西部地区经济发展的宏观政策相结合，对缓解农村贫困产生了积极意义。中央政府大幅度增加扶贫开发投入，明确资金、任务、权利、责任“四个到省”的扶贫工作责任制，建立东部沿海地区支持西部欠发达地区的扶贫协作机制，并推行了入户项目支持、最低生活救助、科技扶贫、劳动力转移、生态移民等多元化扶贫措施。到2000年底，贫困县农民人均纯收入由1993年的483.7元增加到1321元，农村绝对贫困人口由8000万下降到3209万，贫困发生率减少到3.4%。基本解决了贫困人口的温饱问题，使我国农村贫困从普遍性、区域性、绝对性贫困向点状分布和相对贫困发生转变。2000年中国政府宣布《国家八七扶贫攻坚计划（1994—2000年）》确定的战略目标基本实现，全国农村贫困人口的温饱问题已经基本解决。但是，扶贫开发工作面临的困难依然严峻[②]。从根本上改变贫困地区社会经济的落后状况将是一个长期而艰巨的历史性任务。

2001—2012年，实施整村推进与“两轮驱动”扶贫战略。在全国中西部地区确定592个国家扶贫开发重点县，把贫困瞄准重心下移到村，全国范围内确定了15万个贫困村，全面推进以整村推进、产业发展、劳动力转移为重点的扶贫开发措施。2007年，全面实施农村最低生活保障制度，进入扶贫开发政策与最低生活保障制度衔接的“两轮驱动”阶段。到2010年在1196元的贫困标准线下，中国贫困人口已经减少到2688万，贫困发生率下降到2.8%。特别是“十一五”时期，贫困人口从6431万减少到2688万，5

① 韩嘉玲、孙若梅、普红雁等：《社会发展视角下的中国农村扶贫政策改革30年》，《贵州社会科学》2009年第2期。

② 张惠涛：《农村扶贫政策实施绩效研究》，郑州大学硕士学位论文，2011。

年减少3743万，年均减少748.6万；国家扶贫开发重点县农民人均纯收入从1723元增加到3273元，增长了1550元，年均增长10.28%，比全国平均水平高了0.95个百分点。扶贫开发取得的成就不仅使大多数贫困群体的温饱问题得以解决，同时也对国民经济持续健康发展和缓解区域、城乡差距扩大趋势发挥了十分重要的作用。

从2013年开始至今，实施精准扶贫精准脱贫方略。党的十八大以来，习近平总书记高度重视扶贫开发工作，提出了一系列扶贫开发的新思想新观点新部署新要求，形成了中国新时期扶贫开发重要战略思想。以习近平扶贫重要论述为指导，中国2015年出台《中共中央国务院关于打赢脱贫攻坚战的决定》，明确“到2020年现行标准下贫困人口全部脱贫，贫困县全部摘帽，解决区域性整体贫困”的目标，全面实施精准扶贫精准脱贫方略。坚持发挥中国制度的优势，构建省、市、县、乡、村五级一起抓扶贫，层层落实责任制的治理格局。注重抓“六个精准”，即扶持对象精准、项目安排精准、资金使用精准、措施到户精准、因村派人精准、脱贫成效精准，确保各项政策好处落到扶贫对象身上。坚持分类施策，因人因地施策、因贫困原因施策、因贫困类型施策，通过扶持生产和就业发展一批、通过易地搬迁安置一批、通过生态保护脱贫一批、通过教育扶贫脱贫一批、通过低保政策兜底一批。广泛动员全社会力量，支持和鼓励全社会采取灵活多样的形式参与扶贫。围绕精准扶贫方略，创新扶贫开发机制，为贫困人口贫困村建档立卡，向贫困村派驻第一书记和工作队，出台一系列精准扶贫政策，为脱贫攻坚源源不断地释放改革红利。现行标准下农村贫困人口从2010年的1.66亿人，减少到2015年底的6000万左右，减少了近1亿人。贫困县农民人均纯收入从2010年的3273元，增加到2015年的6600元以上，翻了一番，增长幅度连续5年高于全国农村平均水平。社会保障日益完善。贫困地区基本公共服务体系建设加快推进，城乡基本养老保险制度全面建立，全国农村5000余万人纳入低保保障范围。贫困地区基础设施建设成效明显。自然村通公路、通电、通电话比例90%左右。

从政府主导角度出发，中国不同历史时期的扶贫开发战略以及相应的政策体系十分清晰，梳理并不困难。问题在于，每一个阶段的扶贫开发战略并不是唯一的，减贫往往是多种战略综合作用的结果。政策体系的总结也面临同样的问题。而且，贫困人口的减少并不仅仅是扶贫开发的结果，在一定程度上，更是经济增长带动减贫的结果。但是，可以肯定的是，没有专门的、不断完善的扶贫开发战略与政策体系，就无法取得如此巨大的减贫成就。至于能否以及如何区分导致中国减贫成就的各个要素并量化，看起来还需要完成大量的研究。

三、中国扶贫开发的基本经验及主要模式

习近平总书记对中国特色扶贫开发道路进行了总结，这是关于中国扶贫开发基本经验最权威的表述①：一是坚持改革开放，保持经济快速增长，不断出台有利于贫困地区和贫困人口发展的政策，为大规模减贫奠定了基础、提供了条件；二是坚持政府主导，把扶贫开发纳入国家总体发展战略，开展大规模专项扶贫行动，针对特定人群组织实施妇女儿童、残疾人、少数民族发展规划；三是坚持开发式扶贫方针，把发展作为解决贫困的根本途径，既扶贫又扶志，调动扶贫对象的积极性，提高其发展能力，发挥其主体作用；四是坚持动员全社会参与，发挥中国制度优势，构建了政府、社会、市场协同推进的大扶贫格局，形成了跨地区、跨部门、跨单位、全社会共同参与的多元主体的社会扶贫体系；五是坚持普惠政策和特惠政策相结合，先后实施《国家八七扶贫攻坚计划（1994—2000年）》《中国农村扶贫开发纲要（2001—2010年）》《中国农村扶贫开发纲要（2011—2020年）》，在加大对农村、农业、农民普惠政策支持的基础上，对贫困人口实施特惠政策，做到应扶尽扶、应保尽保。

应该说，这“五个坚持”全面概括了中国扶贫开发的基本做法和主要经验。关于这些经验的研究，由于视角不同、着力点不同、目的不同，呈现出各种不同的表述。这些表述，大都可以看成是官方经验总结的具体阐析，其主要观点可以概括为以下“六个坚持”。

一是始终坚持根据国情建立完善的扶贫战略政策体系。根据特殊的国情和不同历史时期的贫困特征，中国采取了不同的减贫策略。

① 习近平：《携手消除贫困　促进共同发展——在2015减贫与发展高层论坛的主旨演讲》（2015年10月16日），《人民日报》2015年10月17日第2版。

二是始终坚持开发式扶贫方针。所谓开发式扶贫：首先，坚持综合开发。加强贫困地区水利、交通等基础设施建设，重视科技、教育、卫生、文化事业的发展，提高贫困人口综合素质，促进贫困地区经济、社会协调发展和全面进步。其次，坚持可持续发展。把扶贫开发与资源保护、生态建设相结合，与计划生育相结合，提高贫困地区可持续发展能力。再次，把发展种养业作为扶贫开发的重点。以增加贫困人口的收入为中心，依靠科技进步，优化品种、提高质量、增加效益，搞好信息、技术、销售服务，确保增产增收。然后，积极推进农业产业化经营。引导和鼓励具有市场开拓能力的大中型农产品加工企业到贫困地区建立原料生产基地，为贫困农户提供生产前、生产中、生产后系列化服务，形成贸工农一体化、产供销一条龙的产业化经营。最后，积极稳妥地扩大贫困地区劳务输出。加强转移就业前的劳务技能培训，健全就业信息服务体系，提高转移就业的组织化水平，维护转移劳动力的合法权益①。

三是始终坚持实施政府主导、层次分明的扶贫战略。把扶贫开发作为我国国民经济和社会发展五年规划中的一项重要内容，增加对贫困地区的投资，制定扶贫开发计划和纲领。中国扶贫减贫的成功之道在于减贫作为国家重要发展目标被列入国家发展规划；经济持续高增长成为大幅度减少贫困人口的决定性因素；不断完善国家扶贫战略和政策体系；创新中国特色的反贫困机制，其中自力更生、地方为主、国家支持、社会捐赠、对口支援、市场驱动、国际援助等七个机制组成了政府主导、多元投资、相互补充、激励相容、广泛参与的具有中国特色的PPP（政府和社会资本合作）模式②。中国新时期反贫困模式可以总结为“两线一力”，“两线”即经济发展和社会安全网两条线索，“一力”即政府主导力③。

四是始终坚持实施民族地区扶贫攻坚战略。少数民族在我国社会、经济发展中具有特殊地位。在复杂的经济和社会背景下，我国在尊重地区差异和民族文化等条件的基础上，通过分阶段、分区域等手段扎实推进扶贫

① 韩广富：《中国扶贫开发基本经验国际化问题论析》，《社会科学战线》2009年第6期。

② 胡鞍钢：《中国减贫成功的世界意义》，《人民日报》（海外版）2014年10月17日第1版。

③ 闫坤、于树一：《论新时期我国“两线一力”的反贫困模式》，《全球化》2014年第2期。

开发工作，取得了重要成就[①]。

五是始终坚持实施区域性扶贫战略。鉴于东中西部经济发展特殊状况，我国先后实施了西部大开发、振兴东北老工业基地和中部崛起等发展战略，并通过划定14个全国集中连片特困地区开展针对性扶贫攻坚[②]。明确区域发展实际、实施区域差异性扶贫开发战略，是解决经济发展和消除贫困问题的重要途径。

六是始终坚持实施开放共享的扶贫战略。减贫领域的国际交流与合作是中国特色扶贫开发道路的重要内容，对推进中国减贫事业发挥了积极作用[③]。通过参与国际交流，开展知识领域的传导学习和借鉴国际先进的减贫理念、经验、措施，借鉴不同民族不同地区具体政策的设计，进一步丰富和完善本国减贫政策与机制。中国政府以开放的态度吸收和借鉴世界各国及国际组织的反贫困经验，广泛利用国外政府和非政府组织、国际多边组织的援助，在扶贫开发领域中积极开展与国际社会的交流与合作[④]。

中国在长期的扶贫开发实践中，探索形成了一系列成功模式，这些模式具有以贫困人口脱贫致富为目标，以开发式扶贫为手段，以建立贫困群众内生发展动力为根本等特征，具有可学习、可复制、可推广的特点。总结多年的探索经验和研究成果，中国扶贫开发的主要模式有产业扶贫、易地扶贫搬迁、劳动力转移培训就业扶贫、教育扶贫、健康扶贫、基础设施扶贫、科技扶贫、金融扶贫、文化扶贫、生态旅游扶贫等等。

四、精准扶贫精准脱贫方略

2011年，《中国农村扶贫开发纲要（2011—2020年）》就提出“建立健全扶贫对象识别机制，做好建档立卡工作，实行动态管理，确保扶贫对象得到有效扶持”。2013年11月，习近平总书记在湖南湘西视察时，首次提出

---

① 黄承伟、王建民主编《少数民族与扶贫开发》，民族出版社，2011。

② 张琦、冯丹萌：《我国减贫实践探索及其理论创新：1978—2016年》，《改革》2016年第4期。

③ 姜安印、张庆国：《中国减贫经验在“一带一路”建设中的互鉴性》，《中国流通经济》2016年第4期。

④ 杜旸：《全球治理中的中国进程：以中国减贫治理为例》，《国际政治研究》2011年第1期。

了精准扶贫。2013年12月，中共中央办公厅、国务院办公厅印发《关于创新机制扎实推进农村扶贫开发工作的意见》，提出建立精准扶贫工作机制，切实做到扶真贫、真扶贫，并将其作为六项扶贫创新机制之一，对精准扶贫工作模式的顶层设计作出明确要求，推动了精准扶贫落地。随后，习近平总书记在多个场合阐述精准扶贫精准脱贫，并将其明确为打赢脱贫攻坚战的基本方略。

精准扶贫精准脱贫方略的提出与形成有其历史必然性。近十年我国基尼系数均超过国际警戒线水平（0.4），经济增长的减贫作用逐渐减弱，在此背景下，提高扶贫精准度和扶贫资金使用效率成为未来扶贫工作的重要内容①。以往以县为单位、按区域实施的瞄准机制和扶贫工作机制，易造成接受扶贫的本体错位；且贫困人口统计一概使用平均数筛选，极有可能人为减少贫困人口；同时，伴随贫困人口大幅减少，分布渐趋分散，区域瞄准机制必然影响扶贫的精准度和实质效益②。此外，贫困区域、贫困群体分布特征的变化，要求首先明确谁是贫困者、致贫原因是什么、怎么针对性帮扶、扶贫效果又怎样等一系列问题，这就需要以多维贫困视角界定贫困居民，用精准扶贫方式瞄准真正的贫困家庭③。这些构成了精准扶贫精准脱贫方略提出的现实背景和理论背景。

精准扶贫精准脱贫方略的提出具有重要的理论实践意义。精准扶贫是为了抵消经济减贫效应的下降而必须采取的措施，并将成为未来中国农村扶贫的主要方式④；精准扶贫是我国到2020年全面实现小康社会目标的重要保障，是完善扶贫开发治理体系的迫切需要，是加强扶贫开发治理能力建设的必然要求，是我国当前阶段扶贫开发转型的需要，是适应贫困人口特征变化的需要，是扶贫开发机制创新的重要内容⑤。精准扶贫精准脱贫基本

---

① 汪三贵、张雁、杨龙等：《连片特困地区扶贫项目到户问题研究——基于乌蒙山片区三省六县的调研》，《中州学刊》2015年第3期。

② 邓玲、吴永超：《论新时期我国扶贫开发工作的新变化及其路径创新》，《理论探讨》2014年第6期。

③ 李俊杰、陈浩浩：《不同民族农村居民多维贫困测量与减贫措施研究——基于重庆市渝东南土家、苗和汉族居民的调查》，《中南民族大学学报（人文社会科学版）》2015年第2期。

④ 汪三贵、郭子豪：《论中国的精准扶贫》，《贵州社会科学》2015年第5期。

⑤ 张琦：《精准扶贫助推我国贫困地区2020年如期脱贫》，《经济参考研究》2015年第64期。

方略的提出，是对马克思主义反贫困理论的创新与发展，是我国扶贫开发与贫困治理理论的一次成功转型与突破升华，具有深远的实践意义和广泛的理论价值①。

精准扶贫具有丰富的理论内涵。主要表现为扶贫“对象—资源—主体”精准、扶贫“目标—过程—结果”精准以及不同扶贫层级“微观—中观—宏观”精准。同时，精准扶贫与精准脱贫的辩证关系集中体现为手段与目标、过程与结果、量变与质变、战术与战略的关系。有学者认为，将建档立卡式的精准扶贫称为“扶贫的公益型精准模式”，并结合新常态提出“扶贫的发展型精准模式”，把发展的内涵注入扶贫之中。要真正提高扶贫开发效益，精准机制不能止步于精准识别需求对象，还要覆盖到脱贫的整个过程，做到资源调查、建立基于资源的发展模式、建立联结农户到市场的链条等三个层面的衔接②。

精准扶贫精准脱贫方略三年多的实践已经取得显著成效。精准扶贫精准脱贫各项制度基本建立，精准扶贫精准脱贫的制度体系初步形成；精准扶贫机制顺利实施推进，精准识别工作顺利完成，扶贫对象精准程度大大提升；驻村帮扶工作队伍基本到位，贫困村第一书记也陆续到位，形成了新时期坚强有力的中国扶贫脱贫治理新型结构；形成新时期中国全社会扶贫的大扶贫格局；帮扶资金和帮扶项目的精准度大幅提升；各具特色的精准扶贫精准脱贫创新模式不断涌现；中国扶贫脱贫治理能力得到提升；增强了扶贫脱贫责任意识，密切了干群关系③。

进一步提高精准扶贫精准脱贫方略质量和水平需要采取有效对策。推进扶贫到户改革、提高扶贫工作精准性时，应将扶贫资金的项目管理和审批权力下放到县；实行以扶贫为导向的考核机制；根据贫困人口数量和贫困程度分配扶贫资金，改进项目争取方式；借鉴财政“一事一议”方式制定贫困村扶贫项目；制定具体的贫困户受益机制；减少政府对产业发展的

① 庄天慧、杨帆、曾维忠：《精准扶贫内涵及其与精准脱贫的辩证关系探析》，《内蒙古社会科学（汉文版）》2016年第3期。

② 李晓辉、徐晓新、张秀兰等：《应对经济新常态与发展型社会政策2.0版——以社会扶贫机制创新为例》，《江苏社会科学》2015年第2期。

③ 张琦：《精准扶贫助推我国贫困地区2020年如期脱贫》，《经济参考研究》2015年第64期。

不必要干预，探索基于市场机制的产业扶贫方式以及探索政府购买服务的形式；等等[①]。同时，注重解决精准扶贫推进中的区域差异性和发展不平衡性问题、研究和解决贫困户脆弱性问题和外部突发性因素的影响变大导致扶贫脱贫不稳定和不长效问题的新方法和新思路；研究探讨扶贫脱贫标准依然偏低，单一化指标带来扶贫脱贫不稳定性问题；研究和尽快解决新形势下扶贫脱贫治理体系功能和职责不明晰的问题；消除贫困地区对精准扶贫长效化存在的担忧；科学安排精准扶贫与精准脱贫的进度以及加大力度做好片区规划实施与精准扶贫融合推进，等等[②]。

五、中国扶贫开发道路研究展望

中国扶贫开发道路研究可以简单概括为对新中国成立以来特别是改革开放以来的总结性研究、2016—2020年脱贫攻坚阶段的对策性研究和2020年后中国扶贫战略的前瞻性研究。本文从扶贫攻坚前沿问题和面向2030年的扶贫战略两个方面，以展望视角讨论扶贫开发过去总结性、现实对策性和未来前瞻性研究的相关问题。

（一）中国扶贫攻坚前沿问题研究

中国扶贫开发过去几十年和未来相关的理论实践问题，可以从以下十个方面进行梳理。

一是减贫手段和减贫目标研究。研究以提升人民的幸福感作为扶贫目标的背景和意义，要正确看待贫困人口如何脱贫以及如何让贫困地区特别是农村发展得更好的问题。这就要从人类发展的规律及趋势认清发展目标，把全体人民的幸福感摆在优先位置。同时进一步阐释党和国家为实现这一战略目标，不断调整具体的手段和任务，解决绝对贫困到减缓相对贫困、在从解决温饱问题到实现全面小康这一历史嬗变的进程中，扶贫手段的变与扶贫脱贫目标的不变，是矛盾统一体的对立统一关系。

二是多维贫困与贫困治理研究。通过总结贫困测量的国际、国内理论

① 汪三贵、张雁、杨龙等：《连片特困地区扶贫项目到户问题研究——基于乌蒙山片区三省六县的调研》，《中州学刊》2015年第3期。

② 张琦：《精准扶贫助推我国贫困地区2020年如期脱贫》，《经济参考研究》2015年第64期。

与实践发展进程及趋势，分析多维贫困的特征及测试方法，探讨当前贫困类型的精准识别问题和未来的发展趋势，阐释各种贫困治理模式的理论成果和实践效果，强调通过对不同地区、不同贫困诱因、不同贫困状态的分析和评估，选择有针对性的贫困治理模式，以达到科学扶贫、生态（绿色）扶贫、有效扶贫、精准扶贫的目的。

三是“三维资本”协同反贫困机制研究。从减贫理论发展脉络看，有关贫困成因的解释经历了从物质资本范式到人力资本范式再到社会资本范式的过程。新阶段提高扶贫开发投资的综合效益，需要将物质资本、人力资本和社会资本投资统筹起来，建立“三维资本”协同反贫困机制。这就需要对涉及扶贫理论框架中的一些基础概念及物质资本、人力资本、社会资本等“三维资本”结构作出原创性的界定和内涵延伸，构建“三维资本”结构的扶贫理论框架及作用机制，同时还考虑不同地区资本体现方面的差异性，建立政府反贫困政策绩效管理的评估方法等，促进扶贫理论发展。

四是传统文化与减贫发展研究。可以通过大量典型案例，系统阐释传统文化在扶贫减贫过程中的价值和意义，具体分析如何根据国情和本土传统文化把扶贫减贫方法本土化，总结梳理在扶贫日常工作中的实现路径，总结阐述在扶贫减贫过程中要把文化、教育、科学普及等与满足农民求知、求富、求乐的要求和发展农村经济、完善社区治理体系紧密地结合，使文化更好地为经济建设这个中心服务，使文化更好地与经济建设同步协调发展。

五是贫困固化与贫困流动研究。围绕新城镇化进程中如何脱贫发展这一主题，分析阐述相关理论和如何通过建机制、转方式，在城乡统筹发展的框架下实现工业化与农业现代化相协调，人口、经济、资源与环境相协调，大中小城市与小城镇相协调，人口积聚、“市民化”与基本公共服务相协调，按照产城融合、节约集约、生态宜居的路子走下去等诸多重大理论和实践问题。

六是扶贫对象主体性与组织化研究。通过对典型案例的研究分析，具体阐释在扶贫项目的设计、规划、实施、监管和验收过程中，一方面要激发目标群体的积极性、主动性和参与性，增强群众对扶贫项目的拥有感，真正实现从“要我脱贫”到“我要发展”的转变；另一方面还要提高群众组织化水平，要采取不同方式将所从事的职业具有生产经营规模狭小、经营分散、经济实力较弱、科技水平滞后等传统职业特征的农民有组织地进入市场与社会，并且转变为能够获得同等待遇的现代农民，从而激发内生动力，真正提高贫困人群自我造血、自力更生的能力。

七是扶贫机制创新的理论与实践研究。系统回顾中国农村扶贫开发的历程，系统分析在“两个一百年”奋斗目标、中华民族伟大复兴中国梦、“五位一体”整体布局、“四个全面”战略布局下农村扶贫开发面临的新形势以及在新时期的战略定位，全面阐述扶贫攻坚机制创新的目标任务、农村扶贫开发模式创新发展重点，通过案例和比较研究指出新世纪农村扶贫机制模式创新的发展趋势和规律；系统阐释如何依据各地区的实际情况，从发展的角度做好扶贫机制的理论创新和实践创新，并有效处理好创新、理想和现实的关系。

八是政府、市场、社会协同大扶贫格局研究。针对当前扶贫工作“政府热、社会弱、市场冷”的局面，系统回顾近年来扶贫工作的主要成效、扶贫工作存在的普遍性问题，特别是系统总结中国特色社会主义扶贫体系面临的新挑战，以此为基础，借鉴国际经验，阐述构建政府、市场和社会三者之间各司其职、协调发展、共同作用的和谐互动模式和符合国情、政情的“政府主导、市场能动、社会参与”的中国特色扶贫格局，总结提炼国内外引导并鼓励社会力量和市场力量参与扶贫工作的经验及模式。

九是政治制度优势和贫困治理研究。扶贫攻坚是体现社会主义制度优越性的重要举措。需要在系统分析中国共产党的政治优势和中国特色社会主义的制度优势的基础上，系统阐述要始终坚持充分发挥政治制度优势，动员全党全社会成员，发挥政府主导作用，运用贫困治理规律，集中力量组织开展目标明确的大规模扶贫行动，以实际行动、具体项目去扶持“可以扶持”的贫困群体，以农村低保等措施去救助实际上“难以扶持”的贫困群体。针对历史教训和现实需要，要深入分析发挥政治、制度优势可能出现的跃进式脱贫的风险，提出构建风险防范体系的方法途径。

十是精准扶贫精准脱贫方略研究。精准扶贫精准脱贫是打赢脱贫攻坚战的基本方略。需要系统分析和阐释精准扶贫精准脱贫方略提出与形成的国际国内背景、基本内涵、重要内容、实施体系和重大意义，需要总结评估精准扶贫精准脱贫方略从顶层设计到基层落实的实践现状、主要做法、经验和模式。基于脱贫攻坚的实践及未来中国扶贫开发面临的趋势和挑战，分析脱贫攻坚进程中的理论实践前沿问题，指出扶贫制度的继承、发展与创新是精准扶贫精准脱贫方略发展的方向，特别是要明确扶贫开发对全面建成小康社会、促进共同富裕的重大价值和重要意义，提出中国回应联合国2013年可持续发展议程的减贫战略政策框架。

（二）中国未来扶贫战略研究或面向2030年的中国扶贫战略研究

尽管中国在减贫方面取得了巨大成就，但是贫困人口数量仍然位居世界第二。与此同时，随着全面小康社会的建成和中国社会经济进一步转型与升级，中国扶贫也面临着许多新的挑战。比如，城镇化进程中从农村转移到城市的新市民，可能由于各种原因沦为新的城市贫困人口。还有在生态和环境保护进程中部分地区农村经济发展受到制约而影响到农民的生计，农村人口结构变化使得农村进一步凋敝，城乡公共服务差距、城乡老龄化问题加剧，社会保障体系需进一步完善，以及经济增速新常态下对公共政策可能造成的影响等一系列新的挑战。因此，全面建成小康社会后的贫困特征、增长和发展环境，以及统筹考虑城乡一体化的新的减贫战略是亟须研究的重点问题。重点要研究分析全面建成小康社会后中国贫困的新特征、新挑战、新机遇，提出城乡统筹发展中的新的减贫战略与规划建议。

贫困趋势研究。包括农村贫困现状和趋势分析、致贫因素分析、减贫影响因素分析、减贫的主要障碍、农村社会保障体系效果与影响、城市贫困等。

国际经验研究。梳理有代表性的中等收入国家、国际组织在发展进程中的减贫战略、政策、经验，特别是社会保障、就业、人力资源开发、有效和更有针对性的金融服务和金融创新、城乡统筹发展、缩小区域发展差距等方面的政策及实施。

2020年后中国扶贫的战略政策和规划建议研究。主要包括城乡一体化的扶贫战略、在气候变化背景下的绿色扶贫战略、老龄化社会扶贫战略、经济新常态化下的扶贫战略、金融服务和金融创新扶贫战略、贫困评价标准体系、国际减贫合作战略等。

六、小结与讨论

中国扶贫开发道路具有鲜明特征。一是艰巨性。尽管中国扶贫事业取得了显著成就，但全国人均经济水平不高，区域发展不平衡问题突出，贫困地区特别是集中连片特殊困难地区发展相对滞后。脱贫攻坚对象全部都是硬骨头，扶贫难度不断加大，边际效应不断递减，扶贫开发道路任重道远。二是阶段性。这与国家经济社会发展的阶段相一致，反映了中国政府把扶贫开发纳入国民经济发展总体规划，国家每前进一步，扶贫开发就往前一步。阶段性特征有利于分阶段开展扶贫脱贫攻坚。三是长期性。绝对贫困是相对的，相对贫困是绝对的。到2020年中国现行标准下所有贫困人口脱贫，指的是中国将历史性地解决绝对贫困问题。但是，相对贫困问题依然存在并会长期存在。四是多元性。政府主导，全社会参与，这是中国扶贫开发工作的重要经验。脱贫攻坚阶段更是呈现出专项扶贫、惠农政策扶贫、行业扶贫、社会扶贫等多方力量、多种举措相互结合、互为支撑的大扶贫新格局。五是复杂性。扶贫内涵从单纯经济扶贫转为经济扶贫、能力扶贫并重；具体实践中发现贫困线低和温饱效果不稳定，实际扶贫规模远大于贫困线下人口数量；扶贫对象更加复杂，减贫难度加大；贫困人口在市场经济中更加弱势，相对贫困问题显现①。在自上而下贫困治理体系中，贫困问题与扶贫活动相关信息在逐层上传的过程中被有意或无意地加工、简化、重组，现有扶贫信息不足以为精准扶贫（识别、施策、评估等）提供支撑②。致贫原因复杂多元。六是特色性。突出体现在尚未完全形成的在马克思反贫困理论基础上实现中国本土化的，由新中国历代党和国家领导人提出、演进并逐步形成的，富有中国特色的扶贫开发理论体系③。七是国际性。中国的减贫事业是全球减贫事业的重要组成部分。中国扶贫开发道路是全球减贫道路中不可或缺的重要组成部分，中国扶贫开发成功经验具有国际分享交流价值。

① 路卓铭：《我国新时期的贫困问题与扶贫形势》，《宏观经济管理》2007年第7期。

② 陆汉文：《落实精准扶贫战略的可行途径》，《新华日报》2015年第24期。

③ 黄承伟、刘欣：《“十二五”时期我国反贫困理论研究述评》，《云南民族大学学报（哲学社会科学版）》，2016年第2期。

中国扶贫开发道路在丰富的实践中发展。第一，理念的不断演进。当代中国农村扶贫开发核心指导理念经历了以救济为主的理念到开发与救助结合的理念转变，宏观战略理念经历了以经济开发为主的理念到统筹发展的理念转变，具体实施理念经历了以单向主导为主的理念向单向主导与互动参与并举的理念转变①。扶贫的有效性决定于扶贫理念，中国扶贫工作中存在的诸多问题无不与错误的扶贫理念——传统农业思维、直线经验思维、封闭孤立思维有关②。将“开发式扶贫”战略曲解为“区域发展战略”是不合适的③。第二，实践问题不断呈现。比如那些靠经济扶贫而摆脱贫困的地区，由于文化扶贫工作没有开展，人们的精神文化生活却是一片荒漠，出现“农民呼唤文化”的情景④。政府主推的产业扶贫项目实施效率偏低，农户土地经营收益权得不到有效保护，产业扶贫呈现过度依赖行政路径。其根源不在于产业发展本身，而在于产业发展的社会基础薄弱、社会建设缺位⑤。扶贫开发涉及资源的分配，资金的“瓶颈效应”在贫困地区经济发展中尤为突出⑥。贫困地区普遍存在自然条件较差、扶贫开发工作运行机制有待完善、扶贫资金不足且扶贫政策及项目缺乏针对性与实效性、人口素质低等亟待解决的突出问题⑦。第三，新对策新建议层出不穷。在扶贫开发进程中，坚持党和政府的主导、统筹城乡与区域发展、扩大社会参与和坚持自力更生等则是片区扶贫开发的现实选择⑧；在21世纪西部扶贫开发中，重点应放在提高人口素质和改善生态环境两方面，走一条教育生态式扶贫的道路⑨；在“三维资本”理论范式下，

① 金鑫、韩广富：《当代中国扶贫开发理念的转变》，《兰州学刊》2014年第2期。

② 朱启臻：《农村扶贫开发理念辨析》，《农业经济问题》2005年第11期。

③ 谢培秀：《中国扶贫战略讨论及“十五”对策思考》，《中国软科学》2001年第7期。

④ 段超：《关于民族地区文化扶贫问题的思考》，《中南民族学院学报（哲学社会科学版）》1995年第1期。

⑤ 王春光、孙兆霞、曾芸等：《扶贫开发与社会建设同构——武陵山区扶贫开发与社会建设调研项目的发现与思考》，《贵州社会科学》2013年第10期。

⑥ 汪信尊：《对21世纪初叶中国扶贫投入的思考》，《江西社会科学》2002年第8期。

⑦ 崔菁菁、万兴亚：《关于吉林省扶贫开发的理性思考》，《税务与经济》2015年第6期。

⑧ 邢成举、葛志军：《集中连片扶贫开发：宏观状况、理论基础与现实选择——基于中国农村贫困监测及相关成果的分析与思考》，《贵州社会科学》2013年第5期。

⑨ 朱坚真、匡小平：《西部地区扶贫开发的模式转换与重点选择》，《中央民族大学学报（哲学社会科学版）》2000年第6期。

完善新型农村反贫困机制需要发挥物质资本的基础性作用、人力资本的智力支持作用以及社会资本的效应提升作用[①]；应把武陵山区的产业扶贫纳入社会建设，以社会建设巩固产业扶贫的基础，实现产业扶贫的可持续性，反过来又能提高社会建设的水平，形成社会建设与产业扶贫的良性互动[②]；基层组织建设与扶贫攻坚相结合，自我脱贫与社会扶贫相结合，经济扶贫与科教扶贫相结合，就地扶贫开发与异地扶贫开发相结合，整体推进与重点突破相结合，扶贫管理与扶贫攻坚相结合[③]；需要重视NGO（非政府组织）在扶贫中的作用；等等。

中国扶贫开发道路研究前景广阔。从现有文献来看，国内外在减贫理论层面已经取得了较为丰富的成果，但大部分都是基于宏观的普适的减贫机理基础上形成的，针对我国新常态发展背景下的减贫理论还有待开拓。同时，如何将我国复杂的贫困治理情境和国外已有的贫困治理理论有效衔接，形成具有本土特色的减贫理论还有待努力。深化中国扶贫开发道路研究，对构建我国独特的减贫理论体系，回应多维度贫困中的理论瓶颈及贫困群众的现实需求具有重大的理论意义；对于提高未来扶贫开发工作的水平、提升减贫效率具有重要的意义；是促进国际交流、推进扶贫外交的有效手段，中国承担国际责任，树立大国形象，提升国家软实力。中国扶贫开发道路研究，要把重点放在构建减贫研究的综合理论体系、探索减贫研究的方法、凝练减贫模式等方面，同时注重研究的底层视角、社群视角和文化视角，推动多学科整合研究，纳入多学科视野，深入分析，推动相应学科的发展和知识体系的构建，丰富全球减贫知识库，建立多学科、跨领域的系列专题年度报告，多学科、跨领域参与研究的系列调查报告，推动多学科、跨领域系列研究著作的形成。从当前看，以下问题需要抓紧研究：脱贫攻坚统揽经济社会发展全局的问题、脱贫攻坚与农村供给侧结构性改革关系问题、五大发展理念下脱贫攻坚战略政策体系完善问题、贫困退出

---

① 黄承伟、沈洋：《完善我国新型农村扶贫开发战略的思考——论“三维资本”协同下的反贫困机制》，《甘肃社会科学》2013年第3期。

② 向德平：《包容性增长视角下中国扶贫政策的变迁与走向》，《华中师范大学学报（人文社会科学版）》2011年第4期。

③ 何龙群：《略论有广西特色的扶贫道路》，《学术论坛》1999年第6期。

质量监控体系和风险防控体系建设问题、国家帮扶和贫困地区扶贫对象内生动力培育有机结合问题、面向2030年减贫战略问题等。中国扶贫开发道路研究要服务于实践指导：一是要推动政府、市场和社会三大减贫主体的通力合作，提升减贫合力；二是要选择试点贫困地区，通过驻点式研究总结具有中国本土特色的减贫理论和特色案例；三是要定期举办减贫论坛，为研究者与实践工作者提供交流平台。

（注：感谢刘欣、彭堂超、刘邦、陈国创、王聪五位同学收集整理了部分文献资料）

论精准扶贫与国家扶贫治理体系建构

精准扶贫是新时期我国扶贫战略思想之一，也是提高扶贫开发效果的必然路径选择。通过阐述精准扶贫的内涵、外延和理论基础，分析我国改革开放以来实现精准扶贫和大规模减贫所经历的扶贫治理体系变迁过程。分析结果可见，在全面建成小康社会的关键时期，我国扶贫开发目标呈现多元化特点，扶贫治理体系围绕片区精准和个体精准建立了专项扶贫、行业扶贫和社会扶贫“三位一体”的扶贫战略格局。然而，由于体制机制等诸多因素，要实现精准扶贫目标仍面临不少挑战。

《中国延安干部管理学院学报》2015 年第 8 卷第 1 期

一、精准扶贫的含义与理论基础

（一）精准扶贫的内涵与外延

精准扶贫的核心内容是做到“真扶贫、扶真贫”，其实质是使扶贫资源更好地瞄准贫困目标人群。因而，精准扶贫主要由两个部分内容构成，即贫困人口识别和扶贫资源（资金、项目）瞄准。贫困人口识别主要是通过一系列扶贫工作机制、程序、工具等，将具体的贫困人口准确辨别出来，并通过建立扶贫信息网络系统对贫困人口进行动态管理。扶贫资源瞄准则是在贫困人口有效识别的基础上，以一定方式投入扶贫资源，推动目标区域经济发展和目标人群脱贫致富。

精准扶贫的最终目的在于减少贫困人口和消除贫困，即通过扶贫资源的有效使用使贫困人口稳定脱贫致富和提高生活质量。然而，从扶贫效果看，如何将扶贫资源更好地瞄准贫困目标人群是一个世界性难题。精准扶贫中的“精准度”在不同国家（地区）或同一国家（地区）的不同发展阶段也存在差异性。与之相对应的，各国扶贫治理体系和政策也存在差异性。发达国家贫困人口少、国家财政能力强，在贫困瞄准上通常采取的是高福利的普惠性政策，从而在减贫上获得了较高的瞄准精度。发展中国家贫困人口众多、国家财政能力有限，往往采取选择性瞄准并建立相应减贫干预体系。精准扶贫在国家不同发展阶段的贫困瞄准方式也会出现变化。如改革开放以来，我国在不同发展时期选取了片区瞄准、县级瞄准、村级瞄准等多种贫困瞄准方式。

不难看出，精准扶贫的内涵在于通过系列贫困人口识别机制对具体贫困人口进行有效识别和动态管理，深入分析致贫原因，并对识别出来的贫困人口和贫困农户实施具体的、有针对性的扶贫措施。在扶贫效果上，强调以消除全部贫困人口作为精准要求。发展中国家由于贫困人口众多、政府财政能力有限等原因，难以做到扶贫资源全覆盖，而采取以区域瞄准为主的选择性瞄准，并建立相应的扶贫治理体系。在扶贫效果上，精准扶贫的外延追求的是贫困人口规模稳步减少的“精准”要求。

（二）精准扶贫的理论基础

1.赋权与参与式发展理念

赋权是赋予个人或群体权力或权威的过程。在现实生活中，由于社会利益的分化和制度安排等原因，处于社会底层或社会边缘的弱势群体总是缺乏维权和实现自我利益主张的权力和能力。赋权与“去权”和“无权”密切相关。“去权”是指受外部要素制约，某些个体或人群未能享受其应有的社会资源。“去权”概括为三个层面：贫困者相较于他人无法获得生计必需资源的社会层面“去权”，无明确纲领和发言权的政治层面“去权”，以及贫困者屈从于权威、自觉毫无价值且以内化的心理层面“去权”。阿马蒂亚·森从权利方法视角将贫困、饥荒视为“权利失效”的结果。森认为，贫困、饥荒的出现并不仅仅是因为粮食供给的匮乏，而是对贫困者支配粮食的能力具有决定作用的权利失败的发生。“如果一群人无法确立支配足够数量食物的权利，那么他们将不得不面临饥荒”。“去权”的历史和社会过程导致了弱势群体的无权状态，要想改变这种状况，只能对权力赋权的途径进行重新再分配。作为对以技术为中心、自上而下、保守的传统发展模式的反思和批判，“参与式发展”理念强调以“参与”和“赋权”为核心。“参与”的基本特征是发展干预的目标群体能够参与发展干预全过程，能够通过自身的积极主动参与，从而在发展过程中作出贡献。参与式发展中，干预者不再具有独立控制发展过程和配置发展资源的权力，而必须把一部分权力转移给干预目标（赋权），并通过建立一套有助于各利益主体更有效参与的方法、工具以确保实现有效赋权。因而，“参与”包含了在决策及选择过程中的介入、贡献与努力、承诺与能力、动力与责任、乡土知识与创新、对资源的利用与控制、能力建设、利益分享、自我组织及自立等方面的含义。

2.合作型反贫困理念

参与式发展理念的引入，为贫困人口在贫困干预中的权利和需求的表达提供了机会和制度渠道。然而，在各行动者互动的各种界面上会出现不同的话语权，同时“自下而上”的“参与”并不能改变原有社会结构安排和社会权利关系。“参与式反贫困”中，贫困群体被赋予了参与发展的权利，但实际的主体还是政府等外部力量，扶贫活动本质上仍是属于自上而下的“给予”与“接受”的关系。因此，国内一些学者根据中国反贫困实践与挑战，提出“合作型反贫困”理念。合作型反贫困的含义是“反贫困工作不是由任何一个单一主体的投入即可完成的，它需要政府、社区、贫困群体之间的有效合作，这种有效合作必须通过一个有效的平台来完成”。在合作型反贫困理念中，贫困被视为政府、贫困社区和贫困群体所共同面对的“客体”，强调在确实提升贫困群体权利位置，使之处于与政府平等地位的基础上，将在政府内部以及贫困社区内部系统的合作视为整合扶贫资源和提高反贫困成效的重点。因而，在合作型反贫困中包含了政府与社区贫困群体之间的官民合作、贫困农户之间的经济合作、农户经济组织与村“两委”之间的社区合作、政府扶贫资源的部门间合作四个层面的合作机制内容。

二、国家扶贫治理体系变迁与精准扶贫

改革开放30多年来，我国取得了举世瞩目的发展成就，贫困人口大规模减少。我国经历了普遍贫困、区域贫困、基本解决贫困等多个贫困变化形态。国家减贫形势变化使得政府不断调整扶贫治理体系，以实现有效减少贫困人口的精准扶贫要求。

（一）农村经济体制改革下的精准扶贫

1949年新中国成立之初，面对的是一个长期战乱遗留下来的经济落后、“一穷二白”的局面。经过30年的计划经济建设，全国根本性的贫困问题得到了较大程度的缓解。然而，尽管国民经济和各项社会事业取得长足发展，现代工业体系初步建立，但由于计划经济体制的低效率和“大跃进”“文化大革命”等影响，广大居民（特别是农村居民）的生活水平依然普遍较低。以营养标准衡量，改革开放以前至少有40%—50%的人群处于生存贫困状态。可以说改革开放前中国农村处于普遍贫困状态。

20世纪70年代末期，党和国家将工作重心转移到经济建设上来，率先在农村地区实行经济体制改革，赋予农民农业生产自主权，极大激发了广大农民劳动积极性，农村经济快速发展。同时，政府在农村实施了放宽农

产品价格、大力发展乡镇企业等多项经济改革举措。农产品价格上升、农业产业结构向附加值更高的产业转化和农村劳动力在非农领域就业等也直接或间接提高了农民的收入水平，为农村贫困人口大规模减少和实现精准扶贫奠定了基础。从1978年到1985年，农村没有解决温饱的贫困人口从2.5亿人减少到1.25亿人，贫困人口占农村总人口的比例由30.7%下降到14.8%。

赋权于广大贫困农民并提供市场参与机会，是改革开放初期我国实施以体制改革促进减贫为主、以救济为辅的扶贫治理体系能够实现大规模减贫的重要原因之一。该治理体系的精准瞄准体现在有效识别了那些具有发展潜力的地区和具有发展能力的农村贫困人口。这些地区和贫困人口在获得发展权利后，迅速抓住发展机遇在短期内就解决了温饱问题和摆脱了贫困。以体制改革为主导的国家减贫体制使我国经过短短几年时间就摆脱了普遍贫困的困境。

（二）以贫困县瞄准为重点的开发式扶贫治理和精准扶贫

进入20世纪80年代中期，中国农村经济体制改革的减贫效益开始下降，不平等和贫富分化日益显现，精准扶贫面临着新的挑战。不平等的加大，既有在农民收入结构中农业收入（具有缓解不平等功能）比重不断下降而工资和私营活动收入（具有拉大收入差异作用）比重增加的微观因素，也有区域发展资源禀赋带来的区域经济发展差距拉大（主要是东部沿海与中西部地区差距）的宏观因素。“老、少、边、穷”地区地处边陲、基础设施落后、市场和社会发展程度低，体制改革与市场力量协同推动的扶贫效果不明显。从全国范围看，贫困从普遍性贫困转变为区域性贫困。

为提高扶贫精准度和减贫效果，国家自1986年起在农村扶贫治理上进行了系列制度创新，并逐步建立起了以公共治理为主体的开发式扶贫治理体系。扶贫战略由救济式扶贫向开发式扶贫转变：成立专门的扶贫工作机构，建立了以政府力量为主体的国家扶贫治理结构（见图1）；安排专项资金，制定专门的优惠政策；改变扶贫开发瞄准方式，建立以县为对象的目标瞄准机制［1988年确定370个国家级贫困县，1994年制定《国家八七扶贫攻坚计划（1994—2000年）》时调整为592个］，将70%的扶贫资金用于贫困县。同时，为适应农村综合性开发扶贫需要，中央和地方各类政府职能部门发挥部门专业优势积极参与扶贫开发。自1986年以来特别是《国家八七扶贫攻坚计划（1994—2000年）》实施期间，农业部、教育部、科技部、交通部等部委在农田水利、道路交通等基础设施建设、教育、科技、文化、卫生等多个方面开展各种类型的行业扶贫工作，出台了以工代赈、贴息贷款、财政发展资金、科技扶贫、社会扶贫等多项开发式扶贫政策。为确保在21世纪初期实现总体小康社会目标奠定了基础。

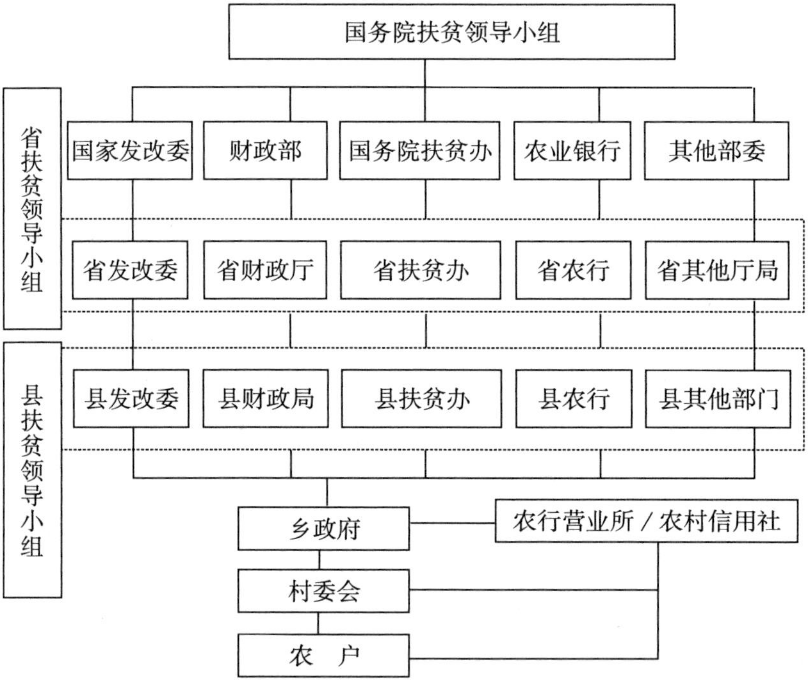

图1　中国政府农村扶贫治理结构

资料来源：中国发展研究基金会组织编写《在发展中消除贫困：中国发展报告2007》，中国发展出版社2007年版，第159页。

扶贫治理体系从体制改革向以政府主导的公共治理力量转变和扶贫资源向县级瞄准，使得我国农村贫困人口以较大规模持续较快缩小，在减贫效果上获得了较好的精准度。到2000年底，国家八七扶贫攻坚计划目标基本实现，农村尚未解决温饱问题的贫困人口由1985年的1.25亿人减少到2000年的3000万人，农村贫困发生率从14.8%下降到3%左右。其中《国家八七扶贫攻坚计划（1994—2000年）》的实施对国定贫困县的发展发挥了积极的作用。尽管扶贫投资效率存在下降情况，但国家八七扶贫攻坚计划期间扶贫投资仍然获得了高于10%的回报率。

（三）以贫困村瞄准为重点的开发式扶贫治理与精准扶贫

进入新世纪，随着我国贫困规模的不断缩小，农村贫困人口分布呈现出“大分散、小集中”特点。贫困人口分布由以前的在扶贫开发重点县的区域集中转变为向更低层次的村级社区集中，国家扶贫开发重点县贫困人口占全国贫困人口比例下降到61.9%（2001年）。针对新时期贫困问题，2001年中央政府开始实施村级瞄准机制，在全国确定了14.81万个贫困村作为扶贫工作重点，强调以村为单位调动农民的参与性，进行农村扶贫综合开发。这些重点村占全国行政村总数的21%，分布在全国1861个县（区、市），覆盖了全国80%的农村贫困人口。国务院扶贫办总结各地实践经验，以贫困村整村推进扶贫规划为切入点，在全国范围开展了“整村推进扶贫工作”。可见，为实现精准扶贫和持续减少贫困人口，国家扶贫开发进入以村级瞄准为重点的扶贫治理阶段。

在该阶段，国家扶贫治理体系转向推进“一体两翼”战略，即以整村推进为主体，以产业化扶贫和劳动力转移培训为“两翼”。政府在实施整村推进中除强调村庄的全面、综合性发展外，也强调改变以往自上而下的决策治理方式，建立起重视农户意愿、利益和需求的自下而上的参与式决策模式，并形成了一整套参与式村级扶贫规划方法。同时，作为两翼的产业化扶贫和劳动力转移也更为强调对贫困户和贫困个体的瞄准和帮扶。产业化扶贫中形成了以“公司+农户”为主的农业产业扶贫模式，劳动力转移培训形成了以群众自愿、相关部门核实后对扶贫对象进行职业教育和各类技能培训的“雨露计划”工程。

实践表明，建立以贫困村为重点的“一体两翼”扶贫治理体系，获得了较好的减贫效果。就整村推进而言，同一县域内，实施整村推进的贫困村农民人均纯收入增幅比没有实施整村推进的高出20%以上。就整体减贫效果而言，根据2010年1274元/人/年的扶贫标准衡量，农村贫困人口从2000年底的9422万人减少到2010年的2688万人，农村贫困人口占农村人口的比重从2000年的10.2%下降到2010年的2.8%。

三、新阶段的精准扶贫设计与扶贫治理体系建构

（一）新阶段减贫形势与精准扶贫要求

经过21世纪头十年的扶贫开发活动，我国贫困人口进一步减少，农村居民生产和温饱问题得到基本解决。然而，随着制度改革的纵深推进以及国际国内经济社会发展环境的变化，我国反贫困任务更为繁重，反贫困形势更为复杂。这主要体现在一是随着扶贫标准的提高，农村地区仍然存在着规模庞大的贫困人口。根据2300元/人/年扶贫新标准，2011年我国农村扶贫对象总数为1.22亿人。二是农村贫困人口面临的各类风险加大，返贫现象时有发生，贫困人口稳定脱贫致富面临挑战。三是贫困地区农村劳动力向城镇转移后，农业生产粗放化、农村空心化现象突出，农村相对贫困问题凸显。

21世纪第二个十年是我国全面建成小康社会的关键时期，农村地区和贫困地区是全面建成小康社会的重点和难点。随着新扶贫标准（2300元/人/年）执行，在旧扶贫标准下我国贫困人口呈插花型分布的特征，在相当大程度上被新标准下贫困人口的片区集中（集中连片特殊困难地区）分布所替代。这意味着在新阶段，推动区域平衡发展和实现贫困人口脱贫存在新的契合性。《中国农村扶贫开发纲要（2011—2020年）》指出，我国区域发展不平衡问题突出，扶贫开发从以解决温饱为主要任务的阶段转入巩固温饱成果、加快脱贫致富、改善生态环境、提高发展能力、缩小发展差距的新阶段。扶贫目标的多元化表明，在新的阶段既要从超越重点县、重点村、贫困户3个区域层次来解决一些整体性特殊困难（交通运输骨干网络不畅等），解决区域发展差距日益拉大问题，也要从具体的贫困农户脱贫问题入手实施扶贫攻坚，实现贫困地区社会的全面小康。因而，实现区域精准和个体精准是新阶段实施精准扶贫的新要求。

（二）新阶段新形势下的国家扶贫治理体系

在全面建成小康社会的新阶段，我国精准扶贫的战略取向是实现区域精准和个体精准的有机统一。一方面，在区域精准扶贫上根据县域农民人均纯收入、县域人均财政一般预算收入和县域国民生产总值等指标，以及自然地理位置相连、气候环境相似、传统产业相同、文化习俗和致贫因素

相近的要求，划设了11个连片特困地区，需要制定实施连片特困地区区域发展与扶贫攻坚规划，以连片特困地区作为主战场进行综合扶贫开发行动；另一方面，在个体精准扶贫上国家要制定统一的扶贫对象识别办法，建立精准识别、动态管理的全国扶贫信息网络系统，并对识别出来的贫困户和贫困村深入分析其致贫原因，逐村逐户制订帮扶计划。

在扶贫治理体系的建构上，党的十六大以来以政府力量和以公民社会为基础的权利与机会安排、公共财政支出、社会慈善支出等向农村和贫困地区以及贫困阶层倾斜的主导价值取向日益增强。从2004年开始，政府采取了一系列“多予、少取、放活”的强农惠农政策措施，国家扶贫治理体系由过去单向的市场机制或政府治理，逐渐呈现出行业扶贫、专项扶贫和社会扶贫多方力量、多种举措结合、互为支撑的“三位一体”大扶贫格局。行业扶贫主要是指各行业部门支持贫困地区和贫困人口发展的政策和项目，主要解决贫困区域瞄准之后的片区区域发展扶贫问题，承担着改善贫困地区发展环境，提高贫困人口自我发展能力的任务。专项扶贫主要是指国家安排专门投入、各级扶贫部门组织实施，主要是致力于扶贫治理中的贫困人口稳定脱贫的扶贫攻坚问题，直接帮扶的是最贫困乡村、最贫困人口。社会扶贫主要是指社会组织、企业事业单位等社会各界参与扶贫开发事业。社会力量中组织类别多样（如社会组织、企事业单位、个人等），参与扶贫机制具有特定优势（如企事业单位的驻村帮扶机制、社会组织的参与式扶贫等）。因而，社会力量主要解决贫困人口稳定脱贫致富的扶贫攻坚问题，从不同角度扩大扶贫资源，提高扶贫工作水平。

（三）国家扶贫治理体系实施精准扶贫面临的挑战

我国专项扶贫、行业扶贫和社会扶贫“三位一体”扶贫治理体系在推动精准扶贫中，主要存在片区精准和个体精准两个层面的挑战。

国家扶贫治理体系中主要由行业部门和地方政府来推动的片区精准扶贫，在实施过程中主要存在两个方面的挑战。一是在实施片区精准扶贫中对各相关部委指导、协调不足的挑战。连片特困地区规划范围大多数具有跨省市的特点。针对跨越传统行政区划和从将片区作为整体统一实施规划的角度考虑，国务院确定每个片区由1—2个中央部委负责具体联系。联系单位的职责是加强与片区各有关省（自治区、直辖市）和中央部委联系沟通，开展调查研究，督促指导片区规划实施。然而各部委在实施片区扶贫中属于平行部门，部门间缺乏横向的有效协调和合作。在国务院层面缺乏统一的指挥协调机构的情况下，依靠片区联系部委的协调联系机制，很难协调推进片区项目的有效实施。这也是当前片区扶贫规划实施中普遍存在项目资金落实困难、项目实施进展缓慢的重要原因之一。二是跨行政区域协作难度大的挑战。连片特困地区大多数是跨行政区域地区，片区各行政区域相连并且存在相似的资源优势和发展困境。因而，跨行政区域协作是推动片区整体发展的重要机制。然而，长期以来各行政区域独立垂直管理，使得片区内各区域间的联动配合不仅存在体制机制上的障碍，而且也存在意识、意愿上的困难。片区内区域间、部门间很难形成有效的配合联动，如武陵山片区、乌蒙山片区都不同程度存在区域间各类相关联项目进展情况对接困难，相关部门缺乏必要的信息沟通等问题。

国家扶贫治理体系中主要由专项扶贫和社会扶贫来推动的个体精准扶贫，在实施过程中主要面临以下几个方面的挑战。一是贫困人口的精准识别、动态管理仍面临诸多困难。贫困人口的识别是实施精准扶贫的前提，我国贫困人口规模庞大、致贫因素复杂多样，将具体的贫困人口有效识别出来是一项庞大而复杂的工作。另外，尽管我国已经开始着手建立贫困人口信息管理系统，但如何做到贫困人口的动态管理仍存在诸多困难。二是贫困地区社会组织发展水平低，社会扶贫效益最大化受到影响。作为社会扶贫的重要力量之一，社会组织对于实施个体精准扶贫具有独特优势。由于体制、机制等诸多因素制约，贫困地区社会组织发展有限对社会扶贫效益最大化产生影响的同时，也增加了贫困人口个体层面精准扶贫和扶贫攻坚的难度。

四、结论

精准扶贫是对扶贫活动实施的一种效果要求，其基本理念基础在于坚持赋权和参与式合作，其具体实施体系机制与减贫形势密切相关。改革开放以来，在不同的减贫形势下我国先后经历了围绕体制改革、贫困县瞄准、贫困村瞄准建立起的扶贫治理体系变迁。在全面建成小康社会的关键时期和减贫新形势下，我国扶贫开发转入了巩固温饱成果、加快脱贫致富、改善生态环境、提高发展能力、缩小发展差距的新阶段。国家基于片区瞄准和贫困个体瞄准相结合的精准扶贫要求，逐步建构了专项扶贫、行业扶贫和社会扶贫“三位一体”的扶贫治理结构体系。然而，扶贫资源更好地瞄准贫困目标人群是一个世界性难题，加上长期以来，各行政区域、部门的垂直分割管理和贫困地区社会力量发育不足等因素，新阶段的扶贫治理体系要实现更高要求的精准扶贫目标仍面临诸多挑战，需要在不断地创新体制机制中进行重构和完善。

倾心竭力打好扶贫开发攻坚战

——关于甘肃、贵州两省驻村帮扶工作的调查

根据中央推进新时期农村扶贫开发工作的统一部署，党的十八大以来，各地认真总结已有经验，积极派驻村工作队（组），有序开展新时期的驻村帮扶工作。为了解这项工作的进展情况，国务院扶贫办和人民日报理论部组成联合调研组，赴甘肃、贵州两省进行专题调研。8天时间里，从大西北的甘肃省兰州市和东乡族自治县到大西南的贵州省贵阳市和丹寨县、雷山县，调研组夜以继日、翻山越岭，座谈交流、查阅资料，走村串寨、边看边问，看到新时期的驻村帮扶工作作风过硬、成效明显，同时面临一些困难和问题，任务依然艰巨繁重。

《人民日报》2014年6月22日第5版

一、围绕“实”字做文章：凝聚共识、突出特色

甘肃、贵州两省的贫困村大都位于交通闭塞、资源贫乏、基础设施非常落后、生态十分脆弱的山区，村民贫困程度深、受教育程度低，普遍缺乏致富的能力与手段。两省的驻村帮扶工作贯彻中央的决策和统一部署，立足实际，倾心竭力，在扎实推进上达成了共识、展示了共性。一是领导重视、高位推动：两省都把驻村工作的开展作为全局工作的重中之重，由省委、省政府的专职机构或相关部门做好统筹协调。二是注重衔接、力求深化：两省的驻村帮扶都有一定的工作基础和历史积累，这几年根据新的形势发展需要进一步加强了驻村的工作力量，进一步明确了驻村的工作目标。三是顶层设计、制度保障：明确驻村工作的目标和重点任务，建立全面长效的工作机制，完善资金整合渠道。四是考核奖惩、监督约束：明确驻村工作纪律，坚持日常考核与集中考核相结合。此外，还通过经常性的调研督查、专项督查等手段来监督、评估驻村工作成效。

与此同时，两省的驻村帮扶工作坚持从实际出发、因地制宜，体现了各自的鲜明特色：一是驻村工作形式有所不同。甘肃省按照一次确定联系对象、分期分批进村入户的办法进行，保证全年联系工作“长流水、不断线”；每个驻村干部一年进村入户原则上不少于4次，累计时间不少于1个月。贵州省驻村干部则是自带行李、炊具，吃住在村、工作在村，一蹲一年、一年一换。二是驻村工作领域有所侧重。甘肃省有效拓展驻村帮扶工作的外延：一方面动员省内各方面力量积极参与，人大代表、政协委员以及商会、企业等都成为帮扶力量；另一方面积极争取省外帮扶力量，从“硬”的资金、项目与“软”的理念、经验两方面促进贫困地区发展。贵州省则始终紧紧围绕实施精准扶贫“六个到村到户”、推动农村跨越发展、同步全面建成小康社会等核心工作进行。2014年4月印发《贵州省2014年度同步小康驻村工作“六项行动”》的通知，指导2014年驻村工作开展。

二、面向长远要成效：积极“输血”、促进“造血”

为帮助贫困村民尽快脱贫并实现可持续发展，两省的驻村工作队（组）一方面从改善基础设施建设入手积极“输血”，另一方面从帮助发展产业入手促进“造血”，收到了明显成效。

位于甘肃省中部的东乡族自治县是国列省扶的重点贫困县，境内山大沟深、干旱缺水，全县29万人口绝大部分分散居住在1750条梁峁和3083条沟壑中，生产生活条件十分艰苦。2012年2月，甘肃省启动了以单位联系贫困村、干部联系特困户为主要内容的联村联户、为民富民行动。“双联行动”开展后，各级联村单位积极为群众办实事，集中解决吃水、行路、住房、看病、上学等一批老大难问题，受到群众欢迎。东源乡毛沟村是省委机要局联系的贫困村。机要局的干部驻村后，千方百计筹集资金，帮助村民改造危房、修柏油路、铺设自来水管道，使这个穷山村的村容村貌发生了巨大变化。村民马大爷在驻村干部的帮助下，放弃了经常面临山体滑坡危险的旧家，在新修的柏油路旁盖起了水电齐全、宽敞明亮的新居。在同调研组同志交流时，他的脸上始终洋溢着笑容。

排佐村位于贵州省黔东南苗族侗族自治州丹寨县兴仁镇东部，交通十分闭塞，产业基础非常薄弱。2013年初，贵州省为进一步深化“四帮四促”活动，加大驻村帮扶工作力度，组建同步小康驻村工作组，深入农村帮助群众解决实际困难和问题。在排佐村，驻村干部一住就是一年，倾力帮助村民解决生产生活问题，动员组织村民发展黑毛猪养殖及民族手工业刺绣，发展魔芋、洋芋种植等产业，村民生活水平显著提高，村容村貌明显改善，走上了产业致富的可持续发展之路。村民刘安英在驻村干部的动员和指导下，养了20多头黑毛猪，年收入在6万元以上，日子越过越红火。

三、针对问题求深化：完善方式、健全机制

总体上看，甘肃、贵州两省的驻村帮扶工作扎实有效，收到了干部受教育、发展上水平、群众得实惠的效果，社会反响良好。但着眼于到2020年全面建成小康社会的奋斗目标，扶贫攻坚难度仍不小，驻村帮扶的提升空间很大，需要着重解决两方面的问题。

一是进一步改进方式方法。有的帮扶部门、驻村工作队（组）与乡镇之间推动发展的合力还不够，需要进一步提高资源整合能力；有的帮扶部门、驻村工作队（组）主要采取协调和争取派出单位及有关行业部门的投入开展工作，容易出现主要领导干部与一般领导干部、省级单位与市县单位、重要部门与一般部门帮扶村户获得资源不平衡的问题，需要进一步加大统筹力度；有的驻村工作队（组）与当地基层组织在扶贫的分工上界限不清楚，需要进一步明确分工，实现优势互补。

二是进一步健全工作机制。应根据情况变化及时适时调整驻村帮扶工作的目标任务，特别是配合有关部门做好建档立卡工作，发挥好驻村工作队（组）的“滴灌”管道作用；抓好驻村干部培训工作，建立驻村干部培训常态化机制，打造专门的驻村工作培训队伍，增强培训形式的灵活性和培训内容的全面性；以实施新一轮扶贫攻坚为重要机遇，整合各部门资金、资源，保证驻村工作机制充分发挥作用；完善激励机制，运用各种媒体、通过多种形式，对驻村工作中的好经验和好典型及时发现、推广，同时将对驻村干部的考核结果作为干部选拔任用的重要依据。

新形势下我国贫困问题研究的若干思考

在全面建成小康社会的进程中，我国扶贫开发面临许多新问题和新挑战。加强新形势下贫困问题研究，需要深化认识其面临的宏观环境，需要准确判断其内在发展规律，需要系统分析其未来变化趋势，需要科学把握其重点领域。

《中国农村研究》2013年第1期

一、新形势下贫困问题研究面临的新环境

贫困问题是多种因素综合作用的结果。宏观环境对贫困问题产生深刻影响。研究新形势下的贫困问题，首先要对所处的宏观环境进行全面分析。

（一）世界发展的新格局

全球化的各方面对每个国家的经济、社会产生影响。其中，实证研究表明，在任何国家，中低收入人群受到的影响最明显、最深刻。世界经济格局的任何变化，都会对一国的贫困问题及减贫政策产生影响。

目前，世界经济格局的变化集中体现在全球经济中心正在发生转移。我国经济总量已跃居世界第二，经济总量的变化，意味着各种经济要素交换方式、要素集聚地点随之发生相应变化，从而使全球经济体系发生改变。全球金融危机和欧债危机的叠加，将促使世界经济格局进一步调整。中国和其他新经济体，尤其是金砖国家的快速发展，导致以欧美为中心的经济格局逐步向多中心的经济格局转变。由此，新的经济格局将对各国经济社会发展政策产生影响。这些影响通过各国经济体系的传递，最终抵达不同的阶层和人群，影响的负面因素将成为新的贫困的重要成因以及解决贫困问题必须考虑的新要素。

从政治视野看，经济中心的转移导致政治中心的变化。美国全球战略的东移，导致地缘政治战略的调整，相关国家经济发展战略随之调整。一系列调整对各国的宏观政策决策产生影响。实践证明，新政策的形成，往往易于忽略呼声较弱的群体，特别是贫困群体和弱势群体。如果一个国家在对上述战略转换或政策调整进程中，缺乏比较长远的预判，忽略贫困群体和弱势群体的权益，则其经济社会政策调整，将容易导致对贫困群体的关注不足，从而给国家长期可持续发展带来不利影响。因此，全球经济发展的新格局，会通过多种途径对世界各国的各个阶层产生不同程度的影响。作为贫困研究者和减贫政策制定者，需要注意这种新变

化对贫困问题和减贫政策的影响，并以此作为制定及调整政策的重要依据。

世界格局的变化，还存在另外两个重要特征。第一，世界各国尤其是新兴市场国家对国际话语权的渴望和争夺。国际话语权实际上是一个国家参与全球规则制定、主导全球发展的重要体现，也是一个国家对全球影响程度大小的重要标志。因此，在话语权争夺过程中，对发展中国家而言，既要看发展速度，更要看发展的结构是否均衡，发展的成果是否使大多数人受益。党的十八大和新一届中央领导集体特别强调中国特色社会主义道路，这不仅仅是全国全党的共识，也是在世界范围中各国开展对话的话语基础。显然，在国际话语权的争取与建构中，社会救助制度的完善、不断减缓贫困目标的实现成为不可或缺的重要内容。第二，国际社会对后千年发展目标进程的应对。到2015年，在千年发展目标基本完成以后，贫困问题依然存在，每天消费不足1.25美元的人口仍会超过10亿。显然，在世界格局正在发生重大调整的背景下，在后千年发展目标时期，国际社会、各个国家如何重新构建新的贫困应对体系，将深刻影响着贫困问题的研究和减贫政策的制定。

（二）我国全球角色定位的新变化

我国经济发展总量已居全球第二，客观上需要实现更快的发展，实施更均衡的经济社会发展政策。贫困问题如何持续缓解，弱势群体如何分享经济成果，日益成为一个非常重要的问题。我国仍然有1亿多人生活在2300元的扶贫标准以下。这些人口大多集中于14个连片贫困带——新时期扶贫攻坚的主战场。犹如木桶的短板效应，他们如果无法分享中国快速发展的成果，将会出现无法填补的缺口。关注贫困地区，其实是关注中国内部的后发力量。可见，无论是出于我国扩大内需的需要，还是国际社会对我国发展的外在期待，我国都需要转变发展方式，加强对中低收入阶层的支持，构建一套更加均衡、更能体现发展的成果为广大人民所共享的发展体系。通过实现均衡、健康、持续的发展，来适应我国全球角色定位新变化的需要。

（三）中国特色社会主义理论体系的新发展

党的十八大报告提出三个自信：制度自信、道路自信和理论自信。其中，制度是保障，道路是实现途径，理论是行动指南。所谓的行动指南，是指我党我国的指导思想——发展理论将决定着国家未来发展的方向。这里“理论”就是中国特色社会主义理论体系。这套理论体系是关于中国发展的理论体系，具有与时俱进、不断丰富完善的本质特征。从实践看，中国特色社会主义理论体系在实践中不断发展与拓展，不断吸收和借鉴人类发展进程中的优秀文明成果，为解决中国发展问题，保障中国均衡、持续发展提供行动指引。

新形势下，贫困问题呈现的新特征，是相关研究需求产生的基础。而缓解贫困的实践，也必然对减贫理论产生新的需求。扶贫开发是经济社会发展的重要方面。减贫理论的研究及发展，不仅是提高扶贫工作效果的需要，更是中国发展理论体系不断丰富、发展的需要。只有减贫理论的研究及时回应时代的需要，客观反映我国减贫发展规律，国家据此调整或制定的减贫政策才可能更加科学、更加有效，我国扶贫开发事业的发展进程才可能更加顺利地推进。

（四）“五位一体”的战略布局与全面建设小康社会的奋斗目标提出的新要求

党的十八大用“五位一体”概述了我国经济社会发展战略的五个核心组成部分，这是一个有机的战略系统，是我国制定具体发展政策措施的指导思想和总体要求。经济建设、政治建设、文化建设、社会建设、生态文明建设五位一体，五大建设的每一方面都与贫困问题密切相关。研究解决贫困问题和促进贫困地区发展的理论，需要站在“五位一体”战略框架的高度重新定位、重新思考。仍然仅就贫困分析贫困问题，离开“五位一体”总体布局的指导，难以提出全面解决贫困问题的理论和路径。

全面建成小康社会的奋斗目标，对于扶贫更是一个新的要求。到2020年，东部、中部大部分地区将全部达到全面小康社会的标准。但是，目前西部的大部地区和中部部分地区，以及1亿多扶贫对象离全面建成小康社会的目标还有不小的差距。如新确定的11个连片特困地区，2011年的农民人均收入为4191元，仅为全国水平的60%。仅这一指标就足以凸显这些地区是未来建设的重点与难点。

二、新形势下贫困问题研究面临的新挑战

这些挑战主要来源于两个方面：一是新扶贫纲要已经明确或隐含的理论和政策的相关变化；二是在未来一段时期扶贫开发的新实践提出了贫困问题研究的新需求。具体表现在：

（一）新的贫困内涵

对贫困问题的认识与定义，是决定减贫政策制定和战略构架构建的重要因素。我国对贫困的认识及其演进与全球基本同步。20世纪80年代中后期，主要关注收入贫困；20世纪90年代关注收入提高和教育、卫生、基础设施、基本生产生活条件的改善；21世纪初第一个十年扶贫开发纲要［《中国农村扶贫开发纲要（2001—2010年）》］中提出了更全面关注贫困村、不同贫困群体的发展需求，并从2007年开始构建社会最低生活保障体系和扶贫开发政策相衔接的政策体系。以2011年5月《中国农村扶贫开发纲要（2011—2020年）》（简称新纲要）的颁布实施和同年11月中央扶贫工作会议的召开为标志，扶贫开发进入新的阶段。我国对贫困问题的认识和理解得到了进一步的拓展。

新纲要赋予贫困内涵的新变化体现在4个方面。首先，将发展能力的提高作为未来扶贫的重要目标。这就说明，贫困不仅仅是发展机会的缺失，也是发展能力的不足。这里发展能力包含了多层次的含义，如抵御各种风险的能力、自我发展的能力、自我组织管理的能力、参与的能力等。其次，把促进区域发展平衡作为扶贫开发的重要目标。新阶段将扭转发展差距扩大趋势作为扶贫开发的目标，体现了贫困内涵新的变化，反映了国家对扶贫工作的新期待。再次，生态环境的改善成为新阶段扶贫开发的总体要求之一。这既符合国家生态文明建设的要求，也顺应了贫困地区中大多数生态脆弱地区的发展需要。最后，新纲要更加关注不同的贫困群体。从传统的少数民族、妇女、儿童、残疾人，拓展到了新的贫困群体，如农民工、城镇化过程中新贫困群体等。

上述贫困内涵的变化，将给贫困问题研究带来各种新的挑战。比如，城镇化是未来我国发展进程中最重要的推力。城镇化并不是一个单纯的行业发展，而是区域性整体发展，其所创造的是综合性的需求，带来的是对

社会经济发展的综合拉动和推动。城镇化更不是造城运动，而是创造一个更适合居住的、更公平的、更和谐的人类聚集区。这就需要从指导思想上更加强调以人为本。在市场规则下，不同群体受益完全不同。最容易分享到好处的往往是高收入阶层。中低收入群体，特别是从农村转移到城镇的群体，最难受益。由此可能导致的新挑战，也就是未来研究贫困问题面临的最大挑战。换言之，如果对城镇化过程中产生的这些问题研究不够、政策应对不力，就很有可能会导致许多发展中国家已经普遍面临的城市病。

（二）新的减贫目标

与新的贫困内涵相适应，未来的减贫目标是一个多元化的目标体系，而不仅仅是传统所关注的收入增加以及最基本的教育卫生条件的改善。以往的理念是，收入增加了相关问题就会自动解决，导致减贫政策干预和研究视角更多地集中在经济层面的需求，把重点放在如何发展产业、带动增收。显然，新的贫困内涵，要求建立更综合的目标体系，以作为引导扶贫政策制定和资金投入方向的主要力量。

新纲要确定的减贫目标体系由多个层次组成。第一，扶贫对象目标。就是实现“两不愁三保障”，即不愁吃、不愁穿，基本的住房、教育、医疗有保障。从未来看，“两不愁三保障”能否完整地覆盖贫困群体的需要，是值得研究的方向。很显然，现在的“两不愁三保障”并不能完全覆盖新纲要确定的贫困新内涵。但从政策角度看，政策目标不可能一次性完成全部定位，这也就形成了未来政策调整的研究空间。第二，贫困地区农民人均纯收入的平均增幅要高于全国平均水平，贫困地区的基本公共服务的主要指标要接近或达到全国平均水平。这就需要研究每一项增收措施，特别是要分析提高宏观经济发展对贫困人群增收带来的正向作用。目前由于缺少这方面的研究和数据，难以从扶贫的角度提出区域化、差异化干预政策的建议，而如果没有国家层面区域性的干预政策，仍然沿用“以区域发展带动区域整体减贫”的传统解决贫困问题的思路，那么，国际经验和国内实践都表明，难以取得完全成功。第三，扭转发展差距扩大的趋势。这一目标既是对扶贫工作的新期待，更是新挑战。传统扶贫工作是无法承担如此任务的，新的减贫战略政策体系必须站在国家区域发展的高度重新设计。第四，生态环境的改善。贫困地区大多都是生态脆弱地区、生态屏障地区。

水资源、矿产资源的开发以及多民族聚居的特征，资源开发所产生的问题在短期内对经济社会发展的可持续性影响可能不大，但是，从长远看，站在中华民族发展、伟大复兴的高度，不合理、过度的资源开发所导致的生态环境破坏，必将产生难以估量的负面影响。对于贫困与生态脆弱叠加的大多数贫困地区，将改善生态环境纳入未来减贫目标具有急迫性和战略性意义。这一减贫目标与“五位一体”中的生态文明建设如何衔接，在保护生态、关注环境的同时如何有效解决好贫困地区、贫困人群的发展问题，是贫困问题研究中一个容易被忽略但又极其重要的新挑战。

（三）新的减贫战略

未来减贫战略需要与贫困内涵的拓展、新的减贫目标体系相适应。新减贫战略是在现有基础上的完善和发展。战略的形成，需要先从理论上构建一套话语权。这套话语权的首要作用在于，支持减贫政策制定能更充分代表贫困地区、贫困人群的利益，从而提升扶贫政策在国家整体发展战略中的地位。否则，减贫政策就难以充分包容贫困地区、贫困人群的声音，难以从经济发展的整体战略和政策构建中获得应有的重视。这也是需要不断加强减贫理论研究的意义所在。

只有在丰富的扶贫理论支持的基础上，才有可能最大限度地争取政策决策部门对贫困问题的关注和对减贫政策的支持。比如，全球化对贫困人口产生不利影响的观点，已成为一种共识。但是，影响有多大、影响机理及传导机制是什么、不同贫困人群需要哪些特殊支持等，均需要做大量的研究。在研究基础上形成符合实际的理论判断，以理论向政策决策部门争取共识。再如，如何使宏观经济社会发展、转变经济发展方式更有利于减贫，如何使国家政策在贫困地区实现包容性增长，社会保障体系如何同时体现普惠性和特惠性，现有的专项扶贫政策如何在新的战略框架中发挥更有效的作用，等等，这都是新减贫战略研究需要面对的新挑战。

（四）新的工作重点

过去我国扶贫工作的重点主要是592个国家扶贫开发工作重点县。20世纪90年代和21世纪前十年，扶贫政策主要围绕着592个贫困县的减贫目标进行设计和实施。从2011年开始，新纲要确定了新的扶贫工作重点。新的扶贫工作重点既包含了14个片区（392万平方公里，2.36亿人口），也包含了原有的重点县，还包含了贫困村。其中，贫困村又分两个层次。一是纳入国家扶贫开发整村推进规划的、覆盖全国的3万个重点贫困村。根据规划，未来5年，国家将在每村平均投资300万元左右，从根本上解决贫困村的生产生活条件和发展问题。二是各连片特困地区内的贫困村和片区以外，各省确定的贫困村。可见，从区域看，扶贫工作重点发生了变化。

从群体看，扶贫工作重点难点包括：其一，低于2300元扶贫标准的人口都是扶贫对象。其中，没有劳动能力的贫困人口，主要通过最低生活保障制度和其他社会保障制度扶助；有劳动能力的贫困人口，主要实施开发式扶贫政策进行扶持。在这一普惠性政策的基础上，如何针对不同地区、不同人群提高扶持政策的针对性、有效性，就需要制定差异化的政策措施。这些方面需要开展深入研究。

与此同时，扶贫标准以下的贫困人群实际上由不同群体组成，如少数民族、妇女、儿童、老年人、残疾人，其中妇女、儿童又可以分为留守和非留守两类。在贫困地区，最为贫穷的家庭一般都与疾病、残疾相关。如何更有效保障这些人群，让他们更有尊严地生活，需要通过加强研究，为制定特殊扶持政策提供科学依据。越是边远的贫困地区，特殊贫困现象越是普遍，越说明政策创新空间大，越说明我们对相关问题的认识不够，还缺乏大量的基础性研究。

此外，对于新出现的贫困群体，我们的认识也还基本停留在表面的判断上。然而，大规模的城镇化进程将伴随着各种新的贫困问题和新的贫困群体出现。这些新的贫困问题与传统贫困问题相比，存在新的特征、新的规律。这也成为新形势下贫困问题研究面临的新挑战。

（五）新的工作格局

2007年以前，我国扶贫的措施是以专项扶贫为主，以行业扶贫、社会扶贫为辅。由此，社会上对扶贫的认知往往局限于扶贫办主管的扶贫工作，还有社会慈善扶贫以及国家机关的定点扶贫。2007年以后，农村最低生活保障制度全覆盖，并与开发式扶贫政策相互衔接，形成了“两轮驱动”的扶贫新体系。为了与新的减贫内涵、减贫目标体系相适应，近几年“两轮驱动”扶贫体系进一步拓展，形成了专项扶贫、行业扶贫、社会扶贫三位一体的大扶贫工作格局。其中，专项扶贫是扶贫部门主管，国家每年安排专项资金，采用一定的方式针对扶贫对象开展扶贫开发。行业扶贫，主要是由各个行业部门，围绕新扶贫纲要确定的12个方面的任务，从生产生活条件、产业发展、能力提高等各方面，全方位地帮助贫困地区、贫困人群加快脱贫致富进程。社会扶贫则是指动员全社会的力量，包括慈善组织扶贫、东部对西部扶贫、国家机关定点帮扶、国际合作扶贫、全社会个人及组织扶贫。大扶贫格局的发展，也产生了一系列需要加强研究的新问题和新挑战。

（六）新的扶贫体系

新的贫困内涵以及减贫的目标体系、战略体系、工作重点和工作格局，需要构建与之相应的扶贫开发体系，包含理论、理念、战略、体制、机制、政策、模式等方面。没有相应的体系性改变，扶贫干预就无法与已经发生变化的贫困特征和扶贫工作规律相对应，就难以制定有效的战略、政策和措施。新扶贫体系建设不是闭门造车、一蹴而就，而是一个长期的演进过程。需要大量理论研究、政策研究以及实践研究，需要从国内外的比较研究中提炼出解决中国现存及潜在贫困问题、显性与隐性贫困问题的理论和方法。以此为基础，不断推动我国减贫政策体系和战略体系的完善。

三、新形势下贫困问题研究的新趋势

判断贫困问题研究新趋势的依据有两个方面：一是扶贫实践的变化，二是贫困研究特点变化。

（一）从扶贫实践的变化把握贫困问题研究的新趋势

1.综合性的减贫战略。未来扶贫开发不再仅仅指以扶贫系统为主负责的专项扶贫，而是专项扶贫、行业扶贫、社会扶贫三位一体的大扶贫，是全社会、全政府系统的扶贫。这一新趋势已经从连片特困地区区域发展与扶贫攻坚战略中得到初步体现。每个片区的总体规划由国家发改委、国务院扶贫办牵头，相关部门参加编制；规划的实施至少由一个国家部委负责牵头，相关部委参与；数十个部委负责人出席了片区规划启动会。这充分说明，扶贫不再是某个部门或某几个部门的工作，而是按照综合性扶贫战略体系的要求，从国家层面安排开展的一项复杂系统工程。国务院扶贫开发领导小组有34个部委作为成员单位，新纲要规定的扶贫任务具体涉及20多个部委。未来扶贫实践呈现综合推进的趋势。

2.大扶贫的工作格局。专项扶贫、行业扶贫、社会扶贫“三位一体”的工作格局，决定了扶贫问题研究不再局限于专项扶贫，而需要同时转向各个行业的扶贫、全社会的扶贫。也就是各行业的扶贫如何体现效果、如何用大扶贫理念推进扶贫等问题，其机理、机制需要加强研究。再比如，社会扶贫的内涵和外延到底包含什么内容，民间组织参与扶贫需要什么机制，企业扶贫如何定义，到底哪些企业参与了扶贫，企业参与扶贫需要怎样的准入条件和优惠政策，等等，都需要深入总结、规范研究，为相关政策制定提供正确依据。

3.连片特困地区区域发展和扶贫攻坚规划。以片区为主战场，按照“区域发展带动扶贫开发，扶贫开发促进区域发展”的总体思路，全面实施综合扶贫战略。这一转变对于扶贫开发工作、贫困地区加快发展而言，都必然面临许多新问题、新挑战；而且，对国家区域发展战略的制定实施、发展方式转变、基本公共服务提供、城镇化进程等方面也都会产生影响，并由此带来一系列与贫困地区、贫困人群发展密切相关，需要下大力气深入研究的新问题、新挑战。

4.扶贫对象的能力建设。注重提高扶贫对象能力，是未来扶贫实践的重要方向和领域。因此，新扶贫政策对物质资本、人力资本和社会资本等“三维资本”的投入将发生新的变化。20世纪80年代，扶贫开发主要注重物质资本投入；90年代后期，开始关注人力资本的投入，如通过职业培训促进扶贫对象转移就业，在整村推进过程中通过参与来提高能力等。在未来发展中，社会化趋势日趋增强，社会资本对贫困影响越来越大、对减贫贡献的份额越来越多，必然要求扶贫政策加大对社会资本的投入。随着“三维资本”均衡发展，扶贫对象在具备一定物质条件的基础上，自我发展能力不断提高，社会关系拓展、网络能力增强，逐步充分地参与主流经济社会的发展。这成为贫困问题研究的另一新趋势。

5.扶贫制度安排。未来扶贫实践要求相应的扶贫制度创新。扶贫制度创新至少包括3个方面。一是扶贫立法。通过立法规范各方扶贫行为。立法是一个过程，需要实践的不断检验，需要大量的研究支持。二是建立重大项目政策贫困影响评估的机制和制度。解决中国贫困问题的根本方法，在于国家从制度上进行有利于贫困地区、贫困人口发展的顶层设计，每年几百亿元的专项资金投入仅仅是扶贫重要手段之一。如何开展重大政策项目贫困影响评估，既是实践问题，更是理论问题。三是特惠性制度安排。如贫困地区生态的补偿问题，贫困地区资源、生态补偿具有特殊性，在补偿制度安排上需要充分考虑贫困地区、贫困人口的特殊性。

6.扶贫机制创新。未来扶贫实践需要不断创新机制。其一，在推进中国特色新型工业化、信息化、城镇化、农业现代化“四化”同步发展的大背景下，要探索扶贫开发与推进城镇化、建设社会主义新农村相结合，与发展现代农业、承接产业转移相结合，与生态建设、环境保护相结合的有效方式。其二，连片特困地区扶贫资源动员需要机制创新。片区把区域发展与扶贫攻坚结合起来，片区中的每个县，各类项目、资金需求与供给之间的缺口如何满足，需要创新相应的机制以动员和整合各种资源。其三，连片特困地区扶贫领导协调机制需要创新。目前一个片区至少有一个部委牵头，其他部委参与，但是这种带有明显临时性的机制安排，难以适应片区扶贫长期性的需要。研究、探索构建一个相对稳定、与任务相适应的机制，将直接影响片区扶贫的成效。其四，扶贫导向的资源、生态补偿机制需要创新。贫困地区的补偿机制，特别需要在利益共享、资金反哺等方面加大支持，在普惠性基础上加大特惠性支持力度。其五，建立面向贫困地区的教育、培训、就业服务体系需要机制创新等。这些方面，是未来扶贫开发实践的趋势性变化，需要加大研究、逐步推进。

（二）从贫困问题研究的特点变化把握其新趋势

未来扶贫研究更体现基础性、前瞻性和长远性的统一。扶贫实践问题往往带有很强的基础性。扶贫从原来以专项扶贫为主到“三位一体”大扶贫格局，再到从国家制度层面设计扶贫，很多现行理论已经无法适应实践的需要。扶贫干预政策也要深入研究，才能提出与规律变迁相适应的对策。未来扶贫研究目标更体现理论性、政策性和应用性的统一。研究可以分为思想研究、理论研究、政策研究、实践研究。从发展趋势看，研究目标更注重理论性，理论研究是政策、实践研究的基础；政策性研究是以理论为基础，通过理论应用，发现、总结实践对政策的需求。无论是应用性研究，还是理论性研究，都面临新的挑战。

未来扶贫研究方法更体现多种方法的统一。特别是要重视比较研究方法的应用。从全球看，用几十年时间完成过去其他国家两三百年才完成的历程，各种问题集中出现在所难免。因此，通过历史比较，把我国和西方国家、拉美国家、新兴发展中国家的发展历程进行比较，在比较中发现不足，探寻解决问题的更有效办法。这是未来扶贫研究的重要方法。

未来扶贫研究背景更体现跨区域、跨行业和跨学科的统一。贫困问题已经不完全是一村、一户贫困的问题，更体现区域性、整体性及综合性，涉及多个学科、多个行业。贫困问题的解决，需要区域的联动，即把贫困片区内部和片区外部联通。因此，扶贫具有跨区域、跨行业的特征，需要多个部门、地方综合干预。脱贫致富是地方政府整合所有资源共同作用于扶贫对象、贫困地区的结果。贫困内涵拓展及新减贫战略构建，要求多学科协同，构建多学科新型减贫理论。

四、新形势下贫困问题研究的新重点

（一）扶贫开发的科学发展问题

科学发展观是我国发展及其各项工作的指导性原则，具有普遍性。在扶贫工作中实现科学发展观，就是要在新扶贫纲要落实中找准结合点，指导多部门间更紧密配合，推动新扶贫战略、政策、措施的落实。在科学发展观指导下，需要全社会特别是贫困地区广大干部群众、扶贫系统干部不断深化对科学发展观是扶贫开发工作的指导思想的认识；需要做好顶层设计，加大对贫困地区、贫困群体的物质资本、人力资本、社会资本的投入；需要各有关方面按照科学发展观的新要求推进新扶贫纲要的实施。

（二）扶贫开发的改革开放问题

扶贫工作的改革与开放涉及两个问题：一是通过改革强化各级政府的责任制。国家以往也把扶贫开发作为政府的责任与义务，但是过于简单化，这与社会中贫困群体数量太大的现实不相适应，因而社会发展的成果难以得到最广泛的分享。新形势下，如何强化各级政府责任制，需要拓展或建立新的视角，开拓新的思路。比如，缓解贫困实际上是扩大内需的重要手段，因为贫困人口生活水平提高可以明显拉动国内需求；消除贫困是实现社会公平、正义的重要标志之一。建立公平、正义的社会，必须不断强化各级政府的责任。其中，扶贫立法是扶贫改革的一个重要问题。扶贫立法涉及扶贫机制和机构的改革。显然，现有的机构设置难以承担新战略体系确定的任务。与机构设置相关的基础性、体制性、根本性问题只有通过改革才能解决，因此必须深入研究其改革路径。二是通过开放，更充分发挥扶贫在外交、发展援助方面的特殊作用。从全球范围来说，实现中华民族的伟大复兴，我国有义务履行相关的责任，逐步在世界上起到引领发展的作用。民族的复兴需要国民拥有大智慧，而引领全球发展的理论则是大智慧的一种形式。一个复兴的民族，必然是一个不仅要发展好自己，还要给全球发展带来重大影响的民族。实现中华民族伟大复兴需要一种大心态。民族复兴还需要国家有大担当的意识，需要积极承担国际义务。我国的扶贫经验在国际上已经得到一定程度的认可，但是发挥扶贫在国际上的特殊作用，还有很大的研究、交流空间。发达国家对发展中国家的援助总体成效并不显著，如何寻找新的发展合作路径，对于一个快速发展中的大国来说需要列入重要战略议程。

（三）实现包容性发展与扶贫开发结合问题

包容性发展与扶贫开发有机结合，是体现包容性发展本质及其优越性的基础。这一论题的研究至少涉及以下方面：第一，包容性发展是国家发展方式转变的必然要求和最终目标，是解决贫困问题的根本途径；第二，贫困地区实现包容性发展需要国家给予更特殊的支持，特别是在资源补偿、生态补偿、碳交易等方面；第三，建立开展重大项目和政策贫困影响评估的体制机制。

（四）扶贫开发与贫困社区民主建设问题

城镇化不仅带来了人口流动问题，也对乡村治理提出了诸多新挑战。比如，村庄空心化、留守妇女儿童等问题。这种情况下，乡村要调整治理模式，发挥扶贫主体作用，在寻找发展路径的同时不断推进基层民主建设。民主建设是一个渐进的过程。加强贫困地区民主问题的研究，可以为不断探索和发展基层群体权利有效表达的途径与方式提供指导。相关的问题研究有：以参与式扶贫为载体，组织以村民为主体的所有到村政策、项目的实施、管理、验收、评估；注重贫困人口自我发展能力的立体式、持续性培养；适应城乡统筹发展背景下，贫困乡村治理的新挑战，创新基层民主形式；等等。

（五）贫困地区文化建设与扶贫开发结合问题

如何发挥传统文化在经济社会中的作用，这一问题有很大的研究空间。文化是中华民族的血脉，是民族的灵魂。对于某一具体地域，既要保障其优秀传统文化的传承，又要把传统文化传承和当前的经济活动结合起来，这就存在进一步研究和探讨的必要。实践证明，过多关注文化的经济性，反而会对文化的传承产生负面影响；而缺乏对文化经济性的充分理解，也难以很好解决经济发展需求多元性的问题。另外，我国倡导的社会主义核心价值观与全球人类发展的价值观总体上相一致，但在地方层面特别是少数民族贫困地区，如何构建社会主义核心价值观还需要深入研究。其他论题还包括：贫困地区文化建设具有特殊性，也具有比较优势，要把文化建设与扶贫开发工作有机结合；扶贫开发模式在民族地区实施，要特别注重少数民族优秀传统文化的传承与发展；把优秀传统文化发展与旅游扶贫、产业扶贫结合起来，发挥乡土组织在精神文明建设中的作用。

（六）在社会建设中加强扶贫开发问题

扶贫开发是最大的民生工程。在改善民生和创新管理中加强社会建设需要把扶贫开发与贫困地区社会管理、社会建设结合；贫困地区发展与贫困人口脱贫关键在于基本公共服务均等化，基本公共服务提供与扶贫开发并重，防止挤出效应；创新社会管理，重点是构建社会参与扶贫的体制机制，探索民间组织参与扶贫的路径与模式。

（七）在生态文明建设框架内推进扶贫开发问题

贫困地区生态建设是一个非常现实的问题。贫困地区对生态进行保护，需要相应的补偿和支持，否则，由于生态保护而影响了该区域或社区的生计持续，就难以实现并保持持续发展。解决这一矛盾，只能从全国发展布局上进行整体性规划，从政策上加大对生态型产品的开发和支持。只有对生态型产品的附加值实行保护性政策，才有可能在保护生态的同时实现贫困地区、贫困人口自身发展。相关问题研究有：贫困地区生态文明建设有优势也有制约，生态文明建设对扶贫开发是机遇也是挑战；生态补偿要充分考虑贫困地区的特殊性，站在全国角度、城乡统筹发展的视野进行大生态补偿；贫困地区的绿色发展需要特别的支持；探索扶贫碳交易市场的可行性。

（八）扶贫开发能力体系建设问题

其一，扶贫开发能力是一个体系，包括决策能力、管理能力、执行能力、发展能力，能力建设体系及每一项能力建设需要通过研究提出系统性、分层次、可操作的路径。比如扶贫管理能力，不仅仅是指扶贫系统的管理能力，还包含国家、地方层面各政府部门的扶贫管理能力，社会中各组织、企业也需要提高扶贫管理能力。其二，扶贫开发政策项目实施与基层组织建设结合，重视基层组织扶贫动员能力、项目管理能力、自我服务管理能力建设。其三，要重视贫困人口人力资本、社会资本的投入与开发。

2001—2012年

从整村推进扶贫到综合扶贫

中国包容性增长与减贫：进程与主要政策

中国积极倡导包容性增长，其基本含义是在可持续发展中实现经济社会协调发展，实现发展成果由人民共享的目标。中国的包容性增长包含以下基本要素：坚持发展经济，着力转变经济发展方式，提高经济发展质量，增加社会财富，不断为全体人民逐步过上富裕生活创造物质基础；坚持社会公平正义，着力促进人人平等获得发展机会，不断消除人民参与经济发展、分享经济发展成果方面的障碍；坚持以人为本，着力保障和改善民生，努力做到发展为了人民、发展依靠人民、发展成果由人民共享。为实现包容性增长的目标，中国政府正在和即将采取以下政策措施：一是优化产业结构，转变经济增长方式，实现可持续增长；二是提高劳动者素质和能力，最大限度创造劳动者就业和发展机会；三是调节收入分配，缩小收入差距；四是加强社会保障网络建设，着力解决教育、医疗、养老、住房等民生问题。包容性增长的概念提出时间不长，但始终贯穿于中国的改革开放和现代化建设，与“科学发展观”和“协调发展”“和谐社会”理念一脉相承，对广大发展中国家具有借鉴意义。

《学习与实践》2012年第7期，第二作者：徐丽萍

2009年，中国国家主席胡锦涛在亚太经济合作组织（APEC）第十七次领导人非正式会议上发表题为《合力应对挑战　推动持续发展》的重要讲话中首次提出“统筹兼顾，倡导包容性增长”的理念。2010年，在第五届亚太经济与合作组织人力资源开发部长级会议上发表的《深化交流合作　实现包容性增长》致辞中再次强调“包容性增长”，并指出“包容性增长的根本目的是让经济全球化和经济发展成果惠及所有国家和地区、惠及所有人群，在可持续发展中实现经济社会协调发展”。

中国积极倡导包容性增长，其基本含义是在可持续发展中实现经济社会协调发展，实现发展成果由人民共享的目标。包容性增长的基本要素包括：坚持发展经济，着力转变经济发展方式，提高经济发展质量；坚持社会公平正义，着力促进人人平等获得发展机会；坚持以人为本，着力保障和改善民生，努力做到发展成果由人民共享。

一、中国包容性增长的历程回顾及其主要特征

包容性增长的理念始终贯穿于中国的改革开放和现代化建设进程中，在不同发展阶段表现出不同的特征。改革开放以来，中国包容性增长的历程可以分为以下三个阶段：

（一）经济体制改革促进经济高速增长，推动全国大规模减贫（1978—2001年）

改革开放之初，中国三分之一人口没有解决温饱问题，处于普遍贫穷和落后状态。当时经济社会发展首要目标是解决普遍贫困问题。1978年，中国政府将工作重点转移到社会主义现代化建设和经济工作上来，并逐步推进经济体制改革。这一阶段包容性发展的基本特征是以经济建设为中心，通过体制改革促进经济增长，实现全国范围的大规模缓解贫困。

中国农村经济体制改革以20世纪80年代初期推行的家庭联产承包责

任制为基础，到1983年，该项土地制度改革覆盖了超过98%的农村家庭。同时，国家提高了农产品的收购价格，并逐渐放开农产品的买卖价格。在农产品流通体制改革中，国家首先削弱壁垒并打断城乡二元结构分隔，允许农产品和农副产品贸易取代在城乡地区被国家控制的棉油统购，鼓励在大城市建立农产品市场。继家庭联产承包责任制的成功，政府开始指导农民进行多样化的农业生产。在不放松粮食生产并结合当地自然条件的基础上，政府开始发展经济作物的生产。为提高农产品产出，政府开展了大规模的农业科技研究并在县级建立了推广体系，为增加农业产量奠定了坚实基础。

中国的城市经济体制改革于1984年10月全面启动，重点是国有企业改革。改革内容主要有国有企业全面实行利改税，自主经营权的突破逐步确立了厂长负责制、企业承包经营责任制和股份制。1992年以后，国有企业自身长期积累的深层矛盾逐渐暴露，国有企业在市场竞争中经历了改革与脱困。非公有制经济的地位随着国有企业改革的深化，相应得到加强。1987年国家提出“国家调节市场，市场引导企业”的经济模式及“社会主义商品经济”的概念。1992年后，“社会主义市场经济体制”正式确立并发展。自此，单一的计划经济格局开始转变，中国的市场主体开始形成。

改革开放以来，由于中国政府逐渐将工作重点转向经济建设，中国经历了高速的经济增长，GDP平均年增长率超过9%。通过“渗漏效应”，经济增长提升了贫困人口的生活水平，按中国政府贫困标准，绝对贫困人口从1978年的2.5亿人下降到2001年的2927万人，相应的贫困发生率由30.7%减少到3.2%。其中20世纪90年代后期是中国经济的加速增长时期，这期间国家开始实施有计划的专项扶贫开发，并制定《国家八七扶贫攻坚计划（1994—2000年）》，贫困人口下降速度明显加快，贫困发生率由1993年的8.8%下降到2000年的3.4%[①]。

（二）政策调整带动城乡统筹，促进均衡发展（2002—2010年）

从20世纪90年代开始，中国经济进入持续高速增长期。但在工业化进

---

① 张磊主编《中国扶贫开发政策演变（1949—2005年）》，中国财政经济出版社，2007。

程中，农业、农村和农民问题日益突出，农村发展明显落后于工业化发展。农业基础设施薄弱、农村社会事业发展落后、城乡居民收入差距扩大。这一阶段包容性增长的主要特征体现在通过政策调整，解决农业、农村、农民问题，实现城乡统筹，促进均衡发展。

2006年，中国政府在《中华人民共和国国民经济和社会发展第十一个五年规划纲要》中，对经济发展战略进行调整并明确，中国总体上已经进入以工促农、以城带乡的发展阶段，初步具备了加大力度扶持“三农”的能力和条件。

在21世纪初，中国政府出台了一系列惠农政策，主要包括：调整国民收入分配结构，财政支出、固定资产投资和信贷投放等向“三农”倾斜。扩大公共财政覆盖农村的范围和领域，增加农村公共产品供给。建立城乡统一的劳动力市场，取消对农民进城就业的限制，开展劳动力转移就业培训，解决拖欠农民工工资等突出问题。进一步明确各级政府对农村义务教育的责任。加大国家财政对农村合作医疗体系的投入力度，建立农村大病统筹机制。建立城乡公平统一的社会福利制度，实施农村最低生活保障制度，完善农村社会救济制度①。

为减轻农民负担，防止农村乱收费现象的恶化，中国政府于2001年开始试点；2003年全面推行农村税费改革；2004年提出逐步降低农业税税率直到彻底取消农业税；2006年，全国已经全部取消了农业税。

这些惠农政策为农业的平稳、可持续发展奠定了基础，基本解决了农民的温饱问题和日常基本需求，人民生活水平有了极大的提高，加速了农村减贫的进程。这一时期中国农村贫困人口呈现分散化趋势，中国政府相应调整了农村扶贫的方式和策略，制定《中国农村扶贫开发纲要（2001—2010年）》，将区域瞄准范围由贫困县向贫困村转移，实现让最贫困人口直接受益。这一阶段，中国的贫困人口由2002年的5825万（仅低收入人口）下降到2010年的2688万②。

---

① 张磊主编《中国扶贫开发政策演变（1949—2005年）》，中国财政经济出版社，2007。

② 国家统计局农村社会经济调查司：《中国农村贫困监测报告2010》，中国统计出版社，2011。

（三）制度体系建设推动包容性增长，促进经济社会全面协调可持续发展（2011年起）

改革开放以来，“以经济建设为中心”，“让一部分人、一部分地区先富起来，先富带动后富，最终实现共同富裕”的非均衡发展战略，对于启动中国经济体制改革、助推中国经济起飞发挥了至关重要的作用。然而，非均衡发展机制也使得贫富差距、区域差距和城乡差距不断加大。在基本民生方面的投入占GDP的比例却仍然比较低，导致经济增长依靠投资、出口拉动，消费动力不足，看病难、看病贵，教育不均衡，公共基础设施供给不足等一系列问题。这些社会问题甚至影响社会公平、公正和社会稳定。

在上述背景下，中国政府明确提出并积极倡导包容性增长理念，以全面建设小康社会为目标，积极推进经济、社会全面协调可持续发展，实现发展为了人民，发展成果为人民共享。为此，提出“构建社会主义和谐社会”的战略任务；推进统筹城乡发展、统筹区域发展、统筹经济社会发展、统筹人与自然和谐发展、统筹国内发展和对外开放；加快国民经济又好又快发展，加强以改善民生为重点的社会建设；更加注重以人为本，更加注重全面协调可持续发展，更加注重统筹兼顾，更加注重保障和改善民生，促进社会公平正义。

这一阶段包容性增长主要通过完善各项制度建设，把试点成功的政策纳入国家发展规划，形成完善的制度体系。具体包括：着力转变发展方式，转变高投入、高消耗、高排放、难循环、低效率的增长方式，节能减排、保护环境、节约用地；全面推进经济、政治、文化、社会各个领域的建设和改革，使其相协调、相适应，特别是把以改善民生为重点的社会建设提到突出地位，着力解决困难群体上学难、看病难、住房难的问题；调整收入分配政策，维护社会的公平正义，促进经济的持续、快速发展。

未来十年，中国将扶贫开发提高到“事关社会主义现代化建设大局”的长期历史任务的战略高度，开始贯彻执行“十二五”规划以及《中国农村扶贫开发纲要（2011—2020年）》。中国政府制定了未来十年的减贫目标，即让扶贫对象不愁吃、不愁穿，保证其义务教育、基本医疗和住房。由于目前剩下的绝对贫困人口主要集中在以武陵山区、六盘山区、秦巴山区等为代表的14个集中连片特殊困难地区，国家将这些连片特困地区作为扶贫开发主战场。

二、中国推进包容性增长的主要政策

（一）调整并优化产业结构，着力促进经济发展方式的转变

经过30多年的发展，中国通过产业结构调整等一系列政策，实现从低收入国家向中等收入国家转型。为稳固这一成果，实现更大的发展，中国政府开始加快转变经济增长方式的历程。

产业结构调整的主要政策。通过产业政策、财税政策、行业准入等经济和法律手段，引导更多资金进入薄弱环节和高新技术行业。2009年，十大重点产业调整振兴规划制定实施，当年安排200亿元技改专项资金支持4441个技改项目。预计到2020年，信息通信、先进装备制造、新材料、新能源与节能环保、生物产业和高端生产性服务业等六大新兴产业实现增加值占GDP比重有望达到20%[①]。

转变经济增长方式的主要政策。为了避免“中等收入陷阱”，2006年的“十一五”规划明确提出“加快转变经济增长方式”。具体采用8个约束性指标衡量经济增长方式的转变，包括能源和环保指标，还覆盖了人口控制、养老保险、农村医疗等民生领域，而将以往最被看重的经济增长等列入预期指标。

经过产业结构调整和经济增长方式的初步转变，中国经济的内生动力趋于增强，经济结构更加合理。国家统计局发布的数据显示，“十一五”期间，第三产业就业人员占社会就业人员比重由2005年的31.4%上升至2008年的33.2%。2009年全国第三产业增加值占国内生产总值比重由“十五”末的40.3%上升至42.6%[②]。

（二）提高劳动者素质和能力，创造就业和发展机会

1.流动人口就业和社会保障政策

中国政府对流动人口的政策分为三个阶段：20世纪80年代，主要通过

① 《我国跨越“中等收入陷阱”的战略选择》，《人民日报》2011年1月26日第7版。

② 同上。

城乡二元户籍制度长期限制农民的自由流动。90年代后，开始鼓励农村剩余劳动力到城镇转移就业，政府提供就业培训和服务。21世纪以后，通过户籍制度改革以及养老、医疗、住房、子女教育等社会保障政策，促进流动人口融入城镇发展。具体政策见表1。

对流动人口由控制向鼓励和提供服务的政策转变，加快了农村大量富余劳动力自主流向城市，成为在城镇从事第二、三产业的主力军。根据人力资源与社会保障部的统计公报，截至2009年，中国农民工总量为2.3亿人，其中外出农民工数量为1.45亿人①。农村富余劳动力向城市转移就业，不仅为经济生产带来巨大效益，也为农民实现增收、加快脱贫致富创造了条件。

表1　流动人口政策演变情况

发布时间	文件名称	政策要点
1989.3	国务院办公厅关于严格控制民工外出的紧急通知	控制流动
1989.4	民政部、公安部关于进一步做好控制民工盲目外流的通知	控制流动
1990.4	国务院关于做好劳动就业工作的通知	鼓励就业
1994.11	劳动部关于农村劳动力跨省流动就业的暂行规定	允许流动
1995	中共中央办公厅、国务院办公厅转发关于加强流动人口管理工作的意见	鼓励流动
1999	国务院《社会保险费征缴暂行条例》	养老保险
2001.11	国务院批准公安部关于推进小城镇户籍管理制度改革意见的通知	户籍制度
2003.1	国务院办公厅关于做好农民进城务工就业管理和服务工作的通知	就业服务
2003.4	国务院工伤保险条例	工伤保险
2003.9	国务院办公厅转发教育部等部门　关于进一步做好进城务工就业农民子女义务教育工作意见的通知	子女教育
2003.9	农业部等六个部门2003—2010年全国农民工培训规划	就业培训

① 段玉瑾：《农民工社会政策建设回顾与农民工的社会政策需求》，《长春理工大学学报（社会科学版）》2011年第6期。

续表

发布时间	文件名称	政策要点
2003.11	国务院办公厅关于切实解决建设领域拖欠工程款问题的通知	工资问题
2004.1	中共中央、国务院关于促进农民增加收入若干政策的意见	增收
2005.11	国务院关于进一步加强就业再就业工作的通知	就业服务
2006.2	国务院关于解决农民工问题的若干意见	社会保障
2006.5	劳动部关于开展农民工参加医疗保险专项扩面行动的通知	医疗保险
2007.1	劳动和社会保障部关于印发2007年劳动和社会保障工作要点的通知	社会保障
2007.12	关于改善农民工居住条件的指导意见	居住
2010.4	国务院办公厅关于切实解决企业拖欠农民工工资问题的紧急通知	工资问题

2.劳动力转移与培训

中国在反贫困行动中，特别强调人力资本的作用，使贫困地区的人力资本得到充分利用，组织、发动贫困地区的剩余劳动力向外转移。同时，在反贫困行动中还特别强调人员培训，开展大规模的干部培训。“阳光工程”和“雨露计划”是促进农村贫困劳动力转移和培训的两项主要的政策。

“阳光工程”：为加强农村劳动力转移培训工作，实现稳定就业和增加农民收入，农业部等6个部门从2004年起，共同组织实施了“农村劳动力转移培训阳光工程”（简称“阳光工程”）。“阳光工程”首先在河南、四川等26个省区和黑龙江农垦总局、新疆生产建设兵团实施。2005年培训280万人，中央财政专项补助资金增加到4亿元[①]。该培训项目作为由中央财政专项支持的政府项目，对中国西部广大输出劳动力地区的能力建设起到了重要作用，这其中，对于贫困人口素质技能的提高和长期发展的作用尤为深远。

“雨露计划”：为解决劳动力市场供需的矛盾，实现贫困地区劳动力转移，2004年8月，国务院扶贫办发出《关于加强贫困地区劳动力转移培训工

① 张磊主编《中国扶贫开发政策演变（1949—2005年）》，中国财政经济出版社，2007。

作的通知》，开始实施“雨露计划”。“雨露计划”以政府主导、社会参与为特色，开展职业教育、创业培训和农业实用技术培训，帮助贫困地区青壮年农民解决在就业、创业中遇到的实际困难。截至2010年底，“雨露计划”通过职业技能培训，帮助近500万青壮年贫困农民和20万贫困地区复员退伍军人成功转移就业；通过农业实用技术培训，使每个贫困户至少有一名劳动力掌握1～2门有一定科技含量的农业生产技术。“雨露计划”的实施标志着我国的扶贫开发工作由以自然资源开发为主阶段，发展到自然资源开发与人力资源开发并举的新阶段。

（三）调节收入分配，缩小收入差距

1.个人所得税政策

中国政府在20世纪80年代引入了个人所得税政策。1980年，颁布《中华人民共和国个人所得税法》，但是并没有出台一些具体的征税细节。1986年9月，发布《中华人民共和国个人收入调节税暂行条例》，规定对公民的个人收入统一征收个人收入调节税，表明个人所得税政策开始启动。

随着城镇居民个人收入的快速增长，个人所得税的起征点并没有及时作出调整，越来越多的人群需要交纳个人所得税。截至2009年，个人所得税总额已达到3949亿元，比1999年增长了8.5倍[①]。同时，个人所得税增长速度超过了城镇居民收入的增长幅度。

个人所得税政策在开始阶段，由于起征点远高于城镇居民的平均收入水平，其收入达到征税标准的人群比例很低，因此个人所得税并没有起到调节收入分配的作用。在个人所得税不断增长的情况下，由于高收入群体避税以及个人所得税的单项税特征（而不是以家庭为单位征收的综合税），个人所得税政策也没有充分发挥对收入分配的调节作用[②]。为了减轻低收入群体的税赋，缩小收入差距，2011年将个人所得税的起征点提高到3500元。

2.农业税和农村税费

面对农民负担日益严重的问题，中国从2000年开始进行农业税改革试点，一些地方的税费负担开始下降，到2002年下降到2.8%。2006年中央政

① 李实：《有利于减贫的收入分配政策：中国经验》，《研究报告》2011年第11期。

② 同上。

府开始在全国范围内免征农业税，同时取消地方政府征收所谓的“三提五统”的权利。全国范围内免征农业税后，共减轻农民负担约1250亿元，每个农民减负140元左右①，增加了农民可支配收入，调动了农民的生产积极性，为农村经济社会发展注入了活力。

从收入分配的角度来看，农村的税费政策具有很强的累退性，导致了收入差距的扩大。2006年以后采取的农村税费减免政策既有利于缩小收入差距，更加有助于减少贫困。据李实等估计，以1995年为例，如果农业税费全部减免，那么城乡之间居民收入差距会由2.47倍变为2.34倍②。

（四）加强社会保障网络建设，着力改善民生

改革开放以后，中国的教育和医疗卫生服务曾一度过分依赖市场化手段提供，导致因病和因教育致贫的严重现象。进入21世纪以来，随着义务教育和医疗保障制度的逐步建立，这一现象得到了有效的缓解。

1.全面普及义务教育

教育方面的成功改革主要体现在全面普及九年义务教育以及加强农村义务教育支持力度和保障义务教育经费等。1986年7月，《中华人民共和国义务教育法》开始施行，标志着中国确立了义务教育制度。在20世纪90年代，国家进一步确定了“基本普及九年义务教育，基本扫除青壮年文盲”的“两基”目标。

为了缩小中国城乡的发展差距，政府加大了对农村义务教育的支持力度。2005对农村贫困家庭学生实施“两免一补”政策，逐步对寄宿生提供生活补助。2005—2007年三年内全部落实“两免一补”政策，国家财政共安排227亿元资金。

在义务教育经费保障方面，2005年逐步将农村义务教育全面纳入公共财政保障范围，建立中央和地方分项目、按比例分担农村义务教育经费的保障新机制。从2006年起，各地政府承担了全部办学经费，农村开始实现真正意义上的免费义务教育。

---

① 黄维键：《取消农业税对中国经济社会的影响及下一步政策取向》，《财经研究》，2007年第5期。

② 李实：《有利于减贫的收入分配政策：中国经验》，《研究报告》2011年第11期。

义务教育政策对提高全民教育水平起了关键的作用。2003年，全民受教育水平由1985年以前的人均4.3年提高到人均8.1年；截至2010年底，全国2856个县（市、区）全部实现“两基”，全国“两基”人口覆盖率达到100%，小学学龄儿童净入学率达到99.70%（其中男、女童净入学率分别为99.68%和99.73%），初中阶段毛入学率100.1%（见图1），初中毕业生升学率87.5%[①]。

义务教育的实施在提高义务教育普及率、降低文盲率等方面取得了突出的成绩，为我国沉重的人口负担转化为人力资源优势作出了积极的贡献。同时，农村义务教育的补贴政策对提高贫困人口素质、缩小城乡发展差距发挥了积极作用。

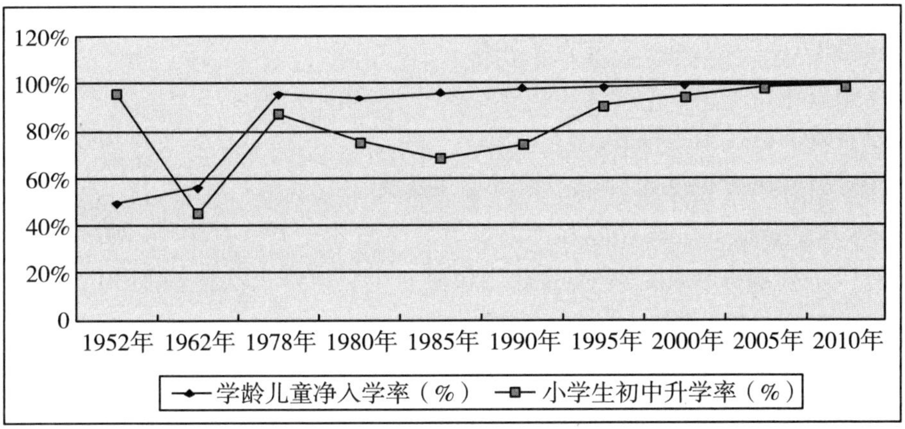

图1　学龄儿童净入学率和小学生初中升学率变化情况

资料来源：《新中国六十年统计资料汇编（2010）》

2. 完善医疗卫生设施与卫生服务

医疗体制改革。医疗体制改革从20世纪80年代开始实施，90年代医疗体制推行市场化。在城市，医疗体制改革以社会基本医疗保险制度为主。1994年开始试点，1998年颁布《国务院关于建立城镇职工基本医疗保险制度的决定》，该制度正式建立。社会基本医疗保险制度覆盖全体城镇职工，以社会统筹和个人账户相结合，并陆续出台医药分家、药品招标采购、医

① 教育部：《2010年全国教育事业发展统计公报》。

疗机构分类管理等一系列政策。2000年以后，中国政府开始深化医疗体制改革，以促进医疗保障和服务提供的公平性。在农村，医疗卫生状况一直处于落后状态。中国政府于2003年推出新型农村合作医疗制度，以政府投入为主，农民自愿参加，目的是解决农民因病致贫、因病返贫，以及医疗保障服务的均等化、公平性等问题。2004—2005年，中国政府相继推出了城乡医疗救助制度，帮助弱势群体应对医疗负担的高风险。

完善医疗卫生设施与卫生服务。中央和地方多渠道筹集资金，加大机构建设力度，进一步健全了农村三级医疗卫生服务体系和城市社区卫生服务体系。其中，中央财政累计安排专项资金400亿元，建设县级医院1877个，中心卫生院5169个，村卫生室11250个，社区卫生服务中心2382个[①]。同时，通过基层医疗卫生机构转型、改造以及吸引社会力量参与等多种方式，城市社区卫生服务资源得到充实。

随着医疗体制改革和基层医疗卫生服务体系的逐步完善，群众获得了方便有效的医疗卫生服务。截至2011年4月底，全国医疗卫生机构数达94.1万个。基层医疗卫生机构中：社区卫生服务中心（站）3.3万个，乡镇卫生院3.8万个，村卫生室65.0万个，诊所（医务室）17.5万个[②]。2010年，城市社区卫生服务机构、乡镇卫生院和村卫生室诊疗人次达到了30.2亿，占到全国医疗机构诊疗人次的51.7%[③]。

医疗服务体系的完善，医疗机构和设施的改善，对我国城乡居民的健康水平提高发挥了重要作用。2010年孕产妇死亡率由新中国成立之初的1500/100000下降至现在的30/100000，婴儿死亡率由新中国成立前的200‰下降到2010年的13.1‰，均居发展中国家前列；2010年我国人均期望寿命从新中国成立前的35岁提高到现在的73岁，国民健康水平已经达到了发展中国家的较高水平[④]。

---

① 张秀兰：《利贫的社会政策：中国的经验与未来的策略选择报告》，2011年。

② 卫生部：《2011年4月全国医疗服务统计情况》。

③ 《中共中央关于党的百年奋斗重大成就和历史经验的决议》（2021年11月11日中国共产党第十九届中央委员会第六次全体会议通过），《人民日报》2021年11月17日第1版。

④ 卫生部妇幼保健与社区卫生司编《2011年妇幼保健与社区卫生工作简讯》。

3.建立城乡最低生活保障制度

最低生活保障制度首先由城市起步，1993年上海市宣布在全市范围内实施最低生活保障制度，标志着我国最低生活保障制度的诞生。1997年，城市低保制度正式建立。2007年农村最低生活保障制度建立，全社会的最低生活保障制度正式形成。

截至2010年底，全国共有城市低保对象1145万户、2310.5万人（见图2）；全年各级财政共支出低保资金524.7亿元，其中中央财政补助资金占69.7%。全国农村低保对象2528.7万户、5214万人（见图3）；全年共发放农村低保资金445亿元，其中中央补助资金占60.4%[①]。

最低生活保障制度作为最基本的社会救助制度，实现了城乡均等覆盖，并稳步向应保尽保迈进，为稳定、持久、有效解决农村贫困人口的温饱问题奠定了制度保障。2010年，全国城市低保平均标准251.2元，人均补助水平189.0元；全国农村低保平均标准117元/人/月，月人均补助水平74元[②]。

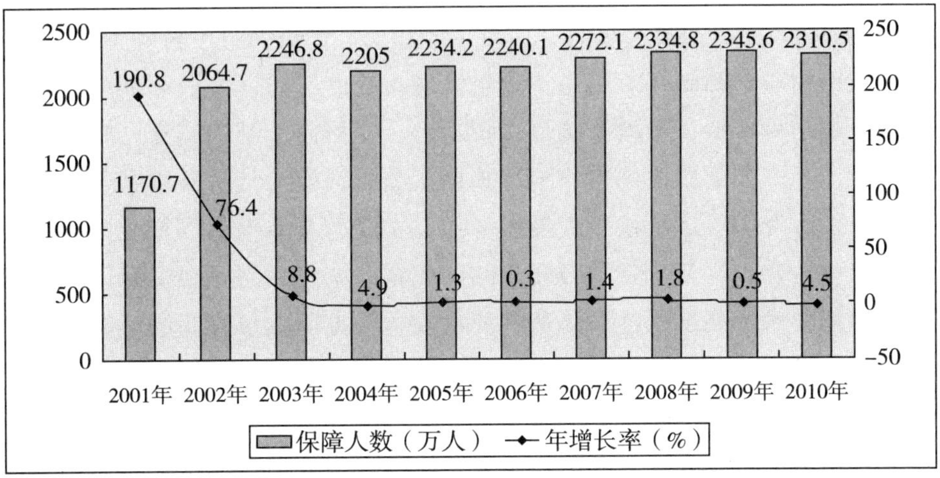

图2　城市最低生活保障

资料来源：《2011年社会服务发展统计报告》

① 张秀兰：《利贫的社会政策：中国的经验与未来的策略选择报告》，2011年。

② 民政部：《2011年社会服务发展统计报告》。

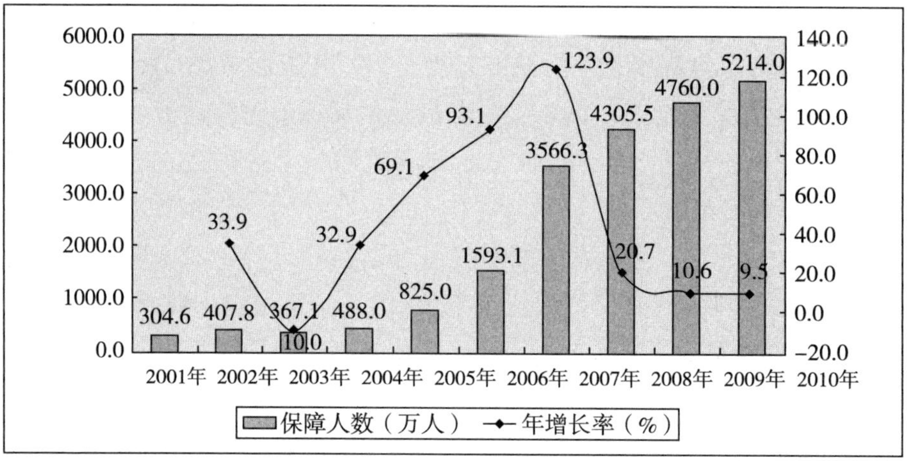

图3　农村最低生活保障变化情况

资料来源：《2011年社会服务发展统计报告》

三、中国继续推进包容性增长与减贫的对策建议

（一）促进由高速、粗放型增长向均衡增长、可持续发展转变

总的要求是：改变经济增长过度依赖投资、出口，过度依赖工业增长，过度依赖物质资源消耗。一是调低经济增长速度，将发展资源更多地用于经济社会结构转型，激发结构性增长动力，支持需求结构调整，实现由外需导向、生产型结构向内需导向、消费型结构转换。二是支持产业结构调整，将发展资源更多地用于发展服务业，实现产业结构由以工业为主向服务业为主转变。三是支持资源要素结构配置和调整，将发展资源更多地用于开发新技术，降低物耗、能耗和环境成本等方面，最终使经济增长由粗放型向依靠科技进步的集约型转化。

（二）扩大内需，建设消费型社会

一是加快国民收入分配结构调整和体制改革，不断减少政府和企业在国民收入分配中的份额，让居民特别是中低收入者收入增长既快于政府和企业所得增长，又快于高收入群体的收入增长。二是充分利用公共权利和公共资源，给人民创造更多的增收机会，不断减少低收入群体，增加和扩大中等收入群体，使得中等收入者成为未来中国社会的主体，成为扩大内需、拉动社会消费的主要力量和稳定社会的中坚群体。

（三）保护劳动者权益，提高劳动者待遇

主要是健全法律法规，特别是要通过制度变迁尽快促进农民进城落户，促进农民融入城市生活，增加进城务工人员的工资和社会保障待遇水平。

（四）调节分配结构，继续减缓收入差距扩大的趋势

在调节不同收入群体之间的关系上，我国既缺乏调节高收入者的制度安排和得力措施，导致我国高收入群体交税少甚至不纳税；也缺乏“扩中、提低”长效机制和有效政策，形成中低收入者收入增加渠道窄、机会少。为此，中国的税收需要作出两方面的重大调整，以增强其收入分配与再分配的功能和反贫困的功能。一是逐步减少间接税，增加直接税。二是将个人所得税由现在的分项税改为综合税，前者是对每一项收入进行征税，而后者则是对家庭总收入征税。实行综合税可以避免低收入人群和贫困人口也交税的尴尬局面，可以加强个人所得税的缩小收入差距的功能。

（五）继续完善机制制度，努力提高社会保障覆盖面和待遇水平

中国已经初步建立的生、老、病、残、失业等社会保障制度还难以对中低收入群体起到有效保障作用。主要表现在：一是社会保障在城乡、地区甚至群体之间制度安排不统一。越是落后地区、中小城市（城镇）和边缘人群，享受的社会保障待遇越低，而恰恰是落后地区、中小城市（城镇）和农民最需要社会保障。社会保障缺失，必然会抑制这些群体的当期消费，迫使他们为未来储蓄。二是社会保障覆盖面过小。当前中国的基本养老保险、基本医疗保险、失业保险等主要制度安排，一方面是覆盖群体不一致，另一方面是覆盖范围过小。三是政府对社会保障的投入支持力度偏低、偏弱。在西欧、北欧一些国家，财政的50%用于社会保障和社会福利支出，美国财政约有30%用于社会保障事业，而中国2009年财政用于社会保障的比重不足16.16%。很明显，社会保障存在的制度和政策障碍问题不解决，就很难发挥社会保障本身的社会再分配功能和社会基本生存保障功能。

社会保障制度的全覆盖和公共服务的均等化，不仅有助于调节收入分配关系，也有助于缓解贫困。要坚持深化改革，在改革过程中，不仅要让贫困人口享受到社会保障的好处，而且要让他们付出最小的代价或不付代价。

四、几点启示

在中国，包容性增长从概念提出到全面实践，历时并不长，但始终贯穿于中国的改革开放和现代化建设进程，与科学发展观和“协调发展”、“和谐社会”理念一脉相承，成为国家制定不同时期发展政策的指导思想。这一点对于广大发展中国家具有重要的借鉴意义。

第一，包容性增长理念的核心是解决发展过程中谁受益的问题。发展的目的是让更多的人能够享受到发展的成果。在全球范围内，各国之间的协调配合、包容性发展有利于全球经济增长的稳定，以及经济全球化和经济发展成果惠及所有地区、所有人群。包容性增长不仅仅对中国，对全球也有一定的借鉴意义。

第二，包容性增长理念始终贯穿于中国改革开放和现代化建设进程，中国政府根据不同阶段的发展特征采取相应的对策。

第三，需要不断探索并完善包容性增长的政策体系并有序推进制度化建设。

第四，由于不同的历史背景、发展特征，各国应根据自身发展情况采取适合本国的包容性增长的政策和措施。

连片特困地区扶贫体系研究的几个问题

本文从7个方面对推进连片特困地区扶贫产生决定性影响的一系列前瞻性重大问题及重要关系进行全面、深入分析，这些问题包括片区扶贫的背景及内涵、重大意义和主要内容，片区扶贫战略研究的若干问题，片区扶贫现状的研究方法——以武陵山区基线调查为例，片区扶贫战略研究的方法与内容——以武陵山区为例，片区扶贫规划的背景和特征及编制时需要把握的关键问题，片区扶贫规划编制的理论基础，片区扶贫规划的背景和编制的内容与框架，旨在为片区扶贫规划指导思想、基本原则、重点内容、主要途径和保障措施等方面决策提供理论支撑，为片区扶贫规划的编制和实施以及相关政策的完善与创新提供指导。

《中国扶贫》2011年第8-13期、第15期、第18期

《中国农村扶贫开发纲要（2011—2020年）》（简称新扶贫纲要）确定把六盘山区、秦巴山区、武陵山区、乌蒙山区、滇桂黔石漠化区、滇西边境山区、大兴安岭南麓山区、燕山—太行山区、吕梁山区、大别山区、罗霄山区等区域的集中连片特殊困难地区（简称“连片特困区”或“片区”）和已明确实施特殊政策的西藏、四省藏区、新疆南疆三地州作为扶贫攻坚主战场。该纲要明确要求：加大投入和支持力度，加强对跨省片区规划的指导和协调，集中力量，分批实施。各省（自治区、直辖市）对所属连片特困地区负总责，在国家指导下，以县为基础制定和实施扶贫攻坚工程规划。国务院各部门、地方各级政府要加大统筹协调力度，集中实施一批教育、卫生、文化、就业、社会保障等民生工程，大力改善生产生活条件，培育壮大一批特色优势产业，加快区域性重要基础设施建设步伐，加强生态建设和环境保护，着力解决制约发展的瓶颈问题，促进基本公共服务均等化，从根本上改变连片特困地区面貌。为贯彻落实好第二个中国农村扶贫开发纲要，深入研究连片特困地区扶贫相关的战略战术问题必要而紧迫。

一、片区扶贫的背景及内涵、重大意义和主要内容

（一）背景及内涵

21世纪的第一个10年，中国农村扶贫开发继续取得显著成效，贫困人口明显下降，贫困地区基础设施明显改善，公共服务水平明显提高，《中国农村扶贫开发纲要（2001—2010年）》的目标任务如期完成，扶贫开发进入了新的阶段。近年来，中国的绝对贫困人口在分布上表现大分散、小集中的态势。贫困人口主要集中在一些集中连片特殊困难地区。这些地区由于自然、民族、历史、政治等多种复杂因素的共同作用，一般经济增长已无法带动其发展、常规的扶贫手段也难以奏效。因此，把集中连片特殊困难地区（简称片区）作为扶贫开发的主战场，创新扶贫开发机制，推进片

区扶贫开发，实现基本消除绝对贫困现象的目标，帮助片区在2020年和全国其他地区一起进入全面小康社会，已成为未来10年扶贫开发战略及路径的必然选择。

“十二五”规划纲要已明确，要“深入推进开发式扶贫，逐步提高扶贫标准，加大扶贫投入，加快解决集中连片特殊困难地区的贫困问题”。国家将在2011年颁布实施《中国农村扶贫开发纲要（2011—2020年）》，提高扶贫标准，把稳定解决扶贫对象温饱、尽快实现脱贫致富作为扶贫开发首要任务，把片区作为主战场。2011年3月5日，温家宝总理在第十一次全国人民代表大会第四次会议上宣布，要“启动集中连片特殊困难地区扶贫攻坚工程”。

以片区推进扶贫开发，是中国扶贫开发体制机制及方式的系统创新。有力、有序、有效推进片区扶贫开发，必须加强相关研究。一是需要从理论上提高和深化对片区扶贫必然性和规律性的认识，从而增强相关部门开展工作的自觉性和主动性，这是确保片区扶贫目标实现的前提；二是需要从实践上系统总结30多年来全国、片区内扶贫开发的成功实践和失败教训，准确了解和把握贫困地区、贫困人群的真实愿望和迫切需求，这是片区扶贫针对性和效果提高的必然要求，更是确保片区扶贫目标实现的基础；三是需要从战略上明确片区扶贫的总体思路、目标定位、重点内容、主要途径、保障措施等要素，同时厘清片区扶贫与区域发展、专项扶贫与行业扶贫、开发扶贫与保障扶贫等关系，这是确保片区扶贫目标实现的关键；四是需要从规划上明确片区扶贫规划编制的指导思想、基本原则、建设内容、项目布局、实施管理等，及其与区域发展规划和专项扶贫规划的关系，这是确保片区扶贫目标实现的保障；五是需要从扶贫规划的实施需要上研究政策体系的创新需求、内容体系及创新路径，这是片区扶贫目标实现的根本。

可见，片区扶贫理论、片区扶贫实践、片区扶贫战略、片区扶贫规划、片区扶贫政策创新等5个方面的研究，构成了片区扶贫体系研究的主要内容，5个方面相互支持、互为整体。

（二）重大意义

第一，片区扶贫与发展进程对于2020年全国实现全面建成小康社会的奋斗目标具有决定性意义。不管按照哪一种划分方法，确定多少个片区，这些片区将覆盖数亿人口。如按照国际贫困标准，这些片区内贫困人口占片区内总人口的比例估计不会低于30%。因此，片区内不仅要实现人口和群体脱贫，其公共服务等水平也应达到和国内其他地区基本持平的水平，否则，片区及其群众就难以和全国人民一起进入全面小康社会。只有加强片区扶贫体系研究，才能深刻认识和准确把握片区贫困与反贫困的演变规律，构建起片区扶贫理论、战略、政策及规划体系。

第二，“启动集中连片特殊困难地区扶贫攻坚工程”，意味着在片区开展攻坚式扶贫。这些片区集中了全国现存的主要贫困人口，扶贫工作难度大、成本高的特征明显。此外，片区基本都属少数民族聚居区、生态脆弱区，对于扶贫政策综合性的需求、差异化的需求更高，对于扶贫政策及其他政策的实施效果需求更高。只有加强片区扶贫体系研究，才能更全面理解不同片区、不同群体的减贫需求，构建及创新与之相适应的片区扶贫体制机制。

第三，面对贫困状况突出且差异化程度高的地区，中央领导同志多次指出，应有“特殊政策、特殊手段、特殊措施”，这意味着如果沿用传统扶贫理念、方式和方法，现有体制和机制都将难以实现对此类地区的扶贫需求。如何满足片区扶贫体系创新的要求，既需要理论层面的认识，又需要实践层面的探索。只有加强片区扶贫体系研究，才能在推进片区扶贫体制机制、方式方法等多维创新中把握方向、明确定位、完善内容。

第四，组织片区扶贫开发需要加强能力建设。片区扶贫开发能力建设内容既包含扶贫系统开展专项扶贫的能力，也包含行业扶贫的能力、社会扶贫的能力以及扶贫系统协调、动员行业扶贫、社会扶贫的能力。只有加强扶贫体系研究，才能开发更有针对性、操作性的培训教材和相关程序标准，形成并不断提高片区扶贫能力。

（三）主要内容

片区扶贫基线调查。开展基线调查是战略、规划研究的基础。其目标和内容是：从贫困人口主体的视角，通过基线调查了解他们对于以往扶贫开发工作的感受，征询他们所体会到的扶贫工作存在的问题和困难，咨询他们对于未来扶贫开发政策的需求。从规划制定方法上看，这种重视贫困人口主体性的方法，是对以往传统的自上而下的规划制订方法的突破和创新。这种方法也是科学发展观贯彻落实和重民生政策制定、完善的基础。

片区扶贫战略研究。通过战略研究确定片区扶贫攻坚工程的目标、指导思想、内容、主要途径和政策需求，特别为厘清以下几项关系提供指导：扶贫和区域发展之间的关系；专项扶贫和行业扶贫之间的关系；社会力量如何向扶贫提供可持续的支持；社会保障体系如何与扶贫开发相互配合；重点产业发展与基础设施建设、公共服务普及与贫困人口素质提高等诸项因素之间如何相互促进、整体改变；等等。战略研究的另一个目的是为规划制定提供指导。

片区扶贫规划研究。在片区扶贫战略研究成果的指导下，研究并明确片区规划的指导思想、目标定位、主要内容和实施管理的体制机制创新以及项目安排等相关问题，还应包括规划编制的组织方式、技术路线、关键环节和编制范式等。规划研究的主要目的开发简明、实用的《片区扶贫开发规划编制指南》。片区扶贫开发规划有别于以行政区域为单元的区域经济社会发展规划，也有别于传统的、一般意义上的扶贫规划。片区扶贫开发规划更需要加强行业之间的相互衔接、更需要体现对片区整体新的扶贫开发需求的回应、更需要为动员全社会支持扶贫提供平台。可见，片区扶贫开发规划的编制和实施，不仅对于扶贫部门是项新挑战，对于大扶贫涉及的各相关部门也同样是新的挑战。通过编制规划指南还可以促进认识统一、提升人员能力，增强片区扶贫开发工作的系统性和持续性。

片区扶贫规划编制和实施试点研究。通过研究，以片区扶贫规划编制指南和新阶段扶贫开发纲要、中央扶贫工作会议主要精神等为主要内容，为组织开展对片区内相关省（区、市）和市（地、州、盟）、县（市、区）等各级有关部门参与规划编制的干部培训提供支持。通过研究，为片区内设立的片区扶贫开发规划编制工作班子提供技术支持。通过试点，总结探索有序推进片区扶贫的组织方式和实施模式。

片区扶贫理论研究。主要回答以下问题：现阶段为何要采用片区形式组织扶贫攻坚？这些片区有哪些共同性，又各自具有哪些特殊性？如何推动国家总体发展布局和扶贫攻坚工作之间的互动？理论研究要充分借鉴国际经验，特别是欧盟内促进后发展国家/地区发展的经验，以及美国和拉美地区促进后发展地区的发展经验。

片区扶贫政策创新及建立综合扶贫试验区可行性研究。扶贫攻坚工程必须有“特殊政策、特殊手段、特殊措施”，这就要求政策体系创新的步伐必须跟上。政策创新远非现有政策集成，而是需要开展新的创新和试验。可以考虑，选择一到两个片区作为国家试验区，采取类似改革开放初期设立经济特区的模式给予特殊政策支持，比如大幅度增加财政转移支付，在税收政策、土地政策、金融政策等方面进行改革、创新。此外，社会管理模式也应成为探索、试验内容。在深入研究、试验的基础上，提出一揽子的相关战略、政策建议供国家决策。

二、片区扶贫战略研究的若干问题

片区扶贫战略研究是片区扶贫体系研究的核心组成部分。片区扶贫战略研究是指，对推进片区扶贫产生决定性影响的一系列前瞻性重大问题及重要关系进行深入、系统的分析，提出片区扶贫的指导思想、基本原则、重点内容、主要途径和保障措施等方面的建议，用于指导片区扶贫规划的编制和实施以及相关政策的完善与创新。开展片区扶贫战略研究，需要厘清若干基本问题。

（一）片区扶贫的特殊性问题

片区的贫困具有强烈的区域个性。需要从根本上把握这种特殊性，才能提出有针对性的减贫战略和措施。

从现阶段看，片区的特殊性体现在4个方面：

一是自然环境。我国贫困地区的分布情况：分布面广，相对集中连片；分布不均匀，主要集中在西部地带；多分布在山区、边远地区、少数民族聚集地区和革命老区；等等。在这些地区，大多数贫困人口都居住在自然资源贫乏、缺少可耕地、农业生产条件较差、自然灾害频繁、生态环境脆弱的地区。人类对自然环境的依存度高，人口增长过快增加了对有限资源和脆弱环境的压力。同时，生态环境脆弱既是贫困的产物又进一步加剧了贫困。

二是社会环境。片区往往属于经济区位较差的地区；片区贫困家庭受教育程度低，并具有代际传递性；部分贫困人口本身就缺乏自我发展能力，从而难以从开发式扶贫政策中受益；基础设施普遍落后、环境恶劣、自然资源匮乏，生产生活条件没有从根本上得到改善。

三是战略地位。经30多年扶贫开发，片区减贫成效显著。不过，经济社会发展对减贫的带动作用逐步减弱，常规扶贫开发手段的减贫效应也在逐步降低。尽管如此，片区扶贫的战略地位却日渐凸显，体现在：一是区域均衡发展和西部大开发战略实施的需要。西部大开发战略和扶贫开发战略都是贯彻落实科学发展观和构建社会主义和谐社会理论的重要内容。二是全面建设小康社会的需要。贫困人群集中、经济发展无法带动、普通减贫政策难以惠及的连片特困地区是全面建设小康社会的难点，其扶贫开发工作及成效将直接关系2020年我国小康社会实现的程度和水平。

四是减贫方式。随着经济发展和特殊政策对片区扶贫的边际效应逐渐减弱，与此相应的传统减贫方式也面临调整。片区特殊减贫方式的研究，至少需要覆盖以下视角：经济发展的减贫效应，社会发展和惠农政策的减贫效果，社会保障与救助体系的完善，扶贫政策的针对性和效率。

（二）片区扶贫的基本理论问题

贫困的基本理论的作用主要是解释贫困的内涵及外延、贫困测量及消除的方法，目的在于为减贫实践提供理论指导。从贫困概念看，贫困的内容极为广泛，不同的国家、历史时期、社会制度、经济背景下，贫困的特征大相径庭。而且，不同的政治信仰、价值观念和社会身份的人，对于贫困的理解和评价也是大不相同的。从贫困测量看，需要从经济收入、获取的各种社会公共服务等指标出发，多因素、多侧面地综合定义贫困。从反贫困理论看，目前国内反贫困理论的研究存在不足：一是实证分析强于基础理论研究，真正意义上的贫困与反贫困的理论体系尚未构建；二是反贫困理论内涵明显倾向于经济性，从社会、历史、文化、宗教、政治等角度进行贫困和反贫困理论研究的还不多；三是对贫困因素的分析过多侧重于自然因素、历史因素，对造成贫困的制度性因素分析不够。

片区扶贫相关理论的探索和发展。微观层面的理论，是从微观视角来研究个体或家庭贫困发生的原因以及如何摆脱这种贫困状况的理论，如“功能贫困理论”“能力贫困理论”“贫困代际传递理论”等。宏观层面的理论，是从宏观视角来研究一个国家整体贫困发生的机理以及如何打破贫困陷阱，以实现国家的工业化和现代化的理论。这一理论演进经历了结构主义贫困理论、新古典主义贫困理论和激进主义贫困理论。宏观视角下的贫困理论主要是从发展战略角度对发展中国家的贫困原因及消除贫困的途径展开广泛的探讨，形成了不同的理论体系和学派，这些理论对于发展中国家实施反贫困战略具有重要的借鉴和启发意义。

片区扶贫理论将决定界定贫困的方法、测量贫困的标准和反贫困行动。理论的选择和探索需要注意理论的适用性和理论的普遍性。

（三）片区扶贫模式创新问题

扶贫模式是反贫困理论的实践基础，是在扶贫战略范畴下形成的、可以复制的扶贫机制、方式或方法。中国农村扶贫模式是在多年扶贫实践的基础上形成和发展的。在不同的扶贫开发阶段分别有不同的扶贫模式，具体模式因为分类标准不同而呈现出不同的特征。

在21世纪前10年的后期，我国逐步形成了专项扶贫、行业扶贫和社会扶贫相结合的大扶贫格局，在此格局中形成六大扶贫模式：①整村推进扶贫模式。全国确定了15万个贫困村，逐村制定扶贫规划。到2010年底，在全国12多万个村实施过整村推进规划。②“雨露计划”扶贫模式。对贫困家庭劳动力开展务工技能和农业实用技术培训，提高增收能力。培训贫困家庭劳动力约400万人次，其中80%以上实现转移就业。③产业化扶贫模式。将产业化扶贫与整村推进、连片开发、科技扶贫相结合，带动贫困农户增收。扶持扶贫龙头企业，产业化基地带动400多万贫困农户。在460多个县的9000多个贫困村开展了互助资金试点，投入财政资金12亿元。④连片开发扶贫模式。在135个县开展了“县为单位、资源整合、整村推进、连片开发”试点，每个试点县投入1000万元财政扶贫资金作为引导，吸引相关部门涉农资金投入产业开发及配套项目，促进了贫困农户稳定增收。⑤移民扶贫模式。对居住在生存条件恶劣地区的620万特困人口实行了搬迁扶贫。改善了生存与发展的条件，提高了公共服务的水平，为提高农村后备劳动力基本素质创造了条件。⑥特困地区综合治理扶贫模式。抓住主要矛盾，整合各方资源，集中力量攻坚。探索了广西东（兰）巴（马）凤（山）、四川阿坝、贵州晴隆、新疆阿合奇等综合治理、连片开发的经验。

片区扶贫模式创新需要研究和解决的问题：一是扶贫资金的来源问题。如何创新资金筹措方式解决资金投入总量的不足？二是扶贫对象的瞄准问题。如何兼顾减贫与发展，让更多的贫困人群受益？三是扶贫模式的效率问题。如何提高扶贫开发项目的科学性、扶贫贷款回收率、项目管理的规范性、资金到位的及时性等？

（四）片区扶贫与片区发展的关系问题

扶贫是片区摆脱贫困的必要手段。发展是片区实现全面小康的最终目标。我国扶贫成就得益于经济社会的全面发展和有针对性的减贫措施。

厘清减贫与发展的关系是片区扶贫战略研究的重要内容。一是减贫是发展的有机组成。片区的发展需要通过减贫来实现，减贫是发展的有机组成部分，需要融入发展之中。二是增强对减贫的带动效应。片区发展要强调增强对减贫的带动效应。三是益贫式增长与开发式扶贫要有机结合。

片区扶贫与区域协调发展具有内在统一性。我国现阶段贫困人口主要分布在中西部落后地区，扶贫开发工作与区域经济平衡发展交织在一起。区域经济发展的不平衡性已经或继续加剧贫困的广度和深度。

区域协调发展与减贫效率存在互动关系。资源、人口比例失调和资本短缺造成的生产要素难以有效结合是导致区域经济发展停滞、部分人口陷入贫困的根本原因。反贫困的对策在于促进区域内外要素的流动，协调区域内资源、人口关系，同时，积极借助外力如资本、技术、组织制度推动资源配置效率的提高、促进区域经济的增长。片区内各生产要素的合理配置才能带来减贫效率的提升。

片区扶贫需要立足于区域之间的协调发展。落后区域摆脱贫困既无法单纯依靠内部积累的力量完成，也不能单纯依赖外部的力量实现，而是需要将二者有机结合，充分利用经济水平高的地区向其进行资金、技术、信息、设备的扩散，并与当地的区域比较优势相结合，同时使区域内各要素充分协调，以形成新的生产力，从而带动区域实现可持续发展。

（五）片区扶贫战略研究的方法问题

研究视角需要区域性与整体性结合。片区扶贫战略研究的对象是片区，而不是行政区划的某一地区。需要在国家宏观战略政策框架下研究区域性的扶贫问题。

研究方法需要多学科与多方法结合。扶贫开发问题是一个要素众多、结构复杂的系统工程，需要多学科、多领域的主体广泛参与。要突破传统研究专注于经济领域的局限。

研究重点需要特殊性与一般性结合。片区扶贫战略研究既要充分体现其自然、社会、民族、文化等的特殊性，扶贫需求的差异性，也要注意一般理论和方法的适用性。

三、片区扶贫现状的研究方法——以武陵山区基线调查为例

开展片区扶贫开发研究，是未来扶贫开发贯彻落实科学发展观、构建社会主义和谐社会和实施西部大开展战略的需要，是适应扶贫开发阶段转变和贫困变化趋势的需要，是实施《中国农村扶贫开发纲要（2011—2020年）》的需要，具有重要的战略意义和现实价值。

（一）重要意义

片区扶贫开发现状研究需要以基线调查为基础。片区扶贫开发的前期研究的起点和基础是对贫困现状、扶贫需求及趋势的判断和把握，开展基线调查正是该目的实现的方法和途径。为客观地呈现武陵山区的贫困状况、实践做法、致贫原因、需求状况、主要问题等情况，为深入研究奠定基础，中国国际扶贫中心和德国国际发展机构、华中师范大学联合开展了武陵山区扶贫开发基线调查研究项目。武陵山区基线调查是武陵山区扶贫战略研究的基础性工作和前期性准备，具有鲜明的时代背景，同样具有重要的实践价值和政策意义。

（二）目标定位和研究路径

片区扶贫开发基线调查需要有明确的目标定位和清晰的研究路径。武陵山区基线调查目标，是通过对扶贫开发过去评估、现状了解和未来展望，既为其他片区开展同类研究提供范式，也为该地区甚至其他片区开展扶贫战略、扶贫规划研究提供技术支持，对于开展片区扶贫开发政策创新研究也具有参考价值。

为此，武陵山区基线调查以武陵山区为研究对象，按照“贫困状况—减贫实践—致贫原因—需求调查—主要问题—对策建议”的路径展开研究。具体有5个方面的目标和内容：一是武陵山区贫困现状和主要特点的调查；二是武陵山区扶贫开发政策和实践的总结；三是武陵山区贫困原因和主要问题的分析；四是武陵山区居民特别是贫困社区、贫困农户的需求和产品

供给调查；五是武陵山区扶贫开发战略思路和对策建议的提出。

（三）技术路线与研究方法

片区扶贫开发基线调查需要运用适当的技术路线和研究方法。武陵山区扶贫开发基线调查的基本思路是：以武陵山区为对象，以把握武陵山区的贫困状况、减贫实践、致贫原因、供需状况、主要问题等为出发点，有针对性地选取贵州省的印江土家族苗族自治县、思南县，湖南省的凤凰县、泸溪县，湖北省的宣恩县、咸丰县，重庆市的秀山土家族苗族自治县、酉阳土家族苗族自治县等8个县进行抽样调查研究。调查采取定量和定性相结合的方式进行。定量方面，除采集8个县的资料外，在选取的8个县中各选取一定村庄采取入户问卷调查的方式收集农户信息数据。定性方面，以当地与减贫相关的不同层次主体为调查对象，运用以座谈、访谈为主的调查方法收集定性资料。以定量和定性数据分析的结果为依据，阐释武陵山区的贫困状况和需求状况，分析武陵山区贫困的主要原因，研究武陵山区扶贫开发存在的主要问题和主要矛盾，归纳出制约武陵山区扶贫开发的影响因素，总结武陵山区扶贫开发的基本经验，提出武陵山区扶贫开发的相关政策建议。

武陵山区基线调查的实施过程是：确定调查对象—明确调查内容—设计调查问卷—组织实地调查—撰写调查报告。武陵山区基线调查的主要方法是：综合运用问卷调查、典型调查、深度访谈、焦点小组讨论、实地观察等方法对4个省（市）8个县的149个村庄进行调查，其中，对22个村庄进行了重点调查。通过调查，获取了大量第一手资料，主要包括：文件资料，基线调查获取了地方志、民族志、扶贫开发志、统计年鉴、政府工作报告、部门汇报材料、扶贫开发规划、调研考察报告等资料；问卷数据，149个村庄的基础信息采集表数据和698份村民问卷数据；访谈记录，获取了200余个访谈对象约40万字的访谈记录；实地考察资料，获取了包括村民生产生活状况的4000余张影像照片；等等。

（四）基线调查报告框架

片区扶贫开发基线调查报告需要有清晰的框架。武陵山区基线调查成果以基线调查报告的形式呈现，该报告由一个总报告和4个分报告组成。总报告在全面把握武陵山区所涉及的贵州省、湖南省、湖北省和重庆市扶贫开发状况的基础上，力求提炼它们的共有特点，较为全面地反映武陵山区的扶贫开发状况；分报告重点展现4个省（市）涉及武陵山区扶贫开发的具体情况。

武陵山区扶贫开发现状基线调查总报告的框架包括：

（1）武陵山区的基本情况。从地理位置、地域面积、地理特征、人口构成、性别构成、民族构成、身份构成、村组构成等方面呈现样本村庄的基本情况，从性别结构、学历结构、民族结构、健康结构、职业结构、地缘结构等方面呈现样本农户的基本情况。

（2）武陵山区贫困的总体表现和具体表现。贫困的总体表现有贫困发生率高、贫困人口绝对数多、贫困程度深、贫困的自我认同度高、脱贫难度大等。贫困的具体表现主要是：自然生态脆弱与社区禀赋较差，地理生态脆弱，自然灾害类型多、发生频率高；村民素质偏低与可行能力不足；经济发展滞后与收入水平不高；公共服务与社会事业发展滞后；等等。

（3）武陵山区贫困的主要特点。主要是：贫困范围的规模性、贫困程度的纵深性、贫困类型的多样性、贫困阶段的转移性、贫困原因的复杂性、贫困持续的长期性等。

（4）武陵山区的致贫因素。客体致贫因素包括特殊的地理位置、恶劣的自然环境、落后的经济社会发展局面、传统历史文化因素的限制等。主体致贫因素主要是人力资本的缺乏和村庄内在发展能力的缺失。具体从自然因素、经济因素、社会因素、历史因素、主体因素等方面进行分析。

（5）武陵山区的扶贫开发成效。主要从中央扶贫政策本地化及其效果、扶贫模式创新、扶贫成效和特色扶贫经验等方面进行评价。

（6）武陵山区扶贫开发的供需矛盾。根据调查数据，主要从个体需求和公共需求方面分析。其中公共需求又分为具有普遍性的同质性公共需求和具有差异性的异质性公共需求两大类。同时，从私人产品和公共产品两个维度做了关于政府供给状况的调查。

（7）武陵山区未来扶贫开发面临的问题。贫困程度有不断加深的趋势，贫困人口多，多年扶贫形成的机制在新时期也出现普遍脱节和运行不畅的问题，干群素质偏低成为影响扶贫成效的重要因素。

（8）武陵山区未来扶贫开发面临的挑战：贫困呈现出新趋势，脱贫难度加大，减贫中出现了新的矛盾。

（9）武陵山区未来扶贫开发战略的指导思想、目标定位及战略措施。其中战略措施主要包括资源整合、关系协调、制度建设、健全扶贫机制等方面。

（10）武陵山区扶贫开发对策。总的要求是：实现制度创新，突破现有体制机制障碍；扶贫模式真正由输血型转变为造血型；扶贫对象实现面（整个区域开发）点（真正入户）结合；扶贫过程从贫困后扶持转变为贫困前防范与贫困后扶持相结合；扶贫效果从收入提高转变为收入、能力共增长；等等。具体建议包括：建立全社会扶贫格局；实现扶贫对象全覆盖；改进贫困瞄准机制，取消地方政府项目的资金配套，解决在县级实现资源整合，保持扶贫产业项目投入的连续性、多样性，劳动力培训重心下沉；从扶贫动力看，需要从培育村民参与能力、赋权于民、建设村民自治组织、移风易俗等方面入手增强扶贫开发动力；从扶贫效果看，提高基本公共服务能力，体现公平正义。在农村最低生活保障与开发式扶贫双轮驱动下，仍需针对特殊贫困群体以及产业开发中未能覆盖的群体，提供针对性的扶持。

四、片区扶贫战略研究的方法与内容——以武陵山区为例

片区扶贫战略研究是指，对推进片区扶贫产生决定性影响的一系列前瞻性重大问题及重要关系进行深入、系统的分析，提出片区扶贫的指导思想、基本原则、重点内容、主要途径和保障措施等方面的建议，用于指导片区扶贫规划的编制和实施以及相关政策的完善与创新。开展片区扶贫战略研究具有多重意义：一是为片区贯彻落实西部大开发战略等国家战略，加快扶贫开发进程的路径选择提供参考；二是为片区贯彻落实新十年扶贫开发纲要的具体政策措施体系设计提供依据；三是为片区扶贫的理论研究及实践总结作出贡献；四是为片区扶贫提供模式和经验的借鉴；五是为促进国际减贫领域的知识交流与分享提供支持。

以下以中国国际扶贫中心和德国国际发展机构合作开展的集中连片特殊困难地区（武陵山区）扶贫开展战略研究项目为例，阐析片区扶贫战略研究的方法和内容。

（一）片区扶贫战略研究的目标定位

武陵山区扶贫战略研究的主要目标：一是以武陵山区为例总结片区扶

贫开发理论；二是武陵山区扶贫开发的模式和经验；三是构建武陵山区扶贫开发战略体系；四是为武陵山区的扶贫开发规划提供指导。

武陵山区扶贫战略研究的成果将主要应用于：一是为武陵山区未来扶贫开发提供战略指导和政策建议；二是为新十年扶贫开发纲要提供政策参考；三是为其他片区的扶贫开发提供模式和借鉴经验。

（二）片区扶贫战略研究的内容及框架设计

片区扶贫战略研究设计是以目标定位为基础。基于上述目标，武陵山区扶贫战略研究的主要内容包括：片区减贫的理论与国际经验；武陵山区减贫战略思想和指导原则；武陵山区减贫的主要内容和重点；武陵山区的减贫政策和保障体系。

根据以上研究内容，具体设计出武陵山区扶贫战略研究的框架，由1个总报告、1个背景报告和8个专题研究报告组成。即：武陵山区减贫理论与战略研究总报告；武陵山区经济社会发展与扶贫开发背景报告；专题研究报告包括武陵山区减贫理论与实践研究综述，武陵山区转变经济发展方式与减贫战略创新，武陵山区社会发展与惠农政策减贫效应评估和益贫机制创新，武陵山区可持续生计与产业发展模式评估与扶贫产业发展战略，武陵山区乡村治理、农民合作、人口流动与减贫策略，武陵山区民族文化与减贫及特殊类型贫困问题，武陵山区行业扶贫、社会扶贫与专项扶贫衔接与方式创新，其他国家集中连片特殊困难地区减贫与可持续发展的理论与实践。

片区扶贫战略研究涉及多个学科、多个领域，需要相关研究领域专家的参与和支持才能完成。以武陵山区扶贫战略研究为例，根据上述内容及框架，需要专家的领域至少包括：区域规划与区域发展；少数民族发展与社会性别；乡村治理与合作组织；经济发展与减贫；扶贫开发；生态环境与生态治理；社会保障与社会政策；人口流动与社会发展。

（三）片区扶贫战略建议的形成

片区扶贫战略建议是战略研究的结果。武陵山区扶贫战略建议由战略、政策和措施3个层面组成。

主要战略建议包括：设立武陵山区综合扶贫试验区；编制武陵山区综合扶贫总体规划；推动区域、村户分级分类。

主要政策建议包括：强化政策整合力度；推动相关政策机制创新；充分考虑民族支持政策的均衡性、特殊性和灵活性；设立国家级“山地生态扶贫”专项补偿基金。

主要措施建议包括：加大基础设施扶贫力度；重点发展特色产业和生态产业；探索旅游产业与扶贫开发结合的路径及模式；加强农民合作组织的培育；增强村庄治理的科学性和有效性；注重加强文化建设；推进特色乡镇建设带动减贫；完善社会保障扶贫体系；促进贫困剩余劳动力的培训和转移；加强外部人才的引进；构建特殊类型群体扶持体系。

基于上述战略建议，可以提炼形成片区扶贫战略的指导思想、战略目标、战略框架、战略重点、战略途径、实施保障措施体系等。而片区扶贫战略正是片区扶贫规划编制框架、目标、内容、项目选择和方案设计的重要基础。

五、片区扶贫规划的背景和特征及编制时需要把握的关键问题

《中国农村扶贫开发纲要（2011—2020年）》明确提出，未来扶贫开发将把片区作为主战场。以片区推进扶贫开发，是我国扶贫开发体制机制及方式的创新。其中，编制好片区扶贫规划，是做好新十年扶贫工作的基础。全面理解片区扶贫规划的特征、准确把握片区规划编制的关键问题，对于编制好片区扶贫规划具有重要的指导意义。

（一）片区扶贫规划的背景及特征

片区扶贫攻坚是国家发展的战略布局。已经划定的14个国家级片区中，其共同特点是跨省区、地处边远地带，生存和温饱问题已基本解决，但发展问题凸显和突出。从政治地理角度看，多为革命老区、民族地区、边疆地区；从自然地理角度看，包括青藏高原、沙漠化区、黄土高原和西南大石山区等自然条件特别恶劣地区。这些片区集中体现出基础设施薄弱、社会事业滞后、公共服务欠缺、产业发展不足、社会稳定隐患较多等特点。一方面，解决好这些地区的贫困问题，对于新形势下政治稳定、民族团结、边疆巩固、社会和谐、生态安全都具有特殊重要的意义。另一方面，近年来，国家决定转变发展方式，努力提高国民收入特别是中低收入者和贫困

人口收入，扩大内需，走内涵式发展道路。片区扶贫开发是其中应有内容。

片区扶贫攻坚是国家扶贫战略的重大部署。与新阶段贫困特征相适应，未来国家扶贫战略至少包括4个方面重要内容，即益贫性更加明显的经济增长方式，更有利于贫困地区、贫困人口的社会发展及惠农政策，更有针对性、有效性的专项扶贫政策，更加完善的社会保障和社会救助体系。这4个方面的战略相互关联、相互支持、相互制约、共同形成整体。在片区开展扶贫攻坚，需要这4个方面同时推进。换言之，片区扶贫攻坚是新时期国家扶贫战略完善的重要实现形式。

规划先行体现了片区科学发展的根本要求。中央提出科学发展观，就是要强调以人为本，实现全面、协调、可持续发展。我国从第十一个五年规划开始，已将国民经济和社会发展计划改为国民经济和社会发展规划。“计划”改“规划”，虽一字之差，但内涵有很大变化，不仅强调了中长期规划的指导性和约束性，而且更加重视国土空间和管治。片区扶贫是区域经济社会发展中的一个组成部分。由于扶贫的特殊性，片区扶贫同样需要有引领片区扶贫开发、促进贫困地区科学发展的行动指南，这就需要先行编制符合片区科学发展根本要求的片区扶贫规划，从而对行业扶贫、专项扶贫、社会扶贫作出统一、合理的部署和谋划。

片区扶贫规划是体现未来扶贫战略与政策体系的重要载体。新扶贫纲要从理论基础、指导思想、方针原则、目标任务、对象范围、保障体系等方面构建了未来10年国家扶贫战略体系；从财税支持、投资倾斜、金融服务、产业扶持、土地使用、生态建设、人才保障和重点群体等8个方面形成未来10年国家扶贫政策体系，其中特别强调要把少数民族、妇女儿童和残疾人的扶贫开发纳入总体规划，统一组织，同步实施，同等条件下优先安排，加大支持力度。上述战略思想、原则要求、支持政策如何相互配合、相互支持，形成一个有机的系统，发挥整体功能，就需要通过编制片区扶贫规划进行精心设计、有机衔接，确保国家扶贫战略和政策体系在连片特困地区扶贫开发中得以充分体现、形成合力。

上下互动是编制片区扶贫规划的重要特点。片区发展要有综合性规划，也要有专项规划。我国的规划体系总体上包括国民经济和社会发展总体规划、专项（行业）规划、区域规划三大类。片区扶贫规划的定位应该是统筹解决片区内与贫困村和贫困人口脱贫致富直接相关的问题。它不是简单的区域规划或行业规划，可以被视为国民经济和社会发展的专项规划。这一特点决定了片区扶贫规划的编制，需要自上而下与自下而上结合起来，即将片区扶贫规划作为中间的结合点，国家整体的扶贫攻坚规划与县级扶贫攻坚规划同时编制，最后汇集到片区层面进行统筹平衡。通过上下互动编制规划，有利于发挥中央和地方两个积极性，有利于地方更加明确发展的目标方向、指导其科学推进扶贫工作，也有利于中央部门履行监督规划实施责任。

（二）片区扶贫规划编制需要把握的关键问题

如何立足于国家整体战略？片区扶贫规划与各省（自治区、直辖市）自己制定的扶贫规划之间的不同点，主要在于规划的目标定位等内容不仅是从本省（自治区、直辖市）出发考虑，而是从片区的整体性要求进行布局。显然，这就需要站在国家发展全局的高度编制片区扶贫规划，即片区扶贫规划需要上升为国家战略规划。片区扶贫规划只有立足国家整体战略进行编制及审批，才可能在实施时得到国家政策的全面性支持，并确保规划的权威性。

如何真正体现大扶贫的格局？大扶贫格局由专项扶贫、行业扶贫和社会扶贫有机构成。新扶贫纲要明确指出，专项扶贫包括易地扶贫搬迁、整村推进、以工代赈、产业扶贫、就业促进、扶贫试点和革命老区建设；行业扶贫包括明确部门职责、发展特色产业、开展科技扶贫、完善基础设施、发展教育文化事业、改善公共卫生和人口服务管理、完善社会保障制度、重视能源和生态环境建设等7个方面；社会扶贫包括加强定点扶贫、推进东西部扶贫协作、发挥军队和武警部队的作用、动员企业和社会各界参与扶贫以及开展国际扶贫合作。片区扶贫规划的核心和关键，是要通过科学的设计、布局，实现行业扶贫、专项扶贫和社会扶贫的有机衔接，为形成大扶贫格局提供依据和奠定基础。

如何设计有效的片区扶贫协调机制？片区虽然已经基本划定，但一个片区横跨几个省区，如何建立有效的协调机制成为最突出的问题。谁来协调，如何协调，规划如何编制，由谁审批，如何加大投入和相关政策的支持力度，都需要深入探索。从我国已有的区域规划实践看，从理论上讲，区域规划本身就是一种区域协调、区域合作的机制，但实际上规划协调的作用十分有限。由各行政区建立的区域性合作组织（如省、市长联席会议），在协调区域行动方面发挥了一定作用，但这种松散型联盟，对于涉及区域发展重大利益问题也难以协调。因此，从我国行政管理体制的现实出发，由上一级政府部门设立权威的协调性机构，相对来说效果会更好。对于片区扶贫规划而言，在国务院或至少在国务院扶贫领导小组下设立片区扶贫攻坚协调领导小组及办公室，在制定片区扶贫规划、出台特殊支持政策、协调跨省利益关系等方面将能够发挥关键作用，也是片区扶贫目标如期实现的最重要保证之一。

如何体现贫困群体的主体性？新扶贫纲要明确指出，未来扶贫开发的一项基本原则是“自力更生，艰苦奋斗”，就是要加强引导、更新观念，充分发挥贫困地区、扶贫对象的主动性和创造性，尊重扶贫对象的主体地位，提高其自我管理能力和发展能力，立足自身实现脱贫致富。因此，片区扶贫规划的编制和实施，必须始终确保贫困地区、扶贫对象的全程参与，并采取措施促进其在参与中不断提高自我发展、自我管理能力；必须始终尽可能找准片区内最贫困的地区、最弱势的群体、最迫切需要解决的问题，作为片区扶贫攻坚的重点；必须始终坚持在专项扶贫、行业扶贫、社会扶贫“三位一体”的大扶贫格局中，按照主要用于扶持产业发展、提高农民素质、增强发展能力的新定位来规划和使用财政扶贫资金；必须始终坚持财政扶贫资金务必重点用于扶贫对象，不能简单和其他资金捆绑在一起，要防止把“特惠政策”变成“普惠政策”。

六、片区扶贫规划编制的理论基础

新扶贫纲要确定了六盘山区、秦巴山区、武陵山区等11个区域的连片特困地区和已明确实施特殊政策的西藏、四省藏区、新疆南疆三地州是扶贫攻坚主战场，并明确提出：加大投入和支持力度，加强对跨省片区规划的指导和协调，集中力量，分批实施。各省（自治区、直辖市）对所属连片特困地区负总责，在国家指导下，以县为基础制定和实施扶贫攻坚工程规划。

可见，新扶贫纲要对连片特困地区的扶贫攻坚责任关系、主要任务、实现路径进行了规定。其中，编制好片区扶贫规划，是工作的基础，也是落实各方职责的依据，更是体现新扶贫纲要核心精神的载体。而理解和把握好编制规划的基本理论、基本共识、技术路径等基本方面，是组织片区扶贫攻坚规划编制的基础性因素。

（一）片区扶贫攻坚的基本理论

任何规划都需要理论支撑。比如，区域合作的理论和空间布局的理论，是区域规划最为直接相关的理论，进而成为区域规划的理论基础。区域合作的理论包括规模经济、集聚经济、比较优势、交易成本、外部效应、囚徒困境、公地悲剧等相关理论。空间布局的理论包括区位论、点轴论、圈层论等。因为区域规划就是要规范资源开发利用秩序，明确基础设施和基础产业的空间布局，引导产业和人口合理布局，解决“个体理性与集体理性”的矛盾。除这些理论以外，其他理论如区域发展理论可以作为区域规划理论的补充。

片区扶贫规划实际上就是区域规划中的一个专项规划，具有区域规划的基本特征。但是，片区扶贫规划并不完全等同于区域规划，除区域合作理论和空间布局理论外，还需要有自己的理论基础，抑或是区域规划理论基础的具体化。片区扶贫攻坚的基本理论应该包括3个方面的理论。一是规划方面的理论，如增长极理论、圈层结构理论、梯度推移理论、二元结构理论、协调发展理论、可持续发展理论等；二是扶贫开发方面的理论，如贫困与反贫困理论、参与式扶贫理论、多维扶贫理论、开发式扶贫理论、保护式扶贫理论、产业扶贫理论等；三是扶贫规划理论，这是区域规划理论和扶贫开发理论的融合及发展，包括中心地扶贫带动理论、片区扶贫辐射理论、区域梯度减贫理论、片区产业减贫理论、地域协作减贫理论、多元渗透式减贫理论等，这些理论中可能有一些尚未形成完整的理论体系，而仅是理论观点的集合。但是，深化对这些理论观点的认识，对于片区扶贫规划的编制也具有重要的指导意义。

（二）片区扶贫规划编制的基本共识

形成片区扶贫规划编制的基本共识是顺利推进规划编制工作的基础。这些基本共识包括规划的定位、属性、层次、编制方法、编制主体以及与其他规划之间的关系等方面。集中体现于对片区扶贫规划的定位与属性、片区扶贫规划编制的方法、片区扶贫规划的实施前提等3个基本问题的认识。

片区扶贫规划的定位与属性主要是5个方面：一是规划定位。片区扶贫规划应是一个集行业扶贫、专项扶贫和社会扶贫于一体的大扶贫规划，对外与区域经济社会发展规划相衔接，对内与专项扶贫规划与行业部门相关规划、社会扶贫规划相结合。二是规划属性。根据片区扶贫攻坚的目标任务，需要编制两个规划，即区域发展规划和片区扶贫规划，前者为后者提供发展环境及基础，后者以贫困区域、贫困人群为目标，两者共同促进片区扶贫攻坚目标的实现。三是规划期限。与连片特困地区扶贫攻坚的长期性、艰巨性相适应，片区扶贫规划期限应为10年，可以以5年为界分两个实施阶段，既与新扶贫纲要规划的项目的时间相统一，又与全国及各地的“十二五”规划相一致。四是规划目标。片区扶贫攻坚规划目标应体现在缩小城乡、区域、贫富三大差距等方面，并以改善生活、改善生产、改善生态、提高发展能力为着眼点。五是规划内容。需要明确片区扶贫规划的组织领导、指导思想、基本原则、目标任务、具体措施、保障政策、评价体系等基本要素，而不应仅仅具体明确扶贫部门做什么、其他部门配合做什么。

片区扶贫规划编制的方法主要是4个方面：一是“由谁来编”。考虑到片区扶贫规划综合性强、跨区域、跨领域，规划必须具有权威性。因此，各级政府牵头由扶贫部门具体组织编制，更能保证规划的权威性。二是“由谁来审批”。一般情况下，编制及审批单位级别越高，贯彻实施力度就越大。所以，尽可能地“向上”编制、审批，以确保规划的效力。理想的方案是，片区扶贫规划由国务院审批。三是“如何保障规划编制”。主要是指编制规划要充分考虑成本。各级政府需要把片区扶贫规划的预算列入计划，否则规划编制质量就难以保证。四是“规划编制、汇总的方式”。应该采取上下结合、交叉推进的方式，将片区扶贫规划作为中间的结合点，国家整体的扶贫攻坚规划与县级扶贫攻坚规划同时编制，最后汇集到片区层面进行统筹平衡。

片区扶贫规划的实施前提主要是3个方面：一是需要建立完整的实施机制、考核机制、检查机制，以支撑规划付诸实施，避免“规划规划，墙上挂挂”。二是片区扶贫规划编制完成后，片区内的贫困地区按照规划推进扶贫，但片区外的贫困地区也需要有相应的政策措施，否则有可能会由于扶持力度的不同，带来新的贫困问题。三是扶贫投入保证是片区扶贫攻坚目标实现的基础和前提。

（三）片区扶贫规划编制的技术路径

片区扶贫规划编制是一项系统工程。构成同一片区的区域越多，规划需要考虑的因素越复杂。一般而言，片区扶贫规划编制可以分为5个阶段：准备、启动、编制、编修、审批等。准备阶段的主要任务是：任务分解、资料搜集、实地调研、典型设计；启动阶段需要完成机构组建、经费预算、统筹协调等工作；在编制阶段，主要任务是规划撰写、意见听取、规划论证、汇总平衡等；规划编修是指对规划论证提出的问题进行汇总，针对问题开展实地调研、修改规划；规划审批阶段，即按照既定程序，上报片区扶贫规划，审批机关组织评审、审批。

相关资料的收集、整理、分析，既是片区扶贫攻坚规划编制的基础，也是贯穿规划编制全过程的重要环节。片区扶贫规划编制，需要收集多个方面的资料，比如：扶贫规划的理论和方法，包括综述整理关于扶贫开发规划的理论，总结梳理我国专项扶贫规划以及少数民族地区、山区等针对性扶贫开发规划的具体方法；收集分析各部委、各行业的“十二五”规划，整理出有关扶贫开发的内容和措施；梳理归纳目前所实施的各项与扶贫工作相关的经济社会发展政策内容，从而构成一套全面的大扶贫政策工具集，如社会保障政策、少数民族政策、区域开发政策、综合改革试点政策等等；整理收集目前所实施的各项专项扶贫政策内容，从而构成一套完整的专项扶贫策略集，为连片特困地区的政策研究提供路径引导；整理各方关于与扶贫规划编制相关论著，特别是重点整理连片开发、特殊类型贫困地区减贫与发展、少数民族地区扶贫等方面的研究，为连片特困地区的系统研究提供文献索引；等等。

七、片区扶贫规划编制的内容与框架

新扶贫纲要是未来10年扶贫开发的总动员，片区是扶贫开发的主战场。片区扶贫规划是打好区域扶贫攻坚战的基础。编制和实施好片区扶贫规划，对于全面贯彻落实好新扶贫纲要，推进新10年的扶贫开发工作，逐步实现“巩固温饱成果、加快脱贫致富、改善生态环境、提高发展能力、缩小发展差距”的战略目标，具有重要的基础性意义。下文主要讨论片区扶贫规划的定位与编制思路、基本框架和主要内容。

（一）片区扶贫规划的定位与编制思路

把片区作为主战场，以片区方式组织扶贫开发，从理念、思路到方式、方法都体现出全面创新的需求。与此相适应，片区扶贫规划的编制与实施也必然需要有新的理念、新的思路作为指导。

片区扶贫规划要充分体现片区发展与扶贫的联动。片区扶贫规划首先需要体现出扶贫与发展的联系和区别。扶贫是发展的重要组成部分，通过发展带动扶贫，通过扶贫促进发展。扶贫不能简单等同于发展。如果片区扶贫规划定位于发展，则更像是区域发展规划，而不是带有特定扶贫目标的扶贫规划。但是，如果片区扶贫规划仅仅满足于扶贫甚至大扶贫的要求，也难以实现片区贫困问题的最终解决。因此，片区扶贫规划需要站在区域经济社会发展全局的高度，实现区域发展扶贫；需要把扶贫开发与区域城镇化、工业化、市场化、信息化、国际化紧密联系起来，以工促农、以城带乡、加快片区整体脱贫致富步伐；需要在区域发展扶贫的格局下，加强行业部门之间的协调与配合，推动区域内重大基础设施建设和直接民生工程建设结合、推动重大产业发展与带动贫困户稳定增收结合，整合资源，加大投入，形成合力。

片区扶贫规划要充分体现新扶贫纲要的精神。新扶贫纲要确定了明确的奋斗目标和主要任务。奋斗目标中针对贫困个体的“两不愁三保障”、贫困地区农民人均纯收入增长幅度大于全国平均水平和针对贫困区域基本公共服务主要领域指标接近全国平均水平、扭转发展差距扩大的趋势等，体现了区域发展与有针对性扶持结合的需求，这是片区扶贫规划编制的重要指导思想。新扶贫纲要确定的12项主要任务，也是基于推动区域发展以及有针对性的扶持才可能完成。此外，新扶贫纲要对片区扶贫攻坚作出了框架性指导意见：国务院各部门、地方各级政府要加大统筹协调力度，集中实施一批教育、卫生、文化、就业、社会保障等民生工程，大力改善生产生活条件，培育壮大一批特色优势产业，加快区域性重要基础设施建设步伐，加强生态建设和环境保护，着力解决制约发展的瓶颈问题，促进基本公共服务均等化，从根本上改变连片特困地区面貌。显然，民生工程、特色优势产业、区域性基础设施既是区域发展的内容，也是片区扶贫攻坚的主要任务。只有区域发展与扶贫有机衔接和结合，才能实现“促进基本公共服务均等化，从根本上改变连片特困地区面貌”的目标。

（二）片区扶贫规划编制的基本框架与主要内容

根据上述片区扶贫规划的定位和编制思路，参考一般规划，结合区域发展规划、扶贫开发规划的编制要求，片区扶贫规划的编制大纲可以分为3个部分和相关的章节。

第一部分：总体思路和总体布局。主要阐述规划区的基本情况、规划的总体思路、规划的总体布局。主要内容包括：片区的范围和面积、自然资源与生态环境状况、经济社会发展概况、贫困与扶贫状况、挑战与机遇、重大意义；片区扶贫规划的指导思想、基本原则、战略定位、发展目标，片区的功能分区、城乡布局、大扶贫格局、产业布局、重大项目布局、交通网络布局等。

第二部分：六大建设任务。①建设区域发展骨干（基础）工程。包括交通布局和体系（如铁路、公路、港口和航道、机场），流域综合治理、水库、大中型灌溉和供水设施、防洪设施，能源供应体系、城乡电网、油气管道、新能源、通信和信息化体系、通信和信息化网络、提升中心城市和县城功能、发挥小城镇基础和带动作用等。②发展特色产业群。包括产业布局与产业结构、特色农业、文化生态旅游业、加工制造业、现代服务业、民族文化产业、产业扶贫机制创新等。③改善农村基本生产生活条件。包括村庄规划、乡村道路、土地整治与农田改造、小型农田水利建设、“六到农家”工程、人畜饮水工程。④发展社会事业。包括加强教育、加强医疗卫生、加强科技文化体育、促进就业、完善社会保障体系等。⑤加强生态建设和环境保护。包括划分重点生态区、推进生态建设、环境保护、防灾减灾与应对气候变化等。⑥人力资源开发。包括人口流动与布局、农村人力资源开发、社区组织能力建设、人才建设等。

第三部分：规划实施保障体系。①改革创新。包括深化体制改革，如深化行政体制改革、支持和引导非公经济发展、金融改革、户籍改革、土地（耕地、林地、宅基地）利用制度；扶贫机制创新，如探索扶贫攻坚与跨省合作的协同机制，探索片区扶贫攻坚与生态主体功能区建设、环境保护的共赢机制，探索“政府主导、部门分工、各方参与、合力攻坚”的大扶贫工作体制、探索投入增加机制、扶贫攻坚瞄准机制；协作机制创新，如协作区和省会城市加强协作、协作区和周边城市加强协作、开展国际交流合作等。②政策支持。包括财政、税收、金融、投资、产业、土地、生态补偿、帮扶和扶持重点群体、重大政策和项目贫困影响评估等。③保障措施。包括组织协调方面，如跨省协调机制、各级政府职责、行业部门分工、基层组织保障、考核评价体系；投入保障方面，如扶贫专项投入、行业部门投入、帮扶投入、其他投入等；人才与制度保障方面，主要是人才和制度保障、监测评估等。

灾害风险管理与减贫的理论与实践总结

——基于汶川地震贫困村灾后重建的思考

本文基于汶川地震灾后贫困村恢复重建的100个村试点和4000多个村实践，从以社区为基础的灾害风险管理与减贫、地震灾后贫困村恢复重建规划编制的意义和特点、开展灾后重建与扶贫开发结合领域国际交流与合作的目的意义、关注灾区农村社会系统重建、少数民族贫困村灾后重建进程中注重本土文化保护具有重要意义、构建灾后贫困人口可持续生计发展支持体系、汶川地震灾后贫困村恢复重建——马口村的经验与启示、加强汶川地震灾后贫困村恢复重建案例研究、关于开展“中国灾害风险管理与减贫理论方法总结”的几个问题、有序开展灾害风险管理与减贫的理论及实践研究、灾害风险管理与减贫理论方法——一个初步的研究框架、加强灾害风险管理框架下生态金融扶贫新模式研究的思考、开展“灾害风险管理与减贫的理论及实践研究”的理论分析框架等13个方面，对灾害风险管理与减贫的理论与实践问题进行了比较全面深入的学理性总结，对于提高扶贫有效性、脱贫稳定性相关政策制定和决策具有参考意义。

《扶贫开发》2010年第10期，第12-13期，第15-23期按照党中央关于灾后重建要与扶贫开发结合的重要指示精神和国务院的统一部署，扶贫系统积极主动参与汶川地震灾后恢复重建，主要负责灾区4834个贫困村的恢复重建工作（涉及四川39个县2516个村、甘肃8个县1811个贫困村、陕西4个县507个贫困村）。灾后近两年，通过国家支持、社会帮助和群众参与、自力更生，灾后贫困村恢复重建的主要目标基本实现，受灾贫困村基础设施、产业开发、民主管理与自我发展能力恢复到灾前水平，基本实现《中国农村扶贫开发纲要（2001—2010年）》确定的目标。其间，按照国家“三年重建两年基本完成”的总体要求，国务院扶贫办灾后重建办和三省扶贫办分批开展了100个村的试点，分两批启动了全部贫困村灾后恢复重建工作。

一、以社区为基础的灾害风险管理与减贫

人类正进入风险社会，自然灾害也以风险事件成为当代社会的一个焦点。在漫长的历史上，自然灾害一直是具有不确定性危害的确定性危害。例如，一些大河流域每年都会出现洪水泛滥，虽然其具体日期和强度难以预知，但其大致时期和影响范围则基本稳定。随着经济、技术和制度的不断发展，自然灾害中的确定性问题逐步被人类认识和解决，其不确定性特征则进一步凸显出来。人类对自然日益深入和广泛的介入，以及对这种介入后果的有限了解和把握，更增加了这种不确定性。在这种情况下，伴随着因人类碳排放而导致气候变暖的争论和担忧，灾害（自然灾害）风险管理开始成为一个全球性热点话题。

根据亚洲减灾中心统计，1975—2000年，全球因灾致死的人中94.25%是中低收入人群，其中最贫困人口占了68%。中国农村每年遭受严重自然灾害的行政村占其总数的10%左右，而扶贫开发工作重点县的同一比例一般50%以上。汶川地震灾区51个极重灾和重灾县4834个贫困村，2007年贫

困发生率为33.5%。地震后如果没有政府和社会各界的救济，这些村庄的贫困发生率在2008年将上升到39.7%，其中极重灾区的贫困发生率将上升到45%。青海省玉树藏族自治州共有258个行政村，其中234个为贫困村。2010年4月14日的地震使得其中189个贫困村不同程度受灾，其中8个重灾村几乎被夷为平地，很多人口一夜之间沦入赤贫境地。干旱、台风、暴雨、洪水、暴雪等气象灾害，地震、泥石流、山体滑坡等地质灾害，不仅是导致贫困的重要原因，阻碍着人类减贫的进程，而且凸显了贫困人口应对灾害风险的脆弱性：贫困人口暴露于灾害中的风险更大，贫困人口因灾而承受的损失和打击更大。因此，将灾害风险管理纳入减贫战略与政策体系意义重大。

灾害风险与减贫工作结合涉及多个不同层次的议题，建立社区层面的灾害风险管理与减贫结合机制是其重点之一。这一社区层面的机制主要包括两个方面的内容：

一是内部动员基础上的灾害预防与应对能力建设。社区处于突发灾害的一线，是灾害的直接打击对象，也是应对灾害的第一力量。通过提升社区参与度和推进社区组织建设，让当地居民能够更主动地识别灾害风险，更广泛地使用资源，更科学地发展生计，更有效地采取集体行动，培养社区防灾减灾、应急救灾的意识与能力，是灾害风险管理的基础。贫困人口往往是灾害自我预防与应对能力较弱的群体，是社区动员过程中响应较迟缓的群体。激发贫困人口的积极性和主体性是社区灾害预防和应急能力建设的关键。

从中国实际出发，以群众参与和内部动员为基础，建立贫困、边远社区灾害预防和应急体系，是减贫工作的重要内容。这包括社区内灾害应急制度建设、队伍培训和演练以及防灾减灾产业的规划与发展等。国家财政可为这些方面的工作提供必要的支持。

二是外部支持框架下的风险分担机制建设。社区拥有的资源是有限的，贫困社区尤其如此。提高社区灾害预防与应对能力，除了内部能力建设外，还需要建立向外分摊风险的科学机制。对于中国来说，农业风险分担机制和住房保险机制是两个重点。

首先，是农业投资风险的分担机制。中国的贫困人口主要集中在农村。

农业的脆弱性既是贫困问题的重要根源，也是灾害预防和应对的软肋。降低农业脆弱性，一方面需要加大投资，通过技术改进、效益升级等措施提高农业抗风险能力，另一方面需要建立相应投资保险机制，保障扩大的农业投资不会成为农户头上一个新增的风险源。这两个方面的需求靠单个农户或社区的力量是难以解决的。完善农业信贷和保险机制，通过政策信贷、保险与商业信贷、保险的组合作用，增加农业抗灾投资，分散农业风险，是灾害风险管理与减贫相结合的有效途径。

其次，是住房保险机制。住房通常是城乡居民最重要的财产，也是灾害中比较容易损毁的财产，并且其损毁常常伴随着人口死亡和生活困难。由于资金不足，贫困人口的住房往往更缺乏抗灾能力。这就使他们容易陷入一个恶性循环的链条：贫困—住房差—容易受灾害打击—灾害后更贫困。探索住房保险机制，是减少因灾致贫、因灾返贫的重要措施。这一措施反过来可促进人们的住房投资，提升住房抗灾能力。

在建立风险分担机制的时候，通过财政措施对贫困人口和贫困社区予以扶持，将政策措施和市场机制相结合，是中国农村扶贫开发实践中值得重点探索的一个方向。

二、地震灾后贫困村恢复重建规划编制的意义和特点

编制灾后恢复重建规划，是国家开展灾后恢复重建工作的开始及基础。通过规划明确总体思路、目标任务、建设内容、政策支持和参与重建各方的责任及协调机制等。村是农村灾后重建的基础。行政村是我国农村最基层的行政区域，也是农村灾后重建恢复社区功能、促进经济社会全面协调发展的基本单元。

受灾贫困村是灾后重建的难点。由于贫困村基础设施较差，抗灾能力脆弱，受灾程度一般更深，加上贫困人口自身素质和经济承受力较低，恢复重建的难度更大，需要的时间更长。受灾贫困村的灾后恢复建设，不仅直接影响国家灾后重建总体规划目标的实现，也关系到扶贫开发阶段性任务能否按期完成。

因此，汶川、玉树地震灾后贫困村恢复重建规划的编制具有重要的意义，集中体现在以下5个方面：

一是灾后贫困村恢复重建规划是明确帮助贫困人口恢复发展目标任务的途径。灾后贫困村恢复重建是一个综合性的系统工程，无论是内容，还是组织，都需要精心设计。编制灾后贫困村恢复重建规划首先可以厘清思路、明确任务。通过规划明确扶贫系统要做哪些、能做哪些工作。缺乏规划过程，就很难作出准确、科学的判断。

二是灾后贫困村恢复重建规划是争取将贫困村列入国家整体灾后重建规划的依据。中央已经明确，为汶川、玉树地震灾后恢复重建设立专项基金，而且玉树地震灾后重建资金主要由中央解决。如果贫困村恢复重建规划无法纳入国家灾后恢复重建整体规划，中央财政就无法安排专项基金。而编制好贫困村恢复重建规划，是申请纳入国家总体规划的依据。

三是灾后贫困村恢复重建规划是推动贫困村资源整合的平台。贫困村恢复重建不仅仅是某一方面的发展，所需要的不只是扶贫部门的支持，而是需要各行各业、全社会的支持。整合这些支持就要构建一个平台。比如，交通覆盖到贫困村到底需要多少资金，其依据就是灾后贫困村村级道路恢复重建的内容规划。有了规划就为争取交通部门资金提供了基础和依据。

四是灾后贫困村恢复重建规划是为贫困村、贫困人口争取更多资源支持的工具。中央财政安排的专项基金与需求相比肯定存在缺口。实践证明，越贫困、越边缘的贫困村，贫困户越难充分享受到普惠性政策的优惠。这就需要扶贫部门考虑到如何增强普惠性政策的特惠效果。比如建房，就要考虑到在中央专项基金补助后资金还有一定缺口，而贫困人口补足这个缺口的能力很弱。在这种情况下，需要通过规划测算资金缺口、设计解决办法。通过规划，为寻求地方财政支持、社会各界的进一步帮助提供依据。

五是灾后贫困村恢复重建规划是开展扶贫开发机制创新的基础。如何提高扶贫开发工作的有效性？如何通过5—10年努力，使汶川、玉树这类特殊贫困地区的生产生活、发展环境有根本性的改善？需要在恢复重建中积极探索、积极创新、积极总结，以积累特殊贫困地区扶贫开发工作的经验。这样的机制创新经验，可以为省内或国内，甚至国际同类地区的减贫与发展提供可以借鉴的经验。

为了体现上述意义，地震灾后贫困村恢复重建规划需要具备以下主要特点：

一是特殊性。即规划覆盖的目标群体是贫困村、贫困人口，具有特殊性。规划的中心就是要反映出灾害对贫困村、贫困人口的特殊影响及其特殊需求。灾害发生后，需要根据贫困村、贫困人口受灾的数据，根据对农牧民的了解，反映出其特殊性。灾后贫困村恢复重建的手段也是特殊的，所有的措施需要针对贫困户，一般而言，其他行业项目很少规划到户。

二是系统性。灾后贫困村恢复重建规划是一个体系。全国灾后贫困村重建规划是总体性规划，在原则、目标、内容、标准和政策等方面起指导作用；省级规划是整合性规划，在总体性规划指导下，在贫困村的资金安排、实施管理、与行业发展结合等方面发挥整合作用。村级规划是可操作的具体实施计划，是社会重建与能力建设的载体，是行业发展与扶贫开发结合的平台，是灾后重建与发展愿望的体现。

三是综合性。将村内的农民实用技术培训和劳动力转移培训、产业化扶贫等扶贫开发项目，与村内的基础设施（如路、水、电、广播电视、电话等）、灌溉设施、沼气和公共事业设施（如教育、卫生等）、基层组织和文化活动设施等部门项目，在村一级得到协调和整合，实现综合效益。

四是参与性。发动和组织贫困村群众积极参与灾后重建，充分发挥其主体作用，实现各部门规划与群众意愿的良好结合。同时，通过参与灾后重建，实现心理重建、社会重建和经济重建，提高社区和贫困人口自我发展能力，促进经济社会全面协调发展。

三、开展灾后重建与扶贫开发结合领域国际交流与合作的目的意义

我国30多年的扶贫开发取得了举世瞩目的成就，其中，扶贫领域的国际交流与合作作出了积极贡献。通过国际发展援助项目合作，不仅为扶贫开发特别是贫困社区、贫困人群的减贫及发展增加了直接资金投入，而且引进了国际先进的扶贫理念、方法，并在本土化过程中创新建立了一系列更为有效的扶贫开发机制和模式，对于推动我国扶贫开发工作水平的提高发挥了积极作用。直接或间接大量增加的针对贫困地区的人力资本投入，则带动了扶贫系统项目管理能力的增强，促进了贫困社区、贫困人群参与意识、参与能力和综合素质等多方面的提高。

汶川地震发生以后，根据国务院的统一部署和中央领导关于灾后重建要与扶贫开发结合的重要指示精神，扶贫系统积极参与灾后重建，负责3个省51个极重灾、重灾县4834个贫困村的灾后恢复重建工作。为了有力、有序、有效推进汶川地震灾后贫困村的恢复重建工作，从规划编制到实施，国务院扶贫办灾后重建办在办领导高度重视及有关方面的支持下，积极与有关国际机构组织开展灾后重建与扶贫开发结合领域的国际交流与合作。一年多的实践证明，这一新领域的国际交流合作取得了初步效果，产生了积极影响。其主要意义集中表现在以下5个方面：

第一，以增加资金投入为目标，支持了100个试点村灾后恢复重建规划如期实施。经报有关部门批准同意，国务院扶贫办灾后重建办和香港乐施会在80个试点村开展合作。每个村的政府财政扶贫资金50万元人民币，用于村内基础设施建设、生产恢复等项目活动；每个村的香港乐施会扶贫资金100万元人民币，用于村内能力建设、环境改善、灾害管理（减灾防灾和灾后紧急物资救援）、基础设施建设、生产恢复、项目监测评估等项目活动。香港乐施会计划共投入1.3亿元人民币。联合国开发计划署（UNDP）则围绕支持19个试点村投入3700多万元（简称UNDP项目）。此外，中德技术合作灾后经济重建项目共投入约2700万元人民币（简称GTZ项目）。通过开展国际合作，为100个试点贫困村灾后恢复重建增加资金投入达1.9亿元人民币。这些投入有力保障了试点计划的顺利实施。

第二，以开展相关机制、模式创新为目标，推动了防灾减灾、灾后重建与扶贫开发结合的多个试点探索。一般而言，国内财政扶贫资金有明确用途，很难用于支持类似的机制、模式创新试验，而基于国际机构资金使用的创新性特征开展的国际合作，则正好与这一需求相匹配。如UNDP项目，以试点村为目标，中央层面多个部门按照统一要求参与和推动，包括国务院扶贫办、住房和城乡建设部、科技部、民政部、环保部等部委，法学会和国际行动援助等民间组织，等等。多个部门参与同一个项目设计、实施相互关联和相互支持的项目内容，形成一个完整项目实施机制，这就是一种创新。项目所形成的机制、办法以及经验教训，对于构建大扶贫的格局具有重要参考价值。再如GTZ项目，项目将支持开发若干个灾后贫困村可持续重建和增收模式，从而探索建立可供示范的有效模式。

第三，以能力建设为目标，促进了扶贫系统、贫困村、贫困人群防灾减灾、灾后重建与扶贫开发结合意识、能力的提高。与英国海外发展部（DFID）和UNDP合作，开发了《参与式灾后贫困村恢复重建规划指南》和相应的培训教材，编写了《汶川地震灾后贫困村恢复重建指导手册》。同时，充分利用国际机构为扶贫系统加强贫困村灾后恢复重建机构与能力建设提供的支持，开展了一系列效果显著的培训、交流活动，倡导了防灾减灾、灾后重建与扶贫开发结合的意识，激发了贫困村群众主动参与的热情，促进了扶贫系统、基层干部相关执行能力的提高，支持了贫困村灾后恢复重建系统的开发应用，保证了基础数据的全面性和动态性，从而能够为决策提供扎实的基础性支持。

第四，以促进扶贫开发水平提高为目标，开展了系列灾后贫困村恢复重建的经验总结和理论方法研究。与上述机构组织合作，按照主题开展了系列研究：一是培训教材开发，分别是指导手册、简明读本、培训教材、灾害对贫困影响评估手册等一套四册；二是专题研究，包括汶川地震灾后恢复重建总体规划社会影响评估、国家救援与重建政策对贫困村影响评估、少数民族村落传统文化保护、国际经验本土化等；三是模式与案例研究，选择8—10个不同类型村进行深度总结，提炼普遍性的机制、模式，从而为其他的村、为全国其他地区开展类似工作提供经验参考和理论依据；四是社会系统重建研究，在关注灾后重建中经济和生计重建的同时，需要把社会系统重建放在重要位置；五是可持续生计研究，通过试点探索和实践贫困村灾后早期恢复后建立可持续增收和发展的机制与模式；六是理论方法研究，基于实践和国际经验的本土化，总结、提炼防灾减灾、灾后重建与扶贫开发相结合的相关理论方法。这些研究成果的应用，将对提高扶贫系统、贫困地区提高灾害风险管理意识和能力产生积极促进作用，并为开展相应的国际交流提供基础。

第五，以开展国际交流为目标，奠定了为全球减灾防灾、灾后重建知识库做出应有贡献的基础。防灾减灾是一个全球性的难题，灾害风险已成为全球性问题。这些问题的解决需要世界各国的共同努力探索、试验、总结、交流。我国作为最大的发展中国家，也是灾害多发、频发的国家，有理由、有条件有义务及责任注重研究、总结、交流更多的灾害管理经验及教训。与国际机构、组织开展合作，一方面可以引进国际先进经验，结合中国实际开展本土化试验，另一方面，可以系统、全面总结中国的成功实践，从国际视角提炼形成具有普遍意义的经验与模式。这无疑有助于扶贫系统在防灾减灾、灾后重建与扶贫开发结合的过程中积累和分享知识，从而有利于全球灾害管理知识的丰富和发展。

四、关注灾区农村社会系统重建

社会系统重建，就是通过各种外在或内在的修复手段，使社会逐步恢复组织能力，回复常态的过程。广义的灾区社会系统重建包括经济、政治、社会、文化、生态等全方位的社会整体重建，其意义与社会学和人类学所说的社区发展和社区重建基本相同，其目的是恢复地震灾区社会整体的运行机制和社会功能。狭义的灾区社会系统重建则是指从社会人际关系和社会网络方面所进行的社会干预和修复，其目的是尽量缓解地震对灾区人民的心理、社会信念、人际关系网络等方面的伤害，让他们重新树立对未来生活的信心和勇气，进而增强或者重新建构对社区及社会的认同感。相对而言，与灾区的物质和经济重建相比，灾区的社会系统重建相对更加困难、持续时间更长。

按照经典社会学中的结构功能主义理论对社会系统结构分化的界定，社会系统主要由经济、政治、社区和文化四个子系统构成，四个子系统分别承担适应、目标实现、整合和维模四种基本功能。灾害对灾区农村社会系统的破坏表现为灾区农村社会结构失衡、功能失调。

灾区农村经济子系统的恢复重建，主要体现在灾区农户家庭经济生活恢复常态，其中最为重要的就是农户家庭生计系统的恢复。大量研究表明，可持续生计恢复重建关注的不是短期收入的增长，而是农户生计能力、发展能力的提升。从根本上说，可持续生计恢复重建的关键在于从微观层面提升农户家庭的生计资本存量，同时辅以宏观层面的结构和过程手段，使农户能够在有利的制度、政策和文化环境下优化生计资本组合，创新生计行动，开拓生计空间，实现生计恢复。

社会系统中的政治子系统承担目标实现功能。目标实现功能，是指一个系统必须确立自己的目标以及分清目标的轻重缓急，并确定实现目标的手段。可见，政治子系统担负着目标定位、导向和实现的功能，在很大程度上引领着社会系统的方向并规定着社会系统的结构要素，对于维持社会系统的均衡状态具有举足轻重的价值和作用。灾区重建中的政治子系统重建，核心是要不断完善灾害治理体制及灾害治理中的政治动员机制和政治运行机制。一是要推动灾后重建与制度重建相结合，建立一套常态化、制度化和程序化的灾害治理体制；二是要强化政府的主导作用，实现各级政府及其职能部门有效分工基础上的有机合作；三是要培育非政府组织和社会团体，引导企业和志愿者参与灾后重建，构建起多主体的灾后危机管理体系；四是要推进基层民主与社区自治，提高民众参与的广度与深度，扩大民众有序的政治参与；五是要畅通信息传播渠道，健全上下互动、实效、透明、持续、有序的政府信息传播机制。

社区子系统是社会系统的又一个部分，主要履行着社会系统整合的功能。灾后重建中的农村社区子系统特别需要进行社会资源和社会关系的整合。社会子系统重建的主要对策：一是要转变理念，即政府要从行政管理理念式的主导转变为公共服务理念式的主导；二是要积极培育民间非政府组织，从政策上明确民间非政府组织的定位和角色，从资源配置机制上明确民间非政府组织的来源问题；三是要开发“社区精英”，调动民众充分参与的积极性；四是要鼓励市场合作，增强社区重建的经济支撑力；五是要发展社区教育模式，变传统社区秩序为现代社区秩序；六是要因地制宜推广和扶植社区产业模式，解决社区长远生存危机，增强社区归宿感和社区安全感；七是要完善社区服务，恢复正常社区生活和社区心理秩序；八是要提倡社区养老模式，解决社区居民的后顾之忧。

文化重建主要包括信仰和价值观的重建。信仰重建，实际上是帮助人们树立一种人生态度和道德准则，引导人们的意识和行为，使之重新正常参与社会活动，处理社会关系，维持正常的生活和工作。价值观的重建，则是指当人们的价值出现认同危机时，引导人们树立符合社会需要的价值观念，从而促进个人顺利发展。灾区文化子系统的重建主要依据的是文化自觉理论。文化自觉是指生活在既定文化中的人对其文化有自知之明，明白它的来历、形成过程、特色和发展趋向。灾后文化重建是一项浩大的工程，需要充分发挥政府、民间组织、市场和民众等力量在文化重建过程中的积极作用，构建合理、科学、长效的文化重建和保护机制。主要措施包括：政府应该采取强有力措施，加强机制建设，规范文化市场；加强对市场的监督力度，注意传统文化保护与现代产业开发的有机结合；培育健康的民众文化价值观。民间组织加强自身建设，提高整体工作效能。

五、少数民族贫困村灾后重建进程中注重本土文化保护具有重要意义

少数民族本土文化是在民众生活中存在的活态文化，是可以提升民族自信心、对生产生活起推动作用并与民族情感、宇宙观、生命观相连的特殊文化符号和元素，也是民族成员承袭的民族信念。少数民族本土文化，在生活中可以使民族成员调整生活节奏、舒解压力，在生产中引导农事活动。少数民族本土文化作为一种文化资源也可以促进地方经济发展。

在汶川地震发生后，中国政府和社会各界迅速反应，出色地完成了救灾工作，顺利转入到灾后重建的长期过程中。由于地震带来的损失巨大，为保障灾区人民的基本生活，基础设施的恢复与重建必须放在第一位。同时重建过程中本土文化的保护问题也应该受到关注，因为文化的诸多表现形式在此次大地震中也遭受了巨大的损失，物的变化很可能导致人们观念层次的变化，以致诸多传统文化面临着即将消失的危险。因此，在少数民族贫困村灾后重建进程中注重本土文化的保护、传承和发展，具有重大的现实意义。

在少数民族贫困村灾后重建进程中注重本土文化的保护，是贫困村灾后重建工作落实好国家相关法规的需要。《中华人民共和国宪法》第二十二条，对如何保护传统文化有明确的规定；“十一五”规划中，对少数民族文化的传承与保护也有明确要求。国家民委、文化部等相关部门对传统文化保护也提出了一系列相关的规划和建议。特别是党的十七大指出，要全面认识祖国传统文化，取之精华，去之糟粕，使之与当代社会相适应、与现代文明相协调，保持民族性，体现时代性。加强中华优秀文化传统教育，运用现代科技手段开发利用民族文化丰厚资源，加强对各个民族文化的挖掘和保护，重视文物和非物质文化遗产保护，做好典籍整理工作。

在少数民族贫困村灾后重建进程中注重本土文化的保护，是灾后重建

工作贯彻落实好科学发展观的需要。科学发展观要求始终把实现好维护好发展好最广大人民的根本利益，作为党和国家一切工作的出发点和落脚点，尊重人民主体地位，发挥人民首创精神，保障人民各项权益，走共同富裕道路。促进人的全面发展，做到发展为了人民，发展依靠人民，发展成果由人民共享。这里的“人民”当然包含各个民族的人口。“尊重人民的主体地位”要求在民族发展中，要尊重民族的主体性。保护、传承、发展好少数民族文化就是尊重民族主体性的重要内容。

在少数民族贫困村灾后重建进程中注重本土文化的保护，是党和国家执政能力在贫困村灾后重建工作中充分体现的需要。党和国家的执政能力在灾害应对及灾害重建中，不仅要体现在紧急救援阶段，更要体现在恢复重建与发展进程中；不仅要体现在城市，更要体现在农村，特别是少数民族村落；不仅要体现在硬件的建设，更要体现在能力建设、传统文化保护、社会系统重建、心理重建等方面软件建设；不仅要体现在重建进程中少数民族本土文化保护普惠性政策的制定和实施，更要有针对性政策安排，特别是在与少数民族贫困村重建相关的住房、教育、对口援建、旅游开发、搬迁与异地安置等方面的政策安排，在普惠性的基础上，对本土文化的保护需要有更多的特殊关注和具体措施。国家专门的政策也需要更强的针对性。

在少数民族贫困村灾后重建进程中注重本土文化的保护，是增强民族自信心、促进多民族聚居的社区安定、加快重建与发展进程的需要。在少数民族贫困村重建中加强传统文化保护，可以增强当地群众的文化自觉意识和民族认同感；可以进一步发挥本土文化要素在传统社会向现代社会转型中的润滑剂作用，减轻一个社区在急剧变化过程中可能出现的文化真空和社会心理震荡；可以通过增加民众的民族自豪感和自信心，维护安定团结的社会政治秩序。

在少数民族贫困村灾后重建进程中注重本土文化保护：第一，是要加强意识倡导。包括全民意识、发展意识、行业意识和主体意识。要全民普及本土文化保护的知识、形成大众意识；在发展战略制定和执行中，要体现民族视角；各个行业在民族地区的发展，要有民族的针对性；少数民族人口对保存自身文化要有自觉意识，体现保护少数民族本土文化的主体性。

第二，是要加快发展。加大投入、加快少数民族贫困村灾后恢复重建进程，本土文化要在重建中保护；在重建当中要注意平衡好重点和全面、短期和长期、硬件和软件、发展与保护等方面关系；要加强对少数民族贫困村旅游产业开发的支持与引导。第三，是要完善相关政策。要增强普惠性政策差异性，提高针对性政策的实际效果；要设立少数民族优秀传统文化保护专项资金；要出台专门保护与扶持少数民族优秀传统文化的特殊政策。第四，是要加强能力培育。要提高社区内源重建与发展能力，特别是要培养当地群众民族自尊心和保护传统文化的自觉意识；要建立外部有效支持能力，包括建立与文化保护工作紧密相关的公共服务部门（如博物馆、档案馆、文件主管部门等）、与文化传播相关媒体部门的能力以及与市场相联系的组织（如旅游开发企业、民族工艺品等），以及各种各样民间组织的支持。

少数民族贫困村灾后重建与扶贫开发和少数民族本土文化保护相结合。加强有关部门的沟通协调，在大扶贫格局中，推动少数民族本土文化的保护；要开展少数民族贫困村灾后重建与本土文化保护的试点，探索总结有效机制与模式；要在灾后恢复重建规划编制与实施指南中体现少数民族文化保护的视角和内容；要推动在新的10年扶贫开发纲要中，体现少数民族发展视角、注重少数民族本土文化保护等要求。

六、构建灾后贫困人口可持续生计发展支持体系

生计追溯到中国原始文献中就是民生的意思。对生计的研究及概念化源自国际发展研究机构和非政府组织。“生计是谋生的方式，该谋生方式建立在能力、资产（包括储备物、资源、要求权和享有权）和活动基础之上。只有当一种生计能够应对，并在压力和打击下得到恢复，能够在当前和未来保持乃至加强其能力和资产，同时又不损坏自然资源基础，这种生计才是可持续性的。”（Chambers and Conwav，1992）

灾害发生后，对贫困人口产生冲击，导致其物质资本、金融资本、自然资本、人力资本、社会资本等方面不同程度的损失，从而对其可持续生计产生影响。因此，灾后恢复贫困人口的可持续生计发展至关重要。

灾后重建政策对贫困人口可持续生计的影响既有积极影响，也有不利

影响。以汶川地震为例，灾后重建政策实施对贫困人口的可持续生计产生的积极影响，主要表现在以下4个方面：

一是灾后恢复重建政策总体上改善了灾区宏观发展条件和环境，为贫困人口可持续生计发展提供了基础。灾区公共基础设施将超过灾前水平；财政、税收、信贷、产业、土地等方面的政策比灾前优惠；恢复重建方面的财政投入推动灾区生产资料和生活资料需求增加。因此，灾区投资和宏观经济未来几年将保持较快增长态势。尽管贫困人口受惠于其中的能力较弱，但这一宏观经济增长过程仍是推进灾区整体发展与减贫的一支基础性力量。灾区恢复重建形成的良好基础设施将为灾区贫困人口可持续生计发展奠定坚实的硬件基础。

二是灾后恢复重建政策为贫困人口提供了新的市场机会。灾区旅游等特色产业得到新的支持，投资和恢复重建工程的大规模开展增加了就业机会，促进了建筑、运输、餐饮、娱乐等行业的发展。这些产业大多数是劳动密集型的，因此对农民是有利的。尽管这些随之而来的市场机会基本上是普惠性的，贫困人口利用这些机会的能力相对弱于非贫困人口，但是，总量增加和特惠措施有利于贫困人口获取机会实现发展。

三是灾后恢复重建政策加快了灾区社会事业的发展，提高了贫困人口可持续生计发展的能力。灾区学校、医院等公共服务设施将超过灾前水平，农业补贴、社会保障政策方面的投入会明显增加，政府和社会组织为灾区脆弱人口提供的社会援助进一步传递。上述政策效应将降低灾区民众享受公共服务、维护和积累人力资本的成本，改善贫困人口抵抗风险的能力，降低区域脆弱性。

四是贫困村灾后恢复重建项目发挥了突出的附加功能。贫困村灾后恢复重建项目总体上具有显著的减贫效应。扶贫部门通过强调规划、参与、资源整合而组织实施的灾后恢复重建项目直接改善了贫困村生产生活条件，促进了村级组织和农户能力建设，对农业发展、农户增收具有明显推动作用。

从各种评估结果和实际情况看，汶川地震灾后恢复重建政策对贫困人口可持续生计也产生了一些不利影响，集中体现在以下4个方面：

一是住房维修重建带来的债务负担增加了贫困农户的脆弱性。住房维修重建给农户带来了普遍的债务问题，贫困农户靠家庭微薄收入很难清偿这些债务。现金缺乏使贫困农户没有经济能力抵御市场、疾病等各种风险，更没有资金去利用市场机会。还债的压力将迫使贫困农户大力压缩医疗卫生、教育、日常生活方面的开支，进而使他们更加脆弱，陷入贫困陷阱而不能自拔的风险增加。

二是灾后恢复重建政策支持力度的不均衡性可能会拉大贫困村、非贫困村的差距，贫困人口可持续生计发展难度加大。评估发现，贫困县特别是国家贫困县用于贫困村灾后恢复重建的资金明显少于非贫困县。贫困县从总体投资环境改善和市场机会增多中获益的能力弱于非贫困县。贫困村与非贫困村之间也存在同样的趋势。

三是部分灾后恢复重建政策益贫性不足，一些灾后恢复重建活动对项目益贫效果关注不够。贫困人口和贫困社区接近市场和政府的能力较弱。灾后恢复重建项目若没有对贫困人口和贫困社区的特别关注，他们的发展将更加困难。

四是灾后恢复重建政策未能体现对可持续生计的关注。在相同的恢复重建起点上，灾区相对贫困问题将会凸显。灾后恢复重建为解决灾区绝对贫困问题创造了很多有利条件，但在解决收入差距和相对贫困问题上仍然缺乏后续对策，今后若干年，灾区农村可能会呈现出贫富差距进一步拉大的趋势，这也将给贫困人口可持续生计带来困难。

围绕增加收入、改善福利、食物安全、环境改善、降低脆弱性等贫困人口的可持续生计的目标，根据灾后重建政策对贫困人口的正向、逆向影响，建议从以下八个方面构建贫困人口可持续生计发展支持体系：

（1）把灾区贫困村形成的特殊类型贫困片区列入新阶段扶贫战略重点区域，编制和实施5—10年的扶贫与发展规划。

（2）中央扶贫资金继续加大对受灾贫困县支持力度，加大对口援建资金中用于扶持贫困农村的比重。

（3）加强汶川地震灾区恢复重建项目益贫效果的评估，将益贫效果纳入国家防灾减灾战略加以考虑，建立防灾减灾工作更加注重对贫困人口的支持机制。

（4）扶贫系统坚持发动群众参与贫困村参与式恢复重建规划的编制和

实施。充分发挥县级扶贫领导小组的协调及整合资源的平台作用。

（5）扶贫系统加大贫困村灾后恢复重建资金落实力度，特别是加大国家贫困县中贫困村灾后恢复重建资金落实力度。推动恢复重建工作与扶贫开发工作的全面结合。

（6）把贫困村产业发展和贫困人口生计能力建设摆在恢复重建工作中更加重要的位置，探索、总结、推广多种贫困人口实现可持续生计的方式。

（7）注重项目实施过程的双重效果，在完成恢复重建项目建设的过程中，推动社区、贫困人口能力的发展。

（8）探索建立灾后恢复重建与预防贫困相结合机制与模式。

七、汶川地震灾后贫困村恢复重建：马口村的经验与启示

根据《汶川地震灾后恢复重建总体规划》和《汶川地震灾后恢复重建农村建设专项规划》，汶川地震灾区共有4834个受灾贫困村列入了灾后恢复重建范围。为了有效地按照国家要求，推进贫困村灾后恢复重建，并在贫困村恢复重建及发展进程中，探索进而建立灾后恢复重建与扶贫开发相结合的机制与模式，国务院扶贫办在2008年9月在四川省广元市利州区三堆镇马口村举行的贫困村灾后重建项目试点村规划实施启动仪式，标志了第一批灾后贫困村恢复重建19个村试点正式启动。截至2009年底，纳入规划的4834个受灾贫困村70%以上启动实施了灾后恢复重建规划；2010年开春前，所有贫困村的灾后恢复重建工作全部启动。2010年9月30日前，所有计划安排到贫困村的灾后恢复重建资金将基本到位。基础设施、环境改善项目基本完工，生产发展和能力建设项目全面实施。

汶川地震发生之后，马口村村民面对惨重灾情，没有怨天尤人，而是在有关各方的支持、村“两委”的带领下，团结一心，自强不息，积极投入抗灾自救和恢复重建。在灾后恢复重建中，按照规划要求，始终贯彻灾后恢复重建与扶贫开发相结合、与新农村建设相结合的科学重建方针，始终坚持参与式的理念和方法，互助合作共同建设家园。在近两年的恢复重建工作中探索出了互助共建、统建统分的恢复重建机制，形成一套灾后恢复重建与扶贫开发的有效机制，被誉为震区贫困村灾后恢复重建的“马口样本”。

马口村恢复重建的经验与启示之一：注重充分发挥自身优势，这是灾后贫困村恢复重建的基础。每一个贫困村发展基础不同、受灾情况也不尽相同，但是共同之处就是都具有一定的相对优势。马口村灾后恢复重建进展顺利并取得成效的有利条件，一是村“两委”工作能力较强，二是群众有强烈的重建家园的信心和决心，三是相对较好的自然地理条件，四是有实施和谐新村期间积累的项目实施与管理经验，五是有相对丰富的劳动力资源，六是资金投入有一定保障。

马口村恢复重建的经验与启示之二：注重激发和培育内原动力，这是灾后贫困村恢复重建的根本。始终坚持不等不靠、自强不息的精神，始终坚持参与式重建的理念和方法。这是马口村全面推进灾后恢复重建并取得良好成效的重要法宝。通过广泛激发群众的主体意识、主人意识，引导群众参与恢复重建项目规划、建设和管理，实现了和谐重建、加快发展。在项目规划中，坚持“我的事情我做主”。村民积极参与灾后发展问题分析，对恢复重建项目排序，讨论项目建设模式，研究解决劳动力短缺、资金不足、建材紧张、技术缺乏、后续管理等现实问题的办法。在项目实施中，坚持“自己的事情自己干”。村“两委”的有序组织，专业技术人员现场指导，村民积极投工投劳，严格按照专业部门规划设计方案，整治维修山坪塘、恢复重建村组道路等公益性项目。在项目管理上，坚持“集体的事情大家管”。民主选举各类型村民组成施工组、物资组、理财组、监督组、协调组，采购物资、管理资金、组织施工、协调矛盾，并和上一级项目管理人员一同监督项目质量，保证项目建设进度和资金使用效益。

马口村恢复重建的经验与启示之三：注重多方资源整合，这是灾后恢复重建的关键。资源整合是指将属于不同个人或组织的资源（资金、生产工具、物资等）集中起来统一使用。马口村恢复重建资源整合包括以下方面：一是村内资源的整合，最突出的表现就是集中安置点的建设。马口村长方梁等3个集中安置点共安置36户。他们将自筹资金、国家重建补贴集中起来统一使用，取得了很好的效果。二是对政府不同部门资金的整合。马口村基础设施和公共事业项目恢复重建，除争取财政扶贫资金外，还积极整合了畜牧、水利、交通等项目资金和部门帮扶资金。三是对外部非政府部门资金和信贷资金的整合。如香港乐施会投入资金援建了三组道路。马口村集中安置点在整合农户自筹资金后，从交融部门以优惠利率顺利贷到贷款。

马口村恢复重建的经验与启示之四：注重机制创新，这是灾后贫困村恢复重建的保障。一是创新投入机制。采取农户为主、信贷为辅、政策扶助、部门帮扶、社会支援的办法筹集重建资金。公益性项目恢复重建，除争取财政扶贫资金外，还积极拼盘畜牧等涉农项目资金、部门帮扶资金和NGO、UNDP等援建资金。农房重建采取农户自筹一点、政府补助一点、信贷支持一点“三个一点”的办法解决。产业发展采取贫困村互助社借款和争取小额贷款公司、农村信用社等多个渠道的信贷支持。二是创新互帮互助力量机制。每10户组成一个互助组重建和维修加固农房，每40余户组成一个工作组轮流投工投劳自建公益性项目，解决恢复重建中劳动力不足的问题。三是创新合作经营产业发展机制。对生猪、土鸡、水果、蔬菜等产业，坚持“公司（合作社）+农户”的运作模式，规模经营，产业化发展，共同抵御自然风险和市场风险。四是创新统规联建农房机制。统一设计、统一平整场地、统一采购建材、统一组织施工、统一质量监管。

八、加强汶川地震灾后贫困村恢复重建案例研究

近年来，随着社会科学研究中各学科界限越来越模糊，跨学科、跨领域的研究日益增多，实地研究方法逐渐受到研究者的青睐。案例（个案）研究属于实地研究范畴，在社会学、人类学、心理学、教育学、管理学等多个学科都有广泛的运用。20世纪初，英国人类学家马林诺斯基的名著《西太平洋的航海者》就是案例研究的先驱之一，并对案例研究具有里程碑式的意义。之后，案例研究法逐渐发展和完善，运用案例研究法的研究也出现了许多有重大影响的成果，如美国社会学家威廉·怀特（William F. Whyte）的《街角社会》、我国著名社会学家费孝通的《江村经济》等都称得上案例研究的典范。

尽管案例研究法在社会科学研究领域被广泛应用，但案例研究仍没有一致的界定。较为普遍认同的案例研究的定义是：案例研究是一种运用历史数据、档案材料、访谈、观察等方法收集数据，并运用可靠技术对一个事件进行分析而得到带有普遍性结论的研究方法。经过近20年的实践，我国扶贫案例研究形成了以下定义，所谓扶贫案例研究，是指通过对精心比

较选择的具有某种研究价值的已经发生的扶贫开发活动、事件或行为进行记录、描述和分析，以便了解这些扶贫开发活动、事件或行为的发生、形成条件、变化过程及机理，以及对相关活动、事件或行为的影响强度和方式，进而分析和推断这类活动、事件或行为在相同发生区域中推广、延伸的价值和可能性。

根据不同的标准，案例研究有多种划分情况：根据研究中使用案例的数量，可分为单案例研究和多案例研究；根据案例的不同功能，可分为探索性案例研究、描述性案例研究和解释性案例研究。

与其他经验研究方法相比，案例研究具有以下特点：一是案例研究的结论能够被更多的读者接受，而不仅限于学术研究圈，并且还能给读者身临其境的现场感受；二是案例研究为其他类似案例提供了易于理解的解释；三是案例研究有可能发现被传统的统计方法看不到的特殊现象；四是案例研究适合于个体研究者，无须研究小组。

开展汶川地震灾后贫困村恢复重建案例研究具有重要意义。按照“三年重建任务两年基本完成”要求，至2010年9月底，汶川地震灾后贫困村灾后恢复重建工作即将基本完成。两年来，国务院扶贫办灾后重建办直接指导三省扶贫办开展的100个试点贫困村恢复重建和其他4734个贫困村灾后恢复重建，总体上取得了显著的效果，受到了受灾基层干部群众的衷心称赞和拥护，得到了国务院、三省领导和有关部门的充分肯定和支持。同时，产生了一批典型。这些受灾贫困村，在各有关方面的指导、支持下，从实际出发，充分发动群众参与，将外部援助和内源发展活力激发结合起来，不仅有力有效地完成各项恢复重建任务，而且探索和创造了一批防灾减灾、灾后重建与扶贫开发结合的机制与模式。采用案例研究方法对这些典型进行深入总结研究，可以进一步推动对汶川地震受灾地区后重建时期贫困村可持续发展有效经验的探索，可以进一步推动灾害风险管理与减贫理论方法研究的有序进展。

汶川地震灾后贫困村恢复重建案例研究，可以从两个方面进行：一是研究型案例研究；二是总结型案例研究。

研究型案例研究。在前期资料和数据积累的基础上，根据监测评估结果、恢复重建效果、代表性、经验可借鉴性等多方面因素，选取若干个试点村进行深度案例总结，形成研究型案例研究报告。每个案例研究报告的作者将按照案例研究的范式，主要通过深入访谈、问卷调查，结合已有研究成果，采取定量和定性相结合方式，对该村地震前发展状况、灾害紧急应对情况、灾后恢复重建情况等进行全过程的记录、描述、分析和总结，重点深入剖析案例村灾后恢复重建的主要思路、成功要素以及面临的机遇和挑战，最终揭示其核心经验。每个村至少突出1—2个具有特色的做法和经验，自成一体，形成一本专著（每个案例研究报告15万字左右）。

总结型案例研究。通过三省扶贫系统收集、整理出具有代表性的灾后重建贫困村若干作为备选案例，组织专家对这些备选案例进行评审，评选出最具有研究价值的案例30—40个。针对这些案例，通过三省、有关市县扶贫部门推荐对案例村充分了解、有较强总结研究能力的本地专家或相关专业在校研究生经统一培训后进行研究，形成30个总结型案例研究报告（每个案例研究报告1万字左右）。

案例研究的难点是案例经验的提炼。这也是案例研究成果的重要部分，提炼出来的经验是案例研究价值的重要体现。从某种意义上看，案例核心经验提炼成功与否直接关系到案例研究价值的大小。在提炼案例的经验（特别是提炼核心经验）时应当注意：第一，提炼的经验是可重复性的。表现为从案例中提炼出来的经验不能仅仅局限于在本案例，在其他个案中也具有可行性。第二，在提炼案例经验时要考虑战略性（前瞻性）。既要反映灾后重建宏观经济社会及农村发展相关政策的作用，又能对下一步灾后重建宏观政策及农村发展政策的制定和调整提供参考。第三，指出经验的特殊性。在相同的宏观政策背景下，案例经验的价值也体现在案例本身的特殊性上，如果提炼出来的经验在其他个案也可以找到，那么案例就会失去研究的价值。

九、关于开展“中国灾害风险管理与减贫理论方法总结”的几个问题

中国是灾害多发国家之一，每一年因为自然灾害的影响，造成了大量经济、社会、生态损失，增加了贫困的广度和深度。根据统计，贫困地区灾害发生率要比一般地区高5—10倍。汶川地震对贫困的影响以及灾后贫困村恢复重建的实践，至2010年9月底三年任务两年完成之时，个人、社区、区域

都需要从早期恢复向长期发展转变。在这样的转变过程中，以及其他贫困地区灾害风险管理面临的战略问题，对相关的理论方法产生了强烈需求。

开展“中国灾害风险管理与减贫理论方法总结”的理论假设是：中国和国际先进经验在灾害应对实践中产生许多好的做法和经验，这些好的做法和经验通过政策制定或完善得到复制、推广，产生更大的效果；同时，基于成功做法和经验的总结、提炼，将必然形成用于指导政策制定的理论基础和方法论。

（一）开展“中国灾害风险管理与减贫理论方法总结”具有重要的理论和现实意义

一是构建新的减贫理论的需要。中国城乡统筹发展战略推动着城市化进程的加快，在此进程中，需要重构中国乡村发展新的理论和路径。在此背景下，贫困地区作为高灾害风险较大、环境脆弱、贫困范围广和程度深等多因素叠加的地区，尤其需要有新的发展理论的支撑。汶川地震后的经验表明，贫困农村尤为需要加强灾害风险管理。

二是丰富中国履行国际责任、树立大国形象、提升软实力内容的需要。国际社会和广大发展中国家对中国的减贫成就一致给予高度评价，对学习借鉴中国减贫经验愿望强烈，这为扶贫领域配合国家外交战略，在增加对外发展援助同时，加大减贫与发展经验的输出力度，具有重要的现实及战略意义。其中，基于中国汶川、玉树等地震灾后恢复重建实践，总结提炼中国灾害风险管理与减贫的理论与方法，作为国际交流的重要内容，是丰富扶贫外交的重要内容和创新领域。

三是提高未来10年扶贫开发工作水平的需要。一方面，新10年扶贫开发纲要的制定，必然包含防灾减灾、灾后恢复重建与扶贫开发结合的内容，相关政策的制定需要理论层面的支持；另一方面，未来10年扶贫政策需要根据实际情况进行调整，而在政策调整过程中，与现实性问题比较容易达成共识相比，一些前瞻性问题如灾害风险管理等一般较难让相关机构达成共识，需要构建理论方法体系作为协调政策的基础。

（二）开展“中国灾害风险管理与减贫理论方法总结”已具备一定的基础和条件

一是相关理论基础。粗略来看，中国灾害风险管理与减贫理论方法涉及三个核心概念及相关理论：贫困、脆弱性、（灾害）风险。这3个方面的概念、理论与国际是基本接轨的；脆弱性、风险等概念也开始为政府、学界所认同。灾害加大风险，提高贫困脆弱性，导致贫困程度扩大、深度增加，这一路径是存在的，这是理论方法总结的基础。

二是大规模贫困村灾后恢复重建的实践基础。从国家层面看，近年国家高密度出台各类与灾害风险的相关法规、政策，这为开展相关研究提供了支撑。汶川地震发生后，扶贫系统按照国家统一部署，在4834个贫困村开展灾后恢复重建，其中100个贫困村与国际机构合作，开展了一系列不同主题和模式的试验及探索，产生了较好成效，积累了经验。这些为从做法到经验、从经验到理论研究提供了实践基础。

三是建立了多学科、跨领域的研究团队基础。在过去两年多的汶川地震、玉树地震抗震救灾、灾后恢复重建的工作实践中，国务院扶贫办灾后重建办充分利用与各国际机构合作的机会，开展了多项试点、试验、研究，在产生了一批成果的同时，也初步建立了一支对灾害风险管理与减贫有较深理解的专家队伍。这支队伍包括了社会学、发展学、经济学、人类学、环境科学、技术工程学等多个学科的专家，以及一批贫困村灾后恢复重建的实践者。这是开展灾害风险管理与减贫理论方法总结的前提。

四是形成了支持与合作的氛围及基础。国家领导人多次强调灾后重建与扶贫开发相结合，有关部门也形成了相同灾害对不同群体产生的影响不同的共识。国际社会、国际组织希望通过项目合作等方式，引进国际先进理念和经验，与中国实际相结合，探索、总结出更有普遍意义的经验、模式、理论、方法。灾害多发的地区和国家，有借鉴学习灾害风险管理与减贫理论方法的愿望。

（三）开展“中国灾害风险管理与减贫理论方法总结”具备多个内在动力

一是需求驱动。未来10年扶贫开发的重点区域是集中连片的特殊类型贫困地区。这些地区大多是生态脆弱区、民族地区，并与灾害多发区相重合，因此，未来的扶贫政策需要包括灾害风险管理的内容，必然需要相应的理论方法支持。许多发展中国家的减贫与发展，也需要借鉴中国灾害风险管理与减贫理论方法，指导本国降低在灾害风险对减贫进程的延缓作用。

二是实践驱动。一方面，大规模的防灾减灾、灾后重建与扶贫开发的实践，在做法和经验总结的过程中及基础上，必然产生理论方法总结提炼的动力；另一方面，先进的灾害风险管理经验引入中国实践后，也必然产生对含有国际经验本土化成分的灾害风险管理和减贫理论方法再总结再提炼的需求。这些基于实践的经验，上升到理论层面，将在更大范围中产生作用。

三是资源驱动。尽管发达国家、国际机构对华的援助不断减少甚至停止，但是，支持总结、交流中国经验以此促进本国减贫与发展水平提高的动力一直在增加，关键是要有好的主题、好的概念，灾害风险管理和减贫理论方法总结，应该就是其中的一个重要方面。近几年，特大、重大自然灾害频发，国家对相关领域的研究也必然会加大支持力度。这些将有利于推动该领域的研究。

四是创新驱动。研究的目的就是为了应用，通过研究成果的应用，改进工作，提高效果及效率。因此，任何能很快应用于政策的研究，往往具有更大的吸引力。而灾害风险管理与减贫理论方法总结，正符合创新性研究的特征。

十、有序开展灾害风险管理与减贫的理论及实践研究

（一）有序开展灾害风险管理与减贫的理论及实践研究

这是总结我国扶贫系统参与汶川地震等重大自然灾害灾后贫困村重建实践的需要，是推动我国未来扶贫开发战略纳入灾害风险管理内容的需要，是提高我国扶贫系统及贫困社区防灾减灾意识及能力的需要，是建设中国特色灾害风险管理与减贫理论方法的需要，是丰富全球灾害风险管理知识库的需要。

提高对灾害风险管理与减贫的理论及实践研究的新认识，是有序开展该研究的前提。基于我国相关的理论研究及实践思考，灾害风险管理与减贫的理论及实践研究具有以下特点：

一是理论性。需要在研究中原创。灾害风险管理与减贫的理论及实践研究在决策性研究、对策性研究、理论方法性研究以及交流性研究四大研究体系中具有跨体系的特点。

二是实践性。基于实践，又服务于实践。不是纯粹的理论方法总结和提炼，而是研究成果需要从实践中来，到实践中去。

三是学科性。其学科性在于如何体现出学科的交叉性。每一个论题都需要各学科合力寻找解决办法，每一个理论观点或方法的形成是多学科理论或方法有机耦合的结果。

四是发展性。一方面，研究是一个动态进程，需要不断根据现实政策、情况的变化而变化；另一方面，这一研究具有开放性，包括学科开放、地域开放、国内外开放等。

五是国际性。本研究需要国际视野和国际经验，既需要把国际经验引入中国，也需要将中国实践推向国际。国际性的另一个含义是可以采取全球联合研究的方式，扩展研究视角。

六是前瞻性。可以预料，在应对气候变化框架中，围绕灾害应对与减贫的主题研究，将是未来30—50年的重点内容。

（二）进一步厘清灾害风险管理与减贫的理论及实践研究的思路，是有序有效开展该研究的基础

首先，灾害与贫困之间内在的必然性需要研究。灾害与贫困密切相关，对应的灾害风险管理与减贫也是相关的，需要研究其相关性。灾害带来了风险，风险提高了脆弱性（包括生态、社会、能力等方面），导致贫困发生可能性提高。灾害—风险—脆弱性—贫困之间的传导是综合性的，这就需要进行多领域、多学科的综合性研究。

其次，灾害风险与脆弱性、减贫机制完善需要研究。目前我国确定的扶贫重点区域大多是集中连片的高脆弱区、高风险区。这些地区灾害多发、高发，如果能对之进行有效管理，显然可以更有效地帮助贫困人口解决发展问题，更有利于国家减贫效果的不断提高。而且，以贫困人口为对象，在救灾、重建政策体系普惠性基础上，增强其特惠效果，无疑更有利于贫困人口的恢复与发展。

再次，防灾、避灾和减贫结合的机制模式需要研究。比如，如何通过提高避灾意识、提高减灾能力，促进灾后重建和减贫的有效性，不同类型地区如何减灾、避灾并和减贫结合起来，等等。

最后，不同减贫层面灾害风险管理相应对策研究。比如，贫困社区的基础设施建设、产业发展如何建立避灾防灾能力，集中连片特殊困难地区如何进行灾害风险管理，等等。

（三）制定并实施灾害风险管理与减贫的理论及实践研究的行动计划，是有序有效开展该研究的保障

一是建立研究网络。这是一个有共同目标的松散型研究网络，其成员需要体现学科、地域的广泛性和代表性。网络的主体是核心研究团队，由具有相关研究积累和共同目标的减贫、经济、发展、环境、灾害、农业、人类学等领域的专家组成。

二是制定研究规划。包括研究背景、目标定位及具体目标、研究框架与内容、项目规划、研究方法、保障体系等。规划是共同研究的基础。

三是整合研究资源。包括网络成员已有的研究、正在或将要开展的相关研究，积累的相关资料，共同开展的研究项目，共同筹集的资金以及专家资源，与国际机构或其他国家开展联合研究。

四是确定并启动第一批灾害风险管理与减贫的理论及实践研究项目，是有序开展该研究的保障。包括灾害风险管理与减贫研究综述；灾害风险管理与减贫理论分析框架；中国自然灾害与贫困的空间分布及区域特征；环境风险与减贫机制研究；集中连片特殊类型贫困地区的产业结构调整中的环境风险研究；不同类型生态脆弱区灾害风险与贫困；灾后贫困村可持续生计研究；灾害对贫困的影响评估方法；新型扶贫模式研究——低碳、生态环境修复和减贫；气候变化应对进程中，生态及贫困脆弱社区防灾减灾及可持续发展能力建设；等等。

十一、灾害风险管理与减贫理论方法：一个初步的研究框架

从中国近年来的几起重大自然灾害的发生成因及应对方案来看，灾害与贫困在实践活动和政策框架两个层面显现出高度的关联性。其一，灾害的巨大破坏性使灾区和灾民步入贫困状态或走向贫困的边缘，或加重了地处贫困地区的灾民的贫困程度，所谓“因灾致贫”“因灾返贫”，灾害成为一项重要的新型致贫因素之一。其二，贫困与灾害在分布区域上具有高度的重合性，灾害高发地区往往是自然环境恶劣的贫困地区，贫困进一步加重了灾区与灾民的脆弱性与受灾程度，降低了其灾害应对能力。其三，在

新的历史背景下，灾害既具有自然属性也具有明显的社会属性，它是自然因素与人为因素共同作用的结果，比如因人类对自然的过度开发利用所导致的生态环境问题。

灾害与贫困在实践与政策两个层面的关联性，在研究层面就牵涉到以前的灾害研究和贫困研究两项研究领域在研究视角上的融合与转换，其关节点在于灾害风险管理与减贫理论关联的建构和研究方法的创新。

基于此，我们初步建构了一套灾害风险管理与减贫理论方法的研究框架，试图从基本的研究方向和思路意义上为后续研究提供一定的研究基础。

（一）灾害风险管理与减贫的研究回顾

本研究将从逻辑与历史、理论与现实相结合的角度，对灾害风险管理与减贫的理论资源、政策体系、实践进程和研究方法进行全面回顾与系统总结，从而明晰已有研究对现实问题的解释效力、程度和限度，并指出后续研究创新的空间与拓展的方向。

（二）灾害风险管理与减贫的关联分析

为厘清灾害风险与贫困之间的理论和现实关联，明确两者的关联程度、方式、机制、内容及类型，本研究将以逻辑推理与模型建构为基础，对灾害风险与贫困之间的理论关联进行多角度、多层面的归类分析，同时选取若干遭遇不同类型灾害风险的贫困村和贫困人群，开展实地研究、问卷调查和案例分析，对灾害风险与贫困之间的现实关联进行对比分析、内容分析和类型分析。

（三）灾害风险管理与减贫相结合的多层面透视

由于灾害风险和贫困在类别和对应关系上的差异性，灾害风险管理与减贫相结合的方式和机制自然也具有一定的层次性。同时，灾害风险管理与减贫的影响因素和相关变量也非常广泛，牵涉到自然、经济、社会、文化、政治、心理等方方面面的因素和变量。因此，需要对灾害风险管理与减贫相结合的环境、条件、方式、机制和后果等论题展开多层面、多角度的理论与实践透视。

在研究对象的选取上，应考察不同的贫困地区、不同的贫困类型、不同的灾害风险级别、灾害发生的不同阶段等因素。

在研究内容的选择上，至少要包括以下6个层面：①环境层面，包括环境脆弱性、环境可持续力、生物多样性与灾害风险管理和减贫，以及贫困地区的生态环境风险管理，等等。②经济层面，包括经济结构、产业结构、技术进步与灾害风险管理和减贫，农户的就业方式、收入结构与灾害风险管理和减贫，减灾和减贫资金的筹措、使用与评估，等等。③文化层面，包括社区和农户的发展意识、风险意识、文化传统与灾害风险管理和减贫，少数民族与灾害风险管理和减贫，等等。④社会层面，包括社会组织、社会资本、社会参与与灾害风险管理和减贫，社区管理体制、运行机制与灾害风险管理和减贫，等等。⑤政治层面，包括体制要素、政策要素、公民权利、基层民主与灾害风险管理和减贫等。⑥综合层面，包括性别、心理、信息平台建设、政府—市场—社会合作机制与灾害风险管理和减贫等。

（四）灾害风险管理与减贫的综合政策框架建构

基于灾害风险管理与减贫在理论和实践两个层面的关联，本研究在政策目标上将着力建构一套具有较强现实性、可操作性和超越性的综合政策框架。这套政策框架应在现实说服力和理论解释力两个层面实现有效衔接，既有理论的前瞻性又有实践的可行性。在内容体系上，应关注市场机制、技术进步、经济增长、公共财政支出、社会保障、社会公平正义等要素。

（五）灾害风险管理与减贫理论方法的总结与提炼

本研究不仅仅是一项纯粹的实践探索与理论研究，更主要的是试图开展深层次的理论和方法的总结、创新与提炼，为灾害风险管理与减贫在基本概念、理论和方法等方面的学科建构和创新提供一个平台与契机。在这项工作的具体展开过程中，应借用社会学、环境学、政治学、经济学、人类学等多学科的理论与方法，形成多学科的理论方法资源及专家资源的合力攻关。

（六）灾害风险管理与减贫理论方法的国际交流与合作

本研究将面向国际社会，借鉴国际经验，实现国内经验的国际化，开展国际交流与合作。具体而言主要包括：①获取并利用国际学术资源，提升中国灾害风险管理与减贫理论方法的研究水平；②借鉴国际经验，推进中国灾害风险管理与减贫相结合的实践进程，提高其运转绩效；③提炼中国灾害风险管理与减贫相结合方面的可供国际交流的做法和经验；④开展灾害风险管理与减贫方面的国际考察、学习培训与学术合作。

十二、加强灾害风险管理框架下生态金融扶贫新模式研究的思考

中国是一个自然灾害频发的国家，也是一个正在迅速成长的发展中国家。在中国，自然灾害与贫困联系密切。与发达国家和地区不同，中国的自然灾害多发生在一些边远山区、地质条件脆弱地区和发展速度较为缓慢地区，有许多地方的贫困是由自然灾害导致的。所以，建立应对灾害风险的新型扶贫模式研究就显得尤为必要，主要体现在：

研究自然灾害频发下的新型扶贫模式，是中国经济社会全面转型发展提出的新要求。目前，中国经济社会发展面临转型，更加注重环境保护，维系多元化的生态组织与生产生活环境成为中国经济社会转型期的发展导向。对于扶贫来说，也是如此，要更多考虑自然生态及地质条件，特别是在一些自然灾害和地质灾害频发的边远山区、基础设施尚不健全的老区等，因地制宜地提出扶贫策略，研究脱贫方法，开发与设计新的扶贫模式，已成为当务之急。

研究自然灾害频发下的新型扶贫模式，是加强灾害风险管理，应对突发性自然灾害的必然要求。灾害风险管理是当今国际社会积极倡导并推进的灾害风险管理理念和模式。中国积极推进综合灾害风险管理战略的实施，既是同国际社会灾害风险管理主流趋势接轨的需要，也是为构建和谐社会打造安全屏障的现实要求，更是具体实际的解决因灾致贫和因灾返贫的重要举措。

研究自然灾害频发下的新型扶贫模式，也是中国扶贫开发工作理论探索和指导实践的新要求。中国对自身扶贫理论、扶贫模式的提炼和完善，也成为扶贫理论界为之研究的重点内容之一。而理论的生命性体现在它的与时俱进上，任何一种理论和模式都要有指导一定历史时期发展任务的功能和作用，扶贫理论与模式的探索也不例外。

近几年，中国许多地方都陆续探索与实践了许多新型扶贫模式。而金融扶贫，作为一种新型扶贫模式，虽然在过去几年屡有探索，但由于运行机制与环境限制，一直没有得到很好发展。而且，随着中国经济社会转型期的到来，更加关注生态和环境建设成为各类工作的首要目标。基于此，我们提出了生态金融扶贫模式这一概念，将此作为研究的切入点，就是要

将金融扶贫和生态保护与维持结合起来，通过具备生态功能的金融工具来支撑扶贫事业发展。

生态金融扶贫模式研究立足于构建符合中国扶贫现状的生态金融平台，搭建碳汇交易与地区间财富转移的合理机制，分析并检测其具体实践的可行性及实施路径，促进中国扶贫模式的新探索与新尝试。需要突出对既有理论下符合中国扶贫现状的生态金融扶贫模式的探索，并集中研究碳汇交易在扶贫开发领域中的应用和实践，设计出实施路径和相关机制，供决策部门及理论研究部门参考使用。

生态金融扶贫模式研究的内容主要包括：

一是原有扶贫模式面临的挑战与存在问题。进入新时期以来，中国面临经济社会发展方式的根本性转变，过去依托产业扶贫的路径选择逐步要向资源约束下的生态保护与维持方向转变，也就是在扶贫脱贫过程中，更要注重保持贫困地区的地形地貌、生态环境和生态禀赋。在不影响当地生态环境的前提下实现贫困地区的脱贫致富。这样一来，许多过去通用的模式也面临挑战，亟待探索新的生态型的扶贫开发新模式。因此，原有扶贫模式面临的挑战与存在问题使得新型扶贫模式探索与开发尤为必要。

二是生态金融扶贫模式的构想与设计。构想与设计符合中国扶贫现状的模式与路径，需要在两者之间寻找契合点。一方面，生态金融、碳汇交易需要在具备生态条件的地区实施，包括拥有较为丰富的森林资源、草原资源、水资源和其他可利用再生资源。另一方面，也需要贫困地区与发达地区在国家层面上建立生态补偿机制，以生态金融和碳汇交易作为媒介，实现地区间的财富生态型转移。建立生态金融的碳汇交易扶贫模式，要做好三个基本环节。第一，能够合理界定围绕碳排放与碳吸收的循环路径，找出碳循环的流转方式，确定发达地区与贫困地区的对口交流路径。第二，能够合理评估排碳量与吸碳量，能够建立多维指标体系测度不同碳量之间的转化和交易过程。第三，能够设计出一套碳汇交易的运营流程，包括运营主体、客体、资本转换、交易平台等。

三是新型碳汇交易模式在扶贫中的可行性及适应性分析。新型碳汇交易模式能否在中国扶贫开发中得以应用，要进行可行性及适应性分析。从可行性角度来看，目前碳汇交易逐步成为发达地区金融创新的探索性举措，国际、国内的碳汇交易有许多成功经验和试点可以借鉴，区域不平衡的发展状况亟待通过合理机制予以改善，这些都为探索和实践碳汇交易在中国扶贫开发中的应用营造了客观条件。从适应性上来看，碳汇交易在中国发达城市之间已有试点，许多国际合作项目也积累了不少经验，中国许多贫困地区具备丰富的碳汇交易资源，这也为碳汇交易模式在中国扶贫开发中的应用奠定了适应性基础。

四是相关政策建议。构想、设计与建立这样一种以生态金融为基础的碳汇交易扶贫模式，需要从上到下的政策体系支撑，包括中央政府全国性政策和地方政府之间的合作性协议。因此，本项研究的最后也要针对研究成果向政策制定部门提出相关建议，主要包括3个层面的内容：第一，有关建立国家层面的生态补偿机制的建议；第二，有关建立区域间生态补偿协议及交易机制的建议；第三，有关发达地区对口支援贫困地区碳汇流转机制的建议。

十三、开展“灾害风险管理与减贫的理论及实践研究”的理论分析框架

（一）开展“灾害风险管理与减贫的理论及实践研究”具有多重理论必然性

首先，基于灾害风险管理与贫困及减贫的内在关联性。实证研究发现，尽管灾害的成因非常复杂，但灾害与贫困之间往往具有很高的内在联系性，表现在：灾害的发生与贫困区域的分布具有高度的重合性，灾害高发地区往往是自然环境恶劣的特殊类型贫困地区。由于复杂的自然地理条件和特殊的历史发展进程，贫困地区的生态脆弱性、经济脆弱性、社会脆弱性呈现出叠加和累积的现实特征，应灾能力更为匮乏。尤其是这些地区的经济活动往往长期依赖于自然资源，人类活动与自然环境之间的紧张状况导致生态环境问题出现，甚至人为增加了灾害发生的概率。而一旦发生灾害，造成的巨大损失又会导致人与自然关系新一轮的紧张关系。灾害的发生加大了贫困的深度和广度。“因灾致贫”“因灾返贫”是造成我国贫困人口数量居高不下的主要原因之一。灾害过后，灾后恢复速度与灾区原来发展程度呈反相关关系。

其次，具有理论紧迫性。一方面，现有文献表明，国内外在灾害风险管理或者减贫方面的研究已经取得了较为丰富的成果，但是对于灾害风险管理与减贫关系的研究涉及较少，无论是从灾害风险管理的角度来研究减贫工作，还是从减贫的角度来探讨灾害风险管理，都是近年才引起关注和重视。对这个新命题做理论上的梳理非常必要。另一方面，灾害风险管理与减贫相互促进的关系在国内外相关减灾和减贫实践中得到了很好的体现，总结既有实践的成功经验，提升到理论层次，既是理论研究的新领域，也是为灾害风险管理与减贫结合的政策实践提供智力支持的基础性工作。

再次，完善减贫战略的现实性。灾害问题和贫困问题彼此关联，把灾害风险管理纳入新阶段减贫战略是灾害多发的贫困区域从根本上解决贫困问题的有效措施，因此将二者结合起来进行理论及实践研究是完善减贫战略的现实需要。特别是贫困人口相对集中的生态脆弱、经常受到灾害侵袭的中西部特殊类型困难地区，这些地区频发的地质灾害、气候灾害不仅造成了巨大的生命财产损失，亦使得减贫工作面临巨大挑战。这就需要从灾害风险管理的角度来重新认识减贫，正确把握灾害与贫困之间的关联，建构灾害风险管理与减贫的理论框架。

（二）开展“灾害风险管理与减贫的理论及实践研究”具有多元理论目标

阐释和归纳不同类型灾害与不同类型贫困各自所具有的主要特征，尤其是区分渐发性灾害、突发性灾害等灾害发生的社会性、经济性特征等；讨论灾害与贫困的关联强度及分布特征，掌握灾害发生与贫困的关联程度和关联机制，从而提出通过灾害风险管理实现减贫的基础理论，建构灾害风险管理和减贫的关联性研究模型；提出灾害风险管理与减贫研究的新的理论视角，从降低贫困地区总体脆弱性、提升地域力以及增强预警性、加大防范力、培育自觉性等方面出发，构建灾害风险管理与减贫的理论分析框架，为设计推进灾害风险管理以促进减贫策略提供依据，为相关实践和研究提供理论指导。

（三）开展“灾害风险管理与减贫的理论及实践研究”包含多方面理论内容

一是灾害风险管理理论和减贫理论的再研究。在梳理国内外既有研究成果的基础上，阐释与归纳不同类型灾害与不同类型贫困各自所具有的主要特征。一方面，在已有的从不同视角对灾害和贫困开展的类型学研究成果的基础上，有针对性地开展服务于理论框架研究的类型学划分，掌握灾害发生与贫困的关联程度和关联机制；分析不同类型的灾害的发生学机制，讨论灾害与贫困的关联强度及分布特征。另一方面，对不同类型灾害和不同类型贫困的主要特点进行研究。同时，结合对贫困的类型学研究，对照二者的关联性。

二是灾害与贫困、灾害风险管理与减贫之间的关系研究。从对灾害的发生学研究中，探讨不同类灾害发生的特殊性影响因素，尤其侧重于渐发性灾害发生的社会性和经济性机制，提出灾害风险预警的“指示性指标”；探寻灾害和贫困、灾害风险管理与减贫之间的主要关系变量，从多层面透视灾害与贫困、灾害风险管理与贫困之间的关系。

三是减贫进程中灾害风险管理的运行机制及关联性理论框架研究。从灾害管理的三个阶段及灾害风险管理与减贫之间的内在关联性出发，进而提出自上而下的宏观防灾减灾与减贫行动和自下而上内生的地域力培育之间的关联思考路径。在以上研究的基础上，提出如何通过灾害风险管理达到减贫的运行机制、基础理论，建构灾害风险管理和减贫的关联性理论框架。

汶川地震灾后贫困村恢复重建规划设计与实施展望

理论和实践表明，面对相同的灾害，不同的区域、人群受到的影响和损害并不完全相同，这也就决定了灾后重建政策措施的差异性需求。贫困村是我国贫困人口集中的区域，是抗灾能力最弱、恢复重建难度最大的最小行政单元，也是开展扶贫开发的工作单元。因此研究汶川地震灾后贫困村的恢复重建规划问题，具有重要的现实意义。本文建立了灾害对贫困影响的一般理论分析框架，根据框架对中国汶川地震对贫困的影响进行实证了分析。以此为基础，设计了贫困村灾后重建规划，提出了规划实施的对策建议。

《扶贫开发》2009年第11期

一、灾害对贫困影响的分析框架

灾害对于受灾区域的影响并不是平均分布的。灾害发生时，贫困群体之所以在灾害中遭遇更大的损失和影响，往往是由其自身的脆弱性造成的（如图1）。

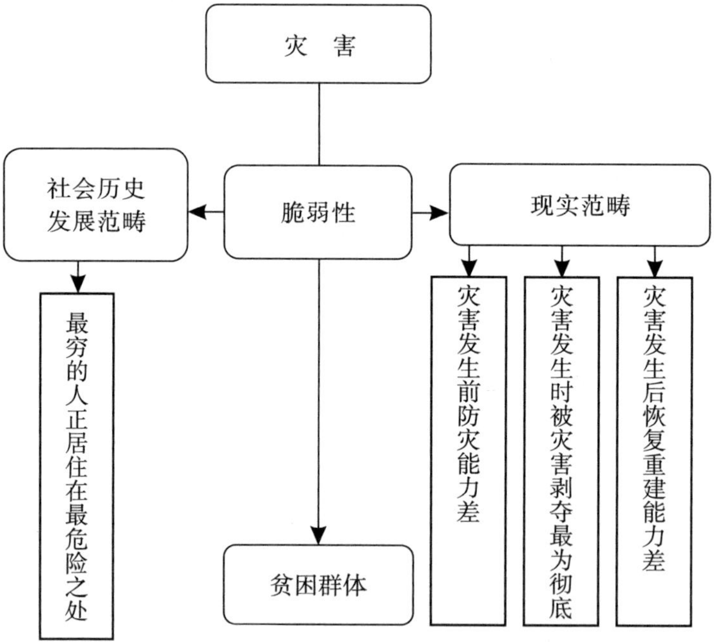

图1　灾害对贫困影响的分析框架

社会历史发展范畴中贫困群体的脆弱性。自然灾害频发的地区，人们通过积累的经验，多数能够对它们有所认知。在历史演进中，人们总是依靠自己的理性选择趋利避害，尽可能选择那些适应人类居住而又很少发生天灾的地区居住。于是经过历史发展的积累，居住在那些生存环境恶劣、灾害经常爆发区域中的，通常都是贫困群体。贫困群体中先摆脱贫困、逐步富裕的人们通常会选择更好的居住环境。随着时间的演变，形成了“最穷的人正居住在最危险之处”的现实。

现实范畴中贫困群体的脆弱性。当灾害真实发生的时候，除非灾害强度小到不显著或者大至可以吞没一切，否则贫困群体的脆弱性都会凸显。表现在：

第一，灾害发生前，贫困群体防御灾害的能力较差。生活方面，经济条件的限制使贫困群体在建材选择、建筑设计和建造质量等方面，更易于采取成本更低的方式，降低了房屋抵御灾害的能力；由于贫困地区土地资源紧张，群众聚居地区尤其是那些人多地少的地方往往会出现建筑密集、街巷狭窄等建筑规划不合理的情况，这种居住格局也非常容易加重损失和伤亡现象。生产方面，贫困群体所从事产业对于自然条件的依赖性强，生产技术含量低、生产工具更粗糙、保护措施更不健全，灾害一旦发生，贫困群体的生产成果也是最容易付诸东流。

第二，灾害发生时，灾害对于贫困群体的剥夺更为彻底。一方面，贫困群体的财产结构单一，大多数农户都把多年的积蓄花费在房屋的建设上，房屋损毁也就意味着失去了所有财产。另一方面，贫困群体的生产活动比较单一，其主要收入来源于传统的家庭种养业，当灾害发生的时候，较之那些存有一定积蓄而又掌握其他致富手段的农户而言，靠天吃饭的贫困农户也就被灾害剥夺得更为彻底。

第三，灾害发生后，贫困群体的恢复重建能力更差。一是由于地处偏远、交通不便，各种资源有限，贫困群体重建活动的成本要比非贫困地区要高得多，如相同数量的建材，到偏远地区需要更高的运费。二是一些普惠性政策并不利于贫困群体，比如仅仅补助部分投资的项目，贫困群体由于缺乏自筹能力而不得不放弃。三是当负债发生时，贫困户的负担将进一步加重。

二、汶川地震对贫困影响的实证分析

四川汶川特大地震，是新中国成立以来破坏性最强、波及范围最广、救灾难度最大的一次地震灾害，也是对贫困问题影响最大的一次自然灾害。汶川地震共造成四川、甘肃、陕西、重庆等省（区、市）的417个县、4667

个乡（镇）、48810个村庄受灾，其中极重和重灾县（市、区）51个，四川省39个、甘肃省8个、陕西省4个。

在51个极重和重灾县中，有扶贫开发工作重点县43个（其中国家扶贫开发工作重点县15个，省级扶贫开发工作重点县28个），革命老区县20个，少数民族自治县10个；涉及贫困村4834个，灾前贫困人口218.3万人。在186个一般灾区县中，有127个国家扶贫开发工作重点县和省级扶贫开发工作重点县（其中国家扶贫开发重点县47个），受灾贫困村近1万个，灾前贫困人口879万人。

此次震灾不仅使大量房屋倒塌损坏，基础设施大面积损毁，工农业生产和人员财产遭受重大损失，生态环境严重破坏，而且由于部分灾区与贫困地区重合，对贫困问题造成重大影响，扶贫开发面临重大挑战。

（一）灾前灾区贫困状况

灾前受灾贫困地区农村贫困现象严重，是典型的“老、少、边、穷”地区，其主要特点：一是自然条件恶劣。大多数县以山地、高原为主，是我国地震等地质灾害和暴雨、冰雹等气象灾害的高发区和易发区，水土流失和植被破坏严重，也是长江上游生态保护的重要区域。二是基础设施薄弱。在51个极重和重灾县，灾前有1056个村不通路，187个村不通电，3647个村不通自来水，371个村不通电话，2686个村不通广播，1311个村不通电视。三是经济社会发展水平低。51个极重和重灾县2007年国内生产总值为2066.5亿元，人均1万元，是全国人均水平的53%；地方财政一般性预算收入53.3亿元，人均262元，仅为全国平均水平的7%；农民人均纯收入2086元，是全国平均水平的50%。

表1　51个极重和重灾县贫困状况表

省份	极重和重灾县（个）			老区县（个）	少数民族自治县（个）	贫困村（个）	贫困人口（万人）
	总数	国家扶贫开发工作重点县	省级扶贫开发工作重点县				
四川	39	7	24	18	9	2516	94.4
甘肃	8	6	2	—	1	1811	96.0
陕西	4	2	2	2	—	507	27.8
合计	51	15	28	20	10	4834	218.2

（二）地震对灾区贫困的影响

第一，贫困面急剧扩大。原有贫困人口愈加贫困，甚至一贫如洗；因灾返贫人口增多，贫困面扩大。根据试点村和典型村推算，51个极重和重灾县（简称规划区）因灾返贫率大幅度提高，贫困发生率由灾前的30%上升到60%以上，给扶贫开发、新农村建设以及全面建设小康社会带来了新的挑战。

第二，受灾贫困村经济社会发展水平严重倒退，贫困程度进一步加深。地震使贫困地区灾区原本十分脆弱的公共服务能力进一步下降，基础设施和生产生活条件遭到严重破坏。据110个村的典型调查，农民人均纯收入从2000多元下降到千元以下（不含补贴性收入）。无房、无生活来源、无生产资料等的农户数量大幅增加，群众生活面临更多困难，受灾贫困村经济社会发展水平严重倒退。

第三，资源环境更加脆弱。规划区耕地资源总量不足、质量较差，土地承载力总体超出可承载力2—5倍，许多农户长期以来靠外出打工维持生计。地震使耕地及植被遭到破坏，并引发山体滑坡和水土流失，资源环境更加不堪重负。一些贫困村组出现整体赤贫现象，原本“一方水土难养一方人”的地方，生产生活更加困难。

第四，扶贫开发进程延缓。2001年以来，51个极重和重灾县的4834个贫困村中已有2661个村实施了整村推进扶贫开发，生产生活条件得到初步改善，建成了一大批具有地方特色的增收产业，农村贫困面貌得到较大改变。地震使多年扶贫开发的成果毁于一旦，建成的生产生活基础设施基本被摧毁，严重破坏了30年改革开放和20多年扶贫开发初步建立起来的发展基础，增加了如期完成《中国农村扶贫开发纲要（2001—2010年）》任务的难度，延缓了扶贫开发进程。

第五，恢复重建难度很大。60%的灾区与贫困地区重合，给当地本已严重滞后的社会经济发展造成了极大损失，贫困村灾后重建形势严峻。与一般灾区相比，由于贫困村地处偏远，交通不便，基础设施落后，灾后恢复重建任务更重、困难更多、难度更大，是灾后重建的薄弱环节和难点。

（三）受灾贫困村分布分析模型与基本判断

在对三省受灾贫困村调研的基础上，为了便于深入分析、分类指导，特地制作受灾贫困村分布分析模型：

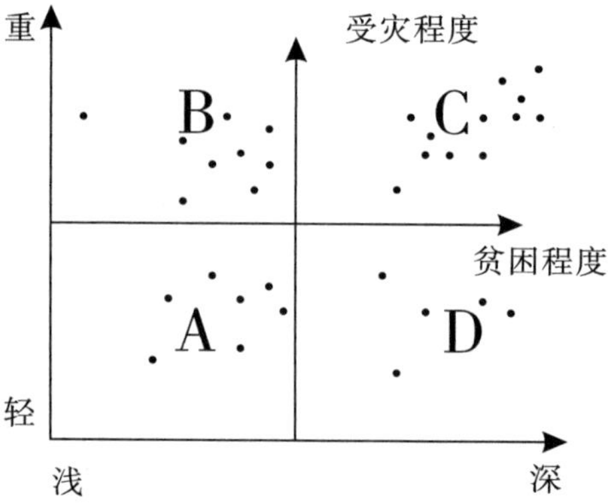

图2 受灾贫困村分布分析模型

根据以上模型和贫困村实际情况，4834个受灾贫困村可以归结为4种状态（类型）：

类型A：贫困程度浅，受灾程度轻；

类型B：贫困程度浅，受灾程度重；

类型C：贫困程度深，受灾程度重；

类型D：贫困程度深，受灾程度轻。

所有的贫困村都可以在4个区间上找到相应的位置。显然，按照重建难度：C类最难，既要重建，还要解决深度贫困问题；D类次之；B类重点在灾后恢复重建；A类有一定发展基础，灾害对基础设施有一定影响，但对产业影响并不大，相对易于恢复。

根据上述分析和调研情况，有以下初步判断：

（1）各种类型的比重大致是：C类贫困村占40%，A、B、D类贫困村各占20%。

（2）C类贫困村主要是地处边远的，分布在高山、半高山区的村，大多数民族村也主要属此类型。调研到的四川省阿坝藏族羌族自治州的10个贫困村、甘肃省的2个试点村属于C类。而四川省的7个试点村和陕西的4个试点村，主要分布在A、B、D区间。

（3）不同类型的贫困村灾后重建需求不同，重建重点内容、资金需求都会有明显的差异。在资源约束前提下，达到相同目标，C类贫困村所需投入最多，A类最少，B、D类大致相同。

（4）有必要在灾害贫困影响评估的基础上，通过进一步定量、定性对贫困村类型进行划分。

三、贫困村灾后恢复重建规划设计

村级建设是灾后恢复重建的重要组成部分。行政村是农村灾后恢复重建的基础，是灾后重建社区功能的基本单元，村级的各项建设与恢复群众基本生产生活条件关系最密切，群众最关心，对安定民心、稳定基层、稳定社会有重要作用，需要给予特别关注。

（一）编制和实施贫困村灾后恢复重建规划的依据和理由

编制和实施贫困村灾后恢复重建规划具有特别重要的意义。灾害导致灾区农村大量人员伤亡和资本的全面缺失，使农村灾区出现了新的贫困问题，形成了明显的灾后贫困片区和贫困群体。灾前发展较快的村、一般的村以及贫困村，受灾后都不同程度地存在新的贫困问题。但是，由于基础较差，抗灾能力脆弱，贫困村恢复重建难度更大，需要时间更长。贫困村由于远离城镇中心、地处相对边远、交通不便等因素，是灾后恢复重建的薄弱环节，如不给予特别关注和支持，不赶上其他地区灾后恢复重建的步伐，很可能形成新的发展不平衡，甚至成为影响社会稳定的一个重要因素。因此，编制和实施贫困村灾后恢复重建规划，具有十分重要的意义。

扶贫部门具有编制和实施贫困村灾后恢复重建规划的经验和能力。从2001年开始，贫困村一直是扶贫工作的重点区域。扶贫部门的同志长年在贫困地区工作，熟悉农村，熟悉农民，了解贫困群众意愿，有组织发动群众的经验，在贫困地区特别是贫困村有良好的工作基础。经过多年的实践、摸索，形成了一整套整村推进、综合开发的成熟经验，建立了一支战斗力较强的队伍，有能力承担组织编制和实施贫困村灾后恢复重建规划的任务。

规划的主要依据：国家领导关于要把灾后重建与扶贫开发结合起来的指示精神、《中华人民共和国城乡规划法》、《汶川地震灾后重建条例》，《中国农村扶贫开发纲要（2001—2010年）》、《国家汶川地震灾后重建规划工作方案》、国务院抗震救灾总指挥部灾后重建规划组会议纪要和有关规划编制的要求。

（二）组织编制贫困村灾后恢复重建规划

在全面调查摸底的基础上，按照贫困代表性、灾情代表性、地貌代表性等特点，在51个极重和重灾县规划区选择了19个贫困村开展灾后恢复重建规划编制的试点（其中四川10个、甘肃5个、陕西4个），按照系统性、综合性、参与性的原则，通过实地调查、农户访谈、村民会议、与部门座谈等形式，充分了解受灾贫困村和贫困群众的困难和需求，由受灾村和群众讨论需要开展的重建项目和生产恢复活动，测算恢复重建所需资金，编制村级灾后恢复重建规划。同时，四川、甘肃、陕西三省全面开展了贫困村灾情和灾后恢复重建需求调查。在此基础上，按照自下而上的方法，以《汶川地震灾后恢复重建总体规划》和《汶川地震灾后恢复重建农村建设专项规划》为指导，依据相对统一的技术标准，考虑与各相关专项规划相衔接，编制完成了省级和国家级贫困村灾后恢复重建总体规划。

目前，贫困村灾后恢复重建总体规划已纳入《汶川地震灾后恢复重建总体规划》和《汶川地震灾后恢复重建农村建设专项规划》。

（三）贫困村灾后恢复重建总体规划的主要内容

范围。国家确定的10个极重灾县、41个重灾县中受灾的4834个贫困村（即三省在2001年为实施《中国农村扶贫开发纲要（2001—2010年）》选择确定的贫困村，全国共有15万个）。其中：四川省10个极重灾县、29个重灾县，共2516个贫困村；甘肃省8个重灾县，共1811个贫困村；陕西省4个重灾县，共507个贫困村。

指导思想。全面贯彻落实科学发展观，按照灾后重建与扶贫开发结合的要求，坚持以人为本、科学重建的方针，按照有限范围、有限时间确定有限目标和任务的要求，优先恢复重建受灾群众基本生产生活设施和公共服务设施。坚持尊重科学、尊重自然，坚持自然资源开发与人力资源开发并重。

原则。以人为本、民生优先、全面发展；群众参与、项目到村、帮扶到户；因村制宜、统筹兼顾、综合重建；统一规划、典型示范、分步实施；国家支持、社会帮扶、自力更生。

目标。通过国家支持、社会帮助和群众参与、自力更生，经过三年努力，使受灾贫困村基础设施、产业开发、民主管理与自我发展能力恢复到灾前水平，基本实现《中国农村扶贫开发纲要（2001—2010年）》确定的目标。

恢复重建项目。主要包括住房建设、基础设施建设、公共服务、产业开发、能力建设、生态恢复与村容村貌建设等6个方面，共35个子项目。其中，村内基础设施建设包括6个子项目，分别是：恢复重建村内道路、小型农业灌溉设施、村内饮水设施、可再生能源设施、入户供电设施和恢复基本农田。生产恢复主要考虑恢复农户生计，包括：在部分村建立村级互助资金，有偿使用，滚动发展；同时为50多万贫困农户提供生产启动资金，开展增加收入的各种生产活动。能力建设包括农村实用技术培训、劳动力转移技能培训、健康与环境教育培训、村级组织管理能力培训等。环境改善项目是帮助26.18万个农户实施“五改三建”，改善居住环境。

表2　贫困村灾后恢复重建资金估算

省份	规划县数量（个）	贫困村数量（个）	资金估算（亿元）
四川	39	2516	90.09
甘肃	8	1811	52.36
陕西	4	507	14.43
合计	51	4834	156.88

注：不含住房和村外基础设施建设

四、推进贫困村灾后重建规划实施的对策建议

推进贫困村灾后恢复重建工作，总的要求是必须贯彻落实科学发展观，更加突出以贫困人口为本，更加关注弱势群体利益。在实现3年灾后恢复重建目标、为受灾贫困村的发展打下基础的同时，创新灾后重建与扶贫开发机制与模式，为下一轮扶贫开发提供经验积累和借鉴。

为了做到科学谋划、合理安排、有力有序地推进贫困村灾后重建工作，提出以下对策建议：

（一）协调落实贫困村灾后恢复重建专项资金

国务院已印发《汶川地震灾后恢复重建总体规划》。总体规划中明确灾后恢复重建资金安排用于贫困村灾后恢复重建。据了解，国家灾后恢复重建资金可能采取切块到省的做法，各项资金安排主要通过由市、县人民政府制定的实施方案来体现。因此，建议三省扶贫办立即和有关市、县人民政府进行沟通、协调，在市、县灾后恢复重建规划实施方案中体现贫困村

灾后恢复重建的资金安排。保守估计，在国家灾后恢复重建资金中全额安排156亿元用于贫困村灾后恢复重建不太现实，但每个受灾贫困村最基本的投入不应该少于100万元。最优方案是，从国家灾后恢复重建资金中专项安排平均每个贫困村100万元，共计48亿元。次优方案是，国家灾后恢复重建资金和新增财政扶贫资金各安排24亿元。最低方案是从国家灾后恢复重建资金和新增财政扶贫资金中专项安排平均每个村50万元，需要24亿。这3种方案，至少落实一种，贫困村灾后恢复重建往前推进才有基本保障。

此外，要多渠道筹集贫困村灾后恢复重建资金。可能的途径包括：将贫困村灾后重建纳入对口援建规划，争取有关行业部门对贫困村灾后恢复重建规划的支持，动员社会包括国内企业、国际机构和国内外民间组织的支持。

（二）逐级明确和建立贫困村灾后恢复重建责任体系

贫困村灾后重建是一个复杂的系统工程，涉及方方面面。国家已经明确，恢复重建的主要责任在受灾地区各级政府。省级人民政府对本地区的灾后恢复重建负总责、统一领导、统一协调、督促检查灾后恢复重建规划的实施，并负责制订本省恢复重建年度计划。市、县人民政府统筹组织实施可以分级落实到县的重建任务。逐级明确和建立贫困村灾后重建规划实施责任体系非常必要。

国务院扶贫办主要负责规划编制和实施指导、组织试点、检查督促、监测评价、总结经验、模式推广、国际合作。

各级扶贫部门要充分发挥本级扶贫开发领导小组的作用，具体负责本区域内贫困村灾后恢复重建规划的编制与实施，制订并实施年度计划，确保目标如期完成。要充分调动贫困村和受灾群众参与灾后重建的积极性和主动性，推广参与式扶贫方式，尊重群众的首创精神，发挥群众在灾后恢复重建中的主体作用。

（三）切实把贫困村灾后重建和扶贫工作结合起来

一是从组织机制上将贫困村灾后恢复重建规划纳入扶贫工作的总体规划中，成立专门机构或明确责任部门，抽调专人负责。

二是将贫困村灾后恢复重建和整村推进扶贫开发、劳动力转移培训、产业化扶贫、移民搬迁扶贫等扶贫重点工作结合起来。将多年探索、积累的成功经验在重建中进行整合、创新。

三是未完成整村推进的受灾贫困村除安排灾后恢复重建资金外，原计划投入整村推进的资金不应减少。

（四）以点带面、分类分批推进贫困村灾后恢复重建规划的编制与实施

一是全力抓好第一批19个村的试点。从调研情况看，大部分试点村的农房建设进展顺利，2008年底估计将完成60%—70%。三省已落实了试点村的资金计划（平均每个村100万元），大部分试点村的群众对参与规划中的灾后重建项目积极性较高，因此，2009年冬至2010年春在完成农房建设的同时，完成大部分基础设施（主要是道路、人畜饮水、灌溉饮水）建设是完全有可能的。必须加强督促，加快进度。

二是着手组织第二批21个贫困村灾后恢复重建试点。按照平均每个村100万元的投入，发动群众制定规划。资金主要来源于国际非政府组织、中国扶贫基金会和联合国开发计划署项目。

三是制定贫困村灾后恢复重建分类分批实施方案。采取定量与定性相结合的办法，争取尽快完成4834个村的类型划分，分省制定分批实施方案。建议2009年划分约2000个村，2010年划分2000个村，其余在2011年8月以前划分。

（五）有效地开展培训

培训的主要对象包括：省市县扶贫办负责灾后重建工作的业务骨干、乡村干部、驻村工作组的干部、贫困村的群众。

培训采取分级负责的办法。国务院扶贫办主要负责省、市和试点村所在县的扶贫办负责灾后重建工作的业务骨干的培训。省扶贫办负责对县扶贫办负责灾后重建工作的业务骨干、乡村干部和驻村工作组人员的培训。县扶贫办负责对贫困村群众的培训。

培训经费主要通过争取国际组织的资助来获取，部分按规定从国家灾后恢复重建资金管理费中安排。

为提高培训质量，国务院扶贫办将统一组织教材编制，指导三省扶贫办开展的培训。

（六）积极推动贫困村灾后恢复重建的国际合作

一是争取相关国际机构、国际民间组织增加对贫困村灾后恢复重建规划实施的资金支持。

二是通过开展国际合作，引进国际先进经验和方法，提高贫困村灾后恢复重建工作水平，共同探索灾后重建与扶贫开发相结合的途径与模式。

三是注意总结我国防灾、减灾、避灾及灾后重建与扶贫开发结合的模式与经验，并在国际上交流和推广。

（七）突出扶贫工作特色

一是全过程采用参与式扶贫的理念和方法。充分体现受灾群众在灾后恢复重建中的主体作用。

二是充分体现大扶贫的理念。努力整合相关行业的资源，更加关注弱势群体，关注生态与环境问题，关注贫困村综合、协调与可持续发展。

三是创新和探索扶贫机制。如建立扶贫互助合作社、志愿者驻村工作、民间组织参与等机制。

（八）加强理论与实践研究

开展灾害与贫困专题研究。我国农村贫困地区多在环境脆弱的山区，也是自然灾害频发地区。据国家统计局统计，贫困县每年遭受严重自然灾害的概率是其他地区的5倍，这也是这些地区之所以贫困的一个非常重要的原因。扶贫开发与防灾、减灾相结合，与灾后恢复重建相结合，将是今后扶贫工作的重要领域。开展灾害与贫困的研究，尽快建立应对自然灾害的工作机制，制定相应的预案；加强避灾、减灾设施及产业发展的研究，提高贫困地区抗灾能力；积极探索建立全国扶贫系统灾后恢复重建工作机制，把灾后恢复重建与整村推进相结合，与主导、特色、优势产业发展相结合，与移民扶贫相结合，与劳动力转移相结合，探索建立“灾前预防、灾中应急、灾后恢复重建”机制。

专题研究非规划区的贫困村恢复重建的问题，提出可行的解决方案。

研究灾害引发的返贫问题。从调研情况看，返贫原因有两种：一是原本不贫困，因灾直接返贫。但由于国家的转移性收入较高，从统计数据上难以反应返贫问题的严重性。二是原本不贫困，但由于农房建设需要投入全部的积蓄，负债超出其承受能力，影响了正常的生产活动及其收入来源，从而导致返贫。因灾返贫问题非常复杂，需要通过深入研究确定符合实际情况的认定标准，从而为相关政策制定提供依据。

我国扶贫开发的主要方式及其创新建议

自1986年以来，我国政府在全国范围内开展了有组织、有计划、大规模的扶贫开发工作。经过20年不懈的努力，经历由救济式扶贫转向开发式扶贫的改革，我国农村贫困人口从1985年的1.25亿减少到2005年的2365万，贫困地区生产生活条件得到明显改善，各项社会事业取得长足发展。扶贫开发工作不仅解决了1亿多贫困人口的温饱问题，而且为国民经济持续健康发展，为国家的政治稳定、社会和谐、民族团结发挥了重要作用，也为全球反贫困事业作出了贡献。即将完成的世界银行《贫困评估》报告认为，最近几年中国继续以令人瞩目的速度实现减贫。按照世行每天消费1美元（按国际可比价格计算）的标准衡量，中国的贫困率从2001年占总人口的16%降至2004年的10%，3年之内减少1/3。换言之，仅仅3年时间中国就有6000多万人摆脱贫困。中国的扶贫工作是全球扶贫事业的一个重要组成部分。根据1990—2002年全球最新的贫困数据，按照每天消费1美元的标准，中国的贫困人口减少了1.95亿人，而全球贫困人口减少总数为2.07亿人，中国所占比例超过90%。

《中国区域经济》2008年第8期

我国扶贫开发成就的取得，得益于快速、持续、稳定的经济增长，得益于一系列有利于农村及贫困地区发展的惠农政策，得益于专项的扶贫开发计划。专项扶贫开发计划的核心就是采用多种有效的方式方法，将中央和各级政府的扶持政策、资金传递到贫困地区和贫困人口。因此，扶贫方式方法的合理性与有效性，对扶贫效果产生直接的影响。本文对我国主要的扶贫方式方法进行了回顾与总结，针对这些方式方法存在的主要不足，提出了创新扶贫开发方式方法的建议。

一、我国扶贫开发的主要方式及其成效

在20多年的扶贫开发实践中，我国探索、实践和总结形成了一系列有效的扶贫开发方式方法，主要有基础设施扶贫、产业化扶贫、小额信贷扶贫、科技扶贫、部门定点扶贫、东西协作扶贫、民间扶贫、移民搬迁扶贫、劳务输出扶贫、整村推进扶贫、多部门扶贫等等。进入21世纪以后，又主要采取了整村推进扶贫、产业化扶贫和劳动力转移培训扶贫等3种方式。

（一）基础设施扶贫

基础设施扶贫方式中的基础设施包括了3个方面的内容：经济基础设施（如灌溉、供水、电力、交通、通信等，这是经济发展的基本前提和条件）、社会基础设施（包括教育、职业技术培训、基本医疗卫生服务等，这是社会发展和人力资本形成和开发的基础）、生态基础设施（如生态保护的三废防治设施、生态林带建设等）。在实践中，基础设施扶贫方式中的基础设施更多地侧重于水、电、路等生存性基础设施。

国家一直将加快贫困地区基础设施建设作为扶贫的重点领域，制定了基础设施扶贫目标，并将以工代赈作为政府实现目标的一项重大举措。以工代赈从1984年实施以来，直到2005年，项目总资金投入大约是6055亿元，占政府扶贫资金的约1/3，主要用于解决贫困地区修建公路、水利工程

和农业基础设施。以工代赈计划对于改善贫困地区基础设施条件产生了重要的促进作用。

（二）小额信贷扶贫

小额信贷是为低收入贫困人口提供信贷服务的一种制度化的信贷方式。小额信贷自20世纪70年代出现以来，在全球的范围内获得了广泛发展。我国的小额信贷是20世纪80年代初由国际机构以项目的方式引进来的。1997年起，我国政府将小额信贷作为一种有效的扶贫方式进行推广。目前，小额信贷主要有4种类型：项目小额信贷、非政府组织专业性小额信贷、政府小额信贷和正规金融机构操作的小额信贷。

小额信贷扶贫对于贫困农户增加收入具有明显的作用，特别是对贫困妇女的脱贫与发展产生重要影响。在贫困地区，制约贫困妇女发展的一个重要因素是缺乏启动和发展生产所需的资金、技术和信息服务等。大量的成功实践表明，小额信贷是帮助贫困妇女脱贫的一种行之有效的办法。其主要原因是由于小额信贷扶贫使贫困妇女受到了实质性重视，不再像传统方式下被视为政策、项目受“照顾”对象，而是可以主人翁身份参与决策，决定自己的发展。

（三）科技扶贫

从1986年开始，我国政府有关部门根据国家扶贫开发的总体战略和要求，适时提出科技扶贫的目标、措施和实施办法，并于1996年颁布了《1996—2000年全国科技扶贫规划纲要》，2001年制定和颁布了《“十五”科技扶贫发展纲要》，加强对科技扶贫的政策指导。为进一步增强贫困地区反贫困的能力，国家专项安排科技扶贫资金，用于优良品种和先进实用技术的引进、试验、示范、推广，以及科技培训等。动员大专院校、科研院所在贫困地区积极推广农业先进实用技术，组织科技人员到贫困地区挂职任教，组织科研单位到贫困乡村宣传普及农业技术。这些措施有效地改变了贫困地区落后的生产方式，提高了土地的产出率，迅速增加了农民的收入。

科技扶贫的核心是通过示范、培训，加大贫困地区和目标群体对农业高新技术、新品种的推广力度，充分发挥科技在扶贫开发中的带动作用。因此，农业技术推广服务的效果直接决定了科技扶贫的效果。科技扶贫的效果是明显的，既引进了人才、技术和部分资金，增加了产量和增收门路，又促进了贫困地区和贫困人口传统观念的改变。

（四）部门定点扶贫

从20世纪80年代中期开始，我国一直把国家机关的定点扶贫工作纳入国家扶贫开发的总体部署，积极动员中央国家机关、各民主党派和人民团体、中央大型企事业单位、人民解放军和武警部队参与定点扶贫工作。参与定点扶贫的单位从“八七扶贫攻坚计划”时的138个增加到目前的272个，帮扶县由325个扩大到481个。探索了国有企业、部队、重点高校、科研院所参与扶贫开发的多种有效方式。同时，选派各类优秀人才到贫困地区参与扶贫开发，鼓励和引导高校毕业生到贫困地区就业、创业。在部门定点扶贫过程中，有关部门分别制定了本部门、本系统的扶贫开发具体实施方案，提出了一系列有利于贫困地区发展和贫困群众脱贫的优惠政策，并充分发挥各自优势，在资金、物资、技术上向贫困地区倾斜。部门定点扶贫直接推动了贫困地区的经济发展，加快了扶贫开发的进程。

（五）东西协作扶贫

东西协作扶贫是“八七扶贫攻坚计划”期间的一项新的制度安排，其目的是动员东部发达省市的力量来支持贫困地区的发展和贫困人口的脱贫。国务院扶贫领导小组在1996年全国扶贫工作会议上决定让东部沿海的13个发达省市分别帮助西部的10个贫困省和自治区，并作出了具体的帮扶安排①。具体的帮扶方式主要有以下四类：（1）无偿捐赠资金用于教育、卫生和其他基础设施建设；（2）捐赠生产和生活物资，用于支持农户的农业生产和救济农民的日常生活；（3）经济技术协作，例如利用发达地区的资金、技术、管理、市场和贫困地区的资源及廉价的劳动力进行合作生产和经营；（4）人员的双向交流，发达省市派技术人员和青年志愿者到贫困省区提供服务，贫困省区派行政和技术干部到发达省市接受培训和挂职锻炼，输送劳动力到发达地区就业。据不完全统计，1996—1999年东部13个省市政府

① 根据安排，北京扶持内蒙古，天津帮扶甘肃，上海扶持云南，广东扶持广西，江苏扶持陕西，浙江扶持四川，山东扶持新疆，辽宁扶持青海，福建扶持宁夏，深圳、青岛、大连和宁波共同扶持贵州。

和社会各界累计捐赠钱物10亿多元，签订协议项目2600多个，实际投资近40亿元，从贫困地区输出劳动力25万。

进入新阶段以后，东西协作扶贫更多地遵循市场经济的理念，依据“优势互补、互惠互利、长期合作、共同发展”的原则，东部发挥在资金、技术、信息、人才等方面的优势，西部发挥资源丰富、劳动力和土地成本较低的优势，在企业合作、项目援助、人才交流等方面开展了多层次、全方位的东西协作扶贫，有力地促进了双方经济的发展，东西协作扶贫的领域扩大到教育、卫生、干部交流、人才培训、建设基本农田、修筑公路、解决人畜饮水困难等方面。

（六）民间扶贫

在中央和地方政府的支持下，国内各社会组织、民间团体和私营企业积极开展“希望工程”“光彩事业”“文化扶贫”“幸福工程”“春蕾计划”“青年志愿者支教扶贫接力计划”“贫困农户自立工程”等多种形式的扶贫活动。与政府扶贫相比，民间扶贫的特点是规模较小，一般只覆盖一部分贫困地区。但民间扶贫活动一般都比较专一，集中在民间机构有优势的专业领域。如希望工程主要是以资助贫困失学儿童入学为目的、支持贫困地区的小学教育，幸福工程主要是为妇女提供小额信贷。

由于规模较小且不通过政府行政体系来运作，民间扶贫活动一般也更具有创造性，而且更具有效率。因此，在增加项目区扶贫投入的同时，民间扶贫的效果更主要体现在各种扶贫模式的试验和创新方面。

（七）移民搬迁扶贫

农村有一部分贫困人口居住在自然条件非常恶劣的偏远地区，因就地解决贫困问题的资金投入太高且很难从根本上持久解决其脱贫致富问题，一直处于深度贫困状态。国家鼓励和支持生存条件极其恶劣地区的贫困农户通过移民搬迁、异地开发的方式，开辟解决温饱的新途径。为此，国家强调，自愿移民搬迁的贫困人口除享受扶贫开发的优惠政策外，各地要制定具体政策措施，提供各种优惠条件，确保搬迁一户解决一户温饱。

移民搬迁扶贫，按照群众自愿、就近安置、量力而行、适当补助4项原则进行。主要做法：一是插户移民，即由贫困户自行投亲靠友，分散安置，政府给予一定补助；二是政府建移民开发基地安置移民，既要保证稳定解决迁入户的温饱问题，又要保证不破坏迁入地的生态环境；三是吊庄移民，即采取搬迁初期两头有家的形式，待移民点得到开发，生产生活基本稳定后再完全搬迁。近年来，通过多种方式和途径安置了260万贫困人口，其中已稳定在迁入地居住的达240万，使全国需要移民搬迁的贫困人口由750万减少到500万左右。

（八）参与式整村推进扶贫

整村推进就是以贫困村为基础，广泛动员群众参与，制订规划，分年实施，分期投入，分期分批解决问题。主要特点和做法是：使各项扶贫措施进村入户，解决农民迫切需要解决的问题，使贫困农民直接受益；充分发挥贫困群众的主体作用；整合各方面的资金和力量，发挥综合效益。通过群众参与、先难后易、量力而行、部门协作、干部挂钩等原则，整村推进扶贫效果明显：2004年国家扶贫开发工作重点县到村到户的各类扶贫项目均有较大幅度增加，比2002年增加了10个百分点；农民增收幅度、基础设施和生产生活条件改善水平、各项社会事业的发展速度等均高于或快于一般贫困村。

整村推进扶贫的关键是在扶贫中充分运用参与式发展的理念、原则和方法。参与式整村推进的基本方法：一是通过村级规划规范项目的选择和实施；二是把项目管理引入村级社会、文化建设，使村级组织建设、民主政治建设及社区精神文明建设成为扶贫开发的必要条件，进入了项目管理的范围；三是整合扶贫资源，明确相关部门和帮扶单位的职责和任务，努力引导一切可用资源集中投入；四是坚持政府引导、群众自发和市场需求3个基本点，培育各种组织。通过近年的努力，这种新的扶贫方式在实践中逐步得以贯彻。一些县按照参与式整村推进的内在要求和运行机制，在工作中形成了一整套规范的做法：在政府主导上实行“一体化服务”；在资金配套上力争项目资金和群众贷款“双渠道筹资”；在项目实施和管理上采取村委会负责实施、协会组织经营、农户自负盈亏的“三元化管理”；在村级规划和项目选择上兼顾生产条件、生活条件、社会发育条件和农民增收“四位一体设计”；在工作指导上坚持参与式整村推进与退耕还林、支柱产业开发、小康建设、科技示范园区建设、计划生育“五个结合”。这些来自实践的好的做法，为参与式整村推进的健康发展奠定了基础。

（九）劳动力转移培训扶贫

为了帮助贫困地区劳动力充分就业并增加收入，国家鼓励并组织具备条件的贫困地区开展劳务输出。劳务输出不仅有助于使贫困地区劳动力实现就业和增加收入，降低输出地的人口压力、缓和人地矛盾，更重要的是劳动者通过异地就业可以学到新技术、新生活方式、新工作方法，开阔眼界，增强信心，提高自我发展能力。许多贫困地区外出务工人员已经成为向贫困地区传播东部生产生活方式以及文化和技术的使者。为提高劳务输出的效益，各省（自治区、直辖市）积极探索有序组织劳务输出的新路子。开展了外出前技能培训，提高务工的档次和收入；利用部门定点帮扶、东西协作扶贫等途径，有序地组织贫困农民外出务工。

近年来，为了加大劳动力转移培训扶贫力度，中央和地方各级政府在资金上给予了大力支持。据统计，2001—2004年在中西部14个省，共安排省、市、县级培训基地扶贫培训资金6.1亿元，平均每年1.5亿元。5年来全国共完成了318万劳动力的技能培训，其中90%以上实现了非农就业。

（十）产业化扶贫

产业化扶贫就是以增加农民收入为主要目标，通过扶持和培育龙头企业，带动贫困地区农业结构的调整，形成骨干产业，促进区域经济的发展的一种扶贫模式。其中，龙头企业带动是产业化扶贫的关键环节。国家相关部门通过认定一批国家扶贫龙头企业，在财政资金、信贷资金和培训等方面给予支持，2005年第一批260个国家扶贫龙头企业共带动了940万户农户和379万户贫困农户发展。

（十一）多部门扶贫

贫困是多种原因造成的，解决贫困问题，必须从多方面入手。但受长期计划经济的影响，我国农村扶贫项目的计划和管理在较长时期内一直是以部门作为具体单位组织实施的。由此导致的问题，一方面是投入的扶贫资源分散，形不成合力；另一方面也因无法克服多种因素对贫困的约束而影响了扶贫的效率。“八七扶贫攻坚计划”实施期间，贫困地区在开发自然资源、加快经济建设的同时，积极发展各项社会事业，尤其是重视基础教育、职业技术培训和实用技术推广，实行扶贫开发与计划生育工作、与疾病防治相结合，有效地提高了劳动者的素质。特别是通过与世界银行合作实施3期扶贫项目及其他一些试验，逐步改为采用多部门综合扶贫规划和协同实施的做法，较好地解决了以上存在的问题。但是，将类似于世行扶贫项目性别敏感的理念和方法扩展成为政府扶贫行动的必然组成部分，还需要相应的努力。

上述扶贫方式方法对于我国扶贫开发取得巨大成就发挥了重要作用。但是，实践也证明，在新的形势下，这些扶贫方式方法也表现出一些局限性，主要体现在：一是推进模式比较单一，无法满足不同贫困片区、不同贫困类型的不同需求。二是投入力度明显不足。现行的扶贫资金、各项涉农资金的管理体制使对贫困村、对贫困地区、对贫困户的投入无法达到“临界最小努力”的要求，降低了扶贫效果，甚至导致资源的重复投入（如道路建设）。三是贫困村与贫困片之间缺乏内在联系。贫困村、贫困人口的发展与相应的区域经济社会发展环境没有同步，即便是贫困村、贫困户的温饱问题解决了，但是缺乏与大市场联系所必需的“硬”“软”条件，扶贫的效果也就很难持续；如果几个村的温饱问题解决了，但是村所在的贫困片区的温饱问题得不到解决，最终若干单个村的发展成果也很难保持。

解决以上问题，需要在总结、反思、借鉴的基础上创新扶贫的方式方法。

二、我国扶贫开发方式创新建议

（一）整体规划，分区研究，分类指导

我国农村贫困仍然具有区域性特征。贫困人口集中在革命老区、民族地区和边境地区，这些地区基本上是一些自然条件特别恶劣的地区，如西南大石山区、西北黄土高原区、秦巴山区以及青藏高寒山区等。总体上，经济、社会、地理特征在区域内基本一致，区域间又差异明显。因此，在全国扶贫整体规划的框架下，需要分区研究，分析不同地区的贫困成因和治理机制，分区制订组织、资金、技术、人力等方面的规划，一次规划，分年投入，分期分批推进。

（二）以大会战的方式集中解决特殊贫困区域的贫困问题

即在一个时期内集中人力、物力、财力解决突出的区域贫困问题，使

特困地区的发展基础和能力得到全面提升。这里所说的特殊贫困区域就是，贫困村和贫困人口比例大，自然条件比较差，各方面都比较落后并相对连片的若干国家扶贫开发工作重点县。广西的东兰、巴马、凤山三县就是典型的集老、少、边、山、穷、库“六位一体”，有特殊代表意义的特殊贫困地区。广西为期2年的东巴凤基础设施建设大会战取得了显著成效。实践证明：基础设施建设大会战一方面可以有效解决制约区域经济社会发展的突出问题，为贫困村的发展创造支撑性的发展环境，为其缩小与其他地区的发展差距、加快发展奠定基础；另一方面为将各类项目和资金整合用于特定目标的扶贫开发建立了平台和载体，人力、物力、财力的集中投入必然明显加快会战区域内贫困村和整个区域的扶贫开发和发展进程。对于这一类特殊贫困区域，仅靠常规的扶贫手段是难以从根本上解决其贫困和发展问题的，需要采取集中力量、重点突破的超常规手段，需要从整体上推进基础设施建设，为贫困村、贫困地区创造良好的发展环境，促进自我良性发展机制的建立与形成。

（三）设计和组织国家大型综合扶贫项目

国际发展经验和世界银行中国西南扶贫项目的成功实践表明，组织国家大型综合扶贫项目可以提高扶贫开发效果。国家大型综合扶贫项目是指：以贫困片区为项目区域，以贫困村为基本单元，在整村推进扶贫的基础上，从产业、基础设施、社会服务、生态环境、能力提高等方面采取综合或专项项目干预策略，促进项目区（贫困村）贫困程度的根本缓解，全部或部分达到新农村建设要求。组织此类扶贫项目的必要性及意义在于：①在现有体制框架下从中央以项目的方式整合各种扶贫资源，包括国家专项扶贫资金、社会帮扶资金（资源）、东西协作扶贫资金（资源）、国际援助等，使各类资金（资源）形成合力，产生更大的扶贫效果；②确保有限的资金按项目规划用于目标区域和群体，并且保证一定的投资强度，可以使扶贫效果更加明显；③由于项目设计体现了贫困区域经济社会发展需要的各个方面（分项目），这些分项目之间是相互影响、相互促进的，项目整体推进有利于产生整体扶贫效果；④有利于将扶贫开发融入区域经济社会全面、协调、可持续发展规划，使扶贫开发外部效果进一步放大。设计和组织国家大型综合扶贫项目需要强大的政治驱动、合理的方案设计，不断完善的现行扶贫机制和队伍建设。

（四）扩大政府与非政府组织在扶贫领域的合作

国际社会的实践经验说明，非政府组织（NGO）在反贫困领域的作用是政府无法替代的，政府与非政府组织之间的密切合作是缓解贫困、缓冲社会矛盾的有效途径。

NGO参与扶贫开发，首先是由于NGO扶贫是对政府扶贫的重要补充。体现在：第一，NGO扶贫在一定程度上弥补了政府扶贫财力的不足；第二，NGO扶贫在一定程度上减轻了政府的扶贫事务负担，推动着小政府、大社会格局的形成与发展；第三，NGO扶贫在实践中形成了政府扶贫的参照系，促使着政府扶贫效率的提高；第四，NGO扶贫有利于形成互助博爱的理念和热心公益的社会氛围，推动政府缓和乃至消灭贫困目标的实现。表1表明，政府和NGO在具体的扶贫项目实施中各有所长。

表1　政府与NGO扶贫的比较

比较的内容	政府	NGO
扶贫资源筹集能力	高	低
适应外部条件变化的能力	低	较高
对特殊贫困人口的关注程度	较高	较低
贫困人口的参与程度	较低	较高
扶贫资源的利用率	较低	高
组织创新能力	低	较高
推广能力	高	低
管理成本	高	较低
监督成本	高	低

我国已经开始了采用竞争性的扶贫资源使用方式鼓励国内民间组织参与政府扶贫项目的实施试验，初步效果表明，NGO成为由政府资助的扶贫项目操作者，扶贫部门根据NGO的业绩和信誉，把资源交给最有效率的竞争者，并依据公开和透明的原则加以监管，可以进一步提高扶贫工作的针对性和有效性。应在试点的基础上进一步稳妥扩大，将NGO参与扶贫发展成为我国扶贫的主要方式之一。

中国农村贫困瞄准策略与机制创新

中国在过去20多年的持续、稳定的经济社会发展进程中，实现了农村贫困人口的大幅度减少，创造了扶贫开发的成功模式，为世界反贫困事业积累了经验。实践证明，中国政府所采取的灵活、务实的贫困瞄准策略构成了农村扶贫开发成功经验的重要部分。

《新千年减贫战略：问题、经验与教训》，中国财政经济出版社2007年出版

一、中国农村贫困瞄准策略及其演进

（一）界定与丰富农村贫困的内涵

对贫困的理解和定义，是反贫困战略、政策和措施选择的基础。

中国对贫困的理解也经历了不同的发展阶段。早期，在理论和实践中使用的贫困概念主要是指经济意义上的贫困，而且强调的是绝对贫困。1989年，国家统计局定义的贫困是“个人或家庭依靠劳动所得和其他合法收入不能维持其基本的生存需求”。1994年，《国家八七扶贫攻坚计划（1994—2000年）》制定的消灭农村绝对贫困的标准，除要解决温饱问题外，还要为贫困农户加强基础设施建设，改善教育文化卫生的落后状态。2001年，《中国农村扶贫开发纲要（2001—2010年）》中制定的扶贫目标就是“尽快解决极少数贫困人口温饱问题，进一步改善贫困地区的基本生产生活条件，巩固温饱成果，提高贫困人口的生活质量和综合素质，加强贫困乡村的基础设施建设，改善生态环境，逐步改变贫困地区社会、经济、文化的落后状态，为达到小康水平创造条件”，表明对贫困的理解得到了进一步深化。

中国对农村贫困的界定与国际贫困含义的演进相一致。世界银行对贫困的理解从20世纪80年代初认为贫困就是绝对贫困状态，到20世纪90年代认为贫困是“缺少达到最低生活水准的能力”，再到21世纪认为贫困是“缺乏机会、十分脆弱、没有发言权”，世界银行关于贫困的定义及其内涵得到不断的充实。联合国开发计划署在《1997年人类发展报告》中提出了“人文贫困”的概念，在贫困概念的理解方面作出了重要的贡献。这两个国际机构关于贫困含义及其演进代表了国际社会对贫困内涵理解与把握的趋势。

中国关于农村贫困含义的演进，既说明了贫困绝对性与相对性的有机统一，也说明随着经济发展、社会进步，人类对文明的理解进一步加深，对贫困相对性的理解会更加深入。

（二）选择与确定客观的中国农村贫困标准

与贫困的含义相适应，作为衡量贫困程度的中国农村贫困标准，在20世纪也有一个演变的过程。

1981年，农业部人民公社管理局在公布的《1997—1979年全国穷县情况》统计报告中首次把人均收入50元和40元作为划分农村贫困的标准。

1984年，当时的国务院农村发展研究中心在进行大规模典型调查的基础上，提出了人均收入120元、人均自产口粮200公斤的贫困线标准。尽管这两条标准在当时并没有太大的实际工作意义，但对以后的中国反贫困还是有着一定的影响。

1986年，国家统计局农村抽样调查总队通过对全国6.7万户农村居民收入调查资料进行计算，确定了真正在扶贫开发工作中执行并具有官方意义的中国农村贫困标准。当时是以国际上通用的生存绝对贫困概念作为计算农村贫困标准的基础。生存绝对贫困的核心问题是贫困人口的收入不能满足在当时社会生产生活条件或生活方式下维持生命正常活动所必需的基本生存需求。基本生存需求包括两个方面：一是满足最低营养标准（2100大卡）的基本食品需求；二是最低限度的衣着、住房、交通、医疗及其他社会服务的非食品消费需求。前者是食物贫困线，后者是非食物贫困线，两者之和就是贫困标准，也即贫困线。依据食物份额法，国家统计局农调总队计算确定，1985年中国农村贫困人口标准为人均年纯收入205元，相应的农村贫困人口为12500万人。此后根据物价指数变动逐年调整。2000年中国农村贫困标准是635元，贫困人口为3200万。尽管这种演变在贫困线的确定上更加先进，更有利于识别贫困人口，但由于绝对贫困人口的大量存在，这个标准的基础和核心还是基本生存需求。

进入21世纪，中国农村扶贫开发进入了一个新的阶段。根据新的目标，国家统计局农调总队根据农村住户调查最新资料对新时期中国农村贫困标准进行了研究和计算。计算的主要依据是：（1）新的农村贫困标准必须首先满足贫困人口的温饱需求，其用在食品消费方面的支出不能低于现行贫困标准；（2）随着贫困人口温饱问题的解决，今后扶贫的重点应转到重视穷人非食品消费需求和强调培养贫困人口的自我发展能力方面来；（3）新的农村贫困标准要高于现行标准，其差额要足以保证已解决温饱的贫困人口不容易返贫；（4）以20%最低收入人口的收支状况为参照系；（5）尽可能与国际贫困标准接轨。经计算提出了以625元（1990年不变价，下同）作为尚未解决温饱的贫困标准，以865元作为初步解决温饱但还不巩固的低收入贫困标准。这是一个比较符合实际且含有发展思想的标准。同时采用两个标准衡量农村贫困程度，既有利于突出重点，集中力量解决贫困人口的温饱问题，又有利于巩固温饱成果，提高低收入贫困人口的可持续发展能力。这两个标准到2005年分别为683元和944元。

（三）选择和调整适时的中国农村贫困瞄准策略

贫困瞄准是扶贫开发工作的基础。为了提高对贫困的瞄准程度，中国政府作出了不懈的努力。在根据不同时期和实际情况制定不同标准的基础上，根据需要适时选择和调整贫困瞄准策略来确定扶持的重点区域和人群。

中国农村贫困瞄准策略的选择与确定主要依据农村贫困人口的区域分布特征。在20世纪80年代中期，农村贫困人口是相对集中在若干贫困区域的，而20世纪90年代开始则逐步分散，区域集中性明显下降。到20世纪90年代后期，贫困人口分散的特征与趋势更加明显。与此相适应，中国政府在不同的阶段采取了不同的瞄准策略。

1.贫困县的确定与调整

中国政府曾经确定过18片贫困地区。这是一种打破行政区域的划分，在很大程度上只具有理论上的意义，缺乏操作上的可行性。对国家重点扶持贫困县的确定应该说是中国农村扶贫实践的一个创造。中国于1986年第一次确定了国家重点扶持贫困县标准：以县为单位，1985年农民年人均纯收入低于150元的县。1994年，重新调整了国家重点扶持贫困县的标准：以县为单位，凡是1992年农民人均纯收入低于400元的县全部纳入国家重点扶持贫困县扶持范围；凡是1992年人均纯收入高于700元的原国家重点扶持贫困县，一律退出国家扶持范围。依据这个标准，列入《国家八七扶贫攻坚计划（1994—2000年）》的国家重点扶持贫困县共有592个，分布在27个省、自治区、直辖市，涵盖了全国72%以上的农村贫困人口。

2. 区域瞄准与群体瞄准相结合

随着中国农村扶贫的推进，进入20世纪90年代以来，中国的扶贫开发由注重区域经济发展转向突出扶贫工作到村到户。“八七扶贫攻坚计划”不仅将扶贫到户作为一项重要措施，而且把解决贫困农户温饱的各项指标也量化到户。1996年和1999年的中央扶贫开发工作会议两次对扶贫到户作了进一步强调，要求每个贫困县都要逐村逐户调查了解贫困状况，摸清底数，实行县建簿、乡造册、户立卡，做到工作到户、项目到户、服务到户、效益到户。扶贫到户的关键是扶贫资金到户。中国政府在认真借鉴其他国家和国际组织扶贫经验的基础上，积极组织实施小额信贷扶贫到户，取得了很好的效果。1998年初，国务院扶贫开发领导小组专门召开了全国扶贫到户工作座谈会，明确了在全国范围推广小额信贷的基本方针，即积极试点、认真总结、规范发展、逐步推广。经两年多的推广，到1999年，全国投入的资金总量近30亿元，覆盖240多万贫困户。

3. 区域瞄准、群体瞄准与个体瞄准相结合，贫困瞄准程度进一步提高

2001年，中国扶贫开发进入新阶段，根据贫困人口主要集中于中西部，但遍布全国各地农村的分布新特点，中国政府再次确定了592个国家扶贫开发工作重点县。虽然这些县全部集中在中西部地区，但是到2003年，重点县的绝对贫困人口仅占全国总数的60.8%，低收入人口占全国总数的55.3%。为此，全国各省（区、市）又选择和确定了14.8万个重点贫困村，覆盖了全国80%的贫困人口。至此，中国扶贫开发的贫困瞄准更加体现注重微观操作层面的趋向，即以村为主战场，采取分期分批、整村推进的方法予以扶持；在启动扶贫开发规划的贫困村，又要求对贫困户进行了认定。这样，既抓住了扶贫工作的主战场，又保证了真正扶持贫困农户。

4. 明确瞄准贫困人口是《纲要》目标实现的基础

中国政府将瞄准贫困人口作为“十一五”扶贫开发工作的首要内容。强调扶贫工作的主要目标是减少贫困人口，解决贫困人口的温饱问题。因此，要求各项工作措施必须落实到人，采取更有针对性的帮扶措施。识别贫困人口的基础性工作是建档立卡，并实行动态管理。要逐户摸底，建档立卡，做到村有卡、乡有册、县有簿。2005年，在全国范围开展贫困农户建档立卡工作。

二、中国农村贫困瞄准的特点及其评价

（一）中国农村贫困瞄准坚持以区域瞄准为基础

中国采取不同的贫困瞄准策略瞄准农村贫困，实际上将中国的贫困区域划分为3个层次：第一个层次是打破行政区域界限的成片贫困地区，它是一种同质的区域，在自然地理条件和社会经济发展水平方面具有共同的特性，又有地理联系上的成片性。第二层次是贫困县，它是以一个行政区域为单元，有一定的标准和范围。第三层次就是在一个县域范围，相同条件和发展水平的乡、村连接构成的小范围的贫困地区。

区域瞄准的策略符合中国贫困分布的特征和实际情况。由于历史、社会、政治、经济的原因，贫困地区的具体特点、贫困原因并不完全相同，但都具有相同的特征，主要表现在区位条件差，地理环境比较恶劣，社会生产力水平低，社会发育程度不高，如现代社会观念缺乏，与外界沟通、交流少，现代信息、资源等交换不畅，在文化卫生医疗等方面发展程度欠缺，公共服务设施建设不足、质量不高，等等。

（二）区域贫困瞄准策略确实存在局限性

中国国定和省定贫困县名单于1986年第一次确定，1993年重新调整的592个国定贫困县名单包括了一些新增的县，2001年再次确定的592个国家扶贫工作重点县全部分布在中西部地区。国定和省定贫困县或重点县名单在组织扶贫开发和帮助将扶贫资源集中到一些最需要的地区方面发挥过重要作用。尽管如此，592个贫困县名单不再是一个将现有扶贫资金瞄准中国剩余贫困人口的合适方法。1986年，大约有70%的贫困户分布在国定贫困县；而到1998年，国定贫困县的贫困人口估计只占全国贫困人口的50%。实践和数据表明，以县为基础的瞄准机制带来的不良结果是：居住在国定贫困县以外的另一半贫困人口基本上得不到政府资金的扶持。国家统计局抽样调查显示，1998年4200万贫困人口中，约2100万居住在国定贫困县内。中央政府扶贫资金大多数分配给国定贫困县，但并未被特别指定用于这些县内的贫困户或贫困乡、贫困村。因此，世界银行和UNDP的研究认为，现有扶贫资金被平均分配给592个国定贫困县的2亿农村人口。既然1998年这些贫困县内的绝对贫困人口只有2100万，从而表明对最贫困人口

的扶持由于“漏出”给非贫困人口而被弱化了差不多10倍。这说明该年中央政府的20亿美元扶贫资金中，只有1/10，即2亿美元资金分配给了这2100万贫困人口。尽管大多数省份用自己的资金来扶持贫困县之外的贫困人口，不过由于各省资金很有限。总的看，国定贫困县之外的贫困人口获得扶贫奖金的数量非常有限。贫困人口应得到的扶贫收益流失，以及缺乏有效机制将资源直接配置到贫困家庭或个人，成为限制中国反贫困战略发挥应有效率的主要因素。

为解决以上问题，中国政府在坚持开发式扶贫方针的前提下，对扶贫具体目标进行过3次调整，分别在1994年、1996年和2001年，主要强调要瞄准贫困村和贫困户。但是，在2001年之前中央扶贫资金只流向贫困县，在2001年之后也是主要流向重点县，而2001年确定的592个国家扶贫工作重点县中，其全部贫困人口也只占到全国农村贫困人口总数的60%左右的现实并没有得到改变。也就是说，到2001年，部分贫困人口仍无法从政府扶贫资源中受益，至少是无法平等地受益。

（三）提高贫困瞄准准确度需要区域瞄准、群体瞄准和个体瞄准相结合

20世纪90年代以来，中国政府已经开始更多地关注使“农户和家庭能够得到帮助”。特别是从2001年开始，中国农村贫困瞄准策略发生明显变化。首先，各省区根据统一的贫困村选择原则和方法确定重点贫困村，主要指标包括生活状况、生产生活条件、卫生教育状况等方面。考虑到各地情况的差异，在具体的操作中，并没有要求各个地区都采用所推荐的指标，而是由各地在此基础上根据实际情况进行调整。全国共确定了14.8万个重点贫困村，覆盖了80%的贫困人口。其次，采用定性和定量相结合的方法对重点贫困村的贫困程度进行评估并排序。在资源一定的条件下，要保证按照贫困程度确定扶持的优先权。部分省区采用参与式贫困指数对本地的贫困村进行排序，依据排序确定整村推进次序。再次，采取村民大会或村民代表大会公选的办法，对农户进行分类，从而选择和确定贫困户。贫困户分类的作用：一是建立了农户间扶弱济贫的意识，二是确定了真正需要扶持的目标群体，三是为监测提供了不同对象。

贫困瞄准单元在向更微观层次转移中尽管仍有诸多问题，但贫困人口的瞄准程度确实得到了进一步提高。

三、中国农村贫困瞄准面临的挑战及其机制创新

（一）中国农村贫困瞄准面临的挑战

挑战一：如何瞄准全部贫困人口？

应对这一挑战涉及3个层面的问题：贫困标准、扶贫单元和城乡统筹。第一，贫困标准确定的客观性体现在两个要素：人的基本需求（基本的生存需求和发展需求），国家的经济实力。因此，标准偏高，贫困人口比例过大，不利于有限的社会经济资源集中使用，也会对整个社会反贫困的信心形成打击。标准偏低，难以有效地或最大限度地覆盖需要帮助的贫困人口，反贫困将不具备相应的普遍意义。所以，中国未来的农村贫困标准还是需要根据国家经济实力进行客观选择。笔者认为，未来几年，希望全盘采用世界银行或国际通行的1美元/天或2美元/天的贫困标准的观点并不完全切合中国的实际。中国农村贫困标准需要再次调整，将重点考虑调整3个方面：（1）现阶段农村居民收入水平和分布结构，结合营养、其他发展需求以及国家经济实力；（2）与国际贫困标准接轨；（3）对于不同地区，可由各省区市或类型相同的地区在国家统一贫困标准容许浮动的范围内确定一个区域贫困标准（须经中央政府认可）。第二，贫困人口和贫困地区始终是扶贫的基本对象。需要研究和改进的做法是：扶贫单元不再以县为基本单位，而是分成两大类。从全国而言，以同类型区域为单元；从区域而言，以行政村为单元。但是，需要将目前并没有被列为重点贫困村的而又真正贫困的村包括进来。这样可以瞄准更多的贫困人口。第三，目前城乡贫困标准及瞄准机制各成体系，实际上随着城市化进程加快，农民工进城带来的农村贫困“流入”城市，客观上需要确定统一或可比较的贫困标准以及相应的贫困瞄准机制。

挑战二：贫困瞄准如何体现贫困的深层次特征？

提高贫困瞄准质量，需要瞄准贫困的一些深层次特征或表现，其中最主要的是：第一，贫困的脆弱性。按照世界银行的定义，脆弱性是指个人或家庭面临某些风险的可能，并且由于遭遇风险而导致财富损失或生活质量下降到某一社会公认的水平之下的可能。脆弱性实际上是一个前瞻性的概念，它着眼于未来可能出现的各种冲击，结合社区或家庭应对冲击的能

力作出预测，是一种防患于未然的思维起点。对脆弱性的充分认识，可能促使人们不断提高自身应对冲击的能力，促使政府不断完善社会保障体系等，从而减轻各种冲击造成的福利损失。联合国世界粮食计划署1995年则专门推出了脆弱性分析系统，认为穷人的脆弱性程度受3个方面指标的影响——风险因素、抵御风险的能力和社会服务体系。根据该机构的研究结果，在中国国家级贫困县中有70%属于脆弱县（韩峥，2002）。因此，更为有效的贫困瞄准，必须瞄准贫困人口的脆弱性。第二，贫困瞄准的性别视角。经过多年的推动与扶贫开发中社会性别敏感性实践，贫困中的社会性别问题以及女性贫困化的趋势已引起广泛的关注和重视，但是，在贫困瞄准实践中如何操作仍然需要不断探索。第三，贫困瞄准的特殊性。包括特别边远的村屯、进城农民工的居住区已成为两个新的贫困人口聚居社区，需要新的瞄准机制；缺乏生存条件或缺乏劳动力的两类特困人口、人口较少的少数民族、有一定劳动能力的残疾人、农民工等特殊贫困群体需要相应的瞄准机制。第四，贫困瞄准需要具有动态性，及时反映贫困群体、个体的变化，动态地保持扶贫资源传递的准确性和高效率。

（二）中国农村贫困瞄准的机制创新

面对以上两大类、7个具体方面的问题与挑战，未来中国农村贫困瞄准需要从以下方面创新与完善5个贫困瞄准机制。

1. 动态瞄准机制

在对稳定解决温饱的贫困村、贫困人口进行科学评价的基础上，建立进出机制，3—5年一个周期，使已具有自我发展能力的村和稳定解决温饱人口退出并及时让“漏出”的贫困人口进入扶持范围，提高扶贫资金的动态传递效应，最大限度地发挥扶贫资源的效益。

2. 分类瞄准机制

第一，通过建立全国统一标准和区域标准相结合的瞄准标准体系，更准确、客观地识别贫困人口，同时避免贫困人口范围扩大或“漏出”现象的扩大。

第二，对贫困村进行类型划分并开展贫困村长期发展战略研究，进一步提高反贫困战略的针对性和有效性。

第三，建立分类瞄准体系。①通过对传统社会救济制度的改造和完善，为那些因自然灾害、失业、丧失劳动能力和其他因素导致身体或智力素质低下而暂时或永久性贫困人口，提供暂时或持续的社会援助，为社会建立最低层次和最后的社会安全网；②对那些自然生存环境极端恶劣、不适于人类生存的贫困地区采取自愿移民搬迁等异地开发式扶贫；③对资金严重稀缺以致成为该区域经济发展短缺要素的地区实施小额信贷扶贫、产业化扶贫等；④对民族社区要注意开发、发展与保护并重。

3.群众参与机制

从政治民主化进程的要求，确保贫困人口参与社会事务管理的民主权利；从管理科学的要求，提高贫困人口参与集体事务的意识，增强责任感及培养产生积极向上、努力成功的意愿；从可持续发展的要求，让贫困人口在参与扶贫传递系统的各个过程的同时，建立和培养社区和群体、个体适应市场经济的能力，自我管理、自我发展的能力。

4.参与式监测机制

主要是建立新的贫困农户参与式监测评价系统，即采用参与式方法，由贫困农户监测评价扶贫开发的效果以及各项扶贫开发政策措施的执行情况及其效果。

5.扶贫资源传递机制

一是简化政府传递主体。采取区域和项目相结合的方式，将所有财政扶贫资金，包括财政发展资金、新增财政扶贫资金和以工代赈资金全部以目标项目为主进行传递。二是简化传递层次。改变目前按照行政级别自上而下传递的方式，在明确资金投放区域的前提下，采取国库集中支付的形式，将中央财政扶贫资金直接从中央传递到目标项目，简化传递程序，降低传递成本，提高传递效率。三是积极探索非政府组织承担部分扶贫资源传递的方式，改变目前以政府部门为主体的单一传递系统主体结构。可以在贫困地区开展试点，将扶贫资金改为项目招标等多种方式，政府部门、企业、科研单位，特别是非政府组织等均可通过竞标等形式参与扶贫资金传递，将中央扶贫资金交由中标单位负责项目的实施，以合同的形式约束双方的权利和义务。

中国农村扶贫开发社会性别问题分析与对策研究

提高扶贫开发中的社会性别敏感性将是中国未来农村扶贫开发政策调整必须考虑的一个重要方面。本研究以社会性别的视角，对中国农村扶贫开发政策及措施实践中社会性别问题的现状和趋势进行了系统的审视和分析。以此为基础，提出了提高中国未来农村扶贫开发政策及措施社会性别敏感性的对策建议。

《学术论坛》2005年第7期

目前，农业女性化加剧女性贫困化的趋势越来越明显，并已成为中国贫困问题的一个新的挑战。近年来，由于农村劳动力大量流向城市，留守务农的以妇女、老人和儿童为主，农业女性化现象十分明显。这种趋势和传统扶贫开发中的性别盲视和不敏感将使妇女贫困问题进一步突出。另外，由于在增加收入、接受教育、获得资源、参与政治决策中男女之间存在极大的不平等，致使用原来的扶贫思路开展扶贫工作会遇到很多阻力，而且表现出不持续。因此，提高扶贫开发中的社会性别敏感性将是中国未来扶贫开发政策调整必须考虑的一个重要方面。本研究以社会性别的视角，对中国农村扶贫开发政策及措施实践中社会性别问题的现状和趋势进行系统的审视和分析。以此为基础，提出了提高中国未来扶贫开发政策及措施社会性别敏感性的对策建议。

一、中国农村扶贫开发政策及措施实践中的社会性别分析

性别问题是20世纪80年代后逐渐发展起来的一种新思潮，它不仅在学术上受到越来越多的重视，而且给许多不同的研究领域带来了新的研究视角和新的发展。性别意识引入扶贫开发的研究与实践，从由国际组织发展项目推动至今历时不长，但已显示出其重要性和紧迫性。许多政府和发展机构已认识到性别平等、人权和缓解贫困之间的联系。性别平等已成为缓解贫困的一个组成部分。联合国人类发展报告和众多的研究报告清楚地指出，社会性别不平等与人类贫困之间有非常强的相关关系，世界银行政策研究报告更指出：国家要有有效的发展政策就必须把社会性别问题分析纳入政策分析，因为社会性别不平等会阻止世界消灭贫困目标的实现。

我国扶贫开发经历了体制改革推动扶贫开发（1978—1985年）、大规模开发式扶贫开发（1986—1993年）、扶贫攻坚（1994—2000年）和新阶段扶贫开发（2001—2010年）等阶段。在不同的扶贫开发阶段，性别与贫困问

题一直没有被作为一个突出的问题予以重视，更谈不上在干预措施中充分体现应有的性别敏感。这主要由于中国在宏观上采取的是区域性扶贫为主导的策略，在微观操作上以家庭或社区为单位划分贫困人口，长期以来贫困人口被假设为家庭均质或社区均质的人口群体，性别差异被忽略了。因此在贫困的研究和实践中存在着普遍的性别盲点或缺乏性别意识。

尽管20世纪90年代以来，越来越多的从事妇女、社会发展和经济研究的学者关注着妇女问题，特别是1995年第四次世界妇女大会以来，各种有关妇女与发展、性别与发展的概念和理论被迅速地介绍到国内，国际组织在我国也进行了大量的妇女发展实践工作。从性别不平等的社会、政治结构中寻求解决方案，社会性别问题和社会性别主流化被提上了议事日程。但是，总体上看，体现社会性别意识及性别敏感的扶贫手段仍然没有成为中国扶贫开发政策和实践的组成部分。

（一）扶贫开发社会性别问题分析框架

中国农村扶贫政策的核心和基础是开发式扶贫。坚持开发式扶贫的方针，就是以经济建设为中心，支持、鼓励贫困地区干部群众改善生产条件，开发当地资源，发展商品生产，增强自我积累和自我发展能力。2001年颁布的《中国农村扶贫开发纲要（2001—2010）》明确要求："坚持综合开发、全面发展。把扶贫开发纳入国民经济和社会发展计划，要加强水利、交通、电力、通讯等基础设施建设，重视科技、教育、卫生、文化事业的发展，改善社区环境，提高生活质量，促进贫困地区经济、社会的协调发展和全面进步。"开发式扶贫方针为性别分析提供了框架。

（二）主要扶贫开发政策及措施实践中社会性别问题的现状和趋势分析

1.基础设施扶贫

基础设施扶贫方式中的基础设施包括了3个方面的内容：经济基础设施、社会基础设施、生态基础设施。中国基础设施扶贫方式中的基础设施更多的侧重水、电、路等生存性基础设施。中国政府一直将加快贫困地区基础设施建设作为扶贫的重点领域，制定了基础设施扶贫目标，并将以工代赈作为政府实现目标的一项重大举措。以工代赈从1984年到2003年，项目总资金投入大约是525亿元，占政府扶贫资金的27.7%，主要用于贫困地区修建公路、水利工程和农业基础设施。

在以工代赈扶贫项目的优选及项目设计过程中，自上而下的决策与社区层面的公共议事的决策一般都没有妇女的参与，使得妇女的需求容易被忽略。在以工代赈扶贫项目的劳动分配、组织、报酬的确定中，大多是以男性意愿为主。而在家庭里面，一般也是男性成员有更多的机会利用优越的基础设施条件来发展。

2. 小额信贷扶贫

小额信贷是为低收入贫困人口提供信贷服务的一种制度化的信贷方式。小额信贷自20世纪70年代出现以来，在全球的范围内获得了广泛的发展。中国的小额信贷是20世纪80年代初由国际机构以项目的方式引进来的。1997年起，中国政府将小额信贷作为一种有效的扶贫方式进行推广。

大量的成功实践表明，小额信贷是帮助贫困妇女脱贫的一种行之有效的办法，它不仅意味着可获得信贷资金，更意味着社会对妇女的价值认同和给予获得控制的资源。但是，小额信贷扶贫项目设计上存在性别缺陷，小额信贷扶贫方式也对妇女产生了一些负面影响。主要是：①项目设计仍承袭了传统的社会性别角色定位，着重于经济的增长，并未充分注意到妇女自身利益的需求，妇女劳动负担因参加小额贷款活动而增加；②项目设计并没有考虑改变家庭内部的权利关系，妇女出面借贷，男性经营使用，如果经营失败，妇女承担还贷责任，结果妇女承受小额信贷所带来的经济风险和心理负担而又无法支配使用，不同程度地损害贫困妇女的身体健康；③承担风险的代价往往是放弃个人的其他福利，减少个人生活的需要，例如妇女靠牺牲吃鸡蛋的次数而省钱还贷。

3. 科技扶贫

妇女参与科技扶贫项目，特别是参与农业技术推广活动是促使农村妇女更好地参与发展、实现赋权、脱贫致富的途径之一。许多农村技术推广活动虽然在制订活动计划时强调了妇女的参与，但在真正执行中，妇女的参与度不足，一方面影响了农业技术推广的效果，另一方面也限制了农村妇女的发展和脱贫。

在科技扶贫的设计和实践中，贫困的农村妇女相对男性往往被边缘化。主观上的表现和原因妇女在农村经济活动中缺乏独立的经济地位，只是辅助丈夫进行农业生产，这种分工决定了妇女参与各种技术推广的动机，她们认为自己没有必要去参加培训，对培训活动不积极。她们还要操持家务、照顾老人和孩子，没时间参加培训，往往让丈夫参加，再让丈夫传授给自己。农村妇女文化水平低，怕自己听不懂。客观上的表现和原因：①社区内外存在对妇女歧视的观念，均没有从改变当地社区社会性别关系格局和改进技术服务系统对妇女服务和培训的针对性来提高妇女参与程度；②在社区中存在着对于男性从事的生产劳动评价高于女性，而且男人干的劳动更有技术含量的观念，比如种养业中的一些关键技术环节属于男性的领域；③由于现有的劳动分工格局，使得女性没有时间和空间去学习新的技术；④农业技术推广中缺乏性别敏感性，没有充分认识到技术推广中的性别差异和性别需求；⑤在有限的农业技术推广活动中，许多针对妇女的培训内容依然是集中在传统的社会性别劳动分工方面，例如养猪、养鸡、种植蔬菜的培训等；⑥由于传统的职业性别观念的影响，技术推广人员中女性人数少，使得技术推广很少考虑妇女的感受和意愿，而有的地方受女性不宜接触家庭以外男性的观念影响，不方便参加男推广员开展的培训。

4.社会扶贫

近20年来，相对于政府扶贫系统之外的中国社会扶贫主要是3种形式：部门定点扶贫、东西协作扶贫和民间扶贫。

部门定点扶贫。20世纪80年代中期开始的部门定点扶贫有特定的帮扶单位、对象，明确的工作目标和考核办法，因此，帮扶工作一般能落实到村、到贫困户。尤其是采取单位包村、干部包户的做法后，贫困村、贫困户的突出问题和实际困难容易识别，并通过采取多种形式动员组织资源予以解决。其中妇女、儿童往往能得到优先的关注。但除了少数部门，由于社会性别意识的缺乏以及驻村工作队员基本是男性，妇女在一系列扶贫项目选择和活动实施中发挥的作用还是非常有限。

东西协作扶贫。在扶贫开发中，中国采取东部较发达省市对口支持西部省、自治区发展的方式，以加快西部贫困地区脱贫步伐。由于东西协作扶贫是通过具体项目而实现的，一般来说，这些项目有更多的条件和机会关注弱势群体，特别是妇女和儿童。但由于性别意识缺乏，一般仅限于满足现实需求。

民间扶贫。在中央和地方政府的支持下，中国国内各社会组织、民间团体和私营企业也积极开展多种形式的扶贫活动。与政府扶贫相比，民间扶贫的特点是规模较小，一般只覆盖一部分贫困地区。但民间扶贫活动都比较专一，集中在民间机构有优势的专业领域。由于规模较小并且不通过政府行政体系来运作，民间扶贫活动也更具有创造性、更有效率，而且所实施的项目更具有社会性别敏感性。一方面，大部分民间组织大都以脆弱人群，如妇女、儿童、残疾人口等为关注和扶持的重点；另一方面，女性成为大多民间组织项目设计和实施的承担者，贫困妇女参与的程度自然就较高。

5.移民搬迁扶贫

中国的移民扶贫开发，按照群众自愿、就近安置、量力而行、适当补助4项原则进行。中国实施移民扶贫开发主要通过插户移民、政府建移民开发基地安置移民和吊庄移民等方式。近年来，通过多种方式和途径迁移安置了260万贫困人口，其中已稳定在迁入地居住的达240万，使全国需要移民搬迁的贫困人口由750万减少到500万左右。

移民搬迁扶贫方式的性别盲视表现在搬迁过程的几个主要环节：首先，搬与不搬，往往由男性决定。政府的政策宣传、动员的对象在大都仅限于男性；其次，在迁移入地，当基本的教育、卫生、基础设施条件得不到完善而需要作出选择时，妇女、女童的机会是最小的；再次，在传统的社会观念主导下，男性更易于将自己融入社区中，而女性却需要机会和更长的时间，在一定程度上影响女性的心理、身体健康。

6.劳务输出扶贫

劳务输出扶贫不仅有助于使贫困地区劳动力实现就业和增加收入，降低输出地的人口压力，缓和人地矛盾，更重要的是劳动者通过异地就业可以学到新技术、新生活方式、新工作方法，开阔眼界，增强信心，提高自我发展能力。劳务输出扶贫对妇女的影响，部分是通过家庭的方式发生作用，部分则是作用于妇女个人。多数参加劳务输出的妇女，能够不同程度地通过外出打工接触家乡外部的世界、学习新的技术，同时赚得一定的收入，因此对于提高女性的自我意识和在家庭的经济地位与社会地位能起到积极的作用。但如果家中的主要劳动力外出，妇女在家负责家务和承担全部农活，妇女的劳动强度会成倍增加。此外，妇女、儿童的安全感有时也受到严重影响。

7.整村推进扶贫

随着中国农村村民自治制度的建设以及向穷人赋权观念的引入，中国政府正在将参与式发展的理念、原则和方法在扶贫工作中加以运用和推广。参与式整村推进扶贫的基本方法：一是通过村级规划项目的选择和实施；二是把项目管理引入村级社会、文化建设，使村级组织建设、民主政治建设及社区精神文明建设，成为扶贫开发的必要条件，进入项目管理的范围；三是整合扶贫资源，明确相关部门和帮扶单位的职责和任务，努力引导一切可用资源集中投入；四是坚持政府引导、群众自发和市场需求3个基本点，培育各种组织。通过几年的努力，这种新的扶贫方式在实践中逐步得以贯彻并取得了很好的效果。

整村推进扶贫的核心是主体参与。参与式整村推进扶贫为妇女参与及受益提供了空间和可能性。但是在各地的实践中，社会性别敏感或平等原则并没有作为整村推进扶贫的基本原则之一，所以在扶贫开发规划的方法、程序、实施管理、监测评估的设计中，并没有体现社会性别敏感性。在妇女代表大会、男女分组谈发展方向和需求排序等也没有明确的可操作要求，很难确保规划中两性的平等参与。

8.多部门扶贫

贫困是多种原因造成的，解决贫困问题，必须从多方面入手。但是，受长期计划经济的影响，中国农村扶贫项目的计划和管理在较长时期内一直是以部门作为具体单位组织实施的。由此导致的问题，一方面是投入的扶贫资源分散、难以形成合力；另一方面也因无法克服多种因素对贫困的约束而影响了扶贫的效率。通过总结“八七扶贫攻坚计划”实施期间和与世界银行合作实施三期扶贫项目的经验，中国逐步改为采用多部门扶贫和协同实施的做法，较好地解决了以上存在的问题。但是，将类似于世行扶贫项目性别敏感的理念和方法扩展成为政府扶贫行动的必然组成部分，还需要相应的配套努力。

从以上的分析可以看出，在中国扶贫开发的政策和具体实践中，社会性别意识在逐步得到加强，社会性别敏感性在不断提高。但是，目前的扶贫政策制定及执行以及各种反贫困的具体实践，并没有调整原有的社会性别结构，传统的两性关系改变非常有限。表现在：（1）妇女加入原有的发展机制中，但由于没有系统地对传统的社会性别关系进行调整，妇女的参与及贡献被现存的机制、传统的社会性别关系边缘化了。（2）注重生产领域，忽略了妇女的再生产劳动。单方面强调妇女在生产领域的创收及对发展的贡献，加重了妇女的双重负担，没有针对男性提出分担妇女原有劳动的要求。（3）忽视了男女的合作关系。妇女不是独立于社会关系的，她们存在于多样、具体的社会关系中，既有自己的阶级利益，又有自身的性别利益。妇女与男人既有矛盾又有合作，在妇女发展中男人也要作出相应的努力。以往在制定发展方案时单一地针对妇女，忽视了男性的合作与调整。（4）在权力再分配时往往忽视妇女。把妇女作为被动的发展受益者，而不是发展的主人；在制定发展政策和实行发展项目时很少咨询妇女。

二、提高中国未来扶贫开发政策及措施社会性别敏感性的对策建议

对策一：在加快贫困地区经济社会发展进程及在各项扶贫开发重点内容和工作中注意为妇女创造提高收入的机会。

继续采取重点扶持政策支持贫困地区加快经济社会发展进程，将区域经济发展、扩大对外开放、产业化和城镇化与贫困村的发展有机结合，为贫困村的发展提供良好的发展环境。在整村推进扶贫开发过程中将性别问题作为必须坚持的基本原则之一；将妇女劳动力的培训和转移列为专项计划，从培训、转移、权益保护等方面采取具有性别敏感的措施；产业化扶贫要特别关注妇女的参与和效益分享，“公司+基地+农户”的模式要注意为妇女多提供稳定增加收入的机会。

对策二：在扶贫开发涉及的系统和领域、范围倡导和普及社会性别意识。

开展和普及社会性别意识教育，对全社会进行社会性别培训；在扶贫政策和措施宣传中增加社会性别意识教育和普及的内容；将扶贫项目作为传播社会性别意识的载体；在举办社会性别意识活动时积极邀请男性参加，促进男性社会性别意识的根本转变。

对策三：将社会性别问题分析作为扶贫开发政策调整的一项重要原则。

一是制定所有扶贫政策、方案和项目宏观决策前必须进行社会性别分析，要有清晰的社会性别计划方案以及评估该项政策、方案和项目可能分别对男性和女性带来的影响；在该项政策、方案和项目实施后，评价其对男性和女性在实践发展中产生的不同影响。二是将社会性别意识纳入具体的政策制定和决策过程，运用社会性别分析的方法，分析贫困妇女在发展中遇到的问题。

对策四：在开发式扶贫政策及措施中提高社会性别敏感性。

在现有的统计系统（按区域或户）中增加按性别划分贫困人口的数据，建立性别瞄准机制。引导、组织妇女以积极参与者的身份而不是以被动受益者的身份参与反贫困决策、管理、实施、协调和监测，逐步建立性别敏感的参与式扶贫机制。建立贫困妇女社会安全救助网，包括一份社会保障田、食品和营养安全保障（如直接的食品补贴）、基本医疗条件、适当的自然灾害救助、增加财产及家庭经营多样化的保险机制等。在加强贫困人口能力培养的制度建设中关注贫困妇女的基本需求，重点为贫困妇女提供基本的社会服务。从法律、机制、具体措施上消除城市就业中的性别不平等，建立有利于贫困农村妇女进城务工和劳动就业的环境和制度。在整合、协调多层次、多部门、多形式的社会扶贫资源的新机制、新方式中纳入性别意识和视角。

对策五：在扶贫开发项目的设计和实施中提高社会性别敏感性。

一是在扶贫开发项目的整个周期中始终贯彻社会性别敏感的参与性原则。二是在扶贫开发项目的设计和实施中，将社会性别盲点的技术推广转变为具有社会性别敏感的技术推广。三是在扶贫开发项目的设计和实施中，增加以性别平等为目标、针对当地突出的社会性别问题进行系统或策略性干预的项目内容。四是在扶贫开发项目的设计和实施中，鼓励在社区建立妇女小组并帮助和支持妇女小组开展有利于妇女成长的各项活动和预算安排，推动妇女小组作为农村妇女民间组织，参与到村民自治和社区管理中。

对策六：建立具有社会性别敏感的参与式扶贫体系。

在参与性村级规划的制订过程中，探索并建立能够反映和表达妇女群体声音的各种机制和程序；转变新阶段扶贫开发工作方式与运行机制，对扶贫资金的传递和扶贫项目的管理要从制度上保证妇女代表的自主、充分参与；在参与式村级扶贫开发规划实施管理小组和监测评价小组中确保妇女参与的数量和程度，并为自治组织真正发挥作用提供制度支持；支持妇女组织的建立和培育；围绕扶贫开发规划项目的实施管理、监测评价，以及其他经济社会发展活动对妇女开展有效的培训；有计划、有步骤地开展一系列具有性别敏感的贫困村参与式扶贫体系建设的试点、示范活动。

对策七：建设分性别的扶贫开发监测与评价系统。

第一，将扶贫开发项目的性别敏感性纳入项目设计和效果评价的范围。第二，创新贫困村扶贫开发监测评价体系：一是在传统的扶贫开发监测评价系统中增加性别指标；二是建立贫困农户参与式监测评价系统。在实践中，可以考虑把扶贫系统和有参与性经验的民间团体、专家作为中介和协助者的角色，保证项目社区真正有贫困人群和妇女的参与并在项目的监测和评估中发挥主体作用。第三，在扶贫开发监测评价系统中建立和使用适当的客观的性别敏感指标。这些指标应包括生活的各方面——健康、教育和经济机会，还应与妇女生活的各阶段相关。第四，增加衡量扶贫效果的社会性指标，更加灵活全面地包括妇女和少数民族的体验和感受。第五，协调及整合各个部门与群众团体的分性别统计资料，防止统计工作重复和资源浪费。

对策八：加强社会性别与扶贫开发的分析与实践能力建设。

重视贫困与社会性别的研究、社会性别意识和分析的能力建设；从中央到地方的扶贫开发系统要注意引进或培养具有社会性别敏感的政策研究和社会性别分析的专家人才队伍，在系统内部的培训班中增加社会性别意识与分析理论、方法等内容，为社会性别纳入扶贫开发政策制定和实践而奠定基础；运用社会性别分析的理论和方法对现行扶贫开发模式进行效果研究；加强与国际组织、非政府组织的合作，充分利用国际发展项目的优势，有计划地开展各类研究，如具有社会性别敏感的扶贫开发规划的制订与实施等；通过扩大与倡导社会性别平等的妇女组织、民间组织、国际发展机构等合作的途径，组织力量收集、翻译、研究国际相关的实践经验和研究成果，并在扶贫系统、相关部委、学术界、民间扶贫组织、妇女组织乃至更广的范围内进行研讨与交流。

参与式扶贫规划的制订与实施案例研究

——从龙那村看广西贫困村的扶贫规划

本文以龙那村为案例，系统分析了贫困村的选择过程，贫困村参与式扶贫规划的制订程序、参与者及其职责，从村级扶贫规划到县级扶贫规划的制订过程，村级扶贫规划实施管理、监测过程中各相关方的职责及目标群体的参与方法。本案例对研究全国14.8万个贫困村的规划及实施具有典型意义。

《贵州农业科学》2004年第3期

广西马山县里当瑶族乡龙那村地处大石山区，既是贫困石山村，又是民族村，还是革命老区村。全村48个村民小组68个自然村，621户2911人，其中瑶族占30.54%。全村总面积18010亩（1亩≈667平方米）。耕地面积2446.50亩（全是旱地）、林地面积5280亩、经济作物面积50亩，分别占总面积的13.58%、29.31%和0.3%。2000年，全村人均产粮161.65公斤，人均纯收入600多元。其中人均纯收入313—625元的有497户，人均纯收入157—312元的有28户，人均纯收入低于156元的有18户，分别占全村总农户数的80%、4.5%和2.8%。村委会所在地和11个自然村修通了村级路，自然村通车率为16%；446户解决了饮水困难，占全村农户总数的73%；全村通了电；适龄儿童入学率达95%，九年义务教育完成率达60%；30%的家庭能收看电视；15%的劳动力接受了农村实用技术培训。据统计，全村历年来共得到国家和社会扶持资金80多万元，扶持群众发展种植业5项、养殖业6项，修建村级道路1条7公里、屯级道路1条3公里，兴建家庭水柜226个9040立方米，建地头水柜220个13200立方米，建沼气池60个360立方米，砌墙保土96亩，造林种果600亩，推广良种良法36亩，建电视广播接收站1个，新建校舍904平方米，维修校舍113平方米，等等。

一、贫困村的选择

确定贫困村的标准。广西的贫困村在民族地区、革命老区、边境地区、大石山区、高寒山区和特困地区的范围内确定。确定贫困村的主要标准是：农民人均纯收入（占指标权重的36%）、农民人均产粮（占15%）、农民人均缴纳“四税”（农业税、农业特产税、耕地占用税、契税，占8%）、农民人均住房面积（占8%）、未解决饮水困难人口（占6%）、人均农村用电量（占6%）、自然村（屯）通公路率（占8%）、适龄儿童入学率（占5%）、医疗卫生条件（占5%）、广播电视覆盖率（占5%）、贫困人口数量以及扶贫开发工作情况（参考指标），兼顾石山面积、革命老区村、少数民族县（乡）、边境县（市）、库区移民等综合指标（参考指标）。

贫困村选择标准的制定。贫困村的选择标准首先由自治区扶贫办拟订，分别书面征求计划、财政、统计、农业、林业、水利、交通、移民等区直部门扶贫工作负责人或行业专家的意见；初步确定选择指标方案（含指标权重）后，召开部分市（地）、县扶贫办主任座谈会，对选择指标方案进行讨论、修改；由自治区扶贫办报自治区扶贫开发领导小组审定。

选择贫困村的方法与过程：①自治区扶贫开发领导小组印发贫困村选择标准和贫困村选择的控制比例［28个国定贫困县贫困村占行政村总数的60%—70%，自治区原确定的21个区定贫困县贫困村占行政村总数的约30%，其他县（市、区）贫困村占行政村总数的10%左右］。②各县（市、区）在市、地扶贫开发领导小组的指导下开展贫困村的选择工作。③各县（市、区）扶贫办根据贫困村的选择标准，提出本县贫困村名单报县委、县政府讨论确定。④各县（市、区）扶贫办指导各乡镇、村填报全区统一的贫困村基本情况表，并根据贫困程度对贫困村进行排序。⑤各县（市、区）以县政府的名义将本县贫困村基本情况上报自治区扶贫办。⑥自治区扶贫办对各县（市、区）的贫困村方案进行审核，但并不确定具体名单，只根据各县（市、区）贫困村的贫困情况，本着平衡的原则，核定各县（市、区）的贫困村数量。⑦自治区扶贫开发领导小组将最终确定的贫困村数量通知各市（地）、县（市、区），各县（市、区）根据自治区核定的贫困村数量确定本县（市、区）的最终贫困村名单。⑧自治区扶贫开发领导小组印发《关于审核确定自治区贫困村名单的通知》。在上述过程中，龙那村因其综合贫困程度排在马山县所有贫困村的第三位，因此被确定为自治区贫困村。

二、龙那村参与式扶贫规划的制订

龙那村参与式扶贫规划制订的程序。广西新阶段扶贫开发规划制订的基本程序是由自治区扶贫办和专家在试点的基础上制订，印成操作指南发到乡镇、村和规划指导人员手中，并以此为教材举办培训班。自治区培训到市（地）、县（市、区），市（地）负责培训参与规划的工作人员（包括县级有关部门抽调的技术人员、乡镇干部、村支部书记和村委会主任）。龙那村参与式扶贫规划的制订程序：

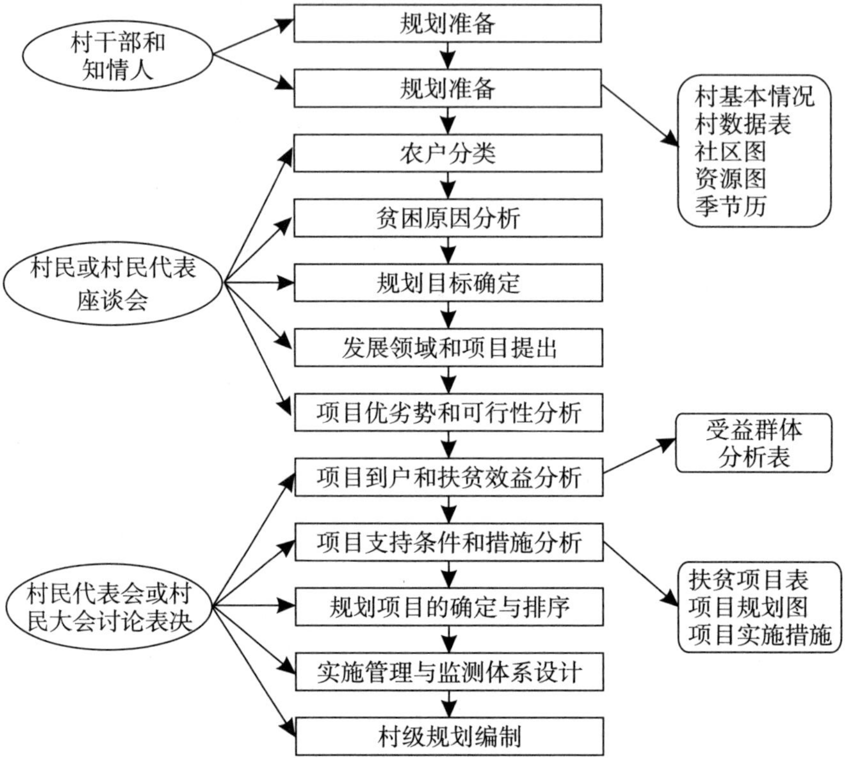

图1　龙那村参与式扶贫规划制订程序

龙那村参与式扶贫规划制订的参与者。龙那村参与式扶贫规划制订的参与者包括：①规划指导小组，由6人组成，即县扶贫办1人，县农业局1人，乡干部1人，驻村工作队1人，村委会干部2人，其中2人为妇女干部；②各屯（组）长；③村民（70%的农户代表参与了规划活动，其中1/3左右为妇女）。

龙那村参与式扶贫规划中各级政府和村民的作用及职责：

各级政府的作用及职责：①确定规划目标与项目建设、投资标准。②制订参与式扶贫规划操作指南。③举办参与式村级扶贫规划培训班。培训内容包括新阶段我国扶贫开发的形势、任务和政策措施，自治区、市（地）、县（市、区）与贫困村基本情况及扶贫开发思路，当地国民经济和社会发展“十五”总体规划及“十五”专业规划（包括农业、林业、水利、交通、电力、教育和卫生等规划），参与式扶贫规划制订目的、程序、步骤和方法。培训对象除规划指导小组外，还应包括相关的乡镇、村干部。④成立规划指导小组并进村组织、引导、发动村民制订规划。⑤预测规划期间各种扶贫资源的供给总量。根据国家扶贫资金政策和相关管理办法，确定当地扶贫资金（财政扶贫资金、信贷扶贫资金、社会捐助资金和其他部门扶贫资金）使用的范围、重点和投资标准。⑥将贫困村投资项目的主要技术标准和单位投资标准具体化：重点制定村级道路、水利设施、学校、医疗诊所和电力设施建设技术标准和投资标准。⑦规划指导小组制订入村行动计划，准备参与式村级扶贫规划的工具和表格。工具主要包括大型纸张、卡片和彩笔等。表格则主要包括贫困村参与式扶贫规划目标任务表、贫困村基本情况表等。

村民的作用及职责：在规划指导小组的组织、引导、发动下，以小组座谈、村民大会等多种参与方，主动参与到村级扶贫规划制订每个环节：对本村现状进行分析；对本村全体农户分类，选出贫困农户；分析贫困原因；讨论确定本村扶贫规划的目标，即总体目标和具体发展目标；讨论选择扶贫项目；对项目优劣势及其可行性、项目所需支持条件和措施进行分析；对确定的规划项目进行排序；讨论、设计规划实施管理与监测评估的办法，选出规划实施小组和规划监测小组成员并确定其职责；按一定的格式编制本村扶贫规划。

三、从村级扶贫规划到县级扶贫规划

工作程序：①以扶贫办为主，抽调相关部门的人员组成县级扶贫规划工作组。②县级扶贫规划工作组召开讨论会，采用参与式方法，分析本县扶贫规划制定的工作内容、工作程序、工作方法以及分工方案和时间要求等。③贫困原因和扶贫战略目标分析。县级扶贫规划工作组召开村干部、乡镇干部和村民代表会议，用参与式方法分析本乡镇、村的贫困原因，对贫困原因进行排序、列出扶贫战略目标；召开有关专家座谈会，采用参与式方法，分析本县的贫困原因、对贫困原因进行排序、列出贫困村分类排序的指标和权重、列出扶贫战略目标。④对村级扶贫规划进行分析。在分析村级扶贫规划的基础上，根据贫困村排序情况，按贫困程度选出5个村，与村干部一起对规划进行讨论，主要了解村级扶贫规划制定的过程、方法和村民对规划的期望。同时，收集以往已经实施的扶贫项目的分布情况，并与村级扶贫规划进行对照；收集目前各部门近期发展规划，并与村级扶贫规划对照。⑤组织有关部门或专家制定技术标准和估算单位造价。⑥汇总村级扶贫规划、整合县级扶贫规划。

县级扶贫规划整合中存在的主要问题与难点：

第一，村级扶贫规划的质量问题，主要是：①规划总体质量不高。表现在部分入村指导的人员没有真正理解参与式扶贫规划的含义，没有引导村民从实际出发确定规划的目标，也没有对本村的资源和贫困原因进行认真的分析，只是简单地要群众报项目，把村级扶贫规划作为向上要钱的一种手段，而不是为本村自我发展做打算。②规划内容的安排没有系统性。如公路项目，各村基本上是各自然屯报的，都列入规划，没有进行全村的整体安排。有些村在规划中列有8—10条屯级路，但经过与村干部分析，实际上4—5条就可以解决路的问题。③投资规模没有限制。有的村的规划需要在10年内投入500多万元的无偿资金。这主要是入村指导的人员没有考虑群众的要求是否合理，只要群众提出，就列入村级规划。④村级道路升级占的投资太大。一般每一个村都需要升级或新建5—10公里的村级道路，按自治区确定的补助标准，这项就要占用50万—100万元无偿资金。⑤由于没有县级扶贫规划的指导，各村的产业发展规划比较零乱，各村的产业发展规划没有整体性地考虑，基本上是群众报什么就列什么。⑥有的项目缺乏合理性。如某个村规划安装350千米长的40毫米直径的引水管，显然不合理。⑦村级扶贫规划没有体现自力更生的精神。

第二，由于少数村级扶贫规划质量低，无法直接从村级规划进行汇总。

第三，面上非贫困村的基础设施虽然比贫困村好，但也需要一定量的投资，这在县级扶贫规划中难以体现。

第四，各村的扶持力度和优先次序难以确定。

第五，项目筛选。在对项目进行审核时，审核人员不知道应该保留那些项目，去掉那些项目。在石山地区，群众往往只要求能够在本屯内一年四季有水供应就够了，而一些土坡地区，群众希望扶持他们把水引进家里来，甚至有水田的村，多数想修建水渠。同样，规划中有多条道路，按什么原则来确定公路的优先次序？项目选择应如何与资金来源和政策衔接？

第六，监测指标需要有针对性即不同的项目类型，应有不同的监测指标。但是为了便于管理，全区应有统一的监测指标。

第七，管理机构设置不仅与规划的内容和规划管理的目标有关，更重要的是与上一级对规划管理的要求和政策有关。没有对规划管理机构设置和职能的统一要求，县级扶贫规划也难以整合。

提高县级扶贫规划整合质量的建议：研究并制定全区扶贫规划实施的总体战略。制定全区统一的规划管理办法。对规划管理机构的职能作出规定或要求。制定全区统一的监测管理办法，规定统一的监测指标。制定项目筛选指导原则和项目实施优先原则。制定贫困村的优先扶持原则。组织专家人员对村级扶贫规划进行评估，并根据群众需求对项目合理性和可能性进行的分析，重新审定村级扶贫规划。在县级扶贫规划组的指导下，对不合格的村级扶贫规划进行调整，最后上报的村级扶贫规划应是调整并经村民大会通过后的规划。对县级扶贫规划骨干人员进行系统培训。

四、龙那村扶贫规划的实施与管理

（一）成立本村扶贫规划实施管理小组

扶贫规划实施管理小组产生过程与办法：①召开村民大会（或代表会），规划指导小组说明成立规划实施管理小组的意义和要求。②组织到会村民讨论规划实施管理小组成员的条件，强调小组成员办事要公道，有一定的文化和办事能力。③根据条件，每个村民组（或自然村）推荐1—2名候选人（有15个以上村民组的大村推荐1名，小村推荐2名）。④由规划指导小组和村民委员会主持展开村民代表大会，采取无记名投票方式，选举村级扶贫规划实施管理小组。

经以上程序，龙那村扶贫规划实施管理小组由村党支部书记蓝庆坤担任组长，村委会主任樊月珠（女）和群众代表蓝日盛、韦文甲担任副组长，组员有蓝艳娥（女）、蓝桂杨、蓝景春、蓝冠令、熊世香（女）、蓝冠全、樊干思（女）、蓝任鸿。

在广西，一般情况下，贫困村扶贫规划实施管理小组由5—10人组成，设组长1人，副组长1—2人，组员3—7人。小组成员应具有广泛代表性，其中贫困农户代表应不少于50%，妇女代表应占1/3左右。实施管理小组组长一般从村干部中选举产生，通常情况下都会由村委会主任担任。主要原因是村干部是民主选举产生的，由其担任规划实施管理小组组长可以将村委会对本村事务的管理责任和对规划的实施管理结合起来。

（二）确定本村扶贫规划实施管理小组的职责

村级扶贫规划实施管理小组的基本职责由村级扶贫规划实施管理小组讨论确定。龙那村扶贫规划实施管理小组的基本职责包括：①广泛宣传、动员组织群众参与规划实施管理。②对规划实施管理小组成员责任落实到人。③编制年度和阶段性项目实施计划、目标任务。④制定详尽的项目操作程序、日程安排及建设标准。⑤组织村民进行技术培训。⑥统筹安排人力、物力、财力，搞好物资采购和其他配套落实。⑦负责到村、到户资金管理，做到专款专用，并搞好报账材料的编制、上报。⑧负责建设项目质量管理，并对到户项目进行初查、联评。⑨阶段性公布项目规划实施情况，接受监督小组和群众监测评价，征求意见和建议，并及时调整、改进。⑩确定项目管理办法，搞好工程维护、修缮工作，确保项目达产、达效，长期受益。⑪成立村级小额信贷扶贫中心，由5—8户成立联保互助小组，严格按小额信贷的管理要求，确保扶贫资金到户。

（三）村级扶贫规划实施管理中各级政府的职责

自治区政府对村级扶贫规划实施管理中各级政府的职责进行了明确规定：

第一，各县（市、区）人民政府对本辖区内贫困村扶贫开发负总责。主要职责是：落实总体规划，制订年度计划，安排扶贫资金，组织项目实施，组织社会帮扶，提供社会服务，抓好检查监测，层层实行扶贫开发量化目标责任制。各县（市、区）人民政府主要领导是第一责任人，分管领导为直接责任人。

第二，乡（镇）人民政府对所辖贫困村的主要责任是：动员和组织贫困村群众按规划实施好扶贫开发项目；对贫困村扶贫规划落实情况和扶贫资金使用情况进行检查监督；按照上级的要求，审核、汇总和上报贫困村扶贫开发的各种基本数据。

第三，贫困村村委会要把扶贫开发作为全村工作的中心任务，以扶贫开发统揽全局。主要职责是：组织群众编报年度项目计划、规划实施项目、开展实用技术培训；负责单据汇总、核实、上报和报账；对所有项目实施进行督促检查；定期向乡（镇）人民政府汇报和向群众公布项目实施情况。村党支部书记和村委会主任是贫困村扶贫开发的直接责任人。

第四，自治区、市（地）、县（市、区）、乡（镇）党政机关及企事业单位要定点帮扶贫困村，确保4060个贫困村都有帮扶单位。各定点帮扶单位要按自治区的要求，做好帮扶计划，落实帮扶措施。各部门安排的项目、资金、物资、技术推广等要围绕规划的项目向贫困村倾斜。年度帮扶计划要列入自治区、市（地）、县（市、区）的年度扶贫开发工作总体方案。帮扶单位的主要领导是贫困村定点帮扶工作第一责任人。

第五，自治区下达到各县（市、区）贫困村的扶贫资金必须全部用于贫困村的扶贫开发。扶贫资金由县（市、区）扶贫开发领导小组经集体研究决定后统筹安排，实行政府分管扶贫的领导一支笔管理。各县（市、区）人民政府要根据贫困村扶贫开发任务，千方百计增加扶贫投入，按规定筹足配套资金，并列入同级财政预算。

村级扶贫规划实施管理中遇到的困难与问题主要是：①规划对资金的需求远大于供给，每年分到每个贫困村的扶贫资金很有限。②其他扶贫资源的动员难度很大。③有限的扶贫资金限制了广大村民的广泛参与。④受多种因素制约，总体上相当部分村民尤其是贫困户参与扶贫项目建设的主动性不足。⑤扶贫项目实施的参与度与各级干部付出的努力呈正比，各级干部的工作积极性与他们对参与式的认识和是否有必要的工作经费相关。

五、龙那村参与式扶贫规划的监测

监测评价内容。村级参与式扶贫规划监测评价的内容是：规划项目实施进度和质量；资金到位和使用情况；物资采购、保管和使用情况；规划实施管理小组的运行状况；建成项目的效果和影响；规划实施中发现的问题及解决处理结果；等等。

1.龙那村参与式扶贫规划的监测评价方法与步骤

（1）选举成立村级扶贫规划监测评价小组：广西贫困村村级扶贫规划

监测评价小组的产生程序和方法与村级扶贫规划实施管理小组的产生程序和方法相同，即在各村民小组推荐候选人的基础上由村民代表大会民主选举产生。村级扶贫规划监测评价小组可由3—5人组成，设组长1人（一般由村支部书记或支委担任），副组长1人（如组长是男性，副组长应由女性担任），组员1—3人（其中应充分考虑贫困农户、妇女和少数民族群众比例）。小组成员能从原村组老干部、当地离退休返乡干部和小学教师中选出最好。他们比较关心本村建设发展，在当地村民中有较高威信，又有经验和能力。龙那村扶贫规划监测评价小组由村主任任组长，成员共有6人，每片区选代表1人。

（2）讨论确定监测与评价小组的职责：①监测规划项目实施的关键过程，包括选择实施单位、项目实施进度和质量等。②资金、物资管理使用情况。③征求收集村民对规划实施的意见和建议，对村民反映的问题进行调查。④定期定点定户调查记录规划实施项目对贫困农户生产生活的影响、农户参与规划实施和管理的参与度。⑤监测评价村级扶贫规划实施管理小组成员的工作。⑥将监测信息及时转告村级扶贫规划实施管理小组，并及时公示、上报。

（3）选择和使用适当的监测方法：①现场调查、走访。监测评价小组成员经常到项目施工现场检查，走访规划实施管理小组人员、实施单位（承包人）、施工人员和农户，了解建设进度、材料耗损、工程质量等方面的情况。②不定期召开村民代表座谈会，收集村民对规划实施管理的意见和要求。③定期召开定点贫困农户调查会，了解规划实施后贫困户生产生活变化情况；或印制调查表、卡，分发给定点农户，通过培训，统一填写标准和方法，定期收集汇总。定点农户按10%—20%比例安排，主要是贫困农户。每年至少要在年末进行一次调查。④根据不同监测内容，设计监测指标，编制监测表，定期填报。⑤及时将监测中发现的问题转达给村级扶贫规划实施管理小组，并将改进意见和措施通报村民。⑥督促村级扶贫规划实施管理小组定期向村民公示资金和物资管理情况，接受村民监督。

（4）有重点地确定监测指标体系，全面动态地监测规划的进展及效果情况：规划指导小组根据监测内容和不同的社会、经济发展状况，提出各类监测评价指标（监测指标应具有敏感性，村民容易理解、易收集、有代表性，每项监测的指标不要太多），指导村级扶贫规划监测评价小组根据实际情况讨论、选择。

2.参与式扶贫规划监测评价中各级政府的职责

（1）从自治区到市（地）、县（市、区）都要建立健全贫困村扶贫资金和项目监测网络，全面跟踪贫困村扶贫资金的使用和项目进展情况。各市（地）、县（市、区）人民政府（行署）要保证贫困村监测工作所需的人员和经费。

（2）要将贫困户的人均现金收入、住房状况、种养项目和规模及效益等情况汇总并制成“农户监测表”，每年底由农户自填，各自然屯监督员进行统计，然后逐级汇总上报。

（3）要围绕全村人均资金收入、住房修建、屯级道路建设、人畜饮水工程建设、农田基本建设、通电用电、种养项目等情况汇总并制成“贫困村整体发展状况监测表”，每年底由村委会填写并逐级汇总上报。

（4）各市（地）、县（市、区）扶贫开发领导小组每年要组织一次对本市（地）、县（市、区）贫困村扶贫开发工作进行全面检查，并将检查结果报自治区扶贫开发领导小组办公室备案。自治区扶贫开发领导小组每年对各贫困村扶贫开发工作情况进行抽查，5年进行一次阶段性验收检查，并将检查结果通报各市（地）、县（市、区）扶贫开发领导小组。

村级参与式扶贫规划监测评价中遇到的困难与问题：一是干部及村民的参与意识不强；二是监测工作的重要性在部分领导和工作人员中没有引起足够的重视；三是必要的工作经费难以落实；四是对参与式扶贫规划监测评价体系建设缺乏研究。

论我国农村贫困地区反贫困战略选择的指导思想与基本原则

自可持续发展和科技兴国被中国政府确定为两大跨世纪战略以来，可持续发展的理念已逐渐为公众所认同，并在各区域、各行业的发展战略当中得以不同程度的体现。本文从可持续发展视角出发，系统阐述了中国农村贫困地区反贫困战略选择的指导思想和基本原则，旨在为完善中国反贫困战略决策提供参考。

《中国特色理论发展经典文库》，中国文艺出版社2003年出版中国是发展中国家，不均衡性是目前中国社会发育、经济发展最显著的特征之一，也是贫困地区存在的根本原因。中国绝对贫困问题具有明显的自然地理区域特征，农村绝对贫困人口主要分布在西南喀斯特地区、西北荒漠化地区、南方红壤丘陵地区、北方黄土高原地区、地方病高发区和水库移民区等自然条件较差、生态环境恶化的贫困县中。在市场经济条件下，这些贫困地区的发展较发达地区面临更大的困难与挑战，由此在发展战略选择上更易于走进发展与环境问题上的认识误区。贫困地区发展的首要问题是尽快解决现存绝对贫困人口的温饱问题，因此如何在极其恶劣的生产生活条件，稀缺的自然、经济与社会资源，较低的人口素质，不利的市场环境等因素组成的背景下实现可持续发展，一直是贫困地区决策者在何种程度上选择、制定和实施可持续发展战略的最大困扰之一。因此，有效的反贫困战略必然是充分体现可持续发展的理念，也就是说，反贫困战略选择必须以可持续发展战略作为指导思想，并以此为基础，遵循一些基本原则。

一、农村贫困地区反贫困战略选择的指导思想

1.贫困地区可持续发展的核心是以经济建设为中心的综合发展

贫困地区的首要问题是解决绝对贫困人口的温饱问题，然后解决相对贫困和实现小康走向富裕的问题，问题解决的前提和基础是贫困地区经济的发展。没有经济的发展，就不可能实现人口、资源、环境与经济的协调发展，可持续发展目标的实现就成为一句空话。因此，强调发展的可持续性，不能因为传统发展模式的不可持续而放弃经济发展或放慢经济增长速度。贫困地区更要强调以经济建设为中心，加快发展速度，逐渐缩小与发达地区的差距。

贫困地区落后的社会发育程度和经济发展水平使可持续发展面临更为

严峻的挑战。在市场经济条件下，优惠政策意识在一定程度上被弱化、比较利益的作用使各种生产要素更易于向发达地区流动、解决绝对贫困问题的生产和资源条件依然恶劣和稀缺，如此状况极易走进“先发展后治理”的怪圈，因此，强调解决温饱问题、强调经济开发、强调发展必须建立在可持续性基础上，否则就有可能虽解决当前温饱问题，但陷入范围更广、程度更深、时间更长的贫困状态。

贫困地区可持续发展必然需要在经济发展中才能实现。一方面只有在扶贫开发中不断培育新的经济增长点、增加群众收入、改善生产生活条件、不断形成和积累综合发展能力，可持续发展才有基础；另一方面，扶贫开发必须是经济、社会和生态效益相统一，短期开发与中长期发展相结合，解决当前不以破坏今后发展的自然、生态、环境为前提。

2.贫困地区可持续发展的前提是资源的永续利用和良好的生态环境

贫困的根本原因是人口过快增长与低素质、资源匮乏与低利用率、生态环境脆弱与难重建同时并存，相互作用、相互制约，互为因果，构成了以人地关系为核心的贫困循环。一方面是人口过快增长，人均资源减少，需要扩大可利用耕地面积和增加农业劳动力，相应结果是多生多育以增加人口，再迫使生产粮食用地扩大，不适当的开垦及破坏使生态环境更加脆弱；另一方面，低素质的劳动力无法提高有限资源的利用率，无论从开发广度、深度提高已利用资源的利用率或从开发高度增加资源利用的附加值，资源开发仍有潜力可挖，生态环境可在适度开发中得以恢复与重建。显然，资源利用的不可持续性与生态环境的破坏，最终只会使贫困进一步恶化，从而可能导致政治、社会、民族等方面产生一系列不良后果，不仅使贫困地区失去可持续性发展的基础，而且会影响全国可持续发展战略的实施。

实现贫困地区可持续发展必须首先实施可持续人口发展战略。其一，计划生育与扶贫开发相结合，对自觉实行计划生育的贫困户给予发展生产的优惠和奖励。其二，有效使用专项扶贫资金及其他资金，致力改善农业生产生活条件，提高已利用资源的生产力，开发利用尚未利用的自然资源，发展加工业和服务业，为贫困人口提供平等的经济机会，使他们仅有的经济资源——劳动力，能够用于生产建设，从而使他们能够依靠自己的劳动力解决自己的温饱问题。其三，为贫困人口提供基本的社会服务，特别是初等教育、职业培训、初级卫生保健和计划生育服务，通过提高贫困人口的劳动力素质，进而提高他们利用经济机会、竞争就业岗位、增加收入的能力。其四，为贫困人口建立社会安全保障网络，使那些因丧失劳动能力、因不可抗拒的自然或社会灾难而暂时地或永久地陷入贫困状态中的人的基本需求得到保证。其五，在贫困地区深化社会改革、进行反贫困领域的制度创新，为贫困人口创造公平竞争的机会、制度环境和保证。

以较低的资源代价和社会代价取得高于区域经济发展平均水平的发展水平，并保持可持续增长，是贫困地区可持续发展的战略选择。

在贫困地区，人口的不断增加带来对粮食和薪柴的需求不断增加，贫穷且低素质的人们不能通过集约化的方式提高耕地的单位产出水平，他们的唯一选择就是不断开荒、不断加剧广种薄收的状况。耕地的扩大减少了林地和牧场的面积，薪柴来源枯竭，畜牧业萎缩。与此同时，生态环境迅速恶化，林地、草地减少，水土流失加剧，生物多样性降低，自然灾害发生频率和种类增加，这一切相互作用，形成了贫困地区“人口—生产—生态恶性循环”。

要实现可持续发展，必须切断或打破贫困地区“人口—生产—生态恶性循环”。一是加大农田基本建设投入，包括劳动投入和资金投入，完成在传统农业发展阶段必须完成的技术创新任务，采取提高单位面积产量、退耕、封山育林、种植速生丰产薪林和推广省柴灶、沼气池、修建人畜饮水工程及农用基本建设等同步进行的综合性措施，从根本上将广种薄收的生产方式转为集约化的生产方式。二是合理规划，增加投入，大力开发尚未利用的资源，如荒山荒坡、生物资源、矿产资源、水资源等，因地制宜地通过种（植）、养（殖）、挖（矿）、加（工业）、走（劳务输出）等途径扩大收入机会。三是通过大力推广先进适用的技术，提高各类扶贫项目的技术含量，在确保项目预期效益的同时提高贫困农户的科技能力。四是发展社会化服务体系和交通运输体系，将贫困地区特有的生态环境资源、生物资源、矿产资源等潜在优势转化为现实优势。

3. 贫困地区可持续发展的实质是要改变传统的扶贫开发与发展模式

自1986年中国政府开展大规模、有组织的扶贫开发以来，贫困地区生产生活条件得到明显改善，扶贫开发进入新阶段以后，贫困的对象、贫困的特征发生了变化，因此很有必要对传统扶贫开发与发展模式进行重新审视。

总体而言，以投资项目形式使用专项资金，组织大规模的扶贫开发活动是有效减少和消除贫困的办法，但在具体实践中，这种模式因贫困对象更加具体、贫困区域的自然条件更加恶劣、解决贫困问题难度更大而表现出一些不足：（1）扶持的单一性。贫困农户所得到的扶持一般只是一个或至多两个种植或养殖项目，从稳定收入来源讲可能是足够的（若人均投资强度达到要求的话），现有的扶贫项目基本没能将教育、卫生方面的服务提供纳入建设范围，因而单一的扶贫效果很难确保贫困区域的可持续发展。（2）项目覆盖对象选择的偏好性，极易将最穷的农户排除在外。由于扶贫贷款由农业银行及其分支机构发放，首先被考虑的因素是资金的回收风险，显然处于竞争底层、综合能力较差的穷人很难争取到有限的扶贫资金。（3）局部性，也即扶贫开发活动大多没能从区域经济发展的层面上进行设计，即使强调连片开发，也局限在某个乡或某个县，没有从区域产业带建设角度将扶贫开发与区域发展融合在一起。（4）项目实施管理计划性过强，与市场经济条件下所要求的产业选择、产品销售、生产服务等方面的灵活性不适应，同时不适度的政府行为抑制了农户自我发展能力的建设。以上不足正是贫困地区可持续发展所需要解决的主要问题。

采取综合性扶贫开发战略，确保贫困地区的可持续发展。根据我国现行管理体制的特点，必须以行政村为单位，对每一个贫困村进行总体规划与设计：在系统分析目标与现状差距的基础上，确定增加收入、提高教育卫生水平、改善生产生活条件的项目和投入强度，采取一揽子分年投入的方式综合解决贫困村的社会、经济、生态协调发展问题，这才有可能保证贫困村的可持续发展目标的实现。

将扶贫开发融合到区域经济社会发展中，促进扶贫项目个体化向产业化转变。贫困地区的相对资源（物种、矿业、水能、劳动力等）优势只有形成规模才能在竞争中取得现实优势，唯一的出路就是扶贫产业化。目前中央政府每年用于扶贫的专项资金，大多以项目形式使用，要提高资金使用效益，就必须在产业化的高度进行项目选择、设计和实施。

实施转移人口战略，调整转出地区的人地关系，促进转入地区的经济发展。在耕地和非耕地资源都不太丰富，人口数量超过资源承载能力的贫困地区，除搞好种养业外，要有组织地进行劳务输出；在缺乏基本生产和生活条件，一方水土养活不了一方人，确实找不到其他路子的特困地区实行异地安置开发。

4.贫困地区可持续发展的关键是提高贫困农户和社区的自我发展能力

传统扶贫方式的不可持续性主要表现在于：通过项目活动进行的开发性扶贫并没有把贫困农户和项目覆盖社区的自我发展能力建设作为项目的根本目标，因此，当外力（资金、干部、技术人员等）一旦失去，原有的循环再次回归，根本的原因就在于贫困农户和社区的自我发展能力没有得到提高。

可持续扶贫项目的实施管理必须把注重农户参与放在首位，通过有意识的活动，让农户在积极参与项目建设的过程中，既改善环境、增加收入，又提高自我发展能力。行之有效的做法：一是让农户参与项目的选择、比较和确定；二是全过程有效培训；三是建立技术服务网络及时提供技术服务；四是在项目管理决策中体现农户的意见。穷人能力的提高是一个艰苦的过程，但缺少这一过程，可持续发展就没有基础。

二、农村贫困地区反贫困战略选择的基本原则

根据以上我国农村贫困地区反贫困战略选择的指导思想，我国农村贫困地区新阶段反贫困战略选择应遵循以下基本原则：

1.系统性原则

在农村贫困地区选择反贫困战略，首先要将贫困地区视为一个复杂开放的母系统。这个系统具有若干层次和子系统，各系统相互关联，在一个开放的环境中进行着复杂的运行。这就决定了必须从更高的层次，如全球、全国、相关地区（如整个西部地区、西南地区、广西全区等）等层次的战略角度去观察、剖析、构思问题。

在贫困地区这个大系统中，拥有众多的子系统，根据矛盾论、实践论、对应统一去揭示、把握驱动与制约系统发展的主要因素，从而将若干驱动系统发展的主导因素确定为发展的子系统。

2. 目标多元性原则

贫困地区反贫困战略目标一方面是保证满足全体人民的基本需要，使当代人和后代人的经济福利不断增加；另一方面是推进贫困地区各种状态从非可持续发展向可持续发展转变。因此，贫困地区反贫困是一个长时期的过程，决定了需要分阶段、分目标地推进，长远目标应与阶段目标、整体目标应与众多分目标相结合。注意各个层次区域的差异、相互关系及其可行性，不能一刀切、一个速度。如处于难以生存、可生存难发展、可生存发展、可持续发展不同状态（阶段）的区域，对发展战略的需求不同，而一个区域一定时期以某一状态存在，在另一时期可能发生了转换，需要与之相适应的发展战略。另外，在一个阶段的推进中、变革中，要考虑相对的稳定，在稳定的前提下力求发展。

3. 重点性原则

在贫困地区反贫困战略中应突出重点，没有重点就没有战略，没有政策就不可能有真正的发展，由于反贫困将受制于资源、人才、科技、资本、生态环境、经济基础与基础设施等，因此，只能各目标综合决策，从点的发展到面的发展，以点带面地逐步辐射。对于不同类型的贫困状态与区域，其采取的众多战略中应体现重点战略，如对处于难以生存状态下的区域，其重点战略应是异地开发战略配以生态重建战略。在不同的发展阶段，基础战略都会是区域发展的最大制约因素之一，也需要作为重点战略。另外，由于重点战略对于不同贫困状态下的人口与区域，其战略目标、重点、措施也是不同的，体现出同一个战略对不同发展阶段、对象的重复。

4. 非线性与长期发展原则

自然科学与社会经济发展表明，在考虑长期发展时，不能忽略细小却极富生命力的因素，或深层次影响发展的要素，这是战略或长期规划不符合客观实际甚至失败的重要原因。因此，必须用非线性思想去分析、揭示深层次的制约因素，这对于生态脆弱的贫困地区尤为重要。

5. 综合效益原则

实现区域可持续发展，是贫困地区反贫困的一个根本目标。根据反贫困战略选择的指导思想，反贫困战略有效性的根本标志是：战略实施取得区域发展中生态、经济、社会发展的可持续性，亦即反贫困活动取得生态、经济、社会三方面效益俱佳的综合效益。在实践中，一个认识误区是必须避免的，即认为贫困地区发展要解决的首先是生存问题，温饱问题没解决，生态恢复与重建、环境保护就缺乏基础。这实际上是用非可持续发展理念进行指导的发展观。从短期看，这可能会取得经济、社会效益；但从长期看，缺乏生态效益的发展战略必然是一项短视战略，是不可持续的，最终会带来与战略目标相反的结果。

我国贫困地区生存与发展环境类型划分及其反贫困战略需求框架

本文将贫困地区的贫困状态分为绝对贫困（或未解决温饱）、基本贫困（或基本解决温饱）、相对贫困（或巩固温饱）3种状态，将贫困地区的生存与发展环境分为难以生存型、可生存难发展型、可生存发展型、可持续发展型4种类型，论证了贫困地区贫困状态及其生存与发展环境类型间的相互关系，阐述了贫困地区反贫困战略的需求框架。

《中华学人理论文献》，中国新闻出版社2002年出版

1996年以来在全国范围内进行的有计划、有组织、大规模的扶贫开发活动，特别是《国家八七扶贫攻坚计划（1994—2000年）》的实施与完成，使我国西部贫困地区发生了巨大变化。但由于总体上西部贫困地区自然条件恶劣、经济社会发展滞后的状态还没有得到根本改变，因此，这些地区面临的仍是生存与发展的双重制约。生存度决定了贫困人口的贫困度，根据发展度可将贫困地区发展划分为不同发展阶段或类型；贫困度的差异使贫困表现为不同状态，可将贫困人口划分为不同类型；生存度、发展度、贫困度是相互联系的，其不同的相互作用方式对反贫困战略的选择产生重要影响。本文创新性地将西部贫困地区的贫困状态划分为3种状态，将其生存与发展环境划分为4种类型，并在此基础上，充分论证了贫困地区贫困状态及其生存与发展类型间的相互关系以及对反贫困战略选择的影响，阐述了我国西部贫困地区反贫困战略的需求框架。该研究结果对于我国新阶段扶贫开发具有重要的理论与现实意义。

一、贫困状态的进一步划分

从不同的范围和角度加以区分，贫困可划分为绝对贫困和相对贫困：

绝对贫困又叫生存贫困，是指在一定的社会方式和生活方式下，个人或家庭所得不能维持基本生存需要的状况。绝对贫困的特征是：在生产方面，贫困人口或贫困户缺乏扩大再生产的物质基础，甚至难以维持简单再生产；在消费方面，贫困人口或贫困户未能满足衣食住行等人类基本生存需要，生活得不到温饱，劳动力本身再生产难以维持。

相对贫困是比较而言的贫困。一方面是指随着不同时期的不同生产方式和生活方式的变化而产生的贫困标准的变化；另一方面是指同一时期社会成员之间、地区之间的差异，即生活水平最低的部分人口或地区称之为相对贫困。如有些国家把低于平均收入40%的人口归为相对贫困人口。世界银行的专家认为，低于平均收入1/3的社会成员便可视为处于相对贫困状态。

从定义可以看出，绝对贫困是相对的，而相对贫困是绝对的。这也正是反贫困阶段性与长期性的理论依据。

绝对贫困状态和相对贫困状态之间在一定条件下是可以转化的。反贫困的目标就是通过有效的手段促进贫困人口或贫困区域从绝对贫困状态向相对贫困状态转变，进而实现脱贫致富。

Townsend（1993）在传统的绝对贫困与相对贫困的“二分法”基础上，又进一步将贫困划分为3个层次（状态），即维持生存、基本需求和相对遗缺。香港的莫泰基（1993）也将贫穷分为绝对性贫穷、基本性贫穷和相对性贫穷3个层次。其主要界定是：绝对性贫穷是指只能满足生理上的需要来维持生命的生活状态，这一层次的物质生活标准不会因时间、文化和社会组织而有很大改变；基本性贫穷是指物质条件已能满足生理上的需要，但在衣食住行方面却很不稳定，这一层次的物质生活标准会因时间、文化和社会组织而有所变异，但不一定跟随经济发展，特别是因国民收入的增长而改变；相对性贫穷是指与整体社会的经济发展连接在一起的，特别是社会的国民收入和工资水平。

Townsend和莫泰基的“三分法”的创见在于，它更为详细地分析了贫困的实际状况，指出介于绝对贫困和相对贫困之间还有一部分上下浮沉、处于不稳定状态的贫困者。由此得出结论：贫困有绝对贫困、基本贫困、相对贫困3种状态。

这样的划分，实际上与目前我国反贫困实践中关于解决温饱的标准是相符合的。《国家八七扶贫攻坚计划（1994—2000年）》的目标，是力争用7年左右的时间基本解决目前（1994年）全国农村8000万贫困人口的温饱问题。这里的温饱，实际上也是一种贫困状态。那么，温饱以下即为未解决温饱，温饱以上相应为已解决温饱或巩固温饱，巩固温饱以后才能进入小康、致富。

根据以上分析，本文将我国农村贫困可以划分为3种状态：绝对贫困（或未解决温饱）、基本贫困（或基本解决温饱）、相对贫困（或巩固温饱）。与之相对应，贫困人口可划分为3种类型：未解决温饱型（绝对贫困型）、基本解决温饱型（基本贫困型）、巩固温饱型（相对贫困型）。显然，处于不同贫困状态的贫困人口必然会在生存环境、基本需求等方面有明显不同，决定了反贫困战略取向的不同。

二、贫困地区的生存与发展环境类型划分

从纵向看，同一区域的生存与发展呈现不同的阶段；从横向看，不同区域在同一时期内也呈现出不同的阶段。根据区域发展阶段理论，可以将西部贫困地区的生存与发展环境划分为以下4种类型：

1. 难以生存类型

人口的增长超过了所能利用的环境资源容量，在人类现有开发能力所能利用的环境资源已不足以满足人们的基本生存与发展需要，在这种类型的生存与发展环境下，人类整体上处于绝对贫困状态。目前这种类型区主要分布在边远山区、高寒山区及民族地区。

2. 可生存难发展类型

人类通过现有的开发能力利用有限资源，其产出可以满足最基本的生存需要，但是难以缓解日趋紧张的人地关系，基础设施及环境差，缺乏发展的基础与条件；而且随着人口增加，人均资源进一步减少，倘若开发不当，对环境造成破坏，如水土流失、石漠化或半石漠化等，生存环境会从可生存状态转变为难以生存状态。可生存难发展类型的生存环境下，人类整体处于绝对贫困或基本贫困状态；虽然属于可生存难发展类型的贫困地区的贫困人口已不是主流，却也成为新阶段扶贫开发的重要对象之一。

我国目前仍有3000万未解决温饱人口主要分布在以上两种类型贫困地区内。

3. 可生存发展类型

这种类型下的贫困地区，整体上已不存在温饱问题，也即人口增长速度在环境容量之下，有一定的发展基础与条件，形成了以农业为主的主导产业，农民的生产生活条件得到一定改善，生态恢复已有可能。但是人力素质较低，在市场竞争中仍受制约。当地群众整体上处于相对贫困状态，部分已脱贫，进入小康。

4. 可持续发展类型

根据可持续发展理论，在这种类型的生存环境下，资源丰度、经济强

度、环境容忍度、社会稳定度、技术进步率均已进入弱可持续性阶段以上，具备了可持续发展的基础与条件。当地群众已整体上摆脱了贫困，开始向小康目标迈进，具备了发展主导产业、产业化的基础。发展得当，可以赶上非贫困地区的发展水平。

对贫困地区生存与发展环境类型划分进一步分析，可以得出以下结论：①贫困地区生存与发展环境存在不同的类型，这是开展类型划分与评价的理论基础。②贫困地区生存与发展环境类型划分与评价，需要通过一系列的指标，采用适当的方法进行划分与评价，但是，评价指标及方法必须简明、可操作，否则在实际应用中毫无意义。③贫困地区生存与发展环境类型决定了所居住人口的贫困程度，这为划分不同生存与发展环境下不同类型贫困人口成为可能。这正是反贫困战略选择的基础。④从发展可持续性角度看，难生存难发展类型、可生存难发展类型的贫困地区的发展是非持续性的，只有可生存发展类型、可持续发展类型的贫困地区，发展才有持续性。⑤根据区域可持续发展理论，可持续发展必须作为区域发展的指导思想，通过选择并实施恰当的战略、政策、措施促进可持续发展，因此，不同类型生存与发展环境下的贫困地区，其生存与发展必须体现可持续发展的要求，否则有可能导致生存与发展环境状态的逆向转换，如从可生存发展类型转变为可生存难发展类型。

三、贫困地区生存与发展环境类型、贫困状态和反贫困战略需求

不同的贫困类型一般是由生存与发展环境类型决定的（见表1）。在难以生存的环境下，人类只能处于绝对贫困状态；而在可生存发展环境下，主要是相对贫困的人口，辅以少部分基本贫困和脱贫人口；而在可持续发展环境下，作为贫困问题存在的是相对贫困，部分或大部分已进入脱贫阶段。可见，不同生存环境下的同一贫困类型或同一生存环境下的不同贫困类型，对促使状态改变的战略需求是不相同的。

表1　生存与发展环境和贫困状态的关系

生存与发展环境类型	贫困状态			
	绝对贫困	基本贫困	相对贫困	脱贫
难以生存型	+++	—	—	—
可生存难发展型	++	++	—	—
可生存发展发展型	—	+	+++	+
可持续发展型	—	—	++	++

基于以上分析，贫困地区以人口为主体，可分为绝对贫困型（未解决温饱型）、基本贫困型（基本解决温饱型）、相对贫困型（稳定解决温饱型），以及部分地区的脱贫型（奔小康型）；以区域为主体划分，贫困地区同时并存着4种生存与发展类型或阶段，即难以生存型、可生存难发展型、可生存发展型、可持续发展型。不同的形态下的人口或区域，对发展战略的需求是不相同的，可以将其异同性简要概括为表2。

表2　反贫困可持续发展战略需求框架

类别/状态	战略目标	战略需求
绝对贫困/难以生存	基本解决温饱，解决生存问题	人口迁移，调整人地关系，恢复与重建生态，提高资源产出
绝对贫困与基本贫困/可生存难发展	稳定解决温饱，解决生存与发展问题	综合治理与生态重建：采取综合性缓贫策略，并通过生态恢复与重建提高资源生产力，促进贫困状态转移
基本贫困与相对贫困/可生存发展	巩固温饱，解决发展问题	持续农业发展战略：重构农业发展系统，增加农民收入
相对贫困与脱贫/可持续发展	奔康致富，解决可持续发展问题	产业化发展战略：种养加、贸工农一体化发展，富县富民

正如贫困人口的状态及贫困区域类型之间具有的模糊性与不确定性一样，各种战略并非一定局限于某一贫困状态或贫困区域类型。在现实中，由于贫困人口所处生存与发展环境的差异，即使同属某一贫困状态下，其对反贫困战略的选择也是不同的；对于同一贫困区域类型在不相同的条件下，也往往采取不同的战略。但是，可以基本肯定的是：总体而言，一种贫困状态（类型）向另一种贫困状态（类型）的转移，所选择的反贫困战略有一定的必然性，也就是说，处于难以生存环境下的贫困区域或贫困人

口，要基本解决温饱问题是无法通过发展持续农业或产业化来解决的（特殊情形除外），因为其最大制约因素是缺乏最基本的生产资料（如地）、生产生态条件极其恶劣，唯一选择，只有迁出部分人口、调整人地关系、增加人均资源拥有量、恢复与重建生态。

以上分析的基本结论是：西部贫困地区反贫困战略是一个体系，其构成包括生存与发展基础战略与阶段性发展战略。所谓贫困地区生存与发展基础战略，是指对不同发展状态（或类型）都起到基础支撑作用的战略，其内容包括基础设施建设、知识发展、人力资源开发以及制度创新。同一区域，无论处于何种状态，这些方面都是生存与发展的基础，是实现状态转换的基础性条件。所谓阶段性发展战略，是指对于同一区域，处于不同贫困或发展状态（阶段）时，采取某一阶段性战略更可能取得突破性发展，促进状态的转换。比如对于处于绝对贫困状态的贫困人口，其发展阶段属于难以生存或可生存难发展阶段，因此，首要问题是解决生存与发展问题。显然，通过异地开发战略调整人地关系，会迅速地缓解迁出地的人与有限资源间的矛盾，再配以实施综合治理与生态重建战略，该区域就会进入可生存发展阶段；再经过持续农业战略的推动，促进区域从可生存发展阶段向可持续发展阶段转化；此时，反贫困战略重点选择是产业化发展战略。

本文仅将贫困地区的贫困状态划分为3种状态，将贫困地区的生存与发展环境划分为4种类型，是在定性层次上完成的。至于如何从定量分析的角度，设计一套类型划分的指标体系并对贫困区域作进一步划分，以提高反贫困战略选择的针对性，尚需更深入的研究。

贫困程度动态监测模型与方法

在相同贫困发生率的情况下，贫困的程度应该是有区别的，对不同贫困程度的区域和人群进行准确区分，正是提高反贫困效率的基础。本文将对国际货币基金组织提出的贫困程度监测模型进行分析，并对相关问题进行讨论，目的在于建立一种更准确地界定反贫困对象以及动态评价反贫困战略实施效果的模型与方法。

《广西社会科学》2001年第1期

一、贫困标准与贫困程度的基本概念

（一）贫困标准

根据贫困的定义，不同贫困状态有不同贫困量线，因此，对贫困衡量的标准也就是贫困线。

1.贫困线的确定

（1）基本的需求。

基本生存需求是绝对贫困的核心问题。一般定义为：

基本生存需求=最基本食品消费需求+最低限度的非食物消费需求。

如果把满足基本生存需求的费用定义为贫困线，用Z表示；把满足基本食品消费需求的费用定义为食物贫困线，用ZF表示；把满足非食品消费需求的费用定义为非食物贫困线，用NF表示：

贫困线=食物贫困线+非食物贫困线，即Z=ZF+NF。

（2）必需的营养标准。

必需的营养标准是确定食物贫困线的基础。国际上通常把每天每人1800大卡热量作为满足生存的极限标准。中国营养学会认为中国人正常的日热量摄入量为2400大卡，生存极限不得少于2000大卡。

2.中国贫困标准的计算方法

（1）综合国际国内最低限度的营养标准：采用2100大卡热量作为农村人口贫困必需的营养标准。

（2）用最低收入农户的食品消费清单和食品价格确定达到人体最低营养所需的最低食物支出，作为食物贫困线（ZF）。

（3）假设靠牺牲基本食物消费需求获得的非食品消费需求是维持生存正常活动必不可少的，也是最少的，并根据回归方法计算出收入正好等于食物贫困线的人口的非食物支出（如最低的衣着支出等），作为非食物贫困线（NF）。

（4）用ZF（约占60%）与NF（40%）相加得到贫困人口的扶持标准。

中国的农村贫困人口的标准，是1986年由国家统计局在对6.7万户农村居民家庭消费支出调查的基础上计算得出的。经测算，1985年中国农村贫困人口的扶持标准是206元，此后根据物价指数变动逐年调整。到1990年这一标准相当于300元，1992年相当于320元，1996年相当于580元，1999年为625元。

（二）贫困衡量

目前，对贫困的衡量主要依据是贫困线。根据贫困线，在贫困线以下的区域或个人即为贫困区域或贫困人口。因此，贫困标准不同，贫困的衡量结果不同。采用我国的贫困标准，即每天0.66美元（相当于1985年购买力平均价不变价），1998年贫困人口数量为4200万；若采用国际标准（每天1美元）测算的贫困人口为1.06亿，占农村总人口的比例不到11.5%。

根据马山县世行扶贫项目区（2310户）抽样调查得到的农户按人均收入分组情况。随着贫困标准提高，贫困人口增加，贫困人口占总人口的比重增大。当贫困线为人均收入1000元时，贫困农户为649户；当贫困线提高到1500元时，贫困户数相应增加到1291户。

采用贫困线衡量贫困程度只反映了贫困人口数量上的变化，却不能反映贫困程度的深浅。假定两个区域（县和乡、村）的贫困人口占总人口的比例是相同，但是由于区域间不同收入的农户分布情况不同，两个区域的贫困程度是不相同的。这需要采用新的衡量贫困的方法。

二、贫困程度衡量的理论模型与应用分析

（一）基本模型

国际货币基金组织于1998年出版的《Social Safety Nets》，给出了以下的贫困指标：

人均支出的分布以及相应的贫困线，可以引用Foster，Green的模式：

$Y_1 \leqslant Y_2 \leqslant \cdots\cdots \leqslant Y_q < Z < Y_{q+1} \leqslant \cdots\cdots \leqslant Yn$

模式中：Z——所确定的贫困线

n——人口总数

q——贫困人口总数

Y——人均支出（可用人均收入代替）

贫困指标P_∂可以表达为：

$$P_\partial=(1-Y_i/Z)^\partial/n \quad \partial\geq 0$$

其中∂为一个反映贫困深度的指数，Y_i为第i个穷人的支出或收入水平。

（1）当$\partial=0$，则$P_0=q/n=H$，此时P_0简单地表示了贫困人口q占总人数n的比例，即贫困人口比重指数，也叫贫困发生率。

（2）当$\partial=1$，则$P_1=H\times I$，其中$I=(1-Y_i/Z)$称为收入差异率，表示贫困人口的平均收入或消费水平偏离贫困线的程度。

由以上公式可见，P_0只关心贫困人口的数量，而并不能反映这些贫困人口的贫困深度；而引入的I关心了贫困状况，但未涉及贫困人口总量；只有当$\partial=1$时，既考虑到贫困人口比重指数H，又考虑了这些贫困人口的贫困深度（因此，可将P_1定义为贫困深度指数）。

（二）应用分析

1.相近贫困发生率状况下的贫困深度比较

在28个县中，大化和东兰1999年底未解决温饱的贫困人口分别为2.92万人和2.01万人（贫困线为农民人均收入1000元/人，即Z=1000元/人）。

根据$P_0=q/n$，大化瑶族自治县贫困发生率P_0为7.06%，东兰县贫困发生率P_0为7.22%，两县的贫困人口比重指数相近。

根据广西统计局提供的资料，1999年大化瑶族自治县农民人均纯收入在1000元以下的贫困人口人均收入（Y_i）为836元/人，东兰县的Y_i=920元/人。

$P_1=H\times I=H\times(1-Y_i/Z)$得：

$P_{大化}=7.06\%\times(1-836/1000)=1.15$

$P_{东兰}=7.22\%\times(1-920/1000)=0.58$

说明就贫困发生率而言，两县基本相近，但从贫困深度指数看，大化贫困程度可比东兰深，反贫困的难度更大。

2.贫困程度与深度的动态监测

为了准确评价世界银行扶贫项目的扶贫成果，广西农调队自1995年以来对41个项目村约1.96万个项目农户和29个非项目村约1.7万个非项目农户进行跟踪监测。现根据上述计算方法对监测结果进行计算，得到表2。

表2　扶贫项目贫困程度与深度的动态监测

	类型	1995	1996	1997	1998
P_0	项目村	26.8	22.1	18.6	11.8
	非项目村	20.4	14.1	13.6	7.3
P_1	项目村	5.1	4.8	3.9	2.8
	非项目村	3.6	3.2	2.4	2.0
Z	元/人	724	823	930	802

由表2可以直观地看出项目村与非项目村贫困程度与贫困深度的变化趋势，以及项目对减少贫困人口和缓解贫困程度的作用。

（三）基本结论

（1）通过贫困发生率（P_0）可以直观地看到有多少人贫困，有多少人仍处于贫困中。但是，P_0不能反映贫困线以下穷人贫困状况，无论贫困人口是在贫困线附近还是远离贫困线，只要不超过贫困线，贫困发生率都不会改变。因此，P_0只能简单地反映反贫困的成果，而不能全面客观地反映贫困程度和贫困缓解情况。如果仅使用P_0测量贫困，在扶贫资源一定的情况下，只要将有限的资源分配给较富的贫困人口（贫困线附近的贫困人口，相反，较穷的贫困人口指收入远低于贫困线的人口），或者说只要把扶贫工作重点定为那些在贫困线附近，帮助最有希望摆脱贫困的人口，贫困状况即有明显的改善。显然，这并不是改变反贫困的根本目标，反过来，要使扶贫资源更有效地体现资源使用的特性，必须准确反映贫困人口的贫困状况。

（2）贫困深度指数（P_1）正是基于以上的不足而引入的，从以上分析可以看出：当贫困发生率一定时，P_1越大，说明贫困人口的平均收入或消费水平偏离贫困线越远，也就是贫困程度越大。这就为鉴别那些更贫困的区域或家庭提供了工具。如果P_0没有改变，而由于更穷的穷人变成了较富的穷人，直接提高了穷人的平均收入而使得P_1下降，实际上是减轻了贫困程度。可见，P_1在一定程度上反映了贫困线以下人口的贫困程度。显然，政府扶贫的重点应该是那些最贫困的区域或人口。贫困深度的定量衡量，也更直接地反映和评价反贫困的结果。

三、需讨论的问题

第一，衡量贫困的基础是贫困线，而贫困线的确定需要根据不同的实际情况才能准确、有效，但是目前我国采用的贫困线实际上有统一标准，但又统一不了。因此，开展新一轮的扶贫开发首先需要研究贫困线确定问题，国际化与各地实际相结合可以作为确立贫困标准的基本原则。

第二，在贫困率较高的情况下，采用贫困线确定贫困对象是可行的，但随着绝对贫困人口减少，相对贫困人口增多，需要对贫困人口的贫困程度进行量化，因此引入贫困深度指数是必要的。但在贫困发生率不同的情况下，如何用贫困深度指数监测贫困程度需要进一步讨论。

第三，贫困深度指数未能将可能返贫的人口予以反映，这也是贫困程度监测中需要解决的问题。

1991—2000年

扶贫攻坚与世界银行中国西南扶贫项目

世界银行中国西南扶贫项目设计模式评析

中国西南扶贫世界银行贷款项目（简称西南扶贫项目）是中国政府自1980年与世界银行合作以来第一个最大规模的、跨地区跨行业的综合性扶贫项目。本文从项目设计的探索与创新思想、项目设计思想在县级项目整体设计中的体现、项目的缓贫机理及其设计特点3个方面进行深入、系统、全面的总结与分析，旨在为我国新阶段扶贫开发规划以及项目的设计提供借鉴参考。

《世纪攻坚》，广西人民出版社2000年11月出版中国西南扶贫世界银行贷款项目，是一个跨地区、跨行业的综合性扶贫项目，是中国政府自1980年与世界银行合作以来第一个最大规模的直接扶贫项目，也是迄今为止所有国际组织直接帮助中国扶贫的最大项目。项目利用世界银行软贷款2亿美元、硬贷款4750万美元，覆盖中国西南三省（区）35个国定贫困县和广西3个经济发展较快中等城市，将解决项目区350万贫困人口的温饱问题。项目1994年12月通过世界银行的正式评估，1995年7月开始全面实施。“（西南扶贫项目）改变了以往扶贫单纯依靠国内资金的传统方式，开创了国内扶贫机构与国际组织相结合，国内扶贫资金与国际组织援助相结合的扶贫开发新格局。”（江泽民语）

西南扶贫项目的主要目标是：（1）研究、探索和验证跨地区、跨行业、综合性扶贫项目的有效性；（2）大幅度降低西南三省（区）35个国定贫困县的绝对贫困程度；（3）促进贫困地区9万多名剩余劳动力健康、有序地向较为富裕的农村地区和快速发展的中等城市输出；（4）强化扶贫机构，培养项目管理队伍，提高对扶贫项目的管理水平和对贫困程度的监测水平；（5）通过土地的改良及水土保持工程，遏制贫困的石山地区的环境恶化状况；（6）通过让农户在项目设计和执行过程中发挥决定性作用而鼓励当地公众的大力参与。为了实现项目目标，西南扶贫项目确定了与之相对应的教育、卫生、劳务输出、农村基础设施、农业、二三产业、机构建设与监测等8个分项目。项目建设内容包括了贫困区域社会经济发展所需要的所有方面，使项目具有显著的综合性特征。

西南扶贫项目的目标不仅在于改善项目区的贫困状况，而且项目的实施将研究、探索和验证跨地区、跨行业、综合性扶贫项目的有效性，将为项目区培养一支高素质的项目管理队伍。项目建设所取得的巨大成效充分表明，西南扶贫项目这一综合性扶贫项目，其设计、实施及管理过程所形成的基本做法与模式，具有很强的针对性与有效性，说明项目的缓贫机理及其设计所表现出的系列特点、项目实施管理系统的构成与运行、项目农户参与、系统设计与管理、项目的可持续发展模式等方面均具有可重复性。无疑，对于提高类似的综合性扶贫项目设计与管理水平，可以提供具有重要的借鉴意义。本文以广西项目区为例，对西南扶贫项目这一综合性扶贫项目的设计思想及其特点进行理性的总结，对我国新阶段扶贫开发战略及其实现形式的选择具有重要的借鉴作用。

一、西南扶贫项目设计的探索与创新思想

西南扶贫项目及其设计表现出与一般扶贫项目不同的系列明显特征，突出表现在西南扶贫项目的设计在目标、覆盖区域、建设内容、投资构成、总体规划方案、组织管理等方面采取了综合设计的思路，体现一般扶贫项目所没有的探索与创新的思想。

1.项目目标包含了创新的内涵

西南扶贫项目主要目标的具体量化，是在项目正式实施的第六年分别实现的：

（1）按1990年不变价计算，广西项目区内的16.8万贫困农户达到人均纯收入人民币400元以上。

（2）农业人口人均拥有1亩左右的基本农田或两亩左右的经济林木。

（3）80%的项目农户（约15万户）达到每户有一个劳动力掌握除粮食种植以外的一项农村实用技术。

（4）项目区内的适龄儿童小学入学率和完学率达到国家同期目标和平均水平（分别为96%和91%）。

（5）婴幼儿死亡率、碘缺乏症发病率、高氟病发病率、新法接生率分别达到2.5%、1%、0和85%。

（6）项目区内乡镇通普通公路的比例达90%以上，大多数未列入移民计划的行政村全部通简易公路，解决大部分贫困区域的人畜饮水困难问题，具备集贸市场功能的乡镇全部通电。上述项目目标的多元性，要求项目采取一揽子投入的方式，综合性地解决项目区域存在的贫困问题。

2.项目投资保证一定的强度

根据我国各地的扶贫实践，要解决一个贫困人口的温饱问题需投入

1500元（1994年现价）。西南扶贫项目设计时先从资金总量上保证一定的人均投资强度。广西项目区使用其中的软贷款6600万美元，加上国内配套资金折合人民币近12亿元。软贷款项目区共覆盖12个国定贫困县中的91个项目乡（镇）、515个项目村，目标人口为90.39万，人均投资1266元。一定的人均投资强度为短期内一次性缓解贫困问题提供了最重要的条件。

3.项目区选择的根本原则是体现扶最穷的人

（1）项目区的选择重点考虑：必须是《国家八七扶贫攻坚计划（1994—2000年）》中国家重点扶贫贫困县；项目区是广西扶贫开发工作中的重点和难点地区，使项目区脱贫致富经验能在贫困地区起推广示范作用；项目区在地域上相对集中连片；项目资金要相对集中使用，保证一定的投资强度。

（2）被确定为西南扶贫项目广西项目区的12个县是《国家八七扶贫攻坚计划（1994—2000年）》中国家重点扶持的特困县，石山面积占总面积的40%以上；91个项目乡（镇）是12个项目县中贫困面最大、人均收入最低的特困乡；515个项目村约占91个项目乡（镇）所有村总数的50%；项目覆盖18.66万贫困农户，90.38万贫困人口。

（3）广西项目区农村贫困发生率高于全区、全国平均水平，而农村人均收入却大大低于全区和全国的平均水平（见表1）。

表1　1992年农村贫困发生率、人均收入和粮食生产情况

内容	农村贫困发生率	农村人均收入（元/人）	粮食生产（公斤/人）
全国平均水平	不到10%	784	522
广西平均水平	18.4%	732	380
广西项目县	60.2%	312	198
广西项目乡（镇）	78.4%	270	176

4.项目建设内容的全面性

（1）广西软贷款项目区确定了与综合性目标相对应的教育、卫生、劳务输出、农村基础设施、农业、二三产业、机构建设与监测等8个分项目及214个子项目。

（2）各分项目的建设内容和投资构成如下：教育分项目包括校舍建设、教学设备配置、资助贫困学生、建设师资队伍等内容，教育分项目投资1.01亿元，占项目总投资的8.88%。卫生分项目建设内容是，整修和建造村级卫生室和乡级卫生院，建立村级合作医疗基金，加强疾病的防治与控制，改善贫困地区初级医疗保障条件。卫生分项目投资0.79亿元，占项目总投资的6.88%。劳务输出分项目的内容是，为9.25万名贫困地区的剩余劳动力提供安全、稳定的就业机会，通过支付技术培训费、垫付生活费和旅途费用以及向企业支付一定培训费等多种形式，支持贫困山区输出劳务。劳务输出分项目投资1.24亿元，占项目总投资的10.83%。农村基础设施分项目的内容是，支持农村道路、安全饮水供应系统、小型灌溉系统、农村排水工程、沼气池和农村供电系统的建设。农村基础设施分项目投资1.29亿元，占项目总投资的11.20%。农业分项目的内容是，通过推广先进的农业应用技术，修田造地，支持粮食作物、经济作物、林果的种植和养殖业（猪、牛、羊、鱼、鸡等）的发展，提高农业综合生产能力，扭转环境恶化的趋势。农业分项目投资4.55亿元，占项目总投资的39.65%。二三产业分项目的内容包括建设32个加工企业和57个农贸市场，二三产业分项目投资2.21亿元，占项目总投资的19.26%。机构建设与监测分项目投资0.38亿元，占项目总投资的3.3%，主要是建立一套客观、准确的贫困与项目监测系统以及提高项目管理机构在项目设计、执行、采购、财务、监测和评估等方面的能力。根据执行需要而进行的项目中期调整对以上分项目建设内容进行了适当调整，较明显的变化是增加工企业建设数量，增加农业分项目规模。

（3）为了配合在贫困县中实施世行软贷款项目，同时也为了探索使用硬贷款扶贫的途径（在国内目前还没有使用硬贷款扶贫的先例，普遍认为这是不适当的），在西南扶贫项目中，专项安排了4750万美元的硬贷款。硬贷款将采用间接扶贫或异地扶贫的方式，全部用于广西经济发展比较快的南宁、北海、防城港等3个中等城市，支持林业、水产、扶贫工业小区和低价房等项目。3个城市必须在接受世界银行援助的同时，承担帮扶项目区贫困县的任务，在项目建设期内3个城市增加的就业总量中至少为来自石山贫困地区的剩余劳动力提供19000个全日制就业机会和17000个季节性就业机会。

5.项目总体规划的综合性和整体性

项目总体规划遵循以下原则：

（1）在区域与产业确定以后，项目的选择要紧密结合项目建设的6个项目目标，选择那些有资源优势，有市场需求，能带动贫困农户解决温饱，脱贫致富的经济项目。

（2）经济项目必须以市场为导向，以增加农户收入为中心，在综合考虑生产总量和商品率的前提下确定规模；重视比较效益，优先安排区域优势项目。

（3）项目的布局要考虑因地制宜、子项目间的相互关联性、项目实施的整体性。

（4）充分考虑区域开发的整体性，适当安排与经济项目相互配套、相互促进的基础设施项目和社会服务项目。

上述可概括为："围绕目标，立足资源；面向市场，增加收入；合理布局，整体实施；综合治理，总体发展"。

项目总体规划方案设计包括项目的区域布局、产业布局、整体布局和实施布局。

（1）项目的区域布局：项目乡村的选择根据贫困深度、广度、地域分布来进行，同时突出项目实施的示范意义。

（2）项目的产业布局。省级项目区的宏观安排：①各县项目包括六类子项目，即农业综合开发、二三产业、劳务输出、社会服务、农村基础设施、贫困与项目监测；②各类分项目投资比重根据与世界银行商定的范围控制；③在加工企业分项目的选择上，要严格按世行技术准备团的具体要求，同时考虑县与县之间的综合平衡，既要充分利用农业分项目的产品为原材料，又要避免外购原料、达不到最佳规模的可能。项目县各类分项目的选择与安排必须在自治区项目布局的宏观指导下因地制宜地进行。在项目的选择与确定过程中，首先考虑能较快增加农民收入的农业、劳务输出、加工业项目。农业分项目特别要按照气候、地形、水源及其他资源的具体条件和特点来统筹安排；加工企业主要是以农业分项目产品为原料的劳动密集型和资源密集型产业，要避免上马扶贫效益低、覆盖农户少、有污染的加工业分项目；劳务输出分项目主要覆盖那些人均资源少、生产条件差的项目村，有组织地输出劳务，通过劳务输出实现内外技术、资金、观念的结合；教育、卫生分项目重点是村级教学网点和卫生室的建设，以保证项目受益农户享受到教育、卫生方面的服务；农村基础设施分项目中的交通以乡村简易公路建设为主，人畜饮水项目要根据需要和可能通过修建家庭水柜、蓄水池、引水提水工程等形式来解决人畜饮水困难；贫困与项目监测分项目必须留足资金。另外，建立一个有效的项目技术支持网络，以保证项目的顺利实施。各类项目及其各子项目的资金安排，各项目县要按照项目覆盖区域的贫困程度、贫困农户规模、不同产业的投资强度和子项目的成熟程度等因素综合考虑，先帮最贫困的农户，先上马最成熟、效益相对较高的项目。要保证一定的人均投资强度（1200—1300元/人），以确保资金使用的有效性。

（3）项目的整体布局：项目的整体布局是项目的区域布局和产业布局的综合。中心是如何体现各子项目的相互关联，形成一个综合开发、平衡发展的整体。农业分项目方面的重点是避免各县农业项目选择上零散，不能形成整体效应；二三产业分项目方面的重点主要是，既要避免加工企业的重复建设以确保每个企业的规模效益，又要考虑项目区初加工与再加工的关系；劳务输出分项目的布局重点是从整个项目区考虑，设计一套有效地将劳动力从农户输送到村、乡、县、自治区，再送到就业点的运行路线与机制，使劳务输出在自治区项目区形成一个整体；社会服务及农村基础设施分项目的整体布局只在总量上保证投资额以及资金能真正用到村级教学网点、村卫生室、乡村简易公路、人畜饮水中；贫困与项目监测分项目是项目建设的一个重要组成部分，自治区要作出统筹安排，形成项目区科技服务与监测网络，以强化各项目县间的交流与联系；为了适应本项目复杂性、长期性、综合性的要求，项目区应在整体上考虑机构建设，以自治区项目办建设为重点，形成自治区、地区、县、乡、村五级工作网络及相应运行机制。项目县在确定各项目村以后，项目整体布局重点是项目的选择与地点落实。首先，确定项目区农民增加收入的来源及可能产业，从而选择那些有市场、有资源优势的项目；其次，根据项目区粮食自给的资源、提高单产的潜力及提高单产的主要途径，由此形成与粮食及饲料总量增加的相关项目；再次，充分考虑各子项目间的关联，即农业综合开发各子项目间主要围绕水土平衡、土肥平衡、供需平衡来设计规模。根据市场需要，对尚未开发利用的宜林宜牧宜园荒山荒坡进行资源的综合开发利用，发展经济作物与林果业，在增加农民收入的同时，提高项目区的植被覆盖率，减少水土流失，促进保持水土平衡；通过制种及良种推广，配以薄膜覆盖、科学的施肥方法，对项目区现有的中低产田进行资源的深度开发，充分挖掘耕地的潜力，提高粮食单产，增强项目区粮食自给能力；采取间套种方式为发展养殖项目提供青饲料；畜牧业一方面保证农户有一个稳定的现金收入，另一方面为果园及大田作物提供充足的有机肥，提高土壤的有机质，以保持土肥平衡。二三产业分项目将与农业综合开发分项目配套，农业综合开发项目所生产的农副产品一部分直销，绝大部分通过加工增值，有利于减轻鲜品对市场的压力，同时可为项目区增加就业机会。通过劳务输出分项目可增加项目区农民的收入，同时在家人员的减少既可减轻项目区粮食自供的能力，又可减少生活用薪柴的数量，有利于增加项目区的植被。为增强项目区经济、社会、生态的发展后劲，必须注重科技服务、教育卫生及基础设施的建设。以上几个方面的综合考虑，构成了各项目县关于项目的整体布局。

（4）项目的实施布局：项目准备与实施相联系，在项目准备阶段就注重各种方案的可操作性。除二三产业分项目外的所有分项目，要求通过项目的典型设计来设计项目的技术方案、单位投资概算和组织管理方案；二三产业分项目的可行性研究要求达到扩初设计的深度；各种典型设计及扩初设计是项目实施的基础。一方面，抓好村级综合开发总体规划设计。村级综合开发总体规划的目的是将项目县各类子项目在项目执行的基本单元——村一级的微观上体现。主要解决以下问题：确定村级项目开发的总体思路；在弄清现状、目标的基础上，根据资源及其他开发条件来统筹安排农户选择的项目；合理布局各子项目；设计项目组织实施计划；等等。村级规划工作的完成，使各项目县所有子项目的实施有了落脚点。另一方面，通过村级规划的制订，让农户了解项目、积极选择项目、参与项目建设，无疑是项目实施的重要组成部分。重视乡级项目工作站和各专业局在项目实施中的作用。各专业局是各类项目技术的主要来源，也是推动对口项目实施的最有条件的机构。各子项目必须通过县项目办、乡项目工作站、村项目实施小组组织实施，因此乡项目工作站起承上启下的作用，需要有切合实际的以资金发放与回收为中心内容的管理方案。各专业局的作用发挥及乡项目工作站作用的强化也是项目实施布局的重要内容之一。充分发挥经济实体在项目实施中的作用，一些生产性项目可由经济实体承贷承还。

6.项目建设技术的先进性与适用性

西南扶贫项目的建设技术方案体现了以下基本特征：

（1）农业开发项目的技术方案形成基础是各子项目的典型设计，在技术的选择上兼顾了技术的先进性与适用性：粮食种植项目引进、推广新品种，配以良法以提高单产，增加土地生产能力；经济作物种植项目注重品种的改良及新技术应用，林果种植项目突出品种、管理与产品保鲜技术的选择与应用；养殖业主要采用了良种饲料树及圈养技术。

（2）加工企业项目的技术方案体现在工艺流程及设备的选型上：在设计与选择时充分考虑了先进技术和先进设备的引进与使用，兼顾了选择的技术性与经济性。

（3）非生产性项目的技术方案体现了以满足需要为设计基础的特点：教育、卫生、交通、人畜饮水、劳务输出、贫困与项目监测分项目均是围绕着目标的实现和贫困农户的实际需求来设计技术方案的。

（4）重视培训的作用：生产性和非生产性项目都包含一定份额的项目技术培训，通过培训将所需的技术传递给广大农户。考虑到广大农户的接受能力，也决定了各种技术方案必须具有很强的可操作性和实用性。西南扶贫项目在技术上体现充分的可行性，项目技术的选择充分考虑子项目区农民文化水平较低、劳动技能差等方面的特点，同时结合项目区的自然资源条件，农业方面以技术要求不高、群众有种养经验、管理要求较低且易模仿的项目为主；由于加工业的特点，大部分加工项目安排在文化、交通较为发达，供水、供电、通信较为便利的乡镇或县城，项目均为劳动密集型的农林副产品加工项目，项目技术要求先进又易于接受、应用；以乡村为主的教育卫生网络的建设，大大改善项目区办学、医疗卫生保健的条件，促使项目区农民的文化、技术素质和健康水平有所提高；以生物措施为主的项目实施，能促进水土保持，生产与环境协调发展，良性循环，产生良好的生态效益。

7.项目机构设置的系统性

西南扶贫项目组织机构是一个由决策系统、管理系统、传递系统（含技术系统）和督查系统组成的复合系统。

（1）项目管理机构设置遵循合理、协调、高效的基本原则。

（2）自治区项目办和县项目办是项目管理机构的主要部分。两级项目办机构设置及其功能确定、职能划分必须满足项目计划、财务、物资、科技培训、劳务输出、监测等方面的管理需要。

（3）项目办项目人员选择与配备的基本原则：一是以才能为首要因素，项目办的项目成员及其他工作人员的知识、经验、能力必须能独立负责与项目相关的某一个方面；二是年富力强，以适应项目管理过程中工作量大、深入现场时间多等特点；三是对扶贫开发工作、对贫困地区有一定的了解。

（4）合理的机构、高素质的项目管理人员以及一系列有效的管理规章制度构成了项目组织管理运行机制。机制的高效运行将最大限度地发挥项目效益，实现项目各项目标。

二、项目设计思想在县级项目整体设计中的体现

以马山县为例，马山县是广西项目区12个项目县之一，是典型的岩溶区，也是国定贫困县。1992年全县辖15个乡（镇）、148个村公所、2981个自然屯，有94044户46.48万人，土地面积21.63万公顷，人均耕地面积0.055公顷。根据统一制定的原则，马山县选择了5个特困乡35个村作为项目区，覆盖18376户88886人。

根据上述项目设计的思想，分析、找出构成马山县项目区贫困的主要成因，主要是：

（1）森林覆盖率低，水土流失严重。

（2）经营结构单一，缺钱。

（3）粮食单产低，缺粮。

（4）种子、种苗、种畜良种率低，单位资源生产能力低。

（5）农副产品加工能力低、销售难，附加值实现程度低。

（6）剩余劳动力多，缺乏就业机会。

（7）村级小学教学网点不足、教师合格率低、失学适龄儿童多。

（8）村级缺乏基本医疗保健服务，就医难。

（9）基础设施条件差，行路难，人畜饮水难。

（10）信息不灵、农民素质差、科技服务体系不健全。

综合性扶贫项目的目标就是通过一定的投资，采取一揽子方式，综合地解决存在的贫困成因，从而实现贫困状况从根本上的改变。因此，马山县根据本县资源状况、项目选择要求、产业发展需求等确定了项目清单，

再经农户选择、汇总，形成本县西南扶贫项目的子项目，共确定了22个建设项目（详见图1）。

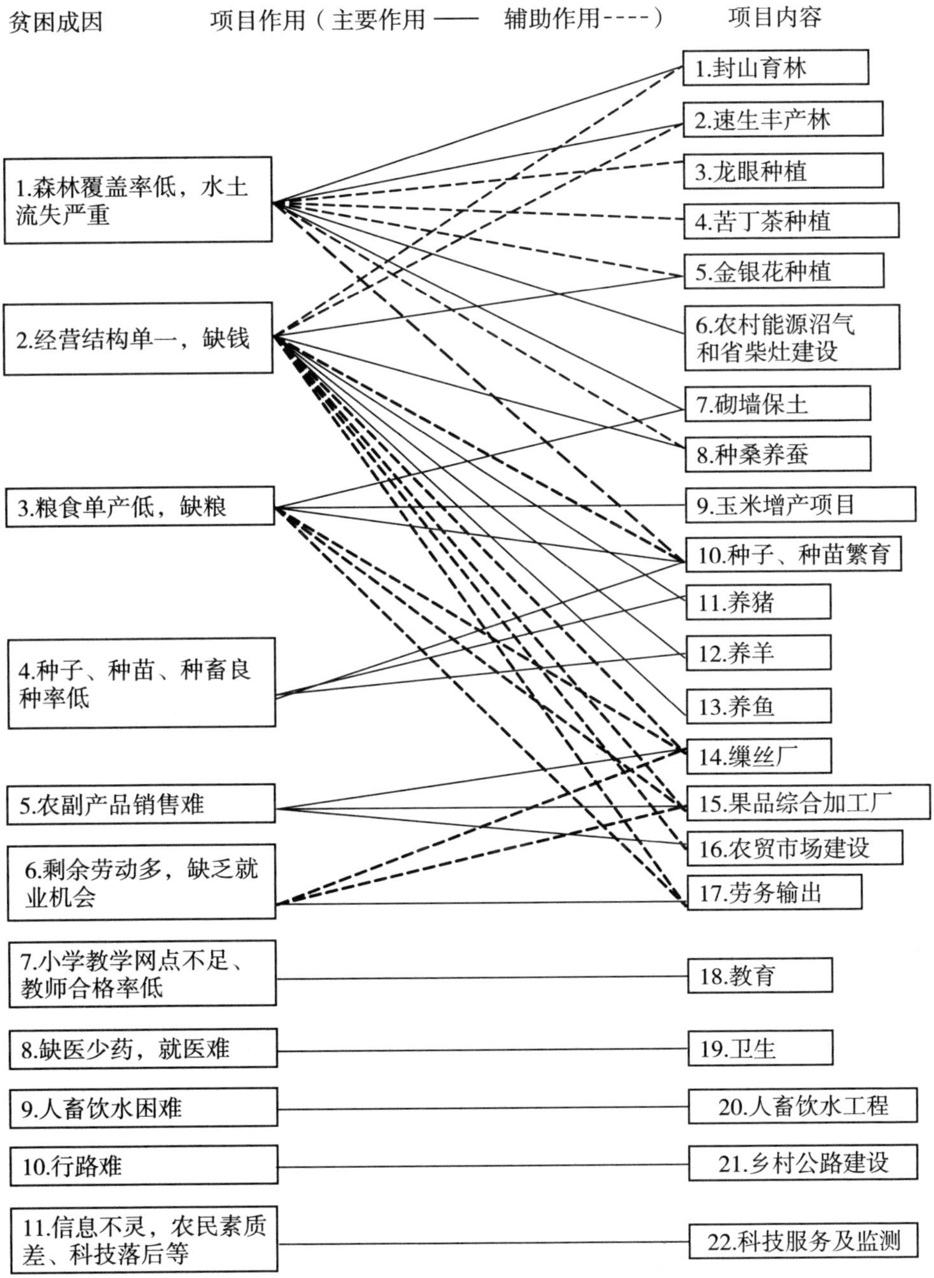

图1　马山县西南扶贫项目建设内容选择的逻辑思路

马山县西南扶贫项目的整体方案设计体现以下特点：

（1）整体方案由多功能块构成，各功能有分有合，服务于综合性缓解贫困状况的目标。各项功能由4个项目组合实现：①以增加农户收入为目标的生产性项目组合，包括种植业的6个子项目、养殖业的3个子项目和2个加工企业。其中种、养、加三类项目相互促进，互为基础，共同实现提高单位资源产出、高附加值的目标。②以促进产品交换为目标的生产性辅助项目组合，包括农贸市场建设、乡村公路建设，目的是促进商品流通和市场发育，形成有效需求，降低交易成本。③以提高素质为目标的社会服务项目组合，包括教育、卫生、劳力输出、科技服务与监测项目。项目建设将改善办学、医疗服务条件，提高人口身体与文化素质，增加技能，改变观念，确保其他项目实施的技术含量。④以改善生态生活环境为目标的基础工程项目组合，包括砌墙保土、封山育林、农村能源、饮水工程等子项目。

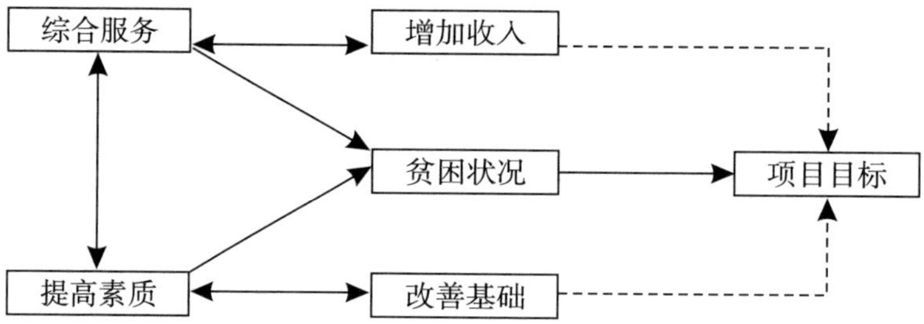

图2　综合性扶贫项目功能块组合关系图

（2）每一个分项目、子项目均是项目整体中的一部分，并不是孤立存在的。如通过对项目区现有的中低产田的改造，提高粮食单产，增强项目区粮食自供的能力，同时为充分发挥土地的利用率，采取间种套种，为项目区发展养殖业提供充足的青饲料。畜牧业发展一方面将保证农民有一个稳定的现金收入，另一方面将为果园和大田作物提供充足的家畜粪肥，提高土地的有机质，有利于保持土肥平衡。

（3）分、子项目之间的整体性必然要求项目实施过程的联动性，也即在项目实施过程中必须从整体出发，综合考虑各分、子项目目标间相互促进关系，从而合理布局、整体推进，实现综合效果。

三、西南扶贫项目的缓贫机理及其设计特点

（一）西南扶贫项目的缓贫机理

1.贫困原因与反贫困策略

贫困是由多种因素相互交织作用的结果，反贫困战略选择必须系统分析贫困成因及其表现。

（1）贫困的第一层次原因及表现：

①收入低：由于缺乏收入来源，因此无法支持生产生活条件改善等活动的有效展开；对自身及下一代的教育能力明显不足，从而陷入收入低导致素质低、环境差的恶性循环。

②素质低：表现为文化素质和身体素质。文化素质低意味着劳动力技能低、接受外界信息能力低，潜在劳动力如果得不到应有的文化教育文化素质也会维持在低水平上；身体素质低直接的结果是因病致贫，一个贫困家庭若有一人生病而需要花费，有可能导致该家庭的几代贫困。素质低的现实表现是缺乏进取精神，找不到发展门路，只有维持在低收入的水平上，环境也就无法改变。

③基础设施差：具体体现在基础设施条件差，如饮水难、走路难、用电难等。

④环境差：主要表现在生态恶化、资源生产能力下降等，环境差是收入低的另一个限制因素。

贫困的第一层次原因及表现如图所示：

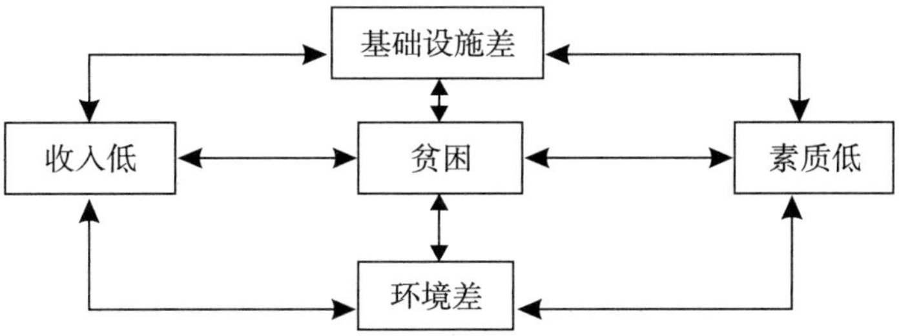

图3　贫困的第一层次原因及表现

（2）贫困的第二层次原因及表现：

①收入低的原因及表现：一是资源利用率低。由于缺乏必要的投入，已利用的资源单位投入产出比率很低，未利用的资源（如荒坡、荒山、荒水等）得不到利用，对产品的加工增值更是缺乏基本条件。二是内外交流程度低。生产所需要的新技术、新品种、必要的产中服务无法很快进入贫困区域与家庭，生产出的产品进入市场的成本很高，进一步阻碍了交流范围的扩大与交流程度的提高。三是抗风险能力低。由于缺乏必要的服务体系及农产品加工能力，在生产过程中抵御各种自然灾害的能力很低，对市场也缺乏抗风险能力。

②素质低的原因及表现：第一，贫困村往往缺乏足够的教学点、合格的师资，因而贫困家庭儿童受教育程度偏低。一是远离学校，家长不放心让儿童适龄上学；二是贫困家庭一般在4—6月有缺粮现象，会影响小孩入学；三是更贫困的家庭因无力支付学费而放弃下一代受教育的机会。以上因素造成了贫困农户文化素质低。第二，身体素质低除了营养不足等原因，最常见的是贫困农村缺乏必要的卫生所及相配套的合格村医、合作医疗制度的有效运转，因此当贫困农户家庭成员生病，往往因为支付诊费、药费的成本太高而放弃对常见病的及时医治，从而可能陷入小病成大病、大病致贫的恶性循环。

③环境差的原因及表现：为了生存而产生的非理性行为导致对有限资源的过度开发与索取，水土流失、干旱、水灾、虫害等现象变得频繁，牛、羊等放养更加剧了生态恶化程度；水、电、路等基础设施薄弱是贫困区域环境差的另一个直接表现。

资源利用率低、内外交流程度低、抗风险能力低、身体素质低、文化素质低、生态恶化、用电难、饮水难等因素及其原因构成了贫困的第二层次原因及表现。

根据贫困原因及表现分析，要解决贫困问题，采取某一个单项措施在一定条件下是有效的，比如为贫困村建设教学点、配备教师、购买课桌椅等，必然会让更多的适龄儿童就近入学，对当地下一代文化素质的提高会有促进作用。但问题在于，上不起学不仅仅是建教室就能解决的，还有收入低而交不起学费、路不通不安全等相关问题，这些问题限制了教育投资活动的效果。因此，必须改变单一的投入方式，而要采取综合性、一揽子的投入方式，以需求为目标，通过对贫困因素的综合作用实现状态的根本性转换才能奏效。

2.项目需求分析

根据贫困原因及表现分析，要解决贫困问题，采取某一个单项措施在一定条件下是有效的，比如为贫困村建设教学点、配备教师、购买课桌椅等，必然会让更多的适龄儿童就近入学，对当地下一代文化素质的提高会有促进作用。但问题在于，上不起学不仅仅是建教室就能解决的，还有收入低而交不起学费、路不通不安全等相关问题，这些问题限制了教育投资活动的效果。西南扶贫项目改变了单一的投入方式，采取综合性、一揽子的投入方式，以需求为目标，通过对贫困因素的综合作用实现状态的根本性转换。

西南扶贫项目的需求分析如图4所示：

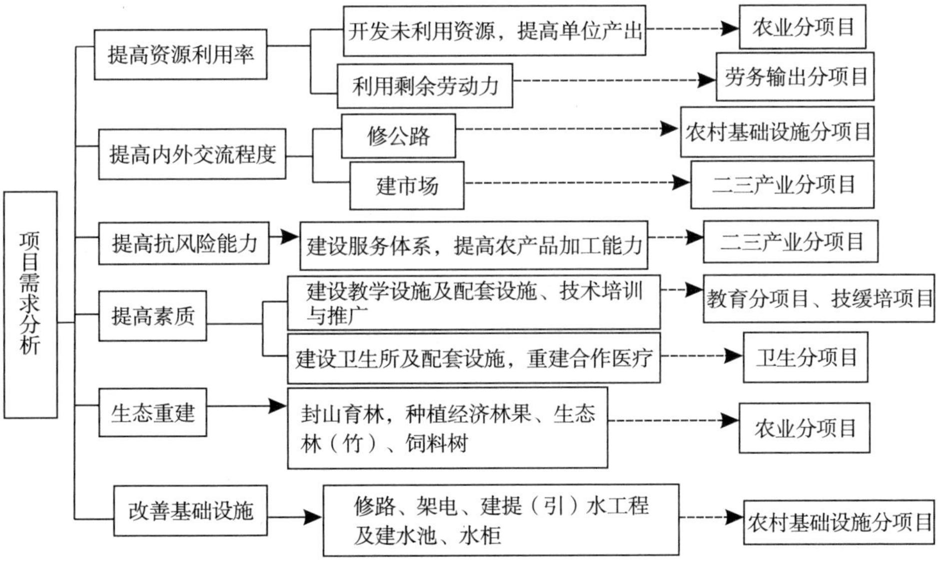

图4　西南扶贫项目的需求分析

对于包含众多分项目活动的综合性项目，必然要求在设计、实施的组织管理过程中，有强有力的项目机构、有效的管理和监测系统，这就需要将机构建设、项目监测作为项目建设内容予以加强。

根据以上需求分析的结果，西南扶贫项目包括了教育、卫生、劳务输出、农村基础设施、农业、二三产业、机构建设、监测等8个分项目，分项目及其众多建设内容间相互作用、相互促进，构成项目缓贫的合力，逐项缓解各贫困因素的影响，实现缓贫的目标。

（二）西南扶贫项目的特点

西南扶贫项目的缓贫机理，决定了项目既是世界银行贷款项目，也是直接扶贫的项目，更是一个跨地区、跨部门、综合性的扶贫项目，因此项目同时具有一般世行项目的特点、扶贫项目的特点，以及两者有机结合的、根据上述设计思想及要求设计所产生的、一般世行项目或扶贫项目所没有的特点。这些特点是否得到全面认识以及在实施管理中是否把握好，在一定程度上决定着西南扶贫项目的成败。归纳起来，西南扶贫项目具有特殊性、多元性、综合性、一次性、严密性、有序性、参与性、持续性、系统性和创新性等特点。

1.特殊性

项目改变了以往扶贫单纯依靠国内资金的传统方式，开创了国内扶贫机构与国际组织相结合、国内扶贫资金与国际组织援助相结合的扶贫开发新格局。世界银行对西南扶贫项目的成功寄予厚望，希望这一综合性项目的实施成功可为中国其他贫困地区及其他发展中国家和地区提供可以借鉴的模式。项目区都是国家重点扶持的贫困县及贫困县中的特困区域（乡、村），所扶持的对象又是相对最贫困的农户，这是扶贫攻坚难度最大的部分。项目设计当中提出的一个口号是“扶最穷的人”。项目对象特殊，是指项目的建设不仅能增加穷人的收入，实际上真正扶贫还要包括穷人在社会、经济、心理方面的改变。

2.多元性

（1）目标多元：解决一批人的温饱，对广西项目区而言，也就是项目所覆盖的91个乡（镇）、515个村、约90万人的温饱；培养一支高素质的项目管理队伍，这支队伍具备与国际接轨的素质与能力，对贫困地区的扶贫开发及经济发展起长远作用；探索形成一种更适合中国扶贫开发实际情况的运作机制。

（2）内容多元：西南扶贫项目包括8个分项目，每个分项目中又设计很多的建设内容，如教育分项目，包括建设教学建筑、购买课桌椅、减免书杂费、营养补助、师资培训等建设内容。

（3）投资多元：从投资构成看，有世行贷款，有国内配套资金，有自筹。从国内配套资金看，由农发行的扶贫贷款、计委部门的以工代赈资金和财政的发展资金构成。

3. 综合性

（1）以行政村为基本单元进行综合开发：作为行政村的贫困有很多种原因，最确切的表现为收入低，而收入低的原因主要是资源利用率低。资源利用率低的原因主要是部分资源没有开发利用，在开发广度上尚有未利用资源，在深度上缺乏加工增值能力，再者是剩余劳动力没有利用。最根本原因是素质低。素质低既可以表现在文化方面也可能在身体方面。资源利用率低的其他原因还包括交通、饮水、基本生产条件等方面。一系列因素相互作用，构成了贫困成因的综合性，要改变贫困状况，必须进行综合开发。

（2）人力资源开发与扶贫开发相结合：西南扶贫项目中劳务输出、教育、卫生等分项目实际上是进行人力资源的开发。这种人力资源开发的作用从目前看影响并不直接，但可以确信，随时间推移，人力资源开发的作用就明显了。最简单的推理是，在一个村一个小孩读完五年级不惊奇，但如果全村每个儿童都读完五年级，肯定会对这个村产生巨大影响。目前对成年人来说，一个人懂点技术也不会有什么大的作用，可是如果每个劳动力都掌握一两门技术，无论是观念，或是把握经济机会能力及增强自己的社会地位和自尊心方面都会产生明显变化。

4. 一次性

指整体项目一次性确定，分年实施，分期投入。项目的调整必须严格遵循原定程序与标准，只允许在中期进行一次调整。一方面避免了上项目的随意性，保持了项目安排与实施的连续性，使得项目安排不至于因为主要领导的变动而违背原项目设计；另一方面减少了上项目的多个环节，提高了效率。

5. 严密性

（1）项目与实施过程严密：西南扶贫项目按世行项目周期的6个阶段循

序渐进，每一个阶段均有明确的目标、要求及工作内容，并通过派来技术准备团或检查团对各个阶段的工作进行指导。这样在很大程度上保障了项目能按原设计进行准备和实施。

（2）项目工作程序明确：世界银行项目的管理规范性是国际公认的，世界银行对其项目每项管理工作均有明确的规定，特别是在提款报账和采购方面。如采购，首先确定了各类货物、工程或技术援助、培训所要采取的采购方式，然后每一种采购方式都有一个严密的工作程序，只能按照程序一步一步去实施，否则就会“违规”。

（3）项目标准明确：主要有两个方面的标准。一是技术标准，在项目准备和评估时就把各子项目建设的技术标准明确确定，在商定过程中中方可以提出改进意见，但一旦确定下来就要严格执行。二是投资标准，包括子项目的投资标准和户均投资标准。前者指的是每个子项目的投资包括那些部分，比如工程投资是多少、货物投资是多少、培训投资是多少等，均有明确界定；后者是保证一定的投资强度，既可避免人均投资过低收不到效果，也可避免人均投资过高垒大户，起不到扶真贫的作用。如评估时确定：人均投资标准，广西1600元，贵州1200元，云南1200元（其中40%为农户自筹）；户均最高投资标准，广西3200元，贵州2900元，云南2400元。

（4）重视项目监测：世界银行除每年两次的项目执行情况检查外，与中方共同设定一系列监测指标、表格和报告制度，及时掌握项目进展情况及问题。西南扶贫项目中专门设计了监测分项目，其中属项目对贫困的影响监测由独立于项目执行单位之外的统计部门进行，以确保监测结果的准确度。

6.有序性

（1）西南扶贫项目的推进表现出阶段有序性，不同的阶段有不同的工作重点：在项目启动后，项目进入实施阶段，主要任务是实施项目、加快进度；随着项目的推进，问题不断出现，各种行为需要统一和规范，使得项目工作从实施阶段转入管理阶段，本阶段的工作重点是建立制度、培训队伍，将项目管理工作统一到相同的标准和程序上；当项目进展到一定程度后，项目实施管理中不断出现一些需要认真总结、研究才能解决的问题，项目从管理阶段进入研究阶段，即项目推进转入在研究中管理项目的阶段。

项目实施、项目管理和项目研究虽为不同阶段，但这样的划分是相对的，3个阶段实际上是交错进行的，在实施中有管理、有研究，在管理中要以实施为前提。

（2）项目推进实践上表现出分阶段有重点的特征，这是由项目综合性所决定的。8个分项目、214个子项目在同一时间内由于资金、管理等方面的原因，必须采取分阶段有重点的办法，否则会顾此失彼。

7.参与性

主要表现在4个方面：

（1）领导参与：只有让各级领导尤其是项目县、项目乡（镇）的主要领导参与项目、认识项目、重视项目、支持项目，才能更有效地协调、解决项目执行中的主要问题。

（2）部门参与：由于项目的综合性、多元性，有些分项目实施技术要求高，必须有相应专业部门的参与才能保证项目按标准实施，达到设计目标。

（3）乡村干部参与：项目的最根本的目标是扶持最贫困的农户，而广大乡村干部离目标对象最近，最能宣传发动农户参与项目，因此项目成败的关键之一便是广大乡村干部是否主动、积极参与项目建设。

（4）农户参与：这是参与性的最主要内容，也是西南扶贫项目创新的体现。让农户参与项目选择、实施及管理的决策，让农户明确其权利、义务、责任，有利于调动农户参与的积极性，只有农户广泛参与项目并从中得益，项目才算成功。

8.持续性

（1）项目所覆盖的社区，通过项目的建设必须能持续发展下去。如卫生分项目的合作医疗，在项目建设期内世行贷款提供每人18元的卫生基金，在基金使用设计上逐年减少，第一年4.5元，第二年4元，依次递减；而农户自筹资金却是逐年递增，如第一年2元，第二年2.5元，依次递减。这样的设计就保证到第7年，世行贷款用完后，靠农户的自筹资金也可以使合作医疗机制继续运转。显然到项目建设期末，一方面农户因参与其他项目建设增加了收入，另一方面逐年增加自筹资金，其心理承受能力也是逐渐增强，这样无论从整体项目或分项目本身的设计均充分强调了项目的持续性，以保证项目建成后，项目社区自我发展下去。

（2）项目建设的同时，形成和发展能长期稳定的管理机构。这种持续性主要由两个方面决定：一是项目设计中包括一个建立项目准备、评估、执行与监测能力的机构建设分项目，这是其他世行项目所没有的，机构建设分项目软、硬件建设相结合，为吸引、稳定一支全身心投入扶贫开发工作的人才队伍提供了保障。二是世行贷款使用期限长，项目设计中考虑了回收、滚动使用的可能，在资金的运作机制上保证各级项目机构在项目建设期后仍致力于回收、滚动使用世行贷款，既更大限度地发挥资金效益，同时也为项目机构的长期发展提供了条件。

9.系统性

西南扶贫项目的系统性是指项目的实施管理形成了一个复合系统，系统由决策系统、管理系统、传递系统（含技术系统）和督查系统相互联系、相互制约而成：

（1）决策系统：自治区、县扶贫开发领导小组负责对项目实施管理中的重大问题进行决策，并协调部门参与项目实施，确定国内配套资金筹措方案。这是项目决策系统。

（2）管理系统：具体组织项目实施、管理项目的各级项目管理机构。包括自治区、地市、县世行扶贫项目办，乡项目工作站和村项目执行小组。

（3）技术系统：使实用技术顺利传递到项目农户的保障系统。由自治区项目办专家顾问组、县项目办技术委员会、乡工作站技术小组和村农民技术员组成。技术系统的正常运行，将在技术培训、技术指导、技术服务等方面保证项目实施按技术标准进行，使项目建设达到一定技术含量。

（4）督查系统：主要由4个部分组成。一是审计部门，每年定期的审计确保资金专款专用；二是统计部门，对项目效果进行跟踪监测，以更准确反映项目建设对解决贫困问题的影响；三是进度监测，由各级项目办专人负责，及时反馈项目进展及问题，使项目推进中出现的偏差能得到及时的纠正；四是项目农户监测系统，目的是将项目监测动态化并跟踪到户，以更及时、更全面、更准确地反映项目建设的效益和对农户脱贫的影响。

10.创新性

西南扶贫项目的创新性充分表现在3个层次：整体项目、分项目和分项目内容。

（1）整体项目：项目的综合性、持续性、参与性都具有创新意义，这些特点的体现，需要一种创新的项目实施管理机制与之相对应，而这种项目实施管理机制必然是充分借鉴世行项目管理经验，总结中国多年扶贫开发实践，对现存项目运作机制进行完善的结果。这种整体项目的创新性具有可重复的意义。

（2）分项目的创造性突出表现在两个方面：一是劳务输出，二是硬贷。前者之所以有创新价值，是由于分项目的目标是要帮助那些容易被忽视的、有愿望、有能力但自己出不去的贫困劳动力，在项目操作上采取了与传统方式不同的办法：一是由经济实体操作，二是建立从上到下的贷款机制，三是从上到下建立监测体系的制度。这样一个既服务于特殊对象，又充分降低劳动力输出前、输出中、输出后的各种风险，显然是一种创新。硬贷项目的目标是通过在经济发展较快的城市建设项目，吸纳并安置贫困地区劳动力，以建立将贫困地区经济开发与城市发展相结合的机制。硬贷扶贫本身就具有巨大挑战性。

（3）分项目内容的设计也表现出与一般项目的不同，主要是表现在项目注重硬件、软件及其对应关系的配套建设，如教育分项目不仅解决教学楼、教学点、教学仪器、图书等硬件，而且对困难学生进行资助（减免书杂费和春荒营养补助），这就保证了教育分项目整体解决贫困区域的教育问题。其他分项目内容的设计均体现出创新的特点。

西南扶贫项目所具有的以上10个方面的特点，正是项目引起各方面关注与重视的原因，也是项目实施难度大的根源。只有在实施项目、管理项目过程中体现以上特点，西南扶贫项目才有可能实现其原设计目标、体现其应有的价值。

西南扶贫项目的设计模式，对于我国新阶段扶贫开发规划以及项目的设计均有重要的借鉴意义。

广西异地安置扶贫开发刍议

本文以广西为例，全面阐述了异地安置扶贫开发作为一种扶贫方式的必然性、可能性、有效性，基于已有的实践，充分论述了异地安置扶贫开发是解决大石山区贫困问题的根本途径，对于新一轮扶贫开发规划的制定具有重要的现实意义。

《学术论坛》2000年第5期

1994年，中国政府制定了《国家八七扶贫攻坚计划（1994—2000年）》，要用7年时间，基本解决8000万农村贫困人口的温饱问题。在未解决温饱的贫困人口中，许多生活在自然资源极其贫乏的地方，如高寒山区、岩溶石山区、干旱山区、边远深山区，那里缺土、缺水、缺资源，通电、通路难度大。要彻底解决这些地区的贫困，只有实施人口迁移战略。1996年，中国时任国务院总理李鹏表示："在缺乏基本生产和生活条件，一方水土养不活一方人，确实找不到其他路子的少数特困地区，要实行异地开发搬迁移民。"

1999年，中国政府召开的扶贫开发工作会议重新审视了到2000年底的扶贫攻坚目标，并指出：届时中国还有两部分人口，"一部分是不适合参加生产劳动的残疾人和社会保障对象，需要家庭供养和社会救济"，"还有一部分人生活在自然环境十分恶劣的地区，特别是偏远山区和一部分少数民族地区，缺乏基本生产生活条件，有些需要搬迁移民"，这两部分人大体在2000多万（温家宝，1999年7月22日）。由此可以看出，搬迁移民在2000年以后，仍然是政府缓解农村贫困的一项重要手段。据测算，全国需搬迁的人口规模至少在500万—600万。而已实现搬迁的贫困人口大约为100万—120万，仍有400万—480万山区贫困人口需要搬迁。

广西部分地区由于生存条件恶劣，需要异地安置的特困人口超过50万人，截至1999年底已下达计划并安置了25万人，还有至少25万人需要异地安置。因此，无论是全国还是广西，新一轮的扶贫开发战略中，异地安置扶贫开发仍将会发挥重要作用。本文以广西为例，从必然性、可能性、有效性等多个角度和已有的实践，充分论述了异地安置扶贫开发是解决大石山区贫困问题的根本途径，这对于新一轮扶贫开发规划的制订无疑具有重要的现实意义。

一、异地安置作为广西扶贫开发方式的必然性

广西是贫困人口较多的省区，经过多年扶贫开发，贫困人口从1985年的1500万减少到1992年底的800万，共解决了700万人的温饱。这些已解决温饱的人口多数是生活在生产条件较好的土山地区。而剩余的贫困人口中，80%生活在大石山区，虽然政府也采取了许多扶持措施，但效果并不显著，究其原因主要是自然条件太恶劣。表现在：一是缺土。广西49个贫困县中，有28个县（市）的石山面积占总面积的30%以上，有的县石山面积比例高达90%。这些地方大部分为峰丛洼地，俗称大石山区。这类地区“九分石头一分土”，只在群山之间有一块块弄地和石山上开荒的“碗一块、瓢一块”的石缝地。这些耕地基本上没有地表河流灌溉，土壤贫瘠，土层浅薄，保土、保肥、保土能力很差，草木生长缓慢，森林覆盖率低，易旱易涝，生态系统十分脆弱，农民长年劳作也难填饱肚子。据初步统计，广西人均耕地不足0.3亩的有25万人，不足0.5亩的有50多万人。二是缺水。广西这些大石山区属于喀斯特地貌区，没有地表河，人畜饮水十分困难，正常年景一年中缺水七八个月，需要到几里外甚至几十里外挑水吃。三是资源贫乏。山上没有植被，地下没有矿藏。四是交通闭塞，行路困难。

在这些大石山区，1949年以来，由于医疗条件改善、人民公社平均主义的分配制度和国家的社会保障制度的实行以及鼓励少数民族生育的政策，使贫困地区人口迅速增长。迅速增加的人口，加大了对贫瘠的耕地的压力，过度开垦，乱砍滥伐，破坏了生态环境，又使当地农民更深地陷入贫困，因而进入了人口增加→生态破坏→衣食不足→政府救济→人口进一步增加的恶性循环之中。

1978年以来，农村实行家庭联产承包责任制，在促进农业生产增长的同时，也产生了土地资源占有方面的新问题。在贫困地区，由于土地仅够维持生存，因此，在农户承包之后一般没有重新调整。当时不重新分配土地，符合中央政府政策，有利于农民在土地上投资投劳，但在过去近20年中，农民家庭人口规模发生了较大变动，有的农民分地时尚未结婚，只分有一个人的耕地，后来成家又生儿育女，四五口人仍只耕种一个人的承包地，粮食不够食用，如无其他就业机会，生活就显得十分困苦。

缓解这种生存环境恶劣、人均资源占有量贫乏地区的贫困问题，可以有3种方法：

（1）就地扶贫，努力提高现有土地的产出效率，如采用各种节水措施，修梯田、建水柜、用地膜，可以较大幅度提高粮食产量，从而解决贫困人口温饱问题。

（2）劳务输出，政府的扶贫机构给予贷款，提供培训和就业信息等服务，鼓励贫困地区农民到沿海经济较发达地区打工，增加贫困农民的现金收入。

（3）异地安置（搬迁移民），为迁出农民提供其他的生存资源与空间，同时缓解移民迁出地的土地及其自然资源的压力，从而达到无论移出的农民还是留在原地的农民生产和生活条件都能有所改善的目的。

上述3种方法都可达到扶贫目的，但是在成本与收益方面有所不同：

就地扶贫，政府的投入较小，农民承担的风险也比较小，但因为生存环境的限制，在基本解决温饱之后，后续发展的可能性较小。在这些贫困山区的自然村修建水、电、路等基础设施可能因成本太高而难以实行，农民生活质量难以从根本上改善。

劳务输出，因只贷款给劳动者本人，政府投入相对较小，且贫困农民现金收入较短时间内就可有较明显的增加。但是，对于贫困山区的少数民族农民来说，因为语言、生活习惯等方面与沿海地区和大城市的差异，外出打工，他们需承受巨大的心理冲击。而且由于只是劳动力的季节性流动，贫困山区的生态环境状况不会有大改变。

异地安置（搬迁移民），政府和移民家庭付出的成本都比较高，但如果移民成功，则不仅可以提高贫困农民收入，而且可以明显改善其生活质量，同时为迁出地生态环境的建设提供条件。

表1　不同扶贫方式的成本收益比较表

扶贫方式	成　本		收益		
	政府付出	农民付出	提高收入	生活环境	维护生态
就地扶贫	+	+	+	–	–
劳务输出	++	++	++	+	–
异地安置	+++	+++	+++	+++	++

二、异地安置作为广西扶贫开发方式的可能性

异地安置扶贫，关键是土地资源。以广西为例，尽管耕地资源有限，但以下几种土地资源为异地安置提供了可能。

（1）可开垦荒地。据统计，全区约有800万亩未开垦荒地，其中占有10万亩以上宜农荒地的县共有32个。这些宜农荒地均可以用于开发粮食作物、经济作物以及造林种果，按目前的生产力水平，以每个劳动力开发宜农荒地10亩计算，则可安置劳动力80万名，每2名劳动力带3人，共计可安置40万户。

（2）可开垦荒坡、荒地。全区现有林地面积仅占林业用地面积的37.4%，低于全国平均水平。尚有9583万亩无林地可以用于造林，其中荒山面积在100万亩以上的有22个县。

（3）国有农场、林场。据对南宁、北海、钦州、防城港等4个市的95个国有农、林、牧场调查统计，共有土地面积775万亩，人口27.6万，人均拥有土地28亩，其中经营面积385万亩，人均经营面积13亩。如位于扶绥县境内的渠黎牧草工作站，土地总面积1.833万亩，全站仅有110人。由于人少地多，许多土地包括相当部分耕地，处于粗耕粗种或撂荒闲置状态。在已开发利用的土地中，土地产出率也很低。再如国有东门林场，与澳大利亚合作种植速生丰产桉树林，加工木片出口，由于经营粗放，每亩桉树林年产值仅有100多元。这样低效益利用土地，实际上也是土地资源的一种浪费。从另一个角度讲，这些土地还有进一步开发利用的潜力。总的来看，国有农、林、牧场由于人少地多，加上产业结构调整、人员老化自然减员等原因，还有丰富的土地资源可供开发利用。

一方面仍有相当数量的贫困人口困守在自然环境恶劣的地区衣食不足，另一方面又有相当数量的土地资源闲置，这种矛盾现象是由以下几方面因素造成的：

（1）开发所需投资量大。荒地开发，需建设灌溉和排水系统；荒山荒坡开发，需有公路等基础设施与之相连。这些公共投资数额大，回收较困难。另外，荒地荒山垦殖所需的生产投资也比较高，而回收期又比较长，如果没有国家的资助，这种较大规模的土地资源开发难以进行。

（2）制度障碍。中国现行的土地公有（国有或农民集体所有）的产权制度，限制了土地区域性市场的发育和土地产权的交易。而现行的户口制度又限制了居民的流动，如果外来农民不能取得居住地的居民身份，与户口相关的教育等各项公共服务也就无法获得。

（3）文化和技能障碍。贫困的山区农民受教育水平低，缺乏在新开垦的土地上从事生产所需的知识和技能，而民族文化的差异也会增加他们融入一个新的社会环境的困难。

上述投资、制度和文化方面的移民搬迁障碍，无法靠市场机制加以克服，只有通过政府的干预和有效的组织，才能实现移民的需要与移民的可能之间的结合。

三、异地安置作为广西扶贫开发方式的有效性

广西对大石山区的扶贫历来十分重视。以前，坚持就地开发扶贫，花了不少力量，投入了不少资金，但贫困面貌仍然没有多大改变，可以说年年扶贫年年穷。这些地方如何从根本上解决群众温饱？到底是就地改造贫困，还是搬迁走出贫困？广西大石山区的干部群众对这个问题进行了艰苦的探索。

1988年8月，环江毛南族自治县大胆尝试把大石山区的贫困农户搬迁一部分到土山区进行农业综合开发，建成异地开发场。该场从环江石山区的上南、下南、木伦等7个乡镇22个贫困村71个自然屯吸收了最贫困的农户190户514人，承包开发荒地3700亩，造田130亩，种下三华李1530亩、酸梅330亩。场内采取承包经营方式，场部和农户签订合同，利益共享，风险共担。到1993年，该场总收入已达33.25万元，户均收入达2481.34元，人均有粮184.5公斤，仅4年时间，搬迁农户不仅解决了温饱，还走上了致富之路。河池地区在总结环江异地安置做法的基础上，开始在全地区范围内逐步推开。全国“扶贫状元”、时任田阳县尚兴村主任莫文珍，从1987年起，带领从大石山区搬迁225户1135人到右江河谷承包荒坡2800亩搞农业综合开发，这项工作也取得了成功。

1993年，自治区党委、自治区人民政府作出把大石山区特困人口进行异地安置的决策。自治区人民政府印发了《广西贫困石山地区部分群众异

地安置的试点方案》，并在《广西实施“国家八七扶贫攻坚计划”方案》中将异地安置扶贫开发作为基本的方针与途径。1995年，在自治区人民政府的组织下，异地安置工作在全区范围全面展开。至1999年底，全区接受异地安置任务的县（市、区）有43个，乡（镇）176个，建立安置场305个、居民点1124个，安置贫困农户43755户208602人。全区异地安置点已修通村屯道路（包括生产区环山道路）583条3278公里，已建住房总面积119.7万平方米，解决了34784户人生活用房；已建输电线路428处1151公里，630个居民点通了电；挖水井392个，修建饮水池928个9.76万立方米，基本解决了搬迁户饮水问题，其中还有17.7万人用上了自来水；修建地头水肥池7684个19.88万立方米和配套灌溉水管，解决了大部分土地生产用水问题；修建学校211所，建卫生所106个。全区异地安置落实土地149.16万亩，种植龙眼、荔枝等各种水果17.96万亩，种植八角、白果等经济林23.45万亩，种植稻谷、玉米等粮食作物58.85万亩；养牛、羊等牲畜15.73万头，养家禽813.84万羽。1999年异地安置点人均有粮225公斤，人均纯收入1180元，基本解决了温饱问题，正向脱贫致富迈进。

理论分析与实践表明，对缺乏生存条件的大石山区部分群众单靠就地开发，难以消除绝对贫困。实行异地安置，把他们搬迁到生产生活条件较好的地方进行异地开发，是从根本上解决大石山区特困群众贫困问题的现实选择。异地安置可以优化资源配置，培育新的经济增长点，促进生产力的发展；异地安置拓展了大石山区群众的生存空间，减轻了人口对土地的压力，缓解了日趋紧张的人与有限资源间的关系，为生态恢复与重建提供了可能；异地安置促进了贫困农户社会生活和思想观念的转变，提高了人口素质；异地安置还可以增加实现各民族真正平等的机会；异地安置更是落实邓小平“两个大局”伟大构想和党中央、自治区关于经济较发达地区帮扶贫困地区决定的重要措施。因此，各有关方面对异地安置扶贫开发的战略重要性要有充分的认识，对目前异地安置扶贫开发中存在的问题及其可能产生的后果要有充分的估计。无论是政府及其相关部门，或是承担异地安置任务的单位（企业），都要认真研究异地安置扶贫开发的可持续发展对策，共同努力巩固和提高异地安置的扶贫效果，充分发挥异地安置在新世纪扶贫开发中的作用。

我国地球信息产业化进程的思考

本文分析了地球信息产业化的必然趋势以及影响我国地球信息产业化进程的主要问题，从经济学视角，提出了加快我国地球信息产业化的相应对策。

《广西社会科学》2000年第4期

一、地球信息产业化的必然趋势

地球信息产业化的必然趋势一方面是由科学发展内在的必然性所决定的，另一方面地球信息产业化是社会经济发展的需要。另外，我国地球信息产业化已形成一定基础和推动力。

（一）地球信息科学的生存与发展的生命力在于地球信息产业化

地球信息科学是一门交叉学科，是地球系统科学、信息科学和信息技术等的交叉和融合。地球信息科学是地球科学中一门新兴的重要分支科学，也是一门应用科学，它以信息流为手段研究地球系统的物质流、能量流和人流的运动状态和方式；它由3部分组成，“地球信息机理”是其理论研究的主体，“地球信息技术”是其研究手段，“全球变化与区域可持续发展”是其主要应用研究领域。可见，地球信息科学产生的根本动因是，社会经济环境发展应用地球信息技术，从信息流的角度来揭示地球系统发生、发展及其演化规律，从而解决资源、环境与社会宏观调控方面的协调与融合问题，而地球信息科学的发展，其核心也在于地球信息技术应用的程度。理论实践表明，技术要广泛被应用必须发展成产业，也即地球信息科学的发展必须实现地球信息产业化，以产业化推动地球信息技术的应用，在地球信息技术应用中深化人类对地球信息机理的认识，从而提高人类调节、控制地球系统各种策略、方案制定与实施的针对性与有效性。

（二）我国地球信息产业市场巨大是地球信息产业化的前提

地球信息科学产生与发展，无论是从理论上还是从技术上，都将为地球科学问题的全球变化与区域可持续发展研究提供指导与支持。陈述彭先生用人的双手形象地描述了地球信息科学的应用：一只手看作是全球变化，其中每一个手指分别代表生物圈、水圈、大气圈、土壤圈和岩石圈，5个方面相互作用构成全球变化研究主题；另一只手看作是区域可持续发展研究，大拇指代表人流，其余四指代表人与自然的关系。可见，地球信息技术的应用极其广泛，包括测绘、土地、建设、石油、地质矿产、农村、电源、电力、交通、水利、海洋运输、灾害防治及公安、国防等各个有关领域，社会对地球信息产业有巨大的需求，实现地球信息产业化有广阔的市场前景。

（三）目前发展我国地球信息产业具备了有利条件与难得的机遇

第一，地球信息产业作为我国信息产业和国家信息基础设施的重要组成部分，已经得到各级政府的高度重视。在“九五”计划和2010年远景目标纲要、党的十五大报告中，都多次强调积极推进国民经济信息化；全国性和区域性的应用系统越来越多地被列入国家或地方政府的议事日程和发展计划；地球信息软件产业的发展被列入国家科技攻关的“重中之重”项目，各有关应用部门在专业地球信息软件的开发和推广中做了大量卓有成效的工作。

第二，我国地理信息技术取得了一系列重大进展。通过广大科技人员的努力，地球信息系统在我国资源环境调查、灾害监测、城市规划管理、国土开发布局以及军事、通信等领域已经取得显著效益；所取得的这些成果不但为各个领域地理信息技术应用系统建设和我国地理信息技术产业化奠定了基础，并为我国地理信息产品开辟了极其广阔的市场。

第三，地球信息产业与相关产业互相推动，共同发展的趋势正在形成。一些新兴高技术产业和新的经济增长点正在酝酿；开发了一批水平较高的地球信息技术通用或专用软件，出现了一批以地理信息技术为主要方向的高科技企业，推出了一批国产基础软件。

第四，国际性的计算机技术及其产业更新为我国地球信息产业高起点发展提供了难得的机遇。20世纪90年代中期开始，国际计算机技术开始新一轮更新换代。在此进程中，与数据库管理系统融为一体，面向对象、支持各媒体信息、在网络环境下运行的新一代地理技术基础软件开始商业化。面对经济、科技、信息全球化的趋势，党的十五大确立了进一步加大我国经济政策开放步伐的方针，这必将有力地促进我国软件产业的市场化和国际化。

二、影响我国地球信息产业化进程的主要问题

虽然我国地球信息产业化前景广阔，但是，目前我国地理信息技术应用程度及其产业化水平与发达国家相比还存在较大的差距，主要表现在以下几个方面。

第一，国家对地球信息产业发展宏观管理欠缺。作为地球信息科学应用核心的地理信息技术软件产业，在我国经过多年的研究开发，取得了一系列重要成果，其中部分达到国际先进水平。但是，这些成果大多停留在试验阶段，投入实际应用、转化为生产力的较少。主要原因在于我国在地球信息系统建设和发展上缺乏强有力的统一管理和协调的机构，对宏观布局和发展战略重视不够。现在的应用项目主要限于部门或地区的局部应用，国家未能在地理信息的标准化和信息资源的综合开发利用方面发挥应有的导向作用，许多基础性应用系统的开发缺乏国家的统筹规划和有效监督，低水平重复建设现象较为普遍，在国际竞争方面也缺乏统一安排和协调。

第二，基础性地球信息资源的数字化、商品化和网络化程度低，不能满足许多专业领域应用的要求。加上缺乏数据共享机制，许多应用工程系统已经建成，但在运行中却苦于数据不足而不能发挥应有的作用。这种状况迫使许多单位自己想办法解决，导致了地球信息系统应用领域中大量基础信息的不规范和重复数字化，不仅造成了时间、资金和人力的极大浪费，而且由于缺乏国内统一的数据交换标准，将给今后的信息共享网络的发展造成严重的隐患和后果。

第三，产业发展的内生机制没有形成。产业发展的基础是企业的不断发展和壮大，而企业的发展好坏取决于是否建立了内生机制，即企业的运行机制、经营机制必须不受非企业因素的影响与制约。但目前在我国，所需要的机制并没有形成。一是从事地理信息技术开发的大多企业主要是在高等院校和科研院所的管理体制下建立起来的。因此这部分企业大多还处于由科研体制向企业运行体制转化的过程之中，基本上采取多种体制并存的运行方式，很不适应市场动作方式，缺乏发展企业大的思路，企业主管单位对于如何管理所属企业也大多缺乏经验，各种关系没有完全理顺。二是现有的以软件技术为主的企业建立时间较晚，企业管理多未走上正轨，

缺乏多层次的经营管理人员，经营观念和方法不能适应当前激烈市场竞争局面，企业经营能力不强，市场开拓能力弱，售后服务和技术支持力量不足，抗风险力量弱，发展速度自然缓慢。一大批企业不能发展壮大，相应技术就谈不上产业化。三是产品技术创新力度不够，产品开发基本上还是跟随着国外步子走，这也是由企业内生机制不完善所决定的。

第四，产业发展的外在环境缺乏支持。首先，产业政策不完善，而产业政策是否完善是政府是否支持企业和支持力度大小的主要标志。虽然国家对发展地理信息软件产业给以很大的关注，但在扶持国内有关企业、支持产业发展的政策方面不配套。如在如何解决地理数据共享和适当收费的标准方面，没有明确的规定；建立国内地理信息交换标准方面国家支持和协调的力度不够；如何针对软件企业的特点实施股份制改造，相关规定不够明确；在扶持国内地理信息系统企业方面的软件销售征收所得税的问题，由于软件开发人力费用的投入是成本的主要方面，按现在的规定不能计入所得税抵扣，给软件企业增加了很大的负担；如何在同等条件下鼓励使用国产软件的有关措施也没有明确的说明；对高新技术企业开发新产品的科技贷款问题，虽然有关科技管理部门十分关心和支持，但如何与金融部门协调则尚未制度化。其次，市场体系不完善，缺乏协调，构成企业发展一大制约。目前，国内地理信息技术市场基本上处于无序状态，没有行规、行约可以遵循。不正当竞争现象时有发生。企业恶性竞争的直接后果是影响售后服务的质量，减少新产品开发的支持，削弱用户对地理信息技术软件的信心，最终会危及企业的生存。由于缺乏明确和有效的政策，特别是缺乏激励政策，优秀的软件技术人才、管理人才流失严重，而人才是高新技术企业的生命线，人才的流失往往伴随着技术和市场的流失。

三、推进我国地球信息产业化进程的经济学对策

从经济学角度看，要加快我国地球信息产业化进程，必须在以下方面采取相应对策。

（一）扩大地球信息产业的需求

地球信息产业形成的根本动因是社会对地球信息技术的需要，这种需要的结果是地球信息技术商品（如软件的产生），商品在价值没有实现以前

表现为产品，产品来源于企业的生产。因此需求→产业→商品→产品→企业流程的逆向，表明产业化进程取决于社会对该产业产品（商品）的需求。也即，要加快地球信息产业化进程，必须采取有效对策扩大社会对地球信息技术产品的需求。对地球信息产业而言，以下措施可有效扩大需求：（1）争取政府重视与支持；（2）提高公众对地球信息技术的认知能力；（3）进行应用示范与推广；（4）降低社会可接受的成本。

（二）增强地球信息产业供给能力

促使地球信息产业供给能力良性发展的主要对策：一是国家制定激励政策，对相关企业予以政策方面的支持与优惠。二是对现有以地球信息技术产品为主的企业进行改革，推进企业资本组合和重组，建立现代企业制度，坚持集约化和规模经济的发展方向，促进地球信息产业向集约化发展。三是建立起知识结构合理的技术开发队伍，从政策、企业机制方面建立技术创新与技术储备机制。四是积极营造能够吸引人才、稳定人才，使之可以脱颖而出的机制和环境。如在企业股份制改造中要充分考虑技术成果所占的股份，在企业内部确定合理的技术股、创业股、管理股的比例；再如要规范国内人才流动机制，保护企业和个人的合法权益，等等。

（三）提高地球信息技术产品竞争力

在质量、需求满足度一样的前提下，产品的竞争力大小主要表现为价值高低，价格是产业化进程的综合性影响因素。因此产业要发展，产品供给要增加，当产品价格不变时，就必须提高需求量。但产业发展的根本动力在于产品价格能为大众所接受，也即在供给方面必须降低成本。在产业发展初期，为加快产业发展，可采取保护产品价格、提高社会需求的办法；当产业发展到一定阶段，便需要在竞争中降低产品价格，提高服务质量，以确保需求量的增长，从而促进供给增加，使产业发展。

（四）加强宏观调控

新兴产业的成长离不开国家的宏观调控。实际上，从经济学角度看，无论是扩大需求、增加供给还是提高竞争力都含有宏观调控的成分。对地球信息产业，国家应从以下方面加强宏观管理：第一，配备必需的资金，动员和组织有关部门、各级地方政府的力量，在统一的规划下，有计划地建设信息基础体系，如覆盖全国的各种比例尺的国家基础地理数据库、全国范围或重点地区的各类资源专题数据库、若干有代表性的对经济和社会发展有重大影响的大型地下信息应用系统等。第二，加快建立我国地理信息标准的进程，建立我国地理信息的共享机制。第三，拨出一定费用，建立常设的地球信息系统应用软件产品认定机构，与国家软件产品登记机构配合，对地理信息系统软件产品进行规范的质量管理和版权管理。

关于广西岩溶地区农业可持续发展战略问题的几点思考

研究岩溶地区农业持续发展问题既是民族问题、经济问题，也是政治问题，具有国际意义。从现实看是完成《国家八七扶贫攻坚计划（1994—2000年）》的需要，从长远看是岩溶地区实现农业持续发展的需要。本文分析了广西岩溶地区的自然生态和社会经济条件，在经济发展中面临着特殊的困难及潜力，提出广西岩溶地区农业可持续发展战略的目标与原则、实施可持续发展战略的设想以及实现岩溶地区农业可持续发展的对策建议。

《学术论坛》1999年第2期

中国岩溶地区为世界喀斯特景观的重要地带，石灰岩出露面积达137万平方公里，约占国土总面积的1/7，如果包括埋藏的石灰岩，则面积可达200万平方公里，约占国土总面积的1/5。滇、黔、桂、川、湘、鄂、赣等省区是我国石灰岩分布最集中的地区，总面积达54万平方公里，约相当于国土面积的1/20。该地区总人口3.9亿以上，该地区是我国南方的主要贫困地区，全国近1/2的贫困人口集中于本地区。

中国广大的岩溶地区，是中国贫困问题最为突出的地区。中国政府承诺2000年基本解决大多数贫困人口的温饱问题，在很大程度上取决于岩溶区贫困问题的解决进程，因为该地区贫困程度仍然很深，贫困问题依然很严重，而且贫困人口当中少数民族人口占比较大，加上自然条件恶劣，农民文化素质低，扶贫攻坚难度更大。广西岩溶面积为8.01万平方公里，占土地总面积的34%（其中裸露部分为7.22万平方公里），分布在79个县（市、区），如按“凡裸露加掩盖部分面积，占该县土地总面积30%以上的划为岩溶县”的标准，全区有岩溶县44个，其中30个县各自的岩溶面积占本县总面积的40%以上，是岩溶区的重点。30个岩溶县中有贫困县27个，其中国定贫困人口占250万，相当于总贫困人口的51%，若以27个贫困县的贫困人口计，岩溶地区贫困人口占总贫困人口数的比例为80%左右。也就是说，广西扶贫攻坚目标能否实现，关键在岩溶县的贫困问题能否解决。

无论是理论研究，还是现有实践，均证明了短期内解决群众温饱的根本途径是发展种植业、养殖业和适度的农副产品加工业，也就是主要靠农业开发，因此如何在原有基础上，拓宽农业开发思路，优化结构，从广度、深度、高度进行多维开发，求得人口、资源、环境的协调发展，是岩溶地区扶贫攻坚必须解决的问题。

岩溶地区特殊的自然生态条件、地理环境决定了群众解决温饱后稳定脱贫的基础，是建立健全农业持续发展的良性循环机制，否则单靠短期力量的注入而解决了温饱，外力一旦消失，极有可能再回到贫困或低水平的温饱线上。

因此，研究岩溶区农业持续发展问题既有国际意义，而且在国内既是民族问题、经济问题，也是政治问题。从现实看是完成国家八七扶贫攻坚计划的需要；从长远看，是岩溶地区实现农业持续发展的需要。

一、广西岩溶地区的自然生态和社会经济条件，在经济发展中面临着特殊的困难，也有巨大的潜力

（一）主要困难

1.自然生态条件恶劣，生产条件差，并有继续恶化的趋势

一是水土流失严重，石漠化加剧。广西岩溶地区的水土流失面积为6.5万平方公里，占全区总土地面积的27.5%；广西岩溶地区森林覆盖率仅为14.27%，只相当于全区平均森林覆盖率的37%。目前由于森林生态系统破坏，陡坡开垦和落后的耕作制度造成的严重水土流失还在加剧，使岩溶地区石漠化面积迅速扩大，且还以每25年翻番的速度增长。

二是自然灾害频繁。广西岩溶地区水资源丰富，但降水和径流的季节性变化很大。地表径流总量为全区平均数的122%，但因降水集中，汛期水量可占平均水量的70%，旱涝频繁；岩石透水性强，地表水渗漏严重，地表水缺少，水利工程建设投资大，不仅导致农业用水严重缺乏，人民饮水也普遍存在困难。全国著名岩溶旱区来宾县森林覆盖率仅为5%（1990年），1957—1990年有12年蒸发量大于降雨量，水库陷裂穿底渗漏严重，该县需要处理渗漏的水库有67座，占水库总数的55.8%，该县年年发生旱灾。岩溶地区除了水旱灾之外，还时有冰雹、大风、山崩地陷发生。

三是农耕土地数量少、质量差。广西岩溶县人均耕地面积为0.9公顷。广西人均耕地少于0.3亩的贫困人口达50万人，大部分在岩溶县。如广西大化瑶族自治县的七百弄乡，全乡没有一块水田，1.4万亩耕地分散在1400多个弄里，全乡最大片地不到5亩。广西岩溶山区坡陡谷深，地形破碎，山地和丘陵面积大（约占土地总面积的94%），山间盆地面积甚小，且各地相对高差大。山险峰峻，基岩裸露，石多土少，成土过程缓慢（1cm/4000年），且碳酸盐岩成土类别极为简单，为单一的红黏土和黄壤，有机质和氮、磷、

钾比较贫乏，土质变化大，谓之“十里不同天，百步不同土”。由于上述原因，石灰岩地区的水田比例小，坡耕地比例大，且不少耕地分布在坡度大于25度的陡坡上，又受低温、霜冻、干旱、内涝、水土流失等诸多因素的影响，加之由于耕地用养不协调，土壤肥力明显下降，就全局而言，耕地质量不高。

2.人口过度增长，贫困程度仍然很高，贫困面依然很大

广西人口净增率1995年为1.10%，属于全国人口增长最快的地区之一。广西岩溶地区人口增长率又比全区平均水平高，人口密度大，形成了紧张的人地关系和深的贫困程度与广的贫困面：到1995年底，全区有606万贫困人口，占全区总人口的1/7，贫困发生率为15.61%，比全国高出8.51%；28个国定贫困县贫困发生率为46.76%，高出全区31.15%；天等县72个特困村中，贫困发生率在60%以上的有60个；马山县18个特困村中，贫困发生率在60%以上的有14个。49个贫困县中有2.6万贫困农户、13万人居住在四面不挡风雨的草房，还有一些居住在岩洞里。年人均纯收入在300元以下，无法维持基本生存最低食品消费需求的有28个县的120万人。大化瑶族自治县的一些贫困户每年12月就要断粮，平均缺6个月左右的口粮要靠政府救济。

3.基础设施落后，经济发展困难

（1）电力不足，严重影响生产生活。广西岩溶地区28个国定贫困县中有650个村、7616个屯没有电、据估计，因缺电而减少的工业产值至少有20%—40%，1994年全国人均发电量767千瓦时，广西才414千瓦时，相当于全国人均发电量的54%。

（2）水利设施差，生产区用水困难。广西岩溶地区28个国定贫困县中有1041个村、7267个屯、109万人饮水极为困难；有效灌溉面积极为有限，“水在低处流，人在高处愁”是极其普遍的现象。

（3）地方交通不便，邮电通信落后，物流不畅，信息闭塞。广西岩溶地区28个国定贫困县中有6个县的通县公路是等外公路，里程439千米；11个乡政府所在地和1663个村委会不通公路，占28个国定贫困县村委会总数的41.38%。目前相当部分岩溶地区仍以自然经济占主导地位，商品经济极不发达，农产品的商品率1996年只有40%左右，低于全国平均水平

（58%）；最能体现市场发展水平的第三产业人口，全区只有21.7%，低于全国24%的平均水平，岩溶地区则更低。

4.经济发展落后，资金短缺，投资严重不足

从全区讲，广西1996年全区人均GDP为4081元，只相当于全国平均水平的72.4%；人均乡及乡以上的工业总产值、人均财政收入、农民人均纯收入分别只相当于全国平均水平的43.5%、53.1%、88.4%。广西岩溶地区的28个国定贫困县，1996年人均GDP大约只相当于全区平均水平的52.4%，农民年人均纯收入占全区平均水平的59.2%。经济发展水平低，资金积累率低，固定资产投资少。加上广西从20世纪50年代到1991年中越关系正常化的40年时间里，经历多次战争，失去了一次又一次机遇：第一个五年计划156个项目，广西一个也没安排；沿海省份安排挖潜改造，广西未安排上；三线建设，也没有广西，岩溶地区的机会更少。从岩溶贫困地区的角度来说，投资风险相对较大，商业贷款难以争取，扶贫资金数量有限，没有足够的投入，生产自然难以发展起来；经济发展不了，投入自然更少。

5.教育文化落后，科技普及困难

大部分岩溶地区教育文化落后，科技信息闭塞，先进技术传播缓慢，少数地方还处于愚昧落后的习俗之中。在许多山区，文盲半文盲的农民占农村劳动力的20%以上，传统的思想意识、旧观念、惯性使科技普及难度很大。

（二）潜力巨大

1.水热资源丰富

广西30个岩溶县，其中12个属南亚热带，18个属中亚热带，水热条件能充分满足南亚热带一年三熟和中亚热带两年五熟作物生长发育的需要，主要农作物生长季节雨热同期，组合效应好，农业利用有效性高，可以创造出更高的土地生产力。此外，岩溶地区的地表径流和丰富地下水资源也是岩溶地区进行开发的有利因素。

2.生物资源极其丰富

广西植物有283科、1778属、7217种，在岩溶地区生长的科数占90.4%、属数占79.2%、种数占62.4%。丰富的生物资源为大石山区的工业

生产、医药卫生和对外贸易提供了丰富的原材料和商品，也为本地区的经济发展和脱贫致富提供了各种各样的途径。

3.能源、矿产资源丰富

广西岩溶地区水电资源理论蕴藏量为1240万千瓦，为全区理论蕴藏量的70.78%；可开发装机容量为1150万千瓦，为全区的70.6%。广西岩溶地区的锰、铝、锡、钨、银等有色金属资源储量居全国前列。

4.旅游资源独具特色

亚热带湿热的气候为石灰岩山地的岩溶作用提供了良好的要件，塑造了许多秀丽的山川和神秘的溶洞，形成了许多已开发或可开发的旅游胜地。

二、制订广西岩溶地区农业可持续发展战略的目标与原则

鉴于岩溶地区土地利用系统严重失调，水土流失问题严重，群众生活困难，脱贫任务巨大，其农业可持续发展战略目标应为：以生态恢复与重建为基础，控制耕地面积，改善生产条件，提高单位面积产量，培育市场，改革农业系统，发挥大农业优势，大幅提高农业整体的综合生产能力。20世纪内基本解决贫困人口温饱问题，建成一批支柱产业。2010年基本达到小康水平，形成支柱产业体系。

农业可持续发展的原则：

1.大农业原则

广西岩溶山区传统的以种植业为主的农业系统，后来被“以粮为纲”的农业政策推向极端。必需改变过分发展耕地面积的传统农业，尤其要控制广种薄收的耕作系统，以全部土地资源为对象，合理使用多种农业生产手段全面发展大农业的各类生产系统。大农业包含4个生产层，即前植物生产层（水土保持、旅游、绿地等，不以收获动、植物农产品为目的）、植物生产层、动物生产层、外生物生产层（农产品的流通、加工）。在保持生态系统健康存在的基础上发展农业生产，提高农业系统整体的生态生产力，是农业可持续发展的核心。根据西方提倡的“农林系统”，我国提出的草地农业系统是农业系统进一步综合的最新进展。实现岩溶地区农业可持续发展，必须把林业生产作物生产和草地畜牧业生产结合为整体农业，发展以传统种植业为主的农业系统。传统农业格局给可耕地以过分的压力，当耕

地不足时，则将压力转向草地、林地及其他勉强可以耕种但实质不宜耕种的土地。发展农业与保持生态健康产生尖锐矛盾，以致生产与环境两败俱伤。农业生产处于低水平，生态也受到严重损害。最近提出的“三元结构”，将饲料作物与粮食作物、经济作物并列，意味着动物饲养业占有一定的土地利用份额，是农业系统的一大突破。4个生产层的大农业系统建设，是岩溶地区农业可持续发展的基础。

2.以生态经济区域为依据，分类指导的原则

岩溶地区自然、人文景观复杂，而大农业又含有不同的生产层，其产品千差万别，因而应根据不同的农业生态经济区域因地制宜，分类指导，制定农业可持续发展战略。广西岩溶地区大致可以分为两个开发片：

（1）红水河、柳江流域开发片：包括隆林等18个县，属中亚热带，土地总面积8112亩。本开发片的农业发展应充分发挥土地面积大，宜林、宜牧、宜果的土山和土石相间的山坡多，各种土特产品资源丰富的优势。在抓好粮食生产的同时，大力发展林业、亚热带水果种植、甘蔗种植、土特产生产，建立用材林、经济林、竹林等林业生产基地；充分利用各县优势，建立甘蔗、商品牛（羊）、香猪、水果（沙田柚）、腊月季、梅、茶叶、土特产生产基地。

（2）左江、右江流域开发片：包括崇左等12个县，属南亚热带气候区，土地总面积4661万亩。本开发片的农业发展应充分利用南亚热带气候和蔗糖、水果、名优土特产品等优势，下大决心把粮食生产搞上去，重点发展甘蔗、热带亚热带水果和土特产品，使之成为岩溶地区农村经济的支柱产业，并在抓好绿化园林的同时，积极发展珍贵特种用材林，以及本地以农户为主的畜牧业生产。

3.产业化原则

产业化是商品农业的特色，也是现代化农业可持续发展的重要内涵。占领较大份额的市场是产业化的出发点与目的。但农业产品是多种多样的，除少数产业化产品外，还有大量非产业化产品，为当地人民所必需，但他们的产值不大，不足以推动当地经济的发展，因而需通过产业化产品的较大经济效益，来维持整体农业，其中包括非产业化产品的正常生产。产业化的农业始终是农业发展的支柱产业。农业的产业化应具备下列特点：

（1）区域化：以地区行政边界为基础的经济生态区域为单位，规划产业发展规模，便于技术服务、经营管理。

（2）规范化：同一经济区以内的产品应尽可能遵守同一规范，以便于管理标准化和质量标准化。

（3）完善的经营系统：建立适应产品市场需要的经营管理网络，实行分级管理。

（4）完善的市场机制：不但要适应产品市场需要，还要开拓市场，培育市场，以保持相对市场的稳定性。

（5）生产科技现代化：不断研究新技术，开发新产品，以保持产品的更新换代，长盛不衰。

4.国内、国际的大交换原则

国内、国际的产品大交换，是现代化农业可持续发展的必要内涵。产业化的生产必须面向整个市场作出战略选择，才能立于不败之地。就岩溶地区的农产品来说，可以从3个方面分别拟订发展规划：

（1）与内地开展商品交易。以岩溶地区的土特产及其加工产品为主，如药材、热带水果、花卉、香料，某些食品如巴马香猪和特殊农产品（如蚕豆），大量销往华东地区，广泛开展国内交易。

（2）与越南开展边境贸易。因限于对方的经济实力和交通条件，短期内通商物品数量不可能很多，质量也较低，但仍应予以多方诱导，大力开拓。

（3）通过南昆线出北海港。输出产品的数量和质量都将不断提高，这可能是今后岩溶地区通向世界的主要国际贸易通道。

5.提高全民素质的原则

农业是生物产品，科技内涵与工业生产相比有过之而无不及。作为产业参与市场竞争，其产业化产品必须保持领先水平，高科技含量为必要条件。因此产业化的生产需要有由一定科技素养的农民、技术工人、研究人员、各类专家组成的科学技术系统。而且这一科技系统不但需要进行进入生产前的专业培训，还需要不断更新知识，实际上是全民的、终生的教育提高过程。科技系统为产业化大生产所必需，这一系统必需全时空地覆盖产业化生产的全过程，对农民生产活动的各个环节提供可靠的技术支撑，保证产品质量稳定提高。科技技术系统的建设与有效运行，在岩溶地区显得尤为重要。

三、广西岩溶地区农业可持续发展战略设想

岩溶地区的农业持续发展战略目标应该以土地资源整体为对象，划分生态经济区域，按照大农业的原则，全面规划，适当安排种植业、林业、养殖业、水产业、加工业、贸易等多种产业，充分发挥土地资源的生态生产力。初步设想从5个方面构建农业系统。

1.以林为主的水土保持农业系统

在岩石裸露的石漠化地区，应该实施以林为主的水土保持农业系统，以实现水土保持、生态恢复和重建为主要目的。这种农业系统只能在不损害水土资源的前提下，适当收获某些产品。例如采集某些药材、林木、花果、昆虫等。营林是这一地区的主要任务，封山育林已大见成效，但如果改封山育林为封山营林，成效将更为显著，例如用材林、油桐、玉桂、八角、月柿、板栗、经济林、饲料树、油茶等经济林都属于这一类型。某些地形起伏较为平缓的地区，在有利于水土保持的前提下，也可以适当建立以林为主的林地草地畜牧业。许多退耕地都应该首先建立并应用水土保持农业系统，以实现生态恢复和重建。

2.经济作物农业系统

实践证明经济作物是岩溶地区农业发展和农业产业化的重点。从广西实际情况看，经济作物农业系统可以分为三类：第一类，甘蔗，这是目前广西大部分岩溶地区的支柱产业，已经形成了巨大产业。不少县因大力发展“甜蜜”事业而告别贫困。甘蔗生产必须在产业化基础上实现良种化、管理科学化，尽可能降低生产成本。第二类，经济作物产业。岩溶地区的药用植物种类繁多，产量可观，有其独特的优势。第三类，其他小量特色的产品。如八角、经济林（岩溶地区的经济林产量占全区的大部分）、木薯、昆虫、特种动物等，都有相当的优势，目前销路畅通。如果加工工艺提高、管理现代化，虽然批量较小，但也有希望形成不同规模的产业。

3.景观农业系统

是指对土地资源给以轻度加工，或根本不予以加工而直接利用其自然景

观获取经营效益的农业生产系统。它不直接收获，或不以直接收获农产品为主要目的，例如旅游、水土保持、水源涵养、自然保护区等。这种农业系统是对土地资源不加干预或甚少干预的农业管理系统，实际上是不干预的干预，不管理的管理，这正是景观农业特点的所在。旅游业正在发展成岩溶地区的支柱产业。广西的岩溶地区大部分处于纬度较低的地带，但海拔悬殊，形成丰富的自然景观；加上12个世居民族，其社会风尚、生产生活习俗各具特色，构成岩溶地区特殊的人文景观。这种特殊的自然景观和人文景观具有巨大的科学意义和旅游价值。随着交通的发展，宣传的加强，文化、生产设施和旅游商品的完善，旅游业必将为岩溶地区的经济发展作出巨大贡献。

4.动物生产农业系统

广西岩溶地区的畜牧业有两个类型：一是农区畜牧业，动物生产系统与植物生产系统紧密结合，例如猪、鸡、牛、羊等。二是利用草地、疏林地甚至部分林地放牧饲养草食动物。前者基本上属于自给型，农家自给或地区自给，难以形成产业化大生产。后者与前者结合有巨大产业化潜力。如果将农耕区与畜牧区两者加以耦合，其生产效益还可能大幅度增长，其生产潜力十分可观，应运用现代科学技术，大力开发。与此同时，皮革业、畜产加工业、饲料工业也将应运而生。

5.产品加工与流通系统

加工和流通是产业化的重要属性，是农业产业化的必由之路，也是农业产业化的最终环节。农业产品的加工赋予产品以新的属性，提高了产品的使用价值、经济价值。流通则利用不同地区的位差潜势，创造价值，并使产业畅通，生产系统适应与反馈功能得以充分发挥，使生产常规运转，并带动相关联地区的发展。行之有效的模式有龙头企业—核心企业—农户、公司—农户、技术服务中心—农户、产业部门—研究单位—专业学校联合体等多结构形式，可以按照市场规律，因地制宜，组成产业系统。

四、实现广西岩溶地区农业可持续发展的对策建议

（一）加大对岩溶地区扶贫攻坚的支持力度，分类指导，着力解决特困地区、特困乡村和特困农户的脱贫问题

广西岩溶地区的贫困问题，是实现广西“八七扶贫攻坚计划”的重点

和难点之一。通过10多年来的扶贫，这些地区仍然存在脱贫难度高、范围大的连片“贫困角”，这些地区的经济及社会发展环境特征是：自然条件恶劣，基础设施严重不足，耕地资源匮乏，生态环境继续恶化，水土流失严重，饮水、交通、用电、通信和医疗卫生等基本生存条件落后或不健全，农业产值在农村社会总产值中的比重超过90%，农村经济结构单一，生产水平与农民收入低且不稳；城市化发育水平低，县级财政入不敷出严重，在生产、流通和金融等领域，难以形成带动和支撑县级经济和乡村脱贫的自我发展效应。这些地区的扶贫攻坚，如不采取重点扶持的有效措施，难以实现如期脱贫的战略目标，需要为其提供合理开发利用本地资源、发展“自身造血”机能的机会。各级政府部门要采取切实有效措施，加强指导与资金支持力度。岩溶地区要力避盲目扩大耕地面积，应由发展单一粮食生产转向基于资源可持续利用，着重开发现有低产农田的增产潜力，发展具有市场优势、价格优势的生物资源开发利用产业，宣传树立大农业、大食物观念。充分的资金供给是这些特困地区反贫困的保障，改善以道路、水利、人畜饮水、陡坡地封山营林等为主的基础设施状况，是推动该地区形成自身造血机能、促进经济发展的前提，扶贫资金与项目安排要与生态环境恢复，扶持支柱产业，开拓资金、资源、产品市场和具体执行实体或农户捆在一起使用，切实落实到扶持贫困乡、村和农户的脱贫中去。

（二）建立以林为主的生态恢复与重建示范工程

盲目开垦耕地，水土严重流失，生态环境继续恶化，土地生产率甚低，是岩溶地区“贫困角”持续贫困的主要根源。推动该地区农业可持续发展的前提，应从生态恢复与重建着手。必须逐步制定相应的水土保持、坡地开发利用的政策法规，指导岩溶地区制订土地利用规划，改封山育林为封山营林，将改善林业生态与经营林产产业作为岩溶地区农业可持续发展的重要产业予以扶持，以防水土流失。

（三）建立以草地畜牧业为主的资源开发利用产业化示范工程

广西岩溶地区光热资源充足，山坡草地资源丰富，粮食作物布局应着重致力于坝区、浅丘农田基本建设与改造中低产田、培育地力、挖掘增产潜力，逐步改善当地粮食供给方面的压力，坡地资源不宜继续作为主要农田开垦对象，应致力于土地资源的保持和永续利用，扩大发展草地畜牧业。

改变单一粮食作物的种植业结构和依靠单一粮食的传统食物结构，致力于该地区亚热带生物资源的综合开发利用，有利于过腹还田，培育地力。要研究联结分散农户的草地畜牧业产业化经营模式，配套建立优良品种选育、科学养畜、畜病防治、市场引导、科技服务机制。目前在岩溶地区已经取得的一些经验，需要政府部门积极加以推广，通过示范工程建设，总结贫困山地发展草地畜牧业的技术经验与优化草地畜牧业产业化经营模式。

（四）适当加大政策倾斜力度，支持岩溶地区支柱产业发展和基础设施建设

特困岩溶地区的共同特点是：交通不便，信息闭塞，文化教育落后，资源优势难于转化为产品优势，经济发展的地方配套资金拮据，缺乏吸引外界项目投资的基本条件。自治区应加大对支持这些特困地区经济发展的基础设施建设资金支持，在解决大部分行政村通车问题的基础上，集中资金，着重改善当地的干线公路、与干线铁路公路联结的支线等交通基础设施状况，以扩大贫困地区产品销售所需的市场半径范围，促进该地区与内陆发达地区和沿海地区经济的有机联系，改善引资协作环境，为该地区利用区内外、国内外的资源和市场创造有利条件，促进其经济结构的调整和基于本地优势资源的支柱产业的形成。

（五）将广西岩溶地区农业可持续发展的战略问题与对策研究，列入重点攻关研究项目组织协同攻关

岩溶地区的农业可持续发展，应围绕两步走的目标组织实施：第一步，即到2000年，应以解决岩溶地区的农户的温饱问题作为攻坚目标，积极探索生态环境恢复与重建的实际可行措施，因地制宜制订规划，支持改善地区交通、水利、能源、通信等基础设施，创造经济发展与资源利用的基本支撑条件；第二步，即在“十五”期间至2010年，应该在岩溶地区切实开发一批基于本地资源的支柱产业，使之对农业产业化经营的发展起到带动作用。着重引导农业产业结构的合理布局与调整，以充分利用优势资源，逐步建立起人口、食物、资源、环境协调、可持续发展的农业系统。实现上述战略目标，关键要依靠科技，由发展战略研究，引向实际扶持岩溶地区经济开发的科学技术研究；把科技开发研究、引进先进科技成果与当地群众正在积累的改革建设经验紧密结合起来，积极组织试验、示范与成果的辐射推广。为此，十分有必要将广西岩溶地区农业可持续发展问题及实施对策研究，列入重大科技攻关项目，拨出专项资金，组织多部门、多学科协同攻关，促进现有农业科技成果与实用技术向岩溶地区转移或二次开发，制订具体规划，在岩溶地区实施若干不同类型的农业可持续发展科技示范工程。

后　记

自1991年7月研究生毕业后从事扶贫工作，至今已经过去30年。在感叹时光飞逝之余，也为自己30年来始终坚持“在工作中研究，在研究中推动工作”，始终坚持在扶贫理论研究和实践总结中笔耕不止而感动。回想起来，能够数十年如一日加班加点，在完成繁重工作任务之余，还能累计公开发表扶贫发展领域论文（文章）240多篇、出版著作（含合著）近40部，实属不易。在脱贫攻坚目标任务如期完成，“三农”工作重心从脱贫攻坚历史性转移向全面推进乡村振兴的重要时点，精选部分代表作汇编成集，既是对个人过往工作、研究的一种纪念，更是自己伴随中国扶贫理论演进30年的一次思考集中呈现。

选入《从脱贫迈向振兴——中国乡村减贫发展30年的实践与思考》一书的论文主要有以下特点：一是体现中国扶贫战略的演进。中国扶贫过去30年，按照战略演变可以粗略分为20世纪90年代的《国家八七扶贫攻坚计划（1994—2000年）》实施阶段，2001—2012年是一个阶段，完成了第一个十年扶贫开发纲要的实施、制定并启动了第二个十年扶贫开发纲要，2013—2020年是新时代脱贫攻坚阶段，2021年是从脱贫攻坚转向乡村振兴的关键一年。与此相应，从2001至2020年尽量做到每年选1篇文章，2021年、1991—2020年共选了10篇文章，这些文章的共同点都是对该历史阶段扶贫理论战略方面重点问题的研究。二是体现理论与实践紧密结合。过去30年，我在省扶贫部门、国家扶贫部门工作，在不同阶段，工作重点不同，先后承担习近平总书记关于扶贫工作重要论述和关于乡村振兴重要指示研究，从事外资扶贫、国际减贫合作、汶川地震贫困村灾后恢复重建、扶贫教育宣传、脱贫攻坚理论实践总结等工作，因此编入本书的论文主要是基于所负责工作实践的总结和学理性思考，论文充分体现了理论性和实践性的有机结合。三是具有代表性。由于近20年每年发表的论文均在数篇以上，特别是脱贫攻坚期间发表的论文超过百篇，由此，每年只选一篇最能够代表当年工作实践并能够体现扶贫理论演进的作为代表作。四是具有较高的学术价值。这近30篇论文的共同点都是从理论上阐释实践中的学理问题，而这些问题都具有前沿性的特点，这就决定了论文具有独特的原创性。

在本书出版之际，特别感谢过去30年给予我指导、支持、帮助的领导、同事，感谢我的朋友、家人长期的无私支持，感谢广西人民出版社为出版本书的一切安排和努力。

如有不妥之处，敬请批评指正。

黄承伟

2022年12月于北京